D1301556

Gramática analítica

Gramática analítica

AURELIO M. ESPINOSA, JR.
Stanford University

JOHN P. WONDER
University of the Pacific

D. C. HEATH AND COMPANY
Lexington, Massachusetts | *Toronto* | *London*

A nuestras esposas, JANE e IRAIDA

Copyright © 1976 by D. C. Heath and Company

All rights reserved. No part of this publication may be reproduced or transmitted in any form or by any means, electronic or mechanical, including photocopy, recording, or any information storage or retrieval system, without permission in writing from the publisher.

Published simultaneously in Canada.

Printed in the United States of America.

International Standard Book Number: 0-669-82941-2

Library of Congress Catalog Card Number: 75-7234

Preface

Gramática analítica has as its immediate objective the systematic and logical presentation of Spanish syntax within the framework of modern grammatical theory. A second motivation is that of affording the advanced student of Spanish some acquaintance with contemporary grammatical analysis and terminology, particularly where such acquaintance will promote heightened insight and sensitivity regarding the problems of Spanish grammar and the contrasts and relationships between English and Spanish. The ultimate purpose is, of course, a practical and pedagogical one: to provide the English-speaking student of Spanish with an understanding of Spanish syntax sufficient to enable him to use and manipulate the language with a high degree of accuracy, flexibility, and assurance. Emphasis has been placed upon written, rather than oral, style.

Gramática analítica is designed for students who have had a grammar review at the intermediate level, and, in addition, have had further work in reading, speaking, and composition. It could be most appropriately used at the advanced undergraduate or beginning graduate level.

The grammatical exposition is divided into four *Lecciones preliminares* and twelve regular lessons, designated as *Capítulos*. In the four preliminary lessons the most basic elements of the Spanish sentence are reviewed. This material should, with a few exceptions, be completely familiar to the student insofar as Spanish syntax is concerned. For many students, much of what is new in the *Lecciones preliminares* may be the introduction to the analytical methodology employed in the text.

Each *Capítulo* is divided into two portions, A and B, composed, to the greatest extent possible, of materials which are naturally or logically related. Each portion is interspersed with short exercises so that the student, on his own, and the instructor, in class, may verify comprehension and progress at frequent intervals. At the end of each portion there is a more lengthy series of exercises. Portion B of each *Capítulo* is concluded with a *Repaso de verbos*, which systematically reviews the literal and idiomatic usages of a number of important verbs.

Within the limits of space and length, the authors have been faced with problems of reconciling various requisites, not always mutually compatible: theoretical integrity, completeness of presentation, clarity of exposition, and certainly not least, pedagogical viability. Purely theoretical considerations, for example, might well have dictated a 'linear approach' to the grammatical presentation, whereby the verb phrase would have been exhaustively examined, and then, in turn, the noun phrase studied in all its ramifications 'Pedagogical logic,' on the other hand, has prompted the approach followed by the authors, which could be conceptualized as one of ever-widening concentric circles. In accordance with such a method, sentences of increasing complexity are gradually built up. *Capítulos* I and II, for example, are devoted to the verb phrase, *Capítulos* III and IV to the noun phrase, and *Capítulo* V is transitional, containing both elements. Although the concept of the subordinate clause (or embedded sentence) is introduced in the preliminary lessons, and further developed as the source of appositive phrases and descriptive adjectives, the study of the complex sentence *per se* is begun in *Capítulo* VIII. The subjunctive is presented not as a problem in itself but simply as part of the larger question of subordinate sentences in general.

The essentials of Spanish syntax are included within the first ten chapters. *Capítulos* XI and XII deal with special topics or refinements and extended treatment of topics introduced earlier and include such matters as expressions of time, quantifying modifiers, *para* and *por*, the various translations of *become* and *get*, etc. Considerable attention has been devoted to a careful comparison of English and Spanish syntax; however, the criterion for the arrangement and presentation of material has been the Spanish language itself.

Following the grammatical chapters of the text is a series of reading and composition exercises, entitled *Temas*, intended to serve as models for written work of various types. The *Temas* may be included at the discretion of the instructor. This arrangement permits a degree of flexibility, adaptable to the needs of the student and the time available for the work of the course. If the text is to be covered in its entirety, it might be suggested that a *Tema* be assigned after each *Capítulo*. The selections, based upon the lives and writings of important figures in nineteenth and twentieth-century Spanish America, include individuals who seem to have exerted a recognized moral and intellectual influence in the public life of their respective countries and who have been regarded, at least for some portion of their lives, as a source of inspiration for the youth of their time. Quotations from the works of the individuals concerned are included along with a discussion of their significance and importance. The series is initiated quite naturally with Simon Bolivar and terminates with Jorge Luis Borges.

Among the many studies on Spanish grammar which the authors have consulted during the preparation of this work, they would like to acknowledge their special indebtedness to the following: Real Academia Española, *Gramática de la lengua española*, Nueva ed., reformada, Madrid: Espasa-Calpe, 1931; Salvador Fernández, *Gramática española, Tomo I: Los sonidos, el nombre y el pronombre*, Madrid: Revista de Occidente, 1951; Samuel Gili y Gaya, *Curso superior de sintaxis española*, novena edición, Barcelona: Bibliograf, S.A., 1969; Roger L. Hadlich, *A Transformational Grammar of Spanish*, Englewood Cliffs, N. J.: Prentice-Hall Inc., 1971; Marathon M. Ramsey, *A Textbook of Modern Spanish*, revised by Robert K. Spaulding, New York: Henry Holt and Company 1960; Robert P. Stockwell, J. Donald Bowen, and John W. Martin, *The grammatical structures of English and Spanish*, Chicago: University of Chicago Press, 1965. Among the specialized monographs and articles consulted, especially useful were: Sandra S. Babcock, *The syntax of Spanish reflexive verbs*, The Hague: Mouton, 1970; William S. Bull, *Time, Tense, and the*

Verb, Berkeley and Los Angeles: The University of California Press, 1963; William A. Cressey, *A Transformational Analysis of Relative Clauses in Urban Mexican Spanish*, PhD dissertation, University of Illinois, 1966; Carlos Otero, 'Acceptable Ungrammatical Sentences in Spanish,' *Linguistic Inquiry*, 2.233 (Spring, 1972); Chapter 2 of David M. Perlmutter, *Deep and Surface Structure Constraints in Syntax*, New York: Holt, Rinehart and Winston, 1971.

With respect to general background and the methodological approach adopted in the text, the name of Noam Chomsky must be mentioned. Also of considerable importance in this regard have been the various writings of John Lyons.

In the preparation of this edition the authors wish to express their deep appreciation for the valuable suggestions and constructive criticism offered by Mr. Mario E. Hurtado, Modern Language Editor of the College Division, D. C. Heath and Company.

Note to Instructor

It was originally intended that each *Lección Preliminar* and each Section, A and B, of the twelve *Capítulos* should be completed in one fifty-minute period. Experience has shown, however, that even in a rapidly-paced class more than one period should be allotted to the *Primera Lección Preliminar*, Section A of *Capítulo* VI, and Section B of *Capítulo* IX. In addition, the instructor may consider it advisable to devote somewhat more than one period to Sections A and B of *Capítulo* IV and to Section B of Capítulo VII. In any case, a certain degree of flexibility should be built into the program to allow some time for discussion of some of the grammatical points of greatest interest. Each *Tema* may easily be covered in one class period, and some portion of the same period may be utilized for review. The text has been designed and written so that all class discussion, concerning even complicated grammatical issues, may be carried on entirely in Spanish.

Contenido

Capítulo I 55

Sección A: El tiempo presente simple • El verbo *estar* + gerundio para expresar el tiempo presente • El presente narrativo y el aspecto verbal • Los dos tiempos que expresan el pasado: el pretérito y el imperfecto • La forma enfática del verbo en inglés

Sección B: Verbos de carácter descriptivo en el pretérito • Uso especial del pretérito perfecto actual • Equivalencia del imperfecto y del futuro hipotético • Otras expresiones de tiempo pasado • Usos especiales del futuro y del futuro hipotético • La coordinación • Repaso de verbos: *conocer, saber, poder*

Capítulo 2 73

Sección A: La subordinación del infinitivo con y sin preposición • El infinitivo y el sustantivo como complemento, con y sin preposición • La subordinación con V$_{ndo}$ • Los verbos auxiliares

Sección B: Expresiones de transcurso de tiempo con *hacer* • Expresiones de transcurso de tiempo con *desde* • El transcurso de tiempo expresado con *llevar* y *tener* • Fenómenos meteorológicos • Las fechas • Repaso de verbos: *preguntar, pedir, buscar, traer*

Capítulo 3 89

Sección A: El número y la referencia del sustantivo español • Los sustantivos contables y los no-contables • Los usos del artículo definido

Sección B: Los usos del artículo indefinido • El empleo de *todo* como determinante • Otros determinantes • Repaso de verbos: *coger (recoger), llevar, conducir, tomar*

Capítulo 4 107

Sección A: La oración parentética y la aposición • La derivación del adjetivo de la FS • Factores adicionales en la colocación del adjetivo y de otras expresiones modificadoras • Más de un adjetivo en la misma FS

Sección B: El sustantivo usado como adjetivo y el genitivo • Concordancia de las expresiones modificadoras • Repaso de verbos: *poner, colocar, meter.*

Ejercicios de redacción

Apéndices

Vocabularios

Índice gramatical

Tumba de Cristóbal Colón en la
catedral de Sevilla. *By Burton
Holmes, from Ewing Galloway, N.Y.*

La frase sustantiva y la frase verbal • Las oraciones con *ser* • Las oraciones con *estar* • Adjetivos con *ser* y *estar* • *Haber* y *ser* empleados para expresar la existencia • Las oraciones intransitivas • Las oraciones transitivas y la *a* de persona • Los complementos indirectos • Las interrogaciones y las transformaciones • La negación

1
La frase sustantiva y la frase verbal

Para facilitar el análisis sintáctico[1] de la oración española (O), la dividimos en dos partes: la frase sustantiva (FS) y la frase verbal (FV). Se resume esta división en la fórmula siguiente, que se denomina la **Regla 1**:

    Regla 1:   O → FS FV

Se lee esta regla: «Que se escriba la oración como FS y FV». Citamos a continuación algunos ejemplos en que se combinan una FS y una FV para formar una oración:

FS	FV
(1) Juan	es un alumno típico.
(2) El muchacho	está muy enfermo.
(3) Un vaso de agua	no basta.
(4) El muchacho que está enfermo	no recuerda nada.
(5) Que Juan lo hizo	es cosa conocida.

Se forma la FS más sencilla, ejemplificada en (1), de un nombre propio, como *Juan, España* o *los Andes*. Se forma también, como en (2), de nombre genérico (o común)—por ejemplo, *muchacho, mesa* o *idealismo*. Se incluyen el nombre propio y el genérico en la categoría general denominada «sustantivo» (S).

Como se ve en (2)—(4), el nombre genérico va acompañado típicamente de determinante (D), que comprende el artículo definido, el artículo indefinido, el posesivo, el demostrativo u otra expresión que puede combinarse con ellos o usarse en su lugar.

En (3) el S *vaso* va modificado por la frase con preposición (FPrep) *de agua*. En (4) la oración subordinada (*que*) *está enfermo* modifica o describe el S *muchacho*. En (5) una oración subordinada asume la función de la FS.

---

[1] La sintaxis trata de la ordenación de las palabras, frases y otros elementos que forman la oración, las relaciones entre ellos y su derivación. Otra división de la lingüística, la semántica, se ocupa de los elementos conceptuales. La fonología estudia los sonidos de la lengua. A pesar de estas distinciones teóricas, hay, desde luego, una estrecha interdependencia de estas tres divisiones de la lingüística.

Se resume la estructura básica de la FS en la fórmula siguiente, que se denomina la **Regla 2**:

$$\textbf{Regla 2:} \qquad \text{FS} \;\rightarrow\; \left\{ \begin{array}{c} \text{(D)} \quad \text{S} \quad \left(\begin{bmatrix} \text{FPrep} \\ \text{O} \end{bmatrix} \right) \\ \text{O} \end{array} \right\}$$

Se emplea el paréntesis ( ) para encerrar elementos que pueden omitirse y los corchetes { } para encerrar elementos entre los cuales debe seleccionarse uno.

La FPrep se compone de dos elementos:

$$\textbf{Regla 3:} \qquad \text{FPrep} \;\rightarrow\; \text{prep} \quad \text{FS}$$

o sea, la preposición más una FS que se denomina «término de preposición».

Los pronombres forman un tipo especial de FS. Difieren de los nombres propios y comunes en que indican la totalidad de una clase gramatical o semántica. Quizás lo más característico de los pronombres es la indicación de persona: la primera (1^a) persona, la persona que habla (*yo, nosotros*); la segunda (2^a) persona, la persona a la que se habla (*tú, usted*, etc.); la tercera (3^a) persona, la persona de la que se habla (*él, ella*, etc.)

Como la FS, la FV también consta de diversos elementos. Se examinarán sus diversas formas en las secciones subsiguientes.

P R E G U N T A S

1. ¿Qué significa la abreviatura FS? ¿FV? ¿O? ¿S?
2. ¿En qué categoría se incluyen el nombre propio y el genérico?
3. ¿De qué va acompañado típicamente el nombre genérico?
4. En las FS, *El vaso de agua* y *El muchacho que está enfermo*, ¿cuál es la función sintáctica respectiva de la FPrep *de agua* y de la oración subordinada *que está enfermo*?
5. ¿Qué significa la flecha simple (→) en la representación de la estructura sintáctica? ¿El uso del paréntesis ( )? ¿De los corchetes { }?

A P L I C A C I Ó N

Señálense en las siguientes oraciones la frase sustantiva (FS) y la frase verbal (FV) que componen la oración (O) española:

1. Todos los niños que vivían en el barrio acudieron al circo.
2. La señorita que conociste anoche es enfermera.
3. El profesor de español escucha las explicaciones del alumno que llegó tarde.
4. Que lo haya hecho él es dudoso.
5. Sabido es que las crisis económicas son difíciles de remediar.

2
Las oraciones con *ser*

a. Se emplea *ser* para ligar dos FS con el objeto de establecer la igualdad de las dos frases.

Juan es mi amigo.   John is my friend.
Teotihuacán fue un centro religioso.   Teotihuacan was a religious center.

b. *Ser* puede ir seguido de frase adjetiva (FA). Ésta puede constar de un adjetivo solo (A) o de un adjetivo más otro elemento modificador, como **muy**, *very*, según se explica en el Capítulo VII. Al emplearse con *ser*, la FA clasifica el sujeto.

La novela es triste.   The novel is sad. [*a sad type of novel*]
Su madre era muy exigente.   His mother was very demanding. [*a very demanding type of person*]

c. La FPrep, además de ser elemento de la FS, también se encuentra con gran frecuencia en la FV con *ser*.

Era de noche.   It was (at) night.
El regalo es para mi madre.   The present is for my mother.

La FPrep puede expresar una variedad de conceptos semánticos. En el primer ejemplo citado arriba, especifica una noción temporal o de tiempo (FPrep$_{temp}$); en el segundo indica la dirección o destinación del regalo (FPrep$_{dirección}$). En las páginas que siguen desarrollamos otros usos importantes de la FPrep, no sólo en las FV con *ser*, sino también en las FV con *estar* y en las FV transitivas e intransitivas. Además de la FS, FA o FPrep, la FV con *ser* puede contener unas FPrep adicionales como en **Era de noche en la ciudad,** *It was nighttime in the city*, por ejemplo. En vez de tratar de especificar todos los tipos de las FPrep de la FV, indicamos con puntos (FPrep . . .) que tal o cual FV puede contener un número limitado, pero indeterminado, de ellas.

Por la naturaleza de las oraciones formadas con *ser*, se denominan éstas «oraciones copulativas»; *ser* lleva la designación «cópula».

Se resume, pues, la FV copulativa con *ser*:

$$\text{FV} \quad \rightarrow \quad \text{cópula} \quad \begin{Bmatrix} \text{FS} \\ \text{FA} \\ \text{FPrep} \end{Bmatrix} \quad (\text{FPrep} \ldots)$$

3
Las oraciones con *estar*

Se emplea también *estar* en oraciones copulativas. Hay que observar, sin embargo, que se reduce su uso en este respecto a circunstancias muy específicas.

a. Su empleo primordial es el de indicar la localización.

Los teatros están en la parte central.   The theaters are in the downtown section.
Mi padre estuvo allí por la mañana.[2]   My father was there in the morning.

---

[2] Se omite con frecuencia la expresión de localización: **¿Está María?,** *Is Mary here (there)?* Tal omisión es puramente superficial, ya que se entiende claramente la presencia de la noción de localización.

Aunque las expresiones locativas *aquí*, *allí*, etc., no llevan preposición muchas veces (pero nótense las expresiones como *por aquí*, *por allí arriba*, etc.), las incluimos entre las FPrep que indican localización.

    b. *Estar* también puede ir seguido de frase adjetiva. En este caso la FA expresa un concepto aliado estrechamente con el de la localización: expresa la situación o la condición en que se encuentra el sujeto:

El chico estuvo triste un momento.   The boy was sad for a moment.
Su tía está enferma.   His aunt is sick.
El edificio está cubierto de mármol.   The building is covered with marble.

Estar seguido de FPrep no-locativa expresa también situación o condición.

La casa está en malas condiciones.   The house is in bad condition.
La noche está de perros.   It's a miserable night.

    Conviene notar que además de las FPrep (o FA) las empleadas con *estar* para expresar localización o situación, la misma FV puede contener otras FPrep adicionales para indicar conceptos referentes al tiempo, la materia, la instrumentalidad, el modo, etc. A distinción de las primeras, estas FPrep adicionales son facultativas.
    Indicamos la naturaleza especial de la cópula con *estar* de la siguiente manera:

$$\text{cópula} \quad \rightarrow \quad estar \begin{Bmatrix} \text{FPrep}_{\text{loc}} \\ {}_{\text{sit}} \\ \text{FA}_{\text{sit}} \end{Bmatrix} (\text{FPrep} \ldots)$$

N.B. Pueden emplearse los verbos *encontrarse*, *hallarse*, *verse* y *quedar(se)* con un valor aproximado al de *estar*.

Él se encuentra en apuros.   He is in a difficult situation.
Las señoritas quedaron aterradas.   The young ladies were terrified.
Los comerciantes se ven arruinados.   The businessmen are (see themselves to be) ruined.

4
Adjetivos con *ser* y *estar*

Hay que distinguir claramente entre el uso del adjetivo con *ser* y su uso con *estar*. Con *ser* se establece una clase o categoría; con *estar* se describe la situación particular en que se encuentra el sujeto. La traducción inglesa puede variar según se emplee *ser* o *estar*.

La señorita es pálida.   The young lady is pale [*by nature*].
La señorita está pálida.   The young lady is pale [*e.g., from fright*].

La sopa es buena.   Soup is good.
                The soup is good [*a good kind*].
La sopa está buena.   The soup is (*or* tastes) good.

Mi tío es rico.   My uncle is rich [*a rich man*].
Mi tío está rico hoy.   My uncle is flush (*or* feels rich) today.

El cielo es azul.   The sky is blue.

El cielo está azul.   The sky is (looks) blue. [*It has cleared*].

El chico es listo.   The boy is clever.

El chico está listo.   The boy is ready.

En el Apéndice A, §169, se halla una lista de adjetivos cuya equivalencia inglesa puede variar con el empleo de *ser* o *estar*.

P R E G U N T A S

1. ¿Qué función cumple el verbo *ser* al ligar dos FS?
2. ¿Qué otros elementos sintácticos pueden usarse después del verbo *ser*?
3. ¿De qué elementos puede constar la FA?
4. ¿Se emplea *ser* o *estar* para establecer una clase o categoría?
5. ¿Se emplea *ser* o *estar* para describir la situación particular en que se encuentra el sujeto?

A P L I C A C I Ó N

Explíquese la diferencia entre:

1. (a) Las manzanas son verdes.
   (b) Las manzanas están verdes.

2. (a) La mujer es vieja.
   (b) La mujer está vieja.

3. (a) La casa es fría.
   (b) La casa está fría.

4. (a) Mi tío es sordo.
   (b) Mi tío está sordo.

5. (a) El perro es sano.
   (b) El perro está sano.

6. (a) Este zapato es grande.
   (b) Este zapato está grande.

5
Haber y ser empleados para expresar la existencia

Las dos oraciones

(1) Las tres sillas están en la sala.   The three chairs are in the room.

(2) Hay tres sillas en la sala.   ⎧There are three chairs in the room.

Three chairs are in the room. [*No previous mention of chairs is implied.*]

se diferencian por el enfoque: En (1) el objeto referido (*las sillas*) es cosa dada o conocida en la conversación (se ha indicado la referencia previa con el artículo); la localización (*en la sala*), pues, es el asunto importante —o sea, la localización constituye el foco de la oración. En (2), ya no interesa tanto la localización; el objeto dentro del lugar es el asunto importante —o sea, el objeto constituye el foco de la oración.

Para distinguir estos dos enfoques, se suele decir que (1) expresa localización, y que (2) expresa existencia.[3] Como se observará, el español y el inglés contrastan la localización y la existencia de un modo paralelo (menos en el caso de la 2ª; traducción de (2)). Conviene notar solamente que *haber* tiene la forma especial *hay* en el presente, y que *haber*, en el español normal, es invariable y no se emplea en el plural.[4]

(3) **Había unos hombres que esperaban allí.**   There were a few men who were waiting (there).

(4) **Habrá muchas personas en la sala esta noche.**   There will be many people in the hall tonight.

(5) **Hubo algunos accidentes en esta esquina.**   There were some accidents on this corner.

Nótese que en los ejemplos (2)–(5), *haber* se emplea con sustantivo precedido de artículo indefinido o de expresión de cantidad o extensión. Con otros determinantes —el artículo definido (*el, la*, etc.), los demostrativos (*este, aquel*, etc.) y los posesivos (*mi, tus*, etc.)— no es común el empleo de *haber* para expresar la existencia; se expresa normalmente con *ser*. No se dice, por ejemplo, ***Hubo el accidente en esta esquina**, **There was the accident on this corner* sino **El accidente fue en esta esquina**, *The accident was on this corner.*[5] Nótese que la noción de existencia incluye también la de «acontecimiento» o «tener lugar». Ejemplos adicionales son:

(6) **La conferencia será (tendrá lugar) en el aula magna.**   The lecture will be (will take place) in the great hall.

(7) **Las fiestas eran (tenían lugar) en la plaza.**   The celebrations used to be (used to take place) in the plaza.

Si se trata de cuerpos físicos en lugar de acontecimientos, habrá que extender un poco más la noción de existencia frente a la localización. En el caso de personas o cosas que pueden mudarse de lugar con facilidad, *estar* expresa su localización con referencia a cierto punto o cierta área, tal como estudiamos ya en §3: **La pelota está delante de la puerta**, *The ball is in front of the door* o **Juan está en Nueva York**, *John is in New York* —y no se emplea *ser* en tales oraciones. Con los objetos inmóviles, en cambio, puede adoptarse dos puntos de vista: (1) el objeto referido puede tener varias posibilidades de localización, y en tal caso *estar* es empleado para indicar el acto de distinguir entre estas posibilidades (como en el caso de objetos movibles que acabamos de describir), siendo la localización, desde luego, el enfoque de interés; (2) el objeto referido tiene su lugar ya señalado o establecido,

---

[3] Es obvio que si una cosa existe, tiene que existir en alguna parte (o en algún tiempo); por lo tanto, puede omitirse la expresión de lugar en determinadas oraciones: **Hay tres hombres**, *There are three men.* Sin embargo, en tales casos el lugar se ha establecido anteriormente en la conversación.

[4] *Hay* deriva de *ha*, la 3ª persona del singular de *haber*, seguida de *y*, antigua expresión de lugar que significaba *ahí* o *allí*. Los otros tiempos del verbo *haber* usados para expresar la existencia no añaden *y*. Conviene añadir que en el habla popular de algunas regiones se oyen giros como *Habían tres sillas allí.* Tal uso no es aceptable como norma literaria.

[5] Por tratarse de un acontecimiento, no se diría tampoco **El accidente estuvo en esta esquina.* Se emplea el asterisco (*) para señalar una forma defectuosa o teórica.

y el hablante enfoca su interés en el hecho de su existencia. Compárense (a) y (b) abajo:

(8) a. **El depósito de municiones es** (*tiene su lugar*) **allí.**
The munitions dump is (*has its place*) there.

b. **El depósito de municiones está allí.**
The munitions dump is there. [*not in another place*]

(9) a. **Aquí es** (*tiene su lugar*) **mi casa.**
Here is my house. [*Its place is here.*]

b. **Aquí está mi casa.**
Here is my house. [*Of the possible locations, this is the one.*]

(10) a. **Aquí es.**
This is the place.

b. **Aquí está.**
Here it is.

(11) a. **¿Dónde es** (*tiene su lugar*) **la biblioteca?**
Where is the library? [*The speaker's principal interest is the library, and he needs its situation described; most appropriately used when one expects to receive directions as to how to get there.*]

b. **¿Dónde está la biblioteca?**
Where is the library? [*The speaker might expect an answer locating the library with respect to something else.*]

(12) a. **¿Dónde es?**
Where is the place?

b. **¿Dónde está?**
Where (In which place) is it?

Nótese que tanto en los ejemplos (6) y (7) como en el ejemplo **a** de (8) a (12) se parafrasea la noción de existencia con *tener* (*su*) *lugar*.

Lo que va dicho relativo al uso de *ser* con expresiones de localización y el empleo de los determinantes se aplica igualmente a la existencia de un acontecimiento en el tiempo.

La fiesta es mañana. The party is tomorrow.
El entierro fue ayer. The burial was yesterday.

Pero:

Hubo un entierro ayer. There was a burial yesterday.

En resumen, se emplea *ser* o *haber* para expresar la existencia (o un acontecimiento) en el espacio o en el tiempo, y se emplea *haber* cuando el objeto existente va acompañado del artículo indefinido u otra expresión de cantidad.[6] Se emplea *estar* cuando el enfoque de la oración es la localización.

APLICACIÓN

A. Para expresar en español:

1. There are several letters on the desk.
2. The letters are there on the desk.

---

[6] Tradicionalmente el español comenzaba un relato con *ser*: **Érase que se era una niña** . . . o **Érase una vez una niña** . . . , *Once upon a time there was a little girl* . . . Se dice más moderna y prosaicamente *Había una vez una niña* . . .

3. There will be some new students in the class tomorrow.
4. The meeting will be in this room.
5. When was the shooting (*el tiroteo*)?
6. Where was the shooting?
7. Where was there a shooting?

B. Explíquese el uso de *ser* y *estar*:

1. Uno de mis alojamientos (*lodgings*) fue en los altos (*top part*) de la casa.
2. Mi cuarto estaba en los altos de la casa.

6
Las oraciones intransitivas

Las siguientes oraciones pueden servir de ejemplos de las oraciones intransitivas:

1. **Ella canta.**   She is singing.
2. **El chico corrió muy rápidamente.**   The boy ran very swiftly.
3. **Juan y María vienen mañana de Madrid.**   John and Mary are coming tomorrow from Madrid.

La FV de la oración intransitiva puede constar del verbo solo, como en (1), o, como en (2), el verbo puede ir acompañado de una frase adverbial (FAdv), que describe la manera de efectuarse la acción verbal. (Se describe la FAdv detalladamente en el Capítulo VII.) Como se ve en (3), la FV de estas oraciones puede contener, además, una o más FPrep para expresar una variedad de conceptos como el tiempo, el origen, la destinación, etc. Se representa, pues, la FV intransitiva de la siguiente manera:

$$FV \rightarrow V \ (FAdv) \ (FPrep \ . . .)^{7}$$

7
Las oraciones transitivas y la *a* de persona

La FV de la oración transitiva incluye una FS obligatoria que se denomina el «complemento directo».

La explosión rompió la ventana.   The explosion broke the window.
Ellos están mirando el paisaje.   They are looking at the landscape.
Los niños escucharon unos discos anoche.   The children listened to a few records last night.

N.B. Como se ve en los últimos dos ejemplos, el uso de las preposiciones con los verbos no es siempre el mismo en español y en inglés. Lo que es complemento directo

---

[7] En esta forma la fórmula indica que la FAdv precede a la FPrep. Hay que advertir, sin embargo, que el orden de las palabras en español ofrece gran variación, sobre todo en lo tocante a la posición respectiva de las FAdv y las FPrep.

sin preposición en español puede corresponder a una construcción con preposición en inglés.

Si el complemento directo designa una persona, va introducido por la preposición *a*; véase también §73. Indicamos esta distinción entre la FS personal (+pers) y la impersonal (−pers) de la siguiente manera:

$$\text{FS} \quad \rightarrow \quad [+\text{pers}], [-\text{pers}]^8$$

Todo padre quiere a sus hijos.   Every father loves his children.
El policía prendió fácilmente al ladrón.[9]   The policeman caught the thief easily.
No vi a nadie allí a esa hora.   I didn't see anyone there at that time.

Como demuestran los ejemplos citados, la FV transitiva puede contener, además del complemento directo, las FAdv y las FPrep designadas en el caso de la FV intransitiva. Se representa, pues, la FV transitiva de la siguiente manera:

$$\text{FV} \quad \rightarrow \quad \text{V FS} \quad (\text{FAdv}) \quad (\text{FPrep} \ldots)$$

Con la descripción de la FV transitiva queda terminada la exposición de la FV básica (no derivada) del español. Pueden resumirse los cuatro tipos estudiados en la fórmula siguiente, que se denomina la **Regla 4**.

$$\textbf{Regla 4: } \text{FV} \quad \rightarrow \quad \left\{ \begin{array}{l} \text{cópula} \left\{ \begin{array}{l} \text{FS} \\ \text{FA} \\ \text{FPrep} \end{array} \right\} \quad (\text{FPrep} \ldots) \\ \text{V} \quad (\text{FS}) \quad (\text{FAdv}) \end{array} \right\}$$

$$\text{cópula} \quad \rightarrow \quad \left\{ \begin{array}{l} estar \left\{ \begin{array}{l} \text{FPrep}_{\text{loc}}^{\text{sit}} \\ \text{FA}_{\text{sit}} \end{array} \right\} \\ ser \end{array} \right\}$$

8
Los complementos indirectos

Tanto la oración transitiva como la intransitiva pueden incluir FPrep referentes a persona y que tienen una relación fija y reconocida con el verbo. Son las siguientes las FPrep que suelen llamarse «complemento indirecto»:

---

[8] Usamos corchetes cuadrados para encerrar rasgos o características de naturaleza semántica necesarios para ciertos procesos o efectos sintácticos. Como en este caso, son frecuentemente de carácter binario: [+pers], [−pers] son subdivisiones de los rasgos más inclusivos, [+animado], [−animado].

[9] En esta forma la oración da énfasis al complemento directo, *ladrón*. Al cambiar la posición del complemento directo, *El policía prendió al ladrón fácilmente*, se destaca más el adverbio. De una manera puramente convencional indicamos en la representación teórica de estas oraciones que el complemento directo precede a la FAdv. Sin embargo, el orden final de los elementos oracionales depende del énfasis deseado.

a. El complemento indirecto más típico indica una acción (o un sentimiento, etc.) dirigida hacia una persona o en dirección contraria.

Los niños se acercaron a su abuelo.   The children approached their grandfather.
Estoy muy agradecido a todos ustedes.   I am very grateful to all of you.
Ellos dan dinero a los pobres.   They give money to the poor.
Robaron mil pesos a ese pobre señor.   They stole a thousand pesos from that
  poor gentleman.

b. Las otras relaciones principales expresadas por el complemento indirecto son la posesión (que en esta construcción se expresa con *a*), y el «beneficio», que se indica con *a* o *para*.

Le lavaron la ropa al hombre.
$\begin{cases}\text{They washed the man's clothes.}\\\text{They washed the clothes for the man. }[not\ neces-\\\quad sarily\ his\ own]\end{cases}$

Lavaron la ropa para el hombre.   They washed the clothes for the man. [*for his benefit*]

Para resumir, lo que se denomina «complemento indirecto» incluye los siguientes tipos de FPrep: $\text{FPrep}_{\text{dirección}}$, $\text{FPrep}_{\text{posesión}}$, $\text{FPrep}_{\text{beneficio}}$.

APLICACIÓN

A. Indiquen si la oración es transitiva, intransitiva o copulativa (con *ser*, *estar* o un verbo de valor semejante):

1. Tu hermano vendrá con nosotros.
2. El estudiante que el médico trató está peor.
3. Todos quedaron libres.
4. El profesor cerrará la puerta.

B. Complétense con la *a* de persona si hace falta:

1. Miramos mucho tiempo____las pinturas del Museo del Prado.
2. ¿Escuchas____tu padre?
3. Estamos cansados de escuchar____este barullo.
4. ¿No ve usted____nadie desde la ventana?
5. ¿Considera usted____ese hombre como adversario?

C. Indiquen si el complemento indirecto expresa dirección, posesión, beneficio o una combinación de éstos:

1. La madre le limpió la cara al niño.
2. Entregué el informe al profesor.
3. Él ha traído muchos regalos para mí.
4. Le quitaron la herencia al joven.

9
Las interrogaciones y las transformaciones

a. En las preguntas a las que se responde con *sí* o *no* se eleva la voz al final de la oración.[10] En el lenguaje escrito se coloca normalmente el sujeto después del verbo. Si se espera o se busca el asentimiento del oyente, se usa *¿no?, ¿verdad?, ¿no es verdad?,* o *¿verdad que sí?,* etc., como elemento interrogativo al final de la pregunta.

¿Viene Juan mañana?   Is John coming tomorrow?
¿Juan viene mañana?   John's coming tomorrow?

Está tu colega⎫
Tu colega está⎭ **en Madrid, ¿no?**   Your colleague is in Madrid, isn't he?

Él no sabe hacerlo, ¿verdad?   He doesn't know how to do it, does he?

b. Si la pregunta emplea una palabra interrogativa, el sujeto sigue al verbo. La entonación es semejante a la del inglés. Las palabras interrogativas principales son: **¿qué?,** *what?;* **¿quién(es)?,** *who(m)?;* **¿cómo?,** *how?;* **¿cuándo?,** *when?;* **¿dónde?,** *where?;* **¿cuál(es)?,** *which (one, ones), what?;* **¿por qué?,** *why?;* **¿para qué?,** *for what purpose?;* **¿cuánto (a, os, as)?,** *how much (many)?*[11] Nótese que estas expresiones llevan siempre el acento escrito.

¿Por qué no vino Enrique?   Why didn't Henry come?
¿Cuántas pesetas tienes?   How many pesetas do you have?

N.B. Obsérvese que *¿cuál?* y *¿quién?* tienen formas de plural: **¿Cuáles te gustan?,** *Which* (pl.) *do you like?;* **¿Quiénes vinieron?,** *Who* (pl.) *came?*

Es importante también distinguir entre el uso de *ser* o *estar* con *¿cómo?:*

¿Cómo es el profesor?   ⎧What's the professor like?
⎩What kind of professor is he?

¿Cómo está el profesor?   How is the professor? [*his state of health*]

Ya que las oraciones interrogativas se distinguen semánticamente de las oraciones declarativas, debe manifestarse la diferencia en la estructura básica sintáctica; se resume la estructura de las oraciones interrogativas de la siguiente manera:

$$O \;\rightarrow\; [\text{interrogación}] \; \text{FS} \;\; \text{FV}$$

El elemento [interrogación] ocasiona la serie de cambios necesarios para convertir la estructura básica en la estructura superficial, es decir, en la forma que se usa normalmente en la lengua escrita o hablada, y que es la que se ha descrito en la primera parte de esta sección.

---

[10] Usando el orden normal de la interrogación en inglés, *Is he . . .?, Do they . . .?,* etc., no es necesario elevar la voz. Ya que en español es frecuente la colocación del sujeto después del verbo, aun en una afirmación, la elevación de la voz es obligatoria en la interrogación de este tipo.

[11] En el lenguaje popular o dialectal se emplea *¿qué tanto?* en vez de *¿cuánto?:* **¿Qué tantos libros tiene usted?,** *How many books do you have?*

Los cambios que convierten la estructura básica en la estructura superficial se denominan «transformaciones». Es importante hacer resaltar que las transformaciones no alteran, por lo menos en lo esencial, el sentido básico de la oración, es decir, no cambian la forma declarativa a la forma interrogativa, sino que ordenan y modifican los elementos ya incluidos en la estructura básica.

APLICACIÓN

Fórmense preguntas de las siguientes oraciones declarativas, (A) con la simple elevación de la voz, colocando el sujeto delante del verbo y también detrás de él,[12] y (B) usando *¿no?, ¿verdad?,* o *¿no es verdad?*

1. Tu hermano viene con nosotros.
2. Ustedes estuvieron aquí una vez.
3. El joven de la camisa verde ganó la carrera.
4. El hombre que conocimos ayer ha venido hoy.
5. El libro que compramos tiene algunas páginas en blanco.

10
La negación

a. En su forma más sencilla se expresa la negación colocando *no* delante del verbo.

Carlos no llegó ayer. Charles didn't arrive yesterday.

b. Si se emplean otras palabras negativas, como **nada**, *nothing* (*not . . . anything*); **nadie**, *no one* (*nobody, not . . . anyone*); **nunca**, *never* (*not . . . ever*); **tampoco**, *neither* (*not . . . either*), pueden colocarse éstas delante del verbo o después de él. En el segundo caso se emplea *no,* u otra palabra negativa, delante del verbo.

Nadie vino.
No vino nadie. } Nobody came.
No entiendo nada. I don't understand anything.
Nunca entiendo nada. I never understand anything.
Luis no viene tampoco. Louis isn't coming either.

N.B. *Jamás* es sinónimo de *nunca*, pero es de uso menos frecuente. Sin embargo, se emplea regularmente en ciertas oraciones interrogativas y superlativas; véanse §§99 y 134.

Como en el caso de la oración interrogativa, la estructura superficial de la oración negativa deriva de una serie de transformaciones ocasionadas por el elemento [negación] en la estructura básica.

---

[12] En una pregunta, si la FS, sujeto de verbo, es sensiblemente más larga que la FV, se coloca después de la FV.

Verificación y repaso

CUESTIONARIO

1. ¿De qué elementos sintácticos se compone la FS?
2. ¿De qué elementos sintácticos se compone la FV?
3. ¿Cuál es la función principal del verbo *ser*? ¿Del verbo *estar*?
4. ¿En qué circunstancias se emplea *ser* o *haber* para expresar la existencia?
5. ¿Cuáles son los elementos básicos de las oraciones intransitivas?
6. ¿Cuál es la función del complemento indirecto?
7. ¿Qué se entiende por el término, la «estructura básica»? ¿La «estructura superficial»?
8. ¿Dónde se colocan las palabras negativas respecto del verbo?

EJERCICIOS

A. Explíquese la diferencia entre:

1. (a) La profesora es joven.
   (b) La profesora está joven.

2. (a) Todo es igual.
   (b) Todo está igual.

3. (a) El paciente es muy débil.
   (b) El paciente está muy débil.

4. (a) El hombre es libre.
   (b) El hombre está libre.

5. (a) ¿Cómo es el novio de María?
   (b) ¿Cómo está el novio de María?

6. (a) La comida es sabrosa.
   (b) La comida está sabrosa.

B. Explíquese la diferencia entre:

1. (a) Toda mi fortuna es aquí.
   (b) Toda mi fortuna está aquí.

2. (a) ¿Dónde es la corrida de toros?
   (b) ¿Dónde está la plaza de toros?

3. (a) Todo su saber es en este libro.
   (b) Todo su saber está en este libro.

C. Para completar con *ser*, *estar* o *haber*, en el presente de indicativo. Si hay más de una posibilidad, explíquenlas:

1. Su amigo____en San Francisco. 2. Su amigo____de San Francisco. 3. En Nueva York____algunos amigos que pueden ayudarle. 4. El atleta____fuerte. 5. ____algunos atletas que____enfermos. 6. Las flores____secas.

D. Para completar con *a* si hace falta:

1. Pienso consultar____varios libros. 2. Pienso consultar____varios peritos en el asunto. 3. Me sorprendió____ese hombre. 4. Voy a sorprender____ese hombre. 5. No conozco____nadie en este pueblo. 6. No he visto____ninguno. [¿Si *ninguno* se refiere a una persona? ¿Si se refiere a una cosa?]

E. Para expresar en español:

1. The house is not old, and it is not in bad condition [Usen el plural.] either.
2. The teacher is very amusing, and the students are never bored.
3. The film is boring. The boys are restless, aren't they?
4. The shoe is pretty, isn't it? But it is [too] wide for me [Usen *me* ante la FV.]
5. The mountains are high, and there is a great deal of snow on the roads.
6. John is very strong, but today he is weak.
7. With whom did you talk? I never see anybody.
8. What's the fiancé like?—He is very close mouthed (silent).
9. The tourists aren't looking at anything, are they?
10. At times I ask favors of (*a*) that man [Usen *le* ante la FV.], but he is deaf [i.e., he won't listen to me.]

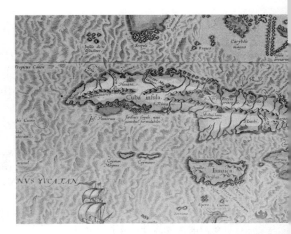

Mapas del area del Caribe y
México, tal como aparecieron
representados en el primer atlas
del mundo preparado por Abraham
Ortelius en 1570. (Los mapas
reproducidos aquí, pertenecen a la
primera edición inglesa, impresa
por John Norton en 1606.)
*Courtesy of Wm. L. Clemens
Library, University of Michigan,
Ann Arbor, Michigan.*

Los pronombres personales tónicos • El género del nombre • La morfología del nombre y del adjetivo • Los cambios ortográficos • Los determinantes • La oración de relativo • Las frases con la preposición *de*

11
Los pronombres personales tónicos

a. En el cuadro siguiente se presentan los pronombres que designan el sujeto del verbo.

	SINGULAR	PLURAL
Primera persona	**yo** I	**nosotros** we (*masc.*) **nosotras** we (*fem.*)
Segunda persona	**tú** you (*fam.*)	**vosotros** you (*fam., masc.*) **vosotras** you (*fam., fem.*)
Tercera persona	**él** he **ella** she **usted** you (*polite*)	**ellos** they (*masc.*) **ellas** they (*fem.*) **ustedes** you (*polite*)

Se usan *usted* y *ustedes*, formas de cortesía y de poca familiaridad, como variantes de la segunda persona, *tú* y *vosotros*. Aunque se refiere a la segunda persona, se usa *usted(es)* con la tercera persona del verbo. En el español de América, para el plural de *tú*, se emplea generalmente la forma *ustedes*.

b. Se usan estas mismas formas de los pronombres personales después de preposición, menos en el caso de las personas primera y segunda del singular, que se citan más abajo: e.g., **sin él**, *without him*; **con nosotros**, *with us*; **de ustedes**, *of you*. Las personas primera y segunda del singular tienen formas especiales: *mí* y *ti*. Además, se agrega la sílaba *-go* a las formas *mí* y *ti* después de la preposición *con*: *conmigo* y *contigo*.

Todas estas formas se llaman «tónicas», por ser elementos acentuados de la oración hablada.

APLICACIÓN

A. Cámbiense las formas pronominales de cortesía a las formas familiares, haciendo los otros cambios necesarios:

1. ¿Dónde pasó usted las vacaciones?
2. Es un regalo para usted.

18

3. No quieren ir de compras con ustedes.
4. ¿Visitaron ustedes el museo?
5. Él piensa cenar con usted.

B. Cámbiense las formas pronominales al singular, haciendo los otros cambios necesarios:

1. Ellas son muy exigentes.
2. Las novelas son para nosotros.
3. Nosotros compraremos los boletos para vosotros.
4. ¿Prefieren ustedes salir con nosotros?
5. ¿Cuántas personas vienen con vosotros?

12
El género del nombre

Se dividen los nombres del español en dos géneros, masculino y femenino.

a. En el caso de los nombres referentes a cosa inanimada [−animado], el género es puramente convencional o gramatical: los terminados en -*o* son «masculinos», los terminados en -*a* son «femeninos» y los terminados en consonante, uno u otro de los dos. Esta regla sufre algunas excepciones notables, entre las cuales se encuentran:

la mano (*fem.*)   the hand
el día (*masc.*)   the day
el clima (*masc.*)   the climate

N.B. *Clima* pertenece a un grupo importante de nombres masculinos, de origen griego, terminados en -*a*. Véase el Apéndice A, §170.

Los nombres terminados en -*umbre, -dad, -tad, -ie, -ción, -sión* son femeninos:

la muchedumbre   the crowd
la libertad   the liberty
la serie   the series
la extensión   the extension

b. Los nombres que llevan el rasgo [+pers] tienen el género apropiado, no obstante la terminación:

la modelo   the model (*fem.*)
el guía   the guide (*masc.*)
la testigo   the witness (*fem.*)
el guitarrista   the guitar player (*masc.*)
el conferenciante   the speaker (*masc.*)
la conferenciante   the speaker (*fem.*)
el artista   the artist (*masc.*)
la artista   the artist (*fem.*)

Hay en español muchas parejas de nombres como *el muchacho-la muchacha*; *el doctor-la doctora*, etc. En muchos casos la forma femenina es considerada forma propia, y no derivada de la forma masculina.

Excepciones importantes son **la persona**, *the person*, y **la víctima**, *the victim*, femeninos, y **el carácter (personaje)**, *character* (en una obra literaria), masculinos, que pueden referirse a hombre o a mujer. Véase también §58.

13
La morfología del nombre y del adjetivo

a. Los adjetivos terminados en *-o* concuerdan con el nombre que modifican, cambiando la *-o* en *-a* para el femenino. Los terminados en *-e* no tienen forma especial para el femenino.

el caballo blanco   the white horse
la yegua blanca   the white mare
el hombre ⎫
la mujer ⎬ **respetable**   the respectable ⎰man
 ⎱woman

Los adjetivos terminados en consonante, por regla general, no tienen forma distinta para el género femenino. Sin embargo, los adjetivos terminados en *-án, -ín*, *-ón* y *-or* y los adjetivos de nacionalidad[1] tienen forma femenina en *-a*.

el uniforme militar   the military uniform
la condecoración militar   the military decoration
el paisaje francés   the French landscape
la ciudad francesa   the French city
una chica holgazana   a lazy girl

N.B. Los adjetivos de nacionalidad llevan letra minúscula en español, a distinción del uso en inglés.

b. Los nombres y los adjetivos terminados en vocal inacentuada forman el plural añadiendo *-s*. Los terminados en consonante (en *-y* inclusive) añaden *-es*. Para el plural de nombres y adjetivos terminados en vocal acentuada, véase §149.

Singular	*Plural*
la casa grande the large house	**las casas grandes**
la modelo perfecta the perfect model (*fem.*)	**las modelos perfectas**
la torre blanca the white tower	**las torres blancas**
el papel azul the blue paper	**los papeles azules**
la ley española the Spanish law	**las leyes españolas**
el inglés hábil the skillful Englishman	**los ingleses hábiles**

c. El género de los sustantivos referentes a los animales [+animado] [−pers] sigue un criterio mixto. Los animales familiares diferencian el sexo: **perro**, *dog*,

---

[1] Nótense las excepciones **astur**, *Asturian*, y **balear**, *Balearic*, que no tienen forma femenina en *-a*.

perra, *dog* (fem.), *bitch*; **caballo**, *horse*, *stallion*, **yegua**, *mare*, etc. En otros casos los sustantivos llamados «epicenos» tienen un género gramatical invariable: **el tigre**, *tiger* (masc. y fem.) (pero, popularmente, **la tigra**); **la comadreja**, *weasel* (masc. y fem.).

d. Con las ciudades de género femenino es corriente el empleo del masculino al referirse a los habitantes: **Todo Guadalajara asistió a la función**, *All Guadalajara attended the affair*; **el Nueva York latino**, *Latin New York*, etc. De otro modo asumen el género normal: **Toda Guadalajara fue inundada**, *All Guadalajara was flooded*; **(La) Nueva York entera quedó paralizada**, *All New York was paralyzed*.

14
Los cambios ortográficos

Al formarse el plural del nombre o del adjetivo (**a**) la -*z* final se cambia en -*c*-; (**b**) la -*c* final se cambia en -*qu*-; (**c**) las palabras en las cuales la sílaba final acentuada termina en -*n* o -*s* pierden el acento escrito, y (**d**) si la sílaba final terminada en -*n* no lleva acento prosódico,[2] debe suplirse un acento escrito.

	Singular	*Plural*
(**a**) **la raíz**	the root	**las raíces**
(**b**) **el crac**	the cracking noise	**los craques**
(**c**) **el avión**	the airplane	**los aviones**
cortés	courteous	**corteses**
(**d**) **el joven**	the young man	**los jóvenes**

Para los cambios ortográficos asociados con los verbos, véase §30.

Preguntas

1. ¿De qué género es el sustantivo *clima*? *¿persona? ¿costumbre? ¿serie? ¿víctima?*
2. ¿Qué adjetivos terminados en consonante tienen forma femenina en -*a*?
3. ¿Cómo se forma el plural de los nombres que terminan en -*y*?
4. ¿Qué nombres y adjetivos pierden el acento escrito en el plural?
5. ¿Qué nombres y adjetivos necesitan un acento escrito en el plural?

Aplicación

A. Para cambiar al plural:
1. el agua azul
2. un lápiz amarillo
3. la reunión dominical
4. el frac brasileño
5. una joven inglesa
6. una ley difícil
7. un inglés cortés
8. el hacha militar alemana
9. el pobre artista irlandés
10. el caluroso clima meridional

---

[2] Se distingue entre el acento ortográfico o escrito (´) y el acento prosódico, la acentuación de la voz que trae cada palabra por naturaleza.

B. Para completar con la forma femenina del adjetivo:

1. un muchacho burlón / una muchacha____
2. unos jóvenes fanfarrones / unas jóvenes____
3. un libro desmoralizador / una conducta____
4. un baile mallorquín / una fiesta____

15
Los determinantes

Los determinantes principales son: (**a**) el artículo definido, (**b**) el artículo in-definido, (**c**) el demostrativo, y (**d**) el posesivo. Los tres primeros distinguen género y número, según el cuadro siguiente:

MASCULINO

		Singular		*Plural*	
(a)	el	the	los	the
(b)	un	a	unos	some
(c)	este	this	estos	these
	ese	that	esos	those
	aquel	that	aquellos	those

FEMENINO

		Singular		*Plural*	
(a)	la	the	las	the
(b)	una	a	unas	some
(c)	esta	this	estas	these
	esa	that	esas	those
	aquella	that	aquellas	those

N.B. De las dos palabras que llevan la traducción inglesa *that*, **ese** significa algo relativamente cercano, física o sicológicamente. **Aquel** se refiere a algo más apartado y remoto.

Ese libro es de usted.   That book is yours.
Aquel país aislado es difícil de visitar.   That isolated country is difficult to visit.

El artículo definido masculino se combina con las preposiciones *de* y *a* para formar una sola palabra, *del* y *al*.

las páginas del libro   the pages of the book
Llegamos al pueblo.   We arrived at the town.

El artículo femenino singular tiene una forma especial *el*, que se usa ante nombre que comienza por *a-* o *ha-* acentuadas.[3]

---

[3] Con frecuencia se usa la forma del artículo indefinido *un* ante nombre femenino que lleva *a* acentuada como sonido inicial: *un águila* o *una águila*, etc., pero no hay norma fija a este respecto.

el agua   the water
el águila   the eagle
el hacha   the axe *or* hatchet

PERO: **las aguas, las águilas, las hachas.**

d. El posesivo distingue el género en las personas primera y segunda del plural: *nuestro, -a,* y *vuestro, -a.* Es importante observar que existe una forma única y generalizada de la tercera persona que equivale al inglés *his, her, its, their* y *your* (referente esta última forma a *you* cuando este pronombre corresponde a **usted, ustedes**). Se añade *-s* para formar el plural. En el cuadro siguiente se comparan las formas posesivas con las formas de los pronombres que designan el sujeto:

yo	mi	nosotros, -as	nuestro, -a
tú	tu	vosotros, -as	vuestro, -a
él ella usted	su	ellos ellas ustedes	su

mi padre   my father
mis parientes   my relatives
tu tarea   your (*fam.*) homework or task
nuestras amigas   our friends
su conducta   {his, her, their, your (*polite sing.* and *pl.*)}   conduct
vuestros vestidos   your (*fam. pl.*) dresses

APLICACIÓN

A. Para completar con el artículo —definido o indefinido— que parezca más apropiado:

1. ____país necesita____constitución más liberal.
2. ____ama de llaves era____mujer de cara adusta.
3. ____libertad es____problema que interesa a____filosofía y a____sicología.
4. ____mano del presidente puso en marcha____sistema de comunicaciones.
5. ____caries son a veces el resultado de____mala alimentación.

B. Sustituyan el artículo definido con el determinante demostrativo, según las indicaciones:

1. La carta [que yo tengo] llegó ayer.
2. El restaurante [en que estamos] sirve una comida sabrosa.
3. Las ciudades [en un país lejano] son difíciles de conocer.
4. Los libros [que usted tiene] son de la biblioteca.
5. La filosofía [casi desconocida] es muy oscura.

C. Fórmese una oración nueva empleando el determinante posesivo en lugar de las expresiones en cursiva:

1. *El* tío *de mi madre* llegó ayer.
2. *Las* armas *de los rusos* son muy avanzadas.
3. *Los* guías *de la empresa* piden mucho dinero.
4. *El* emperador *de los japoneses* era semidivino.
5. *Esta* manía *de usted* es un problema.

16
La oración de relativo

Considérense las oraciones siguientes:

(1) Los hombres que usted vio vienen mañana. The men (that) (whom) you saw are coming tomorrow.
(2) No conozco a la chica que vive abajo. I don't know the girl who lives below.
(3) La crisis de que hablamos ha pasado ya. The crisis we spoke about has now passed.

En (1) la oración (*que*) *usted vio* modifica o califica al S, *hombres*, sujeto de la oración matriz o principal; en (2) (*que*) *vive abajo* modifica al S, *chica*, complemento directo de la matriz, según ya se hizo constar en la primera línea de la **Regla 2**, §1:

$$FS \rightarrow \left\{ \begin{matrix} (D) & S & \left(\begin{Bmatrix} FPrep \\ O \end{Bmatrix} \right) \\ O & & \end{matrix} \right\}$$

En (3) una FPrep modifica *crisis*; la O, (*que*) *hablamos*, ocupa el lugar de la FS de la FPrep, según lo establecido en la segunda línea de la Regla 2.

Se puede representar el proceso de la derivación de la estructura superficial de (1) de la manera siguiente (se indican los transformaciones con flecha doble):

*Los hombres —usted vio a los hombres— vienen mañana.	⇒	*Los hombres —a los hombres usted vio— vienen mañana.	⇒	Los hombres que usted vio vienen mañana.

Como está previsto en la Regla 2, se combinan dos oraciones de esta manera si comparten *un sustantivo de referencia idéntica* (*hombres*, en el ejemplo citado). Como demuestra este mismo ejemplo, si el sustantivo de la oración subordinada es complemento y no sujeto, la primera transformación lo coloca a la cabeza de la oración subordinada; al eliminarse el segundo S de referencia idéntica, lo sustituye el pronombre relativo *que*. Este proceso se llama la «relativización» o la «subordinación adjetiva».[4]

---

[4] Como se explica en el Glosario, bajo «Estructura básica», representamos las derivaciones la mayoría de las veces, en forma de estructura superficial modificada; la estructura básica puede ser, en realidad, de naturaleza más abstracta.

17
Las frases con la preposición *de*

En §2 se vio la inclusión de una FPrep en las FV con *ser*. La FPrep con *de* expresa varias relaciones esenciales, entre las cuales conviene mencionar (1) la posesión, (2) la sustancia, y (3) la procedencia:

(**1**) **El reloj es de mi padre.**   The watch is my father's.
(**2**) **La casa es de piedra.**   The house is (of) stone.
(**3**) **El hombre es de Madrid.**   The man is from Madrid.

Nótese que en inglés se expresan estas mismas relaciones mediante giros de varios tipos: *'s, of*, el uso de una FS sin preposición, etc.

Cuando usamos una expresión como **el reloj de mi padre**, *my father's watch*, por ejemplo, una FS modifica directamente a otra. Para derivar tales expresiones empleamos el mismo proceso de relativización que acabamos de describir en §16:

Tengo el reloj —el re-   ⇒   Tengo el reloj que es   ⇒   Tengo el reloj de mi
   loj es de mi padre.   de mi padre.   padre.

La tercera transformación elimina la porción de la oración de relativo con *ser*, ya que no es esencial en la interpretación total de la oración compuesta. Con esta eliminación el sustantivo *reloj* y la FPrep *de mi padre* quedan, *por derivación*, dentro de la misma FS. Ejemplos semejantes son:

Vivimos en la casa que es de piedra.   ⇒   Vivimos en la casa de piedra.
Hablamos con el hombre que es de   ⇒   Hablamos con el hombre de Madrid.
   Madrid.

En el Capítulo IV se emplea el mismo proceso para incorporar el adjetivo en la FS.

N.B. Deben distinguirse las FS derivadas de la oración de relativo —por ejemplo, *el profesor de España* (*el profesor que es de España*)— de las derivadas de la primera línea de la Regla 2 —*el profesor de español*, por ejemplo— que no deriva de **el profesor que es de español*.

APLICACIÓN

A. A base del adjetivo o la expresión adjetiva en cursiva, fórmese una oración de relativo, como en el modelo:

   MODELO: La puerta de dos hojas   La puerta que tiene dos hojas conduce
      conduce a la calle.   a la calle.

1. Mi primo vive en aquella casa *de muchas ventanas*.
2. El reloj *de oro* vale mucho más que el otro.
3. El piso *de abajo* tiene más comodidades.
4. El profesor *español* será nuestro guía.

B. Para expresar en español:

1. Do they want to go without you (*fam. sing.*)?
2. These Spanish customs are of Arabic origin.
3. Their Spanish teacher can come with us. [De las dos interpretaciones posibles de *Spanish teacher*, ¿cuál deriva de oración de relativo?]
4. The map of Spain that is in the classroom is (of) plastic.
5. That man who is in the hospital is the victim of their carelessness.

Verificación y repaso

CUESTIONARIO

1. ¿Cómo se expresa en el español de América el plural del pronombre personal *tú*?
2. ¿Qué formas especiales de los pronombres tónicos se emplean después de preposición?
3. ¿De qué manera difiere el significado del empleo de los términos «masculino» y «femenino» al aplicarse a S [—animado] y a S [+pers]? ¿Qué se puede decir de los animales ([+animado], [—pers])?
4. ¿Qué adjetivos terminados en consonante tienen forma femenina en -*a*?
5. ¿Cómo es ambiguo el posesivo *su*?
6. ¿Cómo se distinguen los demostrativos *ese* y *aquel*?
7. Expliquen las etapas que se realizan en el proceso generativo que se llama la «relativización».
8. ¿Qué relaciones pueden expresar las FPrep con *de*?

EJERCICIOS

A. Para completar con el artículo —definido o indefinido— que parezca más apropiado.

1. Él quiere___flores para___artista de cine.
2. Marte es___planeta que está más cerca de___tierra.
3. ___lumbre no penetra___oscuridad.
4. ___panorama desde___avión parece___mapa.
5. ___legumbre es___especie de raíz.

B. A base del adjetivo o la expresión adjetiva en cursiva, fórmese una oración de relativo:

1. Este señor *aquí* vio el accidente.
2. Esas ventanas *grandes* admiten más luz.
3. La torre *más alta* está situada en una colina.
4. Los hombres *de allí* son los responsables.

C. Citen la forma indicada:

1. El plural de: el acta / el ala / una mujer habladora / un hombre fanfarrón / una mujer leal.

2. La forma femenina —si es que la tiene— correspondiente a: el testigo / el doctor / el comunista / el carácter / el caballo / el orangután.

D. Para expresar en español:

1. They are here with me. Can they go with you (*fam. sing.*)?
2. All Seville is enjoying the marvellous climate [two possibilities of interpretation].
3. You (*fam. masc. pl.*) are very courteous with (*para con*) them.
4. That artist has a very sure hand.
5. Listening to (To listen to) those Andalusian students is an amusing thing.
6. The student who arrived yesterday is Maria Luisa's friend.
7. Nobody knows that the German novelist (*masc.*) is from Berlin.
8. Those drivers are implicated in a series of accidents.
9. These lights are very feeble. [¿Cómo varía el sentido según se use *ser* o *estar*?]
10. The principal character of that drama is an excessively sentimental young lady. [Colóquense los adjetivos después de los sustantivos.]

Relieve en piedra que ilustra las
guerras de la conquista en
Guatemala. Edificio de Asistencia
Social, Ciudad Guatemala. *Fotografía
de Peter Menzel.*

En la Plaza de las Tres Culturas
en Ciudad México están representados los diferentes elementos que
han contribuido a darle forma, no
solamente al México de hoy, sino
también a la mayoría de los
países latinoamericanos: la
herencia india precolombina y el
pasado colonial. *Foto de Peter
Menzel.*

Las conjugaciones del español • Los tiempos simples • Los tiempos derivados • Cambios especiales en el presente de indicativo y su extensión al subjuntivo • Verbos que cambian la vocal de la raíz en el presente • Verbos que cambian la vocal radical en el pretérito • Verbos irregulares • Los cambios ortográficos en la conjugación verbal • El pronombre tónico y el pronombre átono

18
Las conjugaciones del español

El verbo conjugado muestra dos patrones principales: (a) uno con la vocal característica *a*, y (b) otro con las vocales características *e/i*. Estos dos patrones, que se reconocen en la vocal de la última sílaba del infinitivo, agrupan los verbos regulares en dos conjugaciones. Se ilustran las dos en el tiempo presente en el cuadro siguiente:

	(a) tipo **tirar**		(b) tipo **comer/escribir**
	o		o
	as		es
tir	a	com, escrib	e
	amos		emos, imos
	áis		éis, ís
	an		en

Nótese que la alternancia *e/i* se encuentra sólo en tres formas: en el infinitivo y en las personas primera y segunda del plural del presente de indicativo. Aparece también en otra forma que no se ha citado arriba, el plural del imperativo; véase §28.[1]

19
Los tiempos simples

Se forman de la raíz verbal, que no tiene existencia independiente, a la cual se añaden ciertas terminaciones que indican tiempo, modo y persona. *Hablan*, por

---

[1] Se han agrupado los verbos regulares en dos conjugaciones para destacar las semejanzas básicas de los verbos terminados en *-er* e *-ir*. En algunos casos que trataremos más adelante, sin embargo, será útil separar los verbos terminados en *-er* de los terminados en *-ir*.

ejemplo, se compone de la raíz *habl-*, más *-a-*, que indica el presente de indicativo (en esta conjugación), y *-n*, que indica la 3ª persona del plural. Véase el Apéndice, §164, para la conjugación completa de las formas simples del verbo.

Se designan estos tiempos según el cuadro siguiente:

NOMBRE		FORMA	
Presente de indicativo o «presente»	Present indicative or present	Hablo, hablas, etc.	I speak, you speak, etc.
Pretérito perfecto absoluto o «pretérito»	Preterite	Hablé, hablaste, etc.	I spoke, you spoke, etc.
Pretérito imperfecto o «imperfecto»	Imperfect	Hablaba, hablabas, etc.	I spoke (was speaking, used to speak), you spoke, etc.
Presente de subjuntivo	Present subjunctive	Hable, hables, etc.	I speak, you speak, etc. (*No tiene traducción especial*)
Pretérito imperfecto de subjuntivo o «imperfecto de subjuntivo»	Imperfect or past subjunctive	Hablara (hablase), hablaras (hablases), etc.	I spoke, you spoke, etc. (*No tiene traducción especial*)

20
Los tiempos derivados

Se basan los tiempos derivados en una forma verbal que puede existir independientemente, más una forma del verbo *haber*. Se forma *han hablado*, por ejemplo, del participio pasado (V_{do}), *hablado*, anteponiéndole la 3ª persona del plural del presente de *haber*.[2] Se forma el futuro, *hablarán*, por ejemplo, del infinitivo *hablar*, agregándole la misma forma de *haber* sin *h*.[3]

---

[2] Los tiempos formados de *haber* + V_{do} se llaman «compuestos», lo cual se refiere tanto a su significación como a su forma.

[3] Para formar la 2ª persona del plural del futuro, se reduce *habéis* a *-éis*, para dar *hablaréis*. En la formación del futuro hipotético se abrevian todas las formas del imperfecto de *haber*: (*hab*)*ía*, (*hab*)*ías*, etc.

Se designan estos tiempos como se indica en el cuadro siguiente:

NOMBRE		FORMA	
Pretérito perfecto actual o «perfecto actual»	Present perfect	He hablado, has hablado, etc.	I have spoken, you have spoken, etc.
Pluscuamperfecto	Past perfect or pluperfect	Había hablado, habías hablado, etc.	I had spoken, you had spoken, etc.
Futuro	Future	Hablaré, hablarás, etc.	I shall (will) speak, you will speak, etc.
Futuro hipotético o Condicional	Conditional	Hablaría, hablarías, etc.	I should (would) speak, you would speak, etc.

Además de estos tiempos existen otros de uso menos frecuente formados de V_{do} y el pretérito, futuro y futuro hipotético de *haber*: **hube hablado**, *I had spoken*; **habré hablado**, *I shall (will) have spoken*; **habría hablado**, *I should (would) have spoken*. Véase el Apéndice, §164.

En el subjuntivo existen las formas *haya hablado*, que corresponde a *he hablado* del indicativo, y *hubiera (hubiese) hablado*, que corresponde a *había (o hube) hablado*.

Se usa el infinitivo que corresponde a la forma del perfecto actual para expresar tiempo pasado: **(El) Haber venido fue un error**, *To have come (Having come) was a mistake*; **Basta haberlo leído**, *It is sufficient to have read it*.

PREGUNTAS

1. ¿Cómo se distinguen los dos patrones principales que muestran los verbos regulares en español?
2. ¿En qué formas de los verbos terminados en *-er* e *-ir* se encuentra la alternancia *e/i*?
3. ¿Qué indican las terminaciones que se añaden a la raíz verbal para formar los tiempos simples?
4. ¿Cómo se llaman en español los tiempos verbales en que se encuentran las formas siguientes del verbo *tirar*: tirarían, tiré, tirarás, tiremos, tirara, habías tirado, han tirado?
5. ¿Qué verbo se usa para formar los tiempos derivados?

APLICACIÓN

Cambien el tiempo del verbo al futuro de indicativo y luego al pretérito:

1. ¿Comes en casa?
2. Ceno con Juan.
3. Ella charla contigo.
4. ¿Escribís muchas cartas?
5. Corremos hacia la calle.
6. ¿Cuántos existen?
7. Usted mira el reloj.
8. Abren la ventana.
9. No comprendéis nada.
10. Tiramos de la soga.

21
Cambios especiales en el presente de indicativo y su extensión al subjuntivo

a. Muchos verbos de uso frecuente agregan una *g* ante la *o* de la 1ª persona del presente. Este cambio ocurre también ante *a* en el presente de subjuntivo.

caer: caigo; caiga, caigas, etc.
oír: oigo; oiga, oigas, etc.
poner: pongo; ponga, pongas, etc.
salir: salgo; salga, salgas, etc.
tener: tengo; tenga, tengas, etc.
traer: traigo; traiga, traigas, etc.
venir: vengo; venga, vengas, etc.

b. Se agrega una *c* ante *o* en los verbos de más de dos sílabas terminados en *-ecer*, *-ocer* y *-ucir* (y en algunos de dos sílabas, como *crecer*, *nacer*); al mismo tiempo se conserva la *c* del infinitivo como *z*. Como en los verbos de (**a**), se extienden estos cambios al presente de subjuntivo.

pertenecer: pertenezco; pertenezca, pertenezcas, etc.
conocer: conozco; conozca, conozcas, etc.
conducir: conduzco; conduzca, conduzcas, etc.
traducir: traduzco; traduzca, traduzcas, etc.

c. Algunos verbos que terminan en *-iar* o en *-uar* (como *variar* y *continuar*) acentúan la *i* y la *u* en todas las personas del singular y en la tercera persona del plural del presente de indicativo y del presente de subjuntivo; véase también el Apéndice, §166.

variar: varío, varías, varía, varían; varíe, varíes, etc.
continuar: continúo, continúas, continúa, continúan; continúe, continúes, etc.

d. Cuando el acento cae sobre la *o* de la 1ª persona del singular del presente de indicativo, la *-o* se cambia en *-oy*.

dar: doy
estar: estoy

ir (la raíz del presente es *v-*): **voy**
ser: soy

22
Verbos que cambian la vocal de la raíz en el presente

Típicos del español son los verbos que cambian la vocal de la raíz en el presente cuando ésta lleva el acento prosódico, o sea, en todas las formas menos en las personas 1ª y 2ª del plural. Se ofrecen tres tipos: (**a**) la vocal *e* se cambia en *ie*, (**b**) la *o* se cambia en *ue*, y (**c**) la *e* se cambia en *i*. El tipo (**c**) se restringe a los verbos con el infinitivo en *-ir*.

(a) tipo **pensar**	(b) tipo **contar**	(c) tipo **pedir**
pienso	cuento	pido
piensas	cuentas	pides
piensa	cuenta	pide
pensamos	contamos	pedimos
pensáis	contáis	pedís
piensan	cuentan	piden

En el vocabulario se indican los verbos de los tipos (a) y (b) de la manera siguiente: *pensar* (ie), *contar* (ue). A causa del cambio adicional que se explica en el párrafo siguiente, se indican los verbos del tipo (c) de la manera siguiente: *pedir* (i, i). Los mismos cambios ocurren en las mismas circunstancias en el presente de subjuntivo de los tipos (a) y (b); en el tipo (c), se extiende el cambio vocálico a todas las personas del subjuntivo y al gerundio (V_{ndo}): pidiendo.

23
Verbos que cambian la vocal radical en el pretérito

En los verbos del tipo (c), el cambio de *e* en *i* ocurre también en el pretérito, pero sólo en la 3ª persona, singular y plural:

pedí, pediste, pidió, pedimos, pedisteis, pidieron

Algunos verbos en -*ir* participan de los dos tipos de cambios citados arriba, *e* en *ie* en el presente y *e* en *i* en el pretérito, como se ve en el verbo siguiente:

TIPO **mentir**

Presente	*Pretérito*
miento	mentí
mientes	mentiste
miente	mintió
mentimos	mentimos
mentís	mentisteis
mienten	mintieron

Se denotan tales verbos (ie, i) en el vocabulario.

Los verbos *dormir* y *morir* constituyen un caso especial. Se cambia en *ue* la *o* de la raíz en las formas acentuadas del presente, y se cambia la *o* en *u* en la 3ª persona, singular y plural, del pretérito y en el gerundio, para dar **durmió**, **durmieron**; **murió**, **murieron**. Se denotan (ue, u) en el vocabulario.

APLICACIÓN

Cámbiese el infinitivo a la forma indicada (a) del presente de indicativo, (b) del presente de subjuntivo, y (c) del pretérito:

1. tú *conocer*
2. él *sentir* (ie, i)
3. yo *enviar*
4. nosotros *crecer*
5. yo *merecer*
6. él *sentarse* (ie)

7. usted *continuar*
8. él *pedir* (i, i)
9. ellos *volver* (ue)
10. yo *salir*
11. ellos *dormir* (ue, u)
12. yo *mentir* (ie, i)

24
Verbos irregulares

Cuando la conjugación de un verbo contiene dos o más de los cambios citados en las secciones anteriores o cuando incluye ciertos patrones menos comunes, se designa este verbo como irregular. Para las principales formas divergentes, consúltese el Apéndice, §167. Entre las irregularidades conviene señalar los siguientes casos importantes:

a. En algunos verbos comunes el presente de subjuntivo tiene formas especiales: *haber*, haya; *ir*, vaya; *saber*, sepa; *ser*, sea.[4]

b. Ciertos verbos que terminan en -*er* tras vocal (como *caer*, *creer*, *leer*) cambian una *i* inacentuada entre vocales en *y*. Esto ocurre en la tercera persona, singular y plural, del pretérito de indicativo, en todo el imperfecto de subjuntivo y en el gerundio.

*creió[5] > **creyó**; *creieron > **creyeron**
*creiera, *creiese > **creyera, creyese**, etc.
*creiendo > **creyendo**

c. Los verbos que terminan en -*uir* (menos los terminados en -*guir* y -*quir*) agregan una *y* ante *o, a, e*.

concluir: concluyo, concluyes, concluye, concluyen; concluya, concluyas, etc.; concluyó, concluyeron; concluyera (concluyese), etc.; concluyendo

d. En el pretérito regular la característica predominante es la acentuación de la terminación (-*é*, -*aste*, -*ó*, etc.; -*í*, -*iste*, -*ió*, etc.). En muchos verbos comunes, sin embargo, se sigue otro patrón: en las personas 1ª y 3ª del singular el acento cae sobre la raíz verbal y, además, ocurre un cambio de la vocal —y, en muchos casos, de la consonante— de la raíz. El imperfecto de subjuntivo sigue el mismo patrón. En la 1ª persona se agrupan los verbos como sigue:

decir: **dije**; **dijera** (-ese)
hacer: **hice**; **hiciera** (-iese)
querer: **quise**; **quisiera** (-iese)

---

[4] Recuérdese, además, la adición de *g, c*, en las formas del subjuntivo citadas en §221(a) y (b).
[5] Se emplea el asterisco (*) para indicar una forma o expresión teórica o defectuosa.

poder: **pude**; **pudiera** (-iese)
poner: **puse**; **pusiera** (-iese)
saber: **supe**; **supiera** (-iese)

traer: **traje**; **trajera** (-ese)
conducir: **conduje**; **condujera** (-ese)
traducir: **traduje**; **tradujera** (-ese)

haber: **hube**; **hubiera** (-iese)
andar: **anduve**; **anduviera** (-iese)
estar: **estuve**; **estuviera** (-iese)
tener: **tuve**; **tuviera** (-iese)

En el caso de los verbos *dar*, *ir* y *ser*, las formas correspondientes son: *dar*: di; diera (-iese); *ir*: fui, fuera (-ese); *ser*: fui, fuera (-ese).

e. Tres verbos tienen formas irregulares en el imperfecto: *ir*, iba; *ser*, era; *ver*, veía.

f. La base del futuro y del futuro hipotético de algunos verbos (1) tiene una forma corta especial, (2) elimina la *e* del infinitivo, o (3) añade *d*, después de eliminar la vocal del infinitivo.

(1)   decir: **diré**, **diría**
      hacer: **haré**, **haría**

      PERO bendecir: bendeciré,
      bendeciría

(2)   caber: **cabré**, **cabría**
      haber: **habré**, **habría**
      poder: **podré**, **podría**
      querer: **querré**, **querría**
      saber: **sabré**, **sabría**

(3)   poner: pon**d**ré, pon**d**ría
      salir: sal**d**ré, sal**d**ría
      tener: ten**d**ré, ten**d**ría
      venir: ven**d**ré, ven**d**ría

g. El participio pasado de algunos verbos muy frecuentes tiene forma irregular:

abrir: **abierto**
cubrir: **cubierto**
decir: **dicho**
escribir: **escrito**
freír: **frito** (*o*
   freído)

hacer: **hecho**
imprimir: **impreso** (o **imprimido**)
matar: **muerto** (o **matado**)
morir: **muerto**
proveer: **provisto** (o **proveído**)

prender: **preso** (*o* **prendido**)
resolver: **resuelto**
romper: **roto** (*o* **rompido**)
ver: **visto**
volver: **vuelto**

25
Los cambios ortográficos en la conjugación verbal

Estos cambios incluyen los mencionados en el caso del nombre y del adjetivo (§14, **a** y **b**), más otros adicionales privativos del verbo. Conviene notar que los cambios no modifican el sonido del verbo, sino que sirven para ajustar la ortografía al sonido.

(a) *z* ante *a* se cambia en *c* ante *e*. *Alcanzar:* **alcancé**, **alcancemos**.

(b) *c* ante *e|i* se cambia en *z* ante *o|a*. *Vencer:* **venzo**, **venzamos**.

(c) *c* ante *a* se cambia en *qu* ante *e*. *Buscar:* **busqué**, **busquemos**.

(d) *g* ante *e|i* se cambia en *j* ante *a|o*. *Dirigir:* **dirijo**, **dirijamos**.

(e) *g* ante *a* se cambia en *gu* ante *e*. *Cargar:* **cargué**, **carguemos**.

(f) *gu* ante *a* se cambia en *gü*, ante *e*. *Averiguar:* **averigüé**, **averigüemos**.

APLICACIÓN

A. Cámbiese el infinitivo a la forma indicada (a) del presente de indicativo, (b) del presente de subjuntivo, y (c) del imperfecto de subjuntivo:

1. yo *concluir*
2. tú *traer*
3. yo *averiguar*
4. nosotros *ir*
5. yo *saber*

6. yo *poner*
7. yo *pegar*
8. yo *empezar* (ie)
9. yo *buscar*
10. yo *conducir*

B. Cambien el tiempo del verbo (a) al imperfecto de indicativo, (b) al futuro, y (c) al perfecto actual:

1. Salimos todos los días.
2. Él quiere charlar contigo.
3. Hacéis muchos errores.
4. Soy el primero de la clase.
5. Él vuelve de la biblioteca.

6. ¿Quiénes vienen con ellos?
7. Juan no dice la verdad.
8. Miguel no puede hacerlo.
9. ¿Ve usted a María?
10. Ella muere muy joven.

26
El pronombre tónico y el pronombre átono

Los pronombre personales que designan el sujeto, así como los pronombres que siguen a preposición (citados ya en §11), son pronombres tónicos, es decir, son formas acentuadas. Existen también en español pronombres átonos (átono = sin acento), que acompañan al verbo para designar el complemento directo o indirecto. En una oración declarativa, de estilo normal y sin infinitivo, el pronombre átono (At) se coloca de acuerdo con la siguiente estructura superficial:

$$FV \rightarrow (no) \quad At \quad V$$

a. Las formas del pronombre átono indirecto (At_i) tienen la correspondencia indicada abajo con los pronombres tónicos, término de preposición:

FPrep tónica	At_i	FPrep tónica	At_i
a mí	me	a nosotros (-as)	nos
a ti	te	a vosotros (-as)	os
a él, ella, usted	le	a ellos (-as), ustedes	les

El At$_i$ debe acompañar el verbo siempre, aun cuando se emplee la FPrep tónica correspondiente en la misma FV. El empleo de la FPrep tónica da un énfasis especial a la FV. Si no se quiere tal énfasis, se omite. Compárense:

Le di los regalos a ella. I gave the presents to *her*.
Le di los regalos. I gave her the presents.

El muchacho les entregó los papeles a ellos. The boy handed the papers to *them*.
El muchacho les entregó los papeles. The boy handed them the papers.

Él me compró un libro a mí. He bought a book for (*or* from) *me*.
Él me compró un libro. He bought me a book (*or* . . . a book from me).

N.B. No es aceptable decir: **Di los regalos a ella*, **El muchacho entregó los libros a ellos*, **Él compró un libro a mí*.[6]

Las formas *le* y *les*, empleadas sin la FPrep tónica, pueden resultar ambiguas, ya que cada una puede referirse a tres formas. Si el contexto no aclara la referencia, no se omite la FPrep tónica.

b. Las formas átonas correspondientes al complemento directo (At$_d$) son las mismas que las del At$_i$ a excepción de las de la 3ª persona, que distinguen el género con *lo* y *los*, masculinas, y *la* y *las*, femeninas. Si se refiere uno a una persona, es muy común el empleo de *le* por *lo* y de *les* por *los*, siendo especialmente frecuente el cambio en el singular.

Tratándose de cosa inanimada, se indica el complemento directo únicamente con el At$_d$ y nunca se emplea el pronombre tónico directo.[7] Al referirse a persona, suele omitirse el pronombre tónico directo también, a menos que se desee un énfasis especial o haya una posible ambigüedad.

Él lo golpeó. He hit it (him; you, *formal masc.*)
Él le golpeó. He hit him (you, *formal masc.*)
¿Te ayudó él? Did he help you?
Las veo. I see them (*things or persons, fem.*; you, *formal fem. pl.*).

PERO:

Las veo a ellas (a ustedes). I see *them* (*persons, fem. pl.*) (*you, formal fem. pl.*).

c. Cuando la FV contiene dos At, el At$_i$ precede al At$_d$, según el esquema siguiente:

$$\text{FV} \;\rightarrow\; (no) \quad \text{At}_i \quad \text{At}_d \quad \text{V} \ldots ^8$$

Él no me lo dio. [el dinero] He didn't give it to me. [the money]
¿Te las entregaron? [las cartas] Did they deliver them to you? [the letters]

---

[6] En las cartas o en fórmulas de etiqueta puede usarse *usted* sin el At$_i$ (o complemento directo átono) correspondiente: **Participamos a usted que podemos garantizar** . . . , *We inform you that we can guarantee* . . .

[7] El At$_i$ puede referirse a cosa inanimada; en tal caso tampoco es posible el uso del pronombre tónico con *a*: **¿Le pusiste sal?**, *Did you put salt in it?*; **¿Qué le hacemos?**, *What do we do about it?*

[8] Este esquema representa una generalización que vale en la mayoría de los casos. Para ciertas modificaciones del orden At$_i$ + At$_d$, véase el Apéndice, §171, 172.

Ante un At$_d$ de 3ª persona se emplea *se* en lugar de las formas *le, les* para designar el At$_i$. Son imposibles, por lo tanto, las combinaciones *le los, *les lo, etc.

Él no se lo dio. [el dinero]   He didn't give it to him (her, them; you *formal*). [the money]

¿Se las entregaron? [las cartas]   Did they deliver them to him (her, them; you *formal*)? [the letters]

d. Cuando un infinitivo sigue a un verbo auxiliar, como *poder, deber,* un verbo como *querer, saber,* o uno que indica movimiento, los pronombres átonos pueden preceder al verbo o agregarse al infinitivo, formando en el segundo caso una sola palabra.

Él no puede (quiere) dármelo. ⎫
Él no me lo puede (quiere) dar. ⎭   He can't (doesn't want to) give it to me.

Tengo que hacérselo. ⎫
Se lo tengo que hacer. ⎭   I have to do it for him (her, them; you *formal*)

Vamos a comprárselo. ⎫   We are going to buy it for (*or* from) him (her, them;
Se lo vamos a comprar. ⎭   you *formal*).

Para otros casos en que la colocación de los pronombres obedece a patrones diferentes, véase el Apéndice, §171, 172.

A P L I C A C I Ó N

A. Reemplacen los complementos nominales en cursiva con los pronombres átonos correspondientes:

1. Veo *al niño* a lo lejos.   2. Él oculta la verdad *a todos sus colegas*.   3. Conozco bien *al viajero*.   4. Dieron mucha comida *a los pobres del barrio*.   5. Quitaron *la bolsa* a esa mujer.   6. Quiero regalar *el brillante a mi novia*.   7. ¿Pueden imponer *ese castigo al desgraciado chico*?   8. ¿Caerá el premio gordo *a esas pobres viudas*?

B. Para expresar en español:

1. We shall give the books to *them* (*masc.*).   2. We shall give them the books. 3. Did you (*fam. sing.*) explain the lesson to her?   4. Yes, I explained it [the lesson] to her.   5. Have you (*formal sing.*) sent him the letter?   6. Yes, I sent it [the letter] to him yesterday.   7. I can't show you (*formal sing.*) the photographs now.   8. We shall have to show them [the photographs] to you (*formal sing.*) tomorrow.

Verificación y repaso

C U E S T I O N A R I O

1. ¿En qué formas difieren los verbos terminados en *-er* de los que terminan en *-ir*?
2. ¿Cómo se llaman en español los tiempos verbales en que se encuentran las formas siguientes: ha hablado, comería, leyésemos, habían vuelto, dije, ponga, tuviera?

3. ¿Cuáles son los cambios típicos de los verbos que cambian la vocal de la raíz cuando ésta lleva el acento prosódico?
4. ¿Qué tipos de irregularidades se observan en la base del futuro y del futuro hipotético de algunos verbos?
5. ¿Son tónicos o átonos los pronombres que designan el sujeto en español?
6. ¿Son tónicos o átonos los pronombres que designan el complemento directo o indirecto en español?
7. ¿En qué circunstancias es obligatorio el uso del pronombre átono?
8. Cuando la FV contiene dos pronombres átonos, ¿cuál va en primer lugar?

Ejercicios

A. Cámbiese el infinitivo a la forma indicada (a) del presente de indicativo, (b) del presente de subjuntivo y (c) del futuro:

1. tú *querer*
2. yo *caber*
3. él *variar*
4. yo *saber*
5. ellos *hacer*

6. nosotros *sentir*
7. yo *traducir*
8. usted *bendecir*
9. yo *crecer*
10. ustedes *concluir*

B. Cambien el tiempo del verbo (a) al imperfecto de indicativo, (b) al pretérito y (c) al pluscuamperfecto:

1. ¿Ve ella el peligro?
2. Traigo el dinero.
3. Resuelvo muchos problemas.
4. Sin duda él muere.
5. Rompes la silla.

6. Volvemos del centro.
7. Usted fríe el tocino.
8. Él abre la puerta del garaje.
9. Proveéis a todos de víveres.
10. ¿Oyen ustedes la canción?

C. Reemplacen los complementos nominales en cursiva con los pronombres átonos correspondientes:

1. Ella nos vendió *la casa*. 2. Empecé a leerte *la lección*. 3. Quiero escribirle *una carta*. 4. No pueden traerme *las cosas* hoy. 5. No conozco bien *esas ciudades*. 6. Daré *los libros a María*. 7. Enviamos *el dinero al abogado*. 8. No expliqué *la oferta a Luis*. 9. Quiero enviar *los periódicos a mis amigos*. 10. Pensamos enseñar *el coche a María*.

D. Para expresar en español:

1. The girls say that the boys hit them several times.
2. It seems that they did not sleep well last night.
3. The waitress didn't put it [the menu] there, because I would have seen it.
4. We shall return the French magazines; having seen them is sufficient.
5. I won't be able to help him if he doesn't come soon.

6. I reached the village during the afternoon and looked for my friend's house.
7. I loaded the car and drove it to the station.
8. He hasn't written anything yet because he is very busy.
9. I am sure that John has sent them [the letters] to her.
10. I believe they don't want to sell it [the factory] to me.

Estatua de Simón Bolívar, Caracas, Venezuela. *Foto cortesía de Delta Air Lines.*

La frase verbal reflexiva • El imperativo • El subjuntivo usado para
expresar mandatos • La colocación de los pronombres átonos en las
formas de mandato • Las expresiones exclamativas • Las oraciones
comparativas • La oración superlativa • La subordinación
sustantiva • La subordinación con infinitivo

27
La frase verbal reflexiva

Si el complemento directo, el indirecto o la FPrep se refieren al sujeto del verbo, la
FV es denominada «reflexiva». Los complementos tónicos reflexivos tienen las
mismas formas que las otras formas preposicionales a excepción de la 3ª persona,
singular y plural, cuya forma es *sí*. A estas formas es frecuente agregarles *mismo*
(*-a*, *-os*, *-as*) para darles mayor énfasis. El pronombre átono reflexivo (At$_r$) tiene
las mismas formas que el At$_i$ menos en la 3ª persona, singular y plural, cuya forma
es *se*.[1] A menos que se desee cierto énfasis, no suelen emplearse los complementos
reflexivos tónicos para referirse al complemento directo o indirecto. La siguiente
derivación es típica:

*María ve a María en el espejo.	⇒ María se ve a sí (misma) en el espejo.	⇒ María se ve en el espejo.
*Mary sees Mary in the mirror.	⇒ Mary sees *herself* in the mirror.	⇒ Mary sees herself in the mirror.

Otros ejemplos son:

¿No se dan ustedes mucha importancia? Don't you give yourselves a lot of
importance?
Hablaron mucho de sí (mismos). They talked a lot about themselves.

La construcción reflexiva es obligatoria en muchos casos en que la expresión
inglesa no es necesariamente reflexiva.

Ella se sentó. { She sat down.
{ She seated herself.

Nos levantamos temprano. { We got up early.
{ We got ourselves up early.

Me lavé la cara. I washed my face.

---

[1] La coincidencia de forma entre *se*, pronombre átono indirecto, y *se*, pronombre átono reflexivo,
es fortuita, ya que las dos formas tienen un origen histórico diferente.

44

N.B.   Nótese en el último ejemplo el empleo del artículo definido en vez del adjetivo posesivo del inglés (**la cara** en vez de *my face*).   Tal uso es normal en español al tratar de las partes del cuerpo y de las prendas de vestir si no hay duda respecto del poseedor y, sobre todo, si hay un At$_r$ o At$_i$ que designe el poseedor.

Se coloca el At$_r$ ante los otros pronombres átonos, según el esquema:

$$\text{FV} \rightarrow (no) \quad (\text{At}_r) \quad (\text{At}_i) \quad (\text{At}_d) \quad \text{V} \ldots$$

Juan se lo pone.   John puts it on.

Él debe (quiere) ponérselo. |
Él se lo debe (quiere) poner. | He should (wants to) put it on.

Puede usarse el plural del reflexivo recíprocamente, es decir, el pronombre se refiere al sujeto y a otra persona que realizan una acción mutua:

Nos hablamos a menudo.   We often speak to each other.
Ellos se odian mutuamente.   They hate each other mutually.

A P L I C A C I Ó N

A. Para contestar afirmativamente en oraciones completas:

1. ¿Te atreves a llamarla?   2. ¿Te has mirado en el espejo?   3. ¿Se levantará usted tarde?   4. ¿Se jacta usted de saberlo?   5. ¿Quieren ustedes marcharse? 6. ¿Te pondrás los zapatos?   7. ¿Se arrepienten ustedes de su imprudencia? 8. ¿Te acordaste de echar la carta al correo?   9. ¿Se aburren ustedes en esta clase? 10. ¿Se visitan ustedes a menudo?

B. Para expresar en español:

1. The students are complaining about the examination.
2. Our guests want to wash their hands.
3. Someone said that John is always talking about himself.
4. When I knew him, he used to give himself a lot of importance.
5. We are sure that Louis intends to marry her.

28
El imperativo

Para expresar un mandato afirmativo con *tú* como sujeto, se emplea regularmente el imperativo, o sea, una forma verbal igual a la de la 3ª persona, singular, del presente.

Habla más despacio.   Speak more slowly.
Vuelve pronto.   Come back soon.
Pide tres más.   Ask for three more.

En unos cuantos verbos de uso frecuente se han desarrollado formas especiales:

decir: **di**   poner: **pon**   tener: **ten**
hacer: **haz**   salir: **sal**   venir: **ven**
ir: **ve**

Puede formarse el imperativo que corresponde a *vosotros* sustituyendo la -*r* del infinitivo con -*d*. Estas formas no ofrecen irregularidades.

Contad el dinero.   Count the money.
Salid en seguida.   Leave right away.

Normalmente no se emplean los pronombres *tú* y *vosotros* en las expresiones de mandato. Su empleo da un énfasis especial a la expresión.

Así como suponemos un elemento [interrogación] y un elemento [negación] en la estructura básica de las oraciones interrogativas y negativas, respectivamente, se puede idear un elemento [imperativo] en la estructura básica de las expresiones de mandato.

29
El subjuntivo usado para expresar mandatos

Para expresar los mandatos negativos con *tú* y *vosotros*, o los mandatos afirmativos y negativos con *usted*(*es*), se emplean formas del presente de subjuntivo.

No $\begin{Bmatrix} \textbf{hables} \\ \textbf{habléis} \end{Bmatrix}$ **tan rápidamente.**   Don't speak so rapidly.

No $\begin{Bmatrix} \textbf{comas} \\ \textbf{comáis} \end{Bmatrix}$ **todo el pan.**   Don't eat all the bread.

No $\begin{Bmatrix} \textbf{cuentes} \\ \textbf{contéis} \end{Bmatrix}$ **el dinero ahora.**   Don't count the money now.

No $\begin{Bmatrix} \textbf{tengas} \\ \textbf{tengáis} \end{Bmatrix}$ **tanta prisa.**   Don't be in such a hurry.

$\begin{Bmatrix} \textbf{Entregue usted} \\ \textbf{Entreguen ustedes} \end{Bmatrix}$ **el recibo al gerente.**   Hand the receipt to the manager.

$\begin{Bmatrix} \textbf{Pida usted} \\ \textbf{Pidan ustedes} \end{Bmatrix}$ **tres más.**   Ask for three more.

No $\begin{Bmatrix} \textbf{venga usted} \\ \textbf{vengan ustedes} \end{Bmatrix}$ **tan tarde.**   Don't come so late.

Se emplean regularmente los pronombres *usted*, *ustedes* en los mandatos, como expresión de cortesía; véase también §72.

30
La colocación de los pronombres átonos en las formas de mandato

En los mandatos afirmativos, se colocan los pronombres átonos después del verbo, con el cual forman una sola palabra. En los mandatos negativos se colocan los pronombres separadamente delante del verbo. En las dos posiciones se conserva siempre el orden: $At_r + At_i + At_d$.

Escríbales usted mañana.   Write to them tomorrow.
Házmelo.   Do it for me.
Dígaselo usted.   Tell it to him.
No te sientes aquí.   Don't sit down here.
No se lo cuente usted.   Don't tell it to him.
No te lo pongas.   Don't put it on.

Al colocarse el pronombre *os* al final de los imperativos reflexivos con *vosotros* como sujeto, cae la *d* del imperativo: **sentaos**, *sit down*; **venceos**, *conquer yourselves*; **divertíos**, *have a good time (amuse yourselves)*. Pero: **idos**, *go away*.

Aplicación

Empleando la frase verbal indicada, fórmense mandatos (a) con *usted*, (b) con *ustedes*, (c) con *tú*, y (d) con *vosotros*:

1. escribir la carta.
2. hacerlo bien.
3. no sacarlo.

4. servírselo (no-reflexivo).
5. no dormirse.
6. buscárnoslo.

31
Las expresiones exclamativas

a. Se emplea *¡qué!* en la mayoría de las expresiones exclamativas. Cuando el adjetivo sigue al sustantivo, se emplea *tan* o *más* ante el adjetivo.

¡Qué partido!   What a game!

¡Qué bonita!   How pretty!

¡Qué bonita chica!

¡Qué chica $\begin{Bmatrix} \text{más} \\ \text{tan} \end{Bmatrix}$ bonita!   What a pretty girl!

¡Qué bonita es la chica!   How pretty the girl is!

¡Qué cara $\begin{Bmatrix} \text{más} \\ \text{tan} \end{Bmatrix}$ inteligente tiene la chica!   What an intelligent face the girl has!

¡Qué lentamente trabajan!   How slowly they work!

N.B. En el estilo literario se emplea ¡*cuán!* ante adjetivo o adverbio: ¡**Cuán desolada estoy!**, *How aggrieved I am!*

b. ¡*Cómo!*, empleada en las exclamaciones, se refiere más bien a la manera o modo de efectuar una acción. Parece, por lo tanto, preferible evitar su uso en las oraciones con *ser*.[2]

¡**Cómo llueve!**   How it's raining!
¡**Cómo derramaron lágrimas!**   How they shed tears!

c. ¡*Cuánto!* sugiere cantidad más bien que manera; a veces alterna con ¡*cómo!*

¡**Cuántas lágrimas derramaron!**   How many tears they shed!
¡**Cuánto le debo a ese hombre!**   How much I owe that man!
¡**Cómo (Cuánto) le detesto!**   How (much) I detest him!

Para otras expresiones de tipo exclamativo, véanse §§99(c) y 104.

APLICACIÓN

A. Cámbiense las oraciones al tipo exclamativo, empleando ¡cómo! o ¡cuánto!:

1. Sus historias me interesan mucho.
2. Ese señor habla constantemente.
3. Le agradezco muchísimo sus atenciones.

B. Para expresar en español:

1. How clever the boy is!
2. How pale she is!
3. What a good man your father is!

32
Las oraciones comparativas

a. La comparación de igualdad. La estructura básica de las oraciones comparativas consta de dos oraciones más un elemento semántico que determina su forma superficial. Tomemos como ejemplo las oraciones siguientes:

[comparación de igualdad]

(1) Pedro lee despacio.   (2) Juan lee despacio.

Si se subordina la segunda oración a la primera, podemos representar la estructura básica resultante con la siguiente estructura superficial:

(3) *Pedro lee tan despacio como Juan lee despacio.

---

[2] Una expresión como ¡*Cómo es linda la niña!*, por ejemplo, no parece aceptable a todo hispanoparlante.

Tan . . . como es la representación superficial de la noción semántica de [comparación de igualdad]. La oración defectuosa (3) representa una etapa intermedia en el proceso generativo. Se deriva la estructura superficial correcta mediante una transformación de tipo muy común: la eliminación de elementos repetidos, en este caso, *lee despacio*.

*Pedro lee tan despacio como Juan lee despacio. ⇒ Pedro lee tan despacio como Juan.[3]

Conviene repetir que las transformaciones no añaden ni sustraen ningún concepto básico; en la transformación citada arriba se entiende fácilmente la repetición de *lee despacio*.

Con adjetivo se expresa la comparación de igualdad de la misma manera:

Este libro es tan absurdo como el otro. This book is as absurd as the other one.

Con sustantivo se usa *tanto (-a, -os, -as) . . . como*:

Hay tantas lluvias este año como el año pasado. There are as many rains this year as last year.

N.B. En lugar de **tan mucho . . . como** se usa **tanto . . . como**.

b. La comparación de desigualdad emplea *más* (o *menos*) . . . *que* en la estructura superficial. Ante numeral o expresión de cantidad se usa *de* en lugar de *que* en las oraciones afirmativas.[4]

Ella es más bonita que su hermana. She is prettier than her sister.
Me costó menos de cinco dólares (menos de la mitad). It cost me less than five dollars (less than half).

PERO:
No vi más que la mitad. I didn't see more than half (*or* I only saw half).

33
La oración superlativa

Como la oración comparativa, la superlativa tiene una construcción semejante a la inglesa. A diferencia del inglés, se introduce el punto de comparación con *de*.

Pedro Sánchez es el carpintero más (menos) hábil del grupo. Peter Sanchez is the most (least) skillful carpenter in the group.

---

[3] Esta explicación de la estructura básica de la oración de comparación de igualdad es sólo tentativa. Hay ciertos aspectos de estas oraciones que no han sido aclarados suficientemente por la lingüística. Aunque suponemos un proceso semejante para la generación de las oraciones de comparación de desigualdad, hay que tener en cuenta las mismas reservas respecto de él.

[4] Se emplea *de* también en las oraciones negativas las pocas veces que éstas no expresan el concepto «solamente»; compárense: *Él no me dio más que tres = Él me dio solamente tres (ni más ni menos)* frente a *Él no me dio más de tres (pero sí es posible que él me diera tres o menos)*. Compárese la misma diferencia expresada por la entonación en inglés: *He didn't give me more than **three*** frente a *He didn't give me **more** than three*.

N.B. No se distingue en español entre dos y más de dos en las comparaciones: **Es el hombre más rico,** *He is the richer man* [of two], or *He is the richest man* [of three or more]. Véase también §132.

A P L I C A C I Ó N

A. Combínense las dos oraciones para formar una sola oración comparativa (a) de igualdad y (b) de desigualdad:

1. Mi amigo corre velozmente.
   El campeón corre velozmente.

2. Mucha gente vive aquí.
   Mucha gente vive en mi pueblo.

3. Pío Baroja escribió muchas novelas.
   Blasco Ibáñez escribió muchas novelas.

B. Exprésense afirmativamente:

1. Lope de Vega no escribió más que mil quinientos dramas.
2. Este hombre no pide más que la mitad del dinero.
3. Los hijos no se quedarán con sus padres más que una semana.

34
La subordinación sustantiva

Según la Regla 2, que hemos citado en §1, una FS puede realizarse como oración. Esta oración puede servir (1) de sujeto de verbo, (2) de complemento directo o (3) de término de preposición (FS de una FPrep).

(1) a. **El que vengan mañana es poco probable.**[5] That they are coming tomorrow is not very likely.

  b. **Es poco probable que vengan mañana.** It is not very likely (that) they are coming tomorrow.

(2) **Ella dijo que Juan no viene mañana.** She said (that) John is not coming tomorrow.

(3) **Convinimos en que el país está en malas condiciones.** We agreed (that) the country is in a bad condition.

La subordinación sustantiva difiere de la relativización en que no hay identidad de referencia entre dos S de las oraciones subordinada y matriz. Por ser así, la partícula *que* que introduce la subordinación sustantiva no tiene sentido propio, sino que sirve sólo para señalar la subordinación. Muchas veces, como en (1)a, cuando la oración subordinada sirve de sujeto, se usa *el que* en vez de *que* para introducirla. Es probable, sin embargo, que en la mayoría de los casos una oración

---

[5] Se emplea el modo subjuntivo, como *vengan* en este ejemplo, en la mayoría de los casos en que la oración subordinada sirve de sujeto. Se presentan las formas del subjuntivo en la Tercera Lección Preliminar y se explican sus usos a partir del Capítulo VIII.

como (l)a sufra una transformación que coloque la oración subordinada después de la matriz, como en (l)b.[6] Con esta disposición superficial el uso de *que* es más frecuente que el de *el que*.

Se concibe el proceso transformativo de la manera siguiente:

> *Ellos vienen mañana —eso es ⇒ Que vengan mañana es poco
> poco probable.   probable.

Se incluye en la exposición el pronombre *eso* (=*that*), uno de los pronombres abstractos tratados en §102, para hacer resaltar el hecho de que la oración subordinada ocupa el lugar de un sustantivo que en otro caso estaría presente.

35
La subordinación con infinitivo

Si el sujeto de dos oraciones representa la misma persona, se efectúa la subordinación sustantiva mediante el uso del infinitivo. Como en el caso de la subordinación con *que* + verbo conjugado, el infinitivo puede servir (1) de sujeto, (2) de complemento directo o (3) de término de preposición.

(1) a. **Creer eso es difícil.**[7]   To believe⎫
                                      Believing⎭ that is difficult.
    b. **Es difícil creer eso.**   It is difficult to believe that.

(2) **Ricardo quiere venir con nosotros.**   Richard wants to come with us.

(3) **Pablo conviene en salir mañana.**   Paul agrees to leave tomorrow.

En cuanto al ejemplo (2), puede concebirse el proceso transformativo de la manera siguiente:

> *Ricardo quiere eso —Ricardo viene ⇒ *Ricardo quiere eso —venir ⇒
> con nosotros.   con nosotros.
>
> Ricardo quiere venir con nosotros.

N.B. En el caso de ciertos verbos, entre ellos algunos de uso frecuente, no se cumple la regla de subordinación con infinitivo que acabamos de describir. Con *decir*, por ejemplo, se efectúa la subordinación mediante una oración con verbo conjugado, aunque el sujeto sea el mismo.

Ricardo dice que sale mañana.[8]   Richard says that he [the same person] is leaving tomorrow.

---

[6] En inglés esta transformación se llama *extraposition*. Nótese que en esta transformación el inglés se sirve del pronombre «vacío» *it* para introducir la oración matriz.

[7] También se suele anteponer *el* al infinitivo, pero en circunstancias que varían de las que se observan en el caso de la oración subordinada con verbo conjugado, según se explica en el Capítulo X (§152).

[8] Se oyen a veces, sin embargo, giros como: *Él dice no querer nada* en lugar de *Él dice que no quiere nada.*

APLICACIÓN

A. Combínense las dos oraciones, omitiendo el pronombre *eso*, para formar una subordinación con *que*. (Si la oración subordinada funciona como sujeto, como en los ejercicios 3 y 4, puede colocarse delante o después de la oración matriz; en los dos ejercicios citados se emplea el subjuntivo en la oración subordinada. Si ésta se coloca en primer lugar, puede usarse *el que* en vez de *que*.) Se indica el proceso en el modelo.

MODELO: Juan dice eso.　　　　　Juan dice que su primo viene mañana.
　　　　　Su primo viene mañana.

1. El termómetro indica eso.　　　3. Eso no parece lógico.
　　La fiebre está muy baja.　　　　　Ese hombre hace tales cosas.

2. No hay duda de eso.　　　　　　4. Eso es muy triste.
　　Las mercancías llegaron ayer.　　　Los padres no pueden ver a su hijo.

B. Combínense las dos oraciones, omitiendo el pronombre *eso*, para formar una subordinación con el infinitivo:

1. Estoy cansado de eso.　　　　　2. Ella prefiere eso.
　　Escucho el barullo de la calle.　　　Ella se queda aquí siempre.

Verificación y repaso

CUESTIONARIO

1. Definan una frase verbal reflexiva.
2. ¿En qué lengua son más frecuentes las construcciones reflexivas, en inglés o en español?
3. ¿Cuáles son los verbos que tienen una forma imperativa corta?
4. ¿Qué palabras se emplean en la estructura superficial de la oración comparativa para expresar la comparación de igualdad?
5. ¿Qué transformación de tipo muy común es necesaria para llegar a la estructura superficial de la oración comparativa?
6. ¿Con qué preposición se introduce el punto de comparación en la oración superlativa?
7. En la subordinación sustantiva, ¿qué funciones sintácticas puede cumplir la oración subordinada?
8. ¿En qué circunstancias se efectúa la subordinación sustantiva mediante el uso del infinitivo?

EJERCICIOS

A. Para contestar afirmativamente en oraciones completas:

1. ¿Se escriben ustedes todos los días?　2. ¿Van a ayudarse ellos unos a otros? 3. ¿Se miraron ellas tristemente?　4. ¿Se quejaban ellos uno de otro?　5. ¿Se saludaron Carlos y Ana?　6. ¿Se verán ustedes mañana por la mañana?

B. Empleando la frase verbal indicada, fórmense mandatos (a) con *usted*, (b) con *ustedes*, (c) con *tú* y (d) con *vosotros*:

1. tener cuidado
2. no venirme con preguntas
3. no decírnoslo
4. no pedírmelo más
5. ponérselo (reflexivo)
6. despertarse

C. Fórmese una oración exclamativa con ¡*qué*!, eliminando la palabra *muy* y haciendo los otros cambios necesarios:

1. El conferenciante parece muy interesante, ¿no?
2. Tu hermano quedó muy triste.
3. Esa película tiene escenas muy escabrosas.
4. El nuevo barrio tiene edificios muy lindos.

D. Combínense las dos oraciones, omitiendo el pronombre *eso*, para formar una subordinación sustantiva con *que* o mediante el uso del infinitivo:

1. Mi amigo cree eso.
   El profesor es muy exigente.

2. La ley afirma eso.
   La libertad individual no es
   ilimitada.

3. Ricardo convendrá en eso.
   Ricardo comprará el coche.

4. Juan desea eso.
   Juan desea ganar más dinero.

E. Repasen los §§2–5 en la Primera Lección Preliminar; luego, completen las frases siguientes con *estar*, *haber* o *ser*. Si hay más de una posibilidad, explíquenlas:

1. Muchas personas____(*imp.*) allí. 2. ____(*imp.*) muchas personas allí. 3. La reunión____(*fut.*) a las siete. 4. ____(*fut.*) una reunión a las siete. 5. La prueba de su lealtad____(*pres.*) en su comportamiento. 6. ¿Dónde____(*pres.*) el teatro? 7. Mi hija____(*pres.*) en el centro. 8. El motín____(*pret.*) en el barrio pobre.

F. Para expresar en español:

1. Those two men do not see each other very often.
2. They sit down and ask for the menu.
3. My aunt said that she used to go to bed very early.
4. Don't tell (*fam. sing.*) me that she will leave before the party.
5. Don't repeat (*formal pl.*) the story about the French teacher.
6. If this lady wants to see the silk dress, show (*formal sing.*) it to her.
7. Every morning I get dressed, pick up my books, and I go (use *dirigirse*) to the university.
8. The house is smaller than the new building.
9. The bananas are greener than the pears.
10. The table is as low as the chair.

Universidad de Puerto Rico,
San Juan, Puerto Rico

Capítulo I

Sección A

El tiempo presente simple • El verbo *estar* + gerundio para expresar el tiempo presente • El presente narrativo y el aspecto verbal • Los dos tiempos que expresan el pasado: el pretérito y el imperfecto • La forma enfática del verbo en inglés

36
El tiempo presente simple

Se emplea el presente simple para indicar (1) acciones características o procesos naturales, (2) lo que pasa en el momento de hablar y (3) una acción o un proceso que está por acontecer en el futuro.

(1) **Luis se levanta a las seis de la mañana.** Louis gets up at six o'clock in the morning.

El oxígeno es necesario para sostener la vida. Oxygen is necessary to sustain life.

El agua se hiela a 0° (cero grados) centígrado. Water freezes at 0° centigrade.

Mi hijo trabaja en la fábrica.
My son works at the plant.
My son is working at the plant [*but is not necessarily there at the time of speaking*].

El gobierno tiene problemas económicos.
The government has economic problems.
The government is having economic problems [*a general situation presented as though it were occurring at the moment of speaking*].

El uso del tiempo presente en (1) es igual en inglés y en español a excepción del caso ilustrado en los dos últimos ejemplos. En inglés puede expresarse una acción corriente o característica con el giro verbal *be* + V_{ing},[1] mientras que el español suele emplear más frecuentemente que el inglés la forma simple del verbo.

(2) **¿Qué haces?** What are you doing?

Los chicos escuchan los discos nuevos. The children are listening to the new records.

El español puede emplear la forma simple, como en (2), para referirse a acciones que ocurren en el momento de hablar. En inglés el uso de *be* + V_{ing} es obligatorio en los más casos.[2]

---

[1] *Be* + V_{ing} significa que una forma del verbo *be* va seguida de la forma verbal terminada en *-ing*: *She is talking*, por ejemplo.

[2] Pero nótese, por ejemplo., **There comes John**, *Ahí viene Juan.*

(3) Las tropas salen mañana de la capital. {The troops leave the capital tomorrow.

The troops are leaving the capital tomorrow.

El presidente da (pronuncia) un discurso importante el jueves. {The President gives an important speech on Thursday.

The President is giving an important speech on Thursday.

Los traigo esta noche. {I'll bring them tonight.
I'm bringing them tonight.

Estoy aquí mañana a las diez. I'll be here tomorrow at ten.

El uso del presente simple para referirse al futuro, como en (3), es muy frecuente en español y hasta se prefiere a las formas del verbo designadas específicamente como del «futuro». El inglés puede emplear *be* + V$_{ing}$ con sentido futuro, pero el español sólo emplea la forma simple en estas circunstancias.

A P L I C A C I Ó N

Cámbiese el infinitivo en cursiva al presente simple y, luego, al futuro. En los dos casos comparen la traducción inglesa con la construcción española.

1. Él me dice que *venir* esta noche.
2. No sé si ella *ponerse* el vestido nuevo.
3. Es cierto que el avión *aterrizar* a las nueve.
4. Él nos asegura que *levantarse* mañana temprano.
5. Creo que los otros no *llegar* a tiempo.

37
El verbo *estar* + gerundio para expresar el tiempo presente

a. Se forma el gerundio (V$_{ndo}$) añadiendo -*ando* a la raíz de los verbos de la vocal característica *a*, y -*iendo* a la de los verbos en *e* | *i*. El gerundio muestra el cambio de la vocal radical de los verbos del tipo *pedir* (i, i), como **pidiendo**, y los cambios de *e* en *i* y *o* en *u* de los tipos *sentir* (ie, i), **sintiendo**, y *dormir* (ue, u), **durmiendo**. Hay, además, alguna que otra forma irregular, como **pudiendo** y **viniendo**. Consúltese el Apéndice, §167.

Los pronombres átonos se agregan al V$_{ndo}$, formando con él una sola palabra: **diciéndolo**, *saying it*; **trayéndomelo**, *bringing it to me*. Pero véase (b), abajo.

b. Con la construcción *estar* + V$_{ndo}$ se expresa normalmente una acción que ocurre en el momento de hablar. Aunque para tal efecto se usa también el presente simple, como ya se indicó en §36 (2), *estar* + V$_{ndo}$ da énfasis al proceso verbal e insiste en que va realizándose la acción. En esta construcción los pronombres átonos pueden anteponerse o posponerse a *estar* + V$_{ndo}$.

¿Qué estás haciendo?   What are you doing?

Los chicos están escuchando los discos nuevos.   The children are listening to the new records.

Mi hijo está durmiendo.   My son (child) is sleeping.

Estoy comprendiéndolo ya. }
Lo estoy comprendiendo ya. }   I am beginning to understand it now.

¿Estás viéndolos? }
¿Los estás viendo? }   Do you see them?

El sentido del giro verbal *estar* + V_{ndo} corresponde al de *be* + V_{ing} en inglés menos en tres casos: (1) *Be* + *being* + A es de uso muy frecuente en inglés, pero se emplea menos el giro correspondiente en español. Es posible decir en español **Él está siendo muy cortés**, *He is being very courteous*, pero se restringe tal uso a casos en que se da verdadero énfasis al proceso verbal; de otro modo se emplea la forma simple del verbo.[3] (2) *Be* + V_{ing} puede referirse al futuro en inglés, como vimos en §36(3), pero tal uso no es corriente en español. (3) En español el uso de *estar* + V_{ndo} se extiende a ciertos verbos, de la naturaleza de *comprender*, *entender*, *oír* y *ver*, cuyos equivalentes en inglés no suelen aceptar tal construcción. Se ilustra esta divergencia en los últimos dos ejemplos citados arriba.

c. Con V_{ndo} se usan también otros verbos, principalmente *quedar*, *andar*, *ir* y *venir*, con un sentido parecido al de *estar*. El equivalente inglés de tales giros es difícil de precisar en algunos casos.

Él quedó mirándome unos momentos.   He stood (remained) looking at me for a few moments.

Él anda diciendo cosas vergonzosas.   He goes around (about) saying shameful things.

Él va corriendo a la escuela.   He goes running to school.

El enfermo va empeorando.   The sick man is growing worse little by little.

La noche va cayendo.   Night is gradually falling (is beginning to fall).

A P L I C A C I Ó N

Tradúzcanse al español las frases en cursiva, empleando la forma simple del verbo, *estar* + V_{ndo} o las dos construcciones, si parece apropiado:

1. *I am leaving* tonight at eight.
2. Yes, *she is living* here, but I don't know where she is at the (*este*) moment.
3. She says that *she is taking* the plane instead of the boat.
4. Why *are you looking* at me in that way?
5. That woman *is being* difficult.
6. *I am beginning to remember* it now.

---

[3] Se recomienda al angloparlante que evite el uso de *estar* + *siendo* en la voz pasiva (véase §86). Algunos gramáticos no aceptan construcciones como **La expresión está siendo usada con frecuencia,** *The expression is being used frequently*, por ejemplo.

38
El presente narrativo o histórico y el aspecto verbal

Los usos del presente que hemos analizado en §§36 y 37 se refieren a acciones o procesos inacabados, ya que no se indica ni se sugiere necesariamente su fin. Este punto de vista hacia la acción verbal se denomina el aspecto imperfectivo.

Puede emplearse el presente también para expresar acciones que se consideran como terminadas ya. Este aspecto del verbo se llama el aspecto perfectivo. Se usa el presente en su aspecto perfectivo en la narración y también en las acotaciones escénicas:

Entonces él me ve y empieza a gritar. Para un momento y luego continúa denostándome.

Then he sees me and begins to shout. He stops a moment and then continues to insult me.

Ella queda silenciosa un momento, se vuelve lentamente y sale por la puerta del primer término. Cae el telón.

She remains silent a moment, turns slowly, and goes out by the door in the foreground. The curtain falls.

El presente narrativo es bastante más común en el uso literario del español que en el del inglés.

39
Los dos tiempos que expresan el pasado: el pretérito y el imperfecto

En el pasado el verbo español tiene dos formas distintas para diferenciar el aspecto imperfectivo del perfectivo. Se emplea el pretérito para expresar el aspecto perfectivo en el pasado, esto es, para designar una acción o un proceso cuyo término se indica o que se concibe como momentáneo.

El imperfecto, en cambio, se refiere a una condición o a una acción que continúa o que se repite y cuyo fin no se indica. Se concibe la condición como existente durante un tiempo indefinido en el pasado. Dada, pues, su naturaleza aspectual, se usa el imperfecto regularmente en las descripciones.

Fuera de la cuestión del aspecto, los verbos mismos se dividen generalmente en dos grandes grupos: los que expresan acciones (o procesos mentales que pueden concebirse como acciones) y los que, por su naturaleza, expresan estados o condiciones, y, por lo tanto, son más bien descriptivos. Por consiguiente, el aspecto y la naturaleza misma del verbo permiten cuatro combinaciones, a saber: (a) verbo activo en aspecto perfectivo, (b) verbo activo en aspecto imperfectivo, (c) verbo descriptivo en aspecto imperfectivo, y (d) verbo descriptivo en aspecto perfectivo. A continuación analizamos las combinaciones (a) y (b), dejando (c) y (d) para la Sección B, §41.

a. Si se emplea el verbo activo en el aspecto perfectivo, se traduce al inglés con el pasado simple (o enfáticamente con *did*, §40).

El avión voló hacia la ciudad. The plane flew toward the city.
Ella leyó dos horas. She read for two hours.
Los árabes ocuparon la península ibérica durante ochocientos años. The Arabs occupied the Iberian Peninsula for (during) eight hundred years.
Él se durmió en seguida. He went to sleep right away.

b. Si se emplea el verbo activo en el aspecto imperfectivo, se expresa típicamente (pero no necesariamente) en inglés con los giros verbales *was* o *were* + V_{ing},[4] *used to* + V, o *would* + V (si *would* indica acción en el pasado).

El avión volaba hacia la ciudad. The plane was flying toward the city.
Yo los veía todos los días cuando vivía allí. I used to see them every day when I lived (was living) there.
Ese hombre lo hacía cada vez que no le vigilaba yo. That man would do it every time I didn't watch (wasn't watching) him.
Yo pensaba en eso cuando entraste. I was thinking of that when you came in.
Ella leía cuando la interrumpió el timbre. She was reading when the bell interrupted her.

En las dos últimas oraciones se ve la yuxtaposición del imperfecto y del pretérito. El imperfecto describe la situación en el pasado mientras que el pretérito señala la acción que ocurrió.

Aplicación

A. Cámbiese el siguiente pasaje del presente narrativo al pasado, utilizando debidamente el pretérito o el imperfecto:

Cuando el sol atraviesa por fin la neblina matinal, todo el bosque comienza a despertar. Poco a poco van apagándose los rumores nocturnos, y las criaturas del día inician su actividad acostumbrada.

El cazador, que ha dormido bastante mal, se calza rápidamente las botas, toma el fusil y se pone en marcha hacia su pueblo. Cuando llega por fin a su casa, penetra sin demora en el interior. Su mujer, que prepara la comida, acoge su llegada con gritos de júbilo. Él la mira un momento y luego baja los ojos. Va a ser tan difícil decirle la verdad —que tienen que salir del pueblo inmediatamente.

B. Para expresar en español:

1. The rest were getting dressed when we left.
2. Charles [the] Third was king of Spain in the period of the "enlightened despots."
3. We would speak to each other often when we worked there.
4. They were all at the party when the incident took place.
5. He stood thinking for a moment; then he moved away quickly.

---

[4] Véase también §44 (b).

40
La forma enfática del verbo en inglés

No hay nada en el sistema verbal del español que corresponda al empleo enfático de *do, be, can*, etc., como verbos auxiliares pronunciados de una manera fuerte. Se puede lograr semejante efecto semántico con diversas expresiones antepuestas a la oración principal, como *claro está que* + O, *sí que* + O, *si* + O, *¡vaya, si* + O!, etc.

Claro está que es un hombre inteligente.   He *is* an intelligent man, *or* He certainly *is* an intelligent man.

Sí que saben hacerlo.   They *do* know how to do it.

Sí que lo hicieron.   They *did* do it.

Si lo han hecho.   Why, they *have* done it.

¡Vaya, si lo quería!   He certainly *did* want it! *or* What do you mean did he want it?

Aplicación

A. Para traducir al inglés:

1. Sí que asistí anoche.
2. ¡Vaya si es un hombre docto!
3. Claro está que ella lo quería.

B. Para expresar en español:

1. What do you mean did I do it?
2. They *did* spy on me!
3. He *does* remember us.

Verificación y repaso

Cuestionario

1. ¿Cuáles son los usos principales del tiempo presente simple en español?
2. ¿Qué usos del tiempo presente simple en español difieren de usos del tiempo correspondiente en inglés?
3. ¿En qué circunstancias puede usarse la construcción *estar* + V_{ndo} en español?
4. ¿Qué usos tiene *be* + V_{ing} que no ocurren en el caso de *estar* + V_{ndo}?
5. ¿Qué punto de vista hacia la acción verbal se denomina el aspecto imperfectivo? ¿el aspecto perfectivo?
6. Fuera de la cuestión del aspecto, ¿en qué grandes grupos se dividen los verbos mismos?
7. Citen dos ejemplos (diferentes de los citados en el texto) que muestren (a) un verbo activo con aspecto perfectivo y (b) un verbo activo con aspecto imperfectivo.
8. ¿Qué expresiones en español corresponden al uso de la forma enfática del verbo en inglés?

Ejercicios

A. Explíquese la diferencia entre:

1. (a) Si él llegó en ese momento, nosotros no le oímos.
   (b) Si él llegaba en ese momento, nosotros no le oímos.

2. (a) Mientras nosotros viajábamos, ellos estaban enfermos.
   (b) Mientras nosotros viajábamos, ellos estuvieron enfermos.

3. (a) Él empezó a hablar cuando yo entré.
   (b) Él empezaba a hablar cuando yo entré.
   (c) Él empezaba a hablar cuando yo entraba.
   (d) Él empezó a hablar cuando yo entraba.

B. Para expresar en español:

1. The sun was shining when the airplane took off.
2. Of course, I *am* a little tired, but I am learning [beginning to learn] it.
3. The President is speaking tonight at seven o'clock.
4. We'll come tomorrow without fail [two ways].
5. What a bad child! What are you doing now?
6. In those days they would go about singing at (in) the fairs.
7. Are you studying or going out tonight? You certainly are busy!
8. Why, he is studying now! Don't you see it? [Aren't you in the process of seeing it?]
9. He would go around threatening everyone with those ridiculous lawsuits.
10. The country's financial situation is getting better and better.

Sección B

41
Verbos de carácter descriptivo en el pretérito

Hay ciertos verbos que se emplean preferentemente en el aspecto imperfectivo por ser de naturaleza descriptiva; véase §39. Empleados así, se traducen estos verbos al inglés normalmente con el pasado simple. Cuando se emplean en el pretérito, esto es, en el aspecto perfectivo, designan, en cambio, una acción o un cambio de estado. Para expresar el aspecto perfectivo de estos verbos, es necesaria, muchas veces, una traducción especial en inglés. Pueden observarse estos cambios de significado al comparar el uso del imperfecto y del pretérito en los ejemplos siguientes:

Mi papá no sabía la noticia. My father didn't know the news.
Él no supo la noticia hasta ayer. He didn't learn (find out about) the news until yesterday.

Mi amigo no la conocía. My friend didn't know her.
Conociste a Carlos ayer. You met Charles yesterday.

Ellos querían acompañarnos. They wanted to go with us.
Ellos quisieron abrir la puerta. They tried to open the door.

Al principio María no quería salir. At first Mary wouldn't (did not want to) go out.
María no quiso salir. Mary wouldn't (refused to) go out (and did not do so).

Carlos podía levantarse. Charles could get up (was capable of doing so).
Carlos pudo desatar el nudo. Charles could (managed to) untie the knot.

Ella estaba aquí. She was here.
Ella estuvo aquí. She was here (and left).

Mi padre no tenía mucho dinero. My father didn't have much money.
No tuve carta esta mañana. I didn't get a letter this morning.

No había luz eléctrica en aquella época. There were no electric lights at that time.
Ayer hubo tres choques graves. Yesterday there were (there occurred) three serious collisions.

Él era rico. He was rich.
Él fue rico. He was (*or* became) rich (but that time has now passed).

N.B. Las últimas dos oraciones con *ser* reflejan otras características importantes del imperfecto y del pretérito. En la primera oración el que habla se coloca mentalmente en el pasado. La segunda oración no indica necesariamente que el sujeto dejara de ser rico, sino que el hablante considera la situación, desde el punto de vista del presente, como terminada ya.

A P L I C A C I Ó N

Explíquese la diferencia entre:

1. (a) Quise abrir la caja.
   (b) Yo quería abrir la caja.

2. (a) ¿Qué supo él de nuestros asuntos?
   (b) ¿Qué sabía él de nuestros asuntos?

3. (a) ¿Conociste a la joven?
   (b) ¿Conocías a la joven?

4. (a) Tuvieron mucho dinero.
   (b) Tenían mucho dinero.

5. (a) Hubo mucho ruido en aquella calle.
   (b) Había mucho ruido en aquella calle.

6. (a) Ella no quiso estudiar.
   (b) Ella no quería estudiar.

42
Uso especial del pretérito perfecto actual

El uso del pretérito perfecto actual (o perfecto actual) en español coincide casi exactamente con el del tiempo correspondiente del inglés. Sin embargo, para indicar que una acción ha terminado muy recientemente, el español puede emplear el perfecto actual en algunos casos en que es obligatorio el uso del pretérito en inglés.

¿Has dormido bien anoche?   Did you sleep well last night?

Véase también el uso del presente simple en español en oraciones que expresan transcurso de tiempo (§§52-54).

43
Equivalencia del imperfecto y del futuro hipotético

Así como el presente puede referirse al futuro, el imperfecto puede indicar una acción que sigue a otra en el pasado. Aunque el futuro hipotético tiene normalmente dicha función, el uso del imperfecto es muy corriente para tal efecto, sobre todo en la conversación.

Él dijo que salía.   He said he was leaving.
Él dijo que saldría.   He said he would leave.
Mamá estaba segura de que veníamos esta noche.   Mother was sure that we were coming tonight.

Mamá estaba segura de que vendríamos esta noche. Mother was sure that we would come tonight.

Exprésese el futuro relativo al pasado empleando primero el imperfecto y luego el futuro hipotético en lugar del infinitivo en cursiva:

1. Él me dijo que *marcharse* esta noche.
2. Yo creía que Juan *tocar* anoche.
3. Él me aseguró que *levantarse* temprano.
4. Yo estaba seguro de que los otros no *llegar* a tiempo.

44
Otras expresiones de tiempo pasado

a. *Estar* + V$_{ndo}$ tiene en el pasado una función análoga a la que tiene en el presente. Da énfasis a lo que ocurría en el momento referido. No se emplea para indicar una acción en el futuro —a diferencia de la forma simple del imperfecto; compárese §43.

Ella estaba tocando el piano cuando Juan entró. She was playing the piano when John entered.

¿Estaba lloviendo cuando ocurrió el accidente? Was it raining when the accident occurred?

b. Puede usarse el pretérito de *estar* con V$_{ndo}$ si la acción del verbo fue claramente de duración limitada.

La víctima estuvo hablando un momento y luego se desmayó. The victim was talking for a moment and then fainted.

Estuvimos mirándole; luego desapareció. We were looking at him; then he disappeared.

c. El pluscuamperfecto tiene la misma función que su equivalente en inglés.[5]

Le había visto yo muchas veces antes. I had seen him many times before.

d. La forma que consta del pretérito de *haber* + participio pasado (V$_{do}$) es de uso poco frecuente. Se emplea después de conjunciones temporales y se limita su función casi exclusivamente a la lengua literaria.

Cuando él hubo hablado, todos callaron. When he had spoken, everyone was silent.

Luego que hube entrado, ella corrió hacia mí. As soon as I had entered, she ran toward me.

---

[5] La forma del pretérito de subjuntivo en -*ra* tenía antiguamente el sentido del pluscuamperfecto de indicativo. Su uso con este sentido es todavía frecuente en el estilo literario de Hispanoamérica.

APLICACIÓN

A. Explíquese la diferencia entre:

1. (a) Él me dijo que estaba tocando en público.
   (b) Él me dijo que tocaba en público.

2. (a) Teníamos la impresión de que él estaba terminando el trabajo.
   (b) Teníamos la impresión de que él terminaba el trabajo.

B. ¿En cuál de las oraciones de las parejas siguientes conviene usar el pretérito de *estar* y en cuál el imperfecto?

1. (a) Yo____escuchando la música toda la noche.
   (b) Yo____escuchando la música y luego el tocadiscos paró.

2. (a) Cuando los agentes____buscándolo, alguien disparó unos tiros contra ellos.
   (b) Ayer los agentes____buscándole en el barrio chino.

C. Cámbiese el imperfecto del verbo *haber* en la oración subordinada al pretérito y expliquen la construcción que resulta:

1. Tan pronto como él me había reconocido, comprendió el peligro.
2. Desde que él lo había averiguado, me perseguía.
3. Cuando habíamos terminado la tarea, nos acostamos completamente agotados.

45
Usos especiales del futuro y del futuro hipotético

En términos generales, el futuro tiene las mismas funciones en español que en inglés. En español, sin embargo, es de uso menos frecuente; véase §36. Uno de los rasgos más típicos del español es el uso del futuro para indicar posibilidad, probabilidad o incertidumbre en tiempo presente. Aunque el inglés no desconoce este empleo del futuro, puede considerarse como una característica distintiva del sistema verbal del español.

Él será la persona culpable.   He is probably the guilty person.
El guía hablará inglés.   I suppose that the guide speaks English.
¿Podrá hacerlo su amigo?   I wonder whether (if) your friend can do it.
¿Será él la persona culpable?   Can he be the guilty person?

Analógicamente, con el futuro de *haber* + V_{do} se indica probabilidad o incertidumbre en el perfecto actual, y con el futuro hipotético se expresa probabilidad en tiempo pasado.

Juan me habrá visto.   John must have seen me.
¿Habrán venido ya?   I wonder whether (if) they have come yet.

Tus papeles estarían arriba.   Your papers were most likely upstairs.
¿Mataría el agente al prisionero?   Is it possible the agent killed the prisoner?

Resumiendo, pues, los usos especiales del futuro (y del futuro hipotético): Si a una afirmación (o a una interrogación) sencilla queremos agregar la noción de posibilidad (o conjetura) podemos utilizar el futuro en la estructura superficial del español, formando una equivalencia regular de grupos que ilustramos abajo:

AFIRMACIÓN DEL HECHO	[+POSIBILIDAD]⇒	POSIBILIDAD DEL HECHO
Él está aquí. *He is here.*	+posibilidad	Él estará aquí. *He is probably (must be) here.*
Él ha estado aquí. *He has been here.*	+posibilidad	Él habrá estado aquí. *He has probably (must have) been here.*
Él estaba (estuvo) aquí. *He was here.*	+posibilidad	Él estaría aquí. *He was probably (must have been) here.*
Él había estado aquí. *He had been here.*	+posibilidad	Él habría estado aquí. *He had probably been here.*

Del mismo modo, la tabla de arriba puede repetirse en el caso de las interrogaciones: **¿Está él aquí?**, *Is he here?* [+ posibilidad] ⇒ **¿Estará él aquí?**, *I wonder if he is here, Can he be here?*, etc.

APLICACIÓN

Cámbiense las oraciones, para agregar la noción de posibilidad o conjetura mediante el futuro o mediante el futuro de *haber* + V$_{do}$, eliminando, al mismo tiempo, la expresión original de posibilidad:

1. A lo mejor él lo sabe.
2. No sé si ellos pueden hacerlo o no.
3. ¿Pueden ellos estar aquí ya?
4. Su compañero debe de ser el culpable.
5. A lo mejor los otros invitados han llegado.
6. Me pregunto si ellos lo han hecho.

46
La coordinación

La coordinación combina dos o más oraciones mediante las conjunciones **y**, *and*; **ni**, *nor*; **o**, *or*; **ni . . . ni**, *neither . . . nor*; **pero, mas** (equivalente literario de **pero**), **sino que**, *but*, etc. Si dos frases sustantivas diferentes tienen la misma frase verbal o si dos frases verbales tienen la misma frase sustantiva, suelen transformarse eliminando uno de los elementos idénticos. Se conciben las transformaciones de la manera siguiente:

Juan fue al centro y Pedro fue al   ⇒   Juan y Pedro fueron al centro.⁶
centro.

Juan fue al centro o Juan asistió a la   ⇒   Juan fue al centro o asistió a la
conferencia.   conferencia.

Otros ejemplos de la coordinación son:

No quiero ver a ese señor ni tratar con él.   I don't want to see that gentleman nor have anything to do with him.

Ni los profesores ni los estudiantes están de acuerdo en eso.   Neither the teachers nor the students are in agreement with that.

Si la segunda parte de la coordinación tiene sentido negativo, a veces se emplea **que** en lugar de **y: Debes buscar la culpa en ti mismo, que no en los otros,** *You should seek the blame in yourself, (and) not in others.*

Si se quiere dar énfasis a la coordinación de dos frases sustantivas, se pueden emplear **tanto** (invariable) **. . . como,** *both . . . and,* o **así como, lo mismo que,** *as well as.* Véanse también §§144 (**g**) y 160.

Tanto la economía como la política son un desastre.   Both the economy and the politics are a disaster.

Los muebles así como las pinturas son valiosas.   The furniture as well as the paintings are valuable.

Pero y *sino que* traducen el inglés *but.* Se emplea *pero* para admitir dos posibilidades; *sino que,* en cambio, se usa únicamente después de una negación para contradecirla, indicando que se excluyen mutuamente las dos posibilidades. Compárense:

Yo soy muy perezoso, pero él es muy activo.   I am very lazy, but he is very active.

Carlos no es muy activo, pero le gustan los deportes.   Charles is not very active, but he likes sports.

Carlos no es activo, sino que muestra un letargo continuo.   Charles is *not* active, but shows a continuous lethargy.

Carlos no mudó de parecer, pero su familia le obligó a acomodarse a la situación.   Charles did not change his mind, but his family obliged him to adjust to the situation.

Carlos no mudó de parecer, sino que su familia le obligó a acomodarse a la situación.   Charles did *not* change his mind, but his family *obliged* him to adjust to the situation.

---

⁶ Ciertos casos de coordinación no pueden derivar, por lo menos a primera vista, de la yuxtaposición de dos oraciones. En el caso de este ejemplo, *Juan y Pedro fueron al centro,* si se trata de dos acciones separadas, sería lógico pensar en la combinación de dos oraciones distintas. Si Juan y Pedro van juntos, en cambio, hay una sola acción y la coordinación se extiende sólo a la FS sujeto. Las investigaciones lingüísticas no han aclarado aún este problema.

Es frecuente la combinación **no sólo** . . . **sino que,** *not only* . . . *but*:

Juan no sólo tiene dificultades financieras, sino que está al borde del desastre económico. John not only has financial difficulties, but is on the verge of economic disaster.

Al eliminarse el verbo idéntico de oraciones con *pero* y *sino que,* debe añadirse *sí* a las frases introducidas por *pero* y omitirse *que* en las introducidas por *sino que,*[7] como puede observarse en los ejemplos siguientes:

No me gustan las ostras, pero me gustan los camarones.	⇒	**No me gustan las ostras, pero los camarones, sí.**
I don't like oysters, but I like shrimp.	⇒	I don't like oysters, but I do shrimp.
Yo no quería ostras, sino que quería camarones para la comida esta noche.	⇒	**Yo no quería ostras sino camarones para la comida esta noche.**
I didn't want oysters, but I wanted shrimp for dinner tonight.	⇒	I didn't want oysters but shrimp for dinner tonight.

APLICACIÓN

A. Exprésense las coordinaciones siguientes (a) negativamente y (b) enfáticamente:

1. Para el equilibrio de la sociedad, necesitamos a los radicales y a los reaccionarios.
2. Él nos inspiró con su lealtad y con su optimismo.
3. Su conducta y su actitud han sido impecables.

B. Para expresar en español:

1. There was always a great deal of traffic on that street. Was there an accident today?
2. In any event, the grapes as well as the oranges were probably sour.
3. Can it be that neither the proposal nor the draft are ready?
4. They knew that Henry hadn't arrived last night, but Peter had.
5. I didn't want to wound him but frighten him.

47
Repaso de verbos: *conocer, saber, poder*

Los dos verbos, *conocer* y *saber,* traducen el inglés *know.* Se emplea *conocer* típicamente con complemento directo [+animado] y *saber* para introducir una oración subordinada.

---

[7] Ocurre a veces la omisión de **que** aun cuando los verbos no son idénticos. Tal omisión suele ocurrir en oraciones cortas cuando se comparan directamente dos acciones verbales: **No corrieron sino volaron al lugar,** *They didn't run but flew to the place*; **No sólo los mataron sino también los cortaron en pedazos,** *They not only killed them, but also cut them into pieces.*

¿Conoce usted a Juan?   Do you know John?
Ellos saben que Juan no ha venido.   They know that John hasn't come.

Se emplea *conocer* también con complemento [—animado]. En tal caso, implica el conocimiento personal de alguna cosa en virtud de haberla experimentado o visitado quizás, pero no indica, necesariamente, un conocimiento completo ni detallado. Puede traducirse con el inglés *be acquainted with*. *Saber*, empleado con complemento [—animado], implica el conocimiento de lo que es una cosa o precisamente su composición y funcionamiento.

¿Conoce usted Galicia?   Do you know Galicia?
Él sabe inglés.   He knows English.
¿Conocía él los detalles de nuestro plan?   Did he know the details of our plan? [*i.e., Was he acquainted with them more or less intimately?*]
¿Sabía él los detalles de nuestro plan?   Did he know the details of our plan? [*Did he know exactly what they were by having studied them, for example?*]
Ella conoce el camino.   She knows the road. [*She is acquainted with it.*]
Ella sabe el camino.   She knows the road. [*Which one it is or exactly what it is.*]

N.B. *Saber de* significa *know about*: **¿Qué sabes de nuestros planes?**, *What do you know about our plans?*

Seguido de infinitivo, *saber* indica que el sujeto tiene los conocimientos necesarios para efectuar cierta acción física. En este sentido se distingue de *poder*, que sólo implica que el sujeto tiene la capacidad de efectuar la acción o que tiene permiso para hacerla. En los más casos se traducen los dos verbos con el inglés *can*.

Él no sabe jugar al tenis.   He can't play tennis. [*He doesn't know how to.*]
Él no puede jugar al tenis.   He can't play tennis. [*He doesn't have the physical strength, or he has been forbidden to.*]

Hay que distinguir entre *saber* y *saber cómo*:

Él sabe jugar al tenis.   He can play tennis. [*He knows how to, and can play the game.*]
Él sabe cómo jugar al tenis.   He knows how tennis is played. [*But he may not be able to do it himself.*]

APLICACIÓN

Complétense las oraciones siguientes empleando *conocer*, *saber* o *poder*. En algunos casos existe más de una posibilidad.

1. Yo____esta ciudad bastante bien.   2. ¿____tú la cantidad de cosas que son necesarias?   3. ¿____leer el chico?   4. Mi tío____[fut.] arreglar esta máquina. 5. El guitarrista____acompañar el cante flamenco.   6. ¿____usted levantarse ahora?   7. Yo____[pasado] a tu hermana en la fiesta de anoche.   8. Ellos____ que el presidente va a renunciar su puesto.   9. Con grandes esfuerzos el joven ____[pasado] llegar a la otra orilla del río.   10. Cuando vivíamos en Caracas,____ a esa familia.   11. Yo no____nada de esas cosas.   12. ¿____tú la lección para mañana?

Verificación y repaso

1. ¿Cuál de las frases siguientes debe usarse si uno está hablando a las doce del día?
   (a) ¿Qué hiciste esta mañana?
   (b) ¿Qué has hecho esta mañana?

2. ¿Qué tiempo verbal puede emplearse en lugar del futuro hipotético en las frases siguientes?
   (a) Me aseguraron que llegarían temprano.
   (b) La criada me dijo que iría pronto al mercado.

3. ¿En qué consiste la ambigüedad de la oración siguiente? *El dijo que Luisa salía en aquel momento.*

4. ¿Tiene el imperfecto simple el mismo significado que el imperfecto de *estar* + V$_{ndo}$?

5. ¿Hay una diferencia de sentido gramatical o una diferencia estilística entre las frases siguientes?
   (a) Cuando habíamos llegado, . . .
   (b) Cuando hubimos llegado, . . .

6. ¿Qué uso especial tienen el futuro, el futuro hipotético y el futuro de *haber* + el participio pasado en español? Den un ejemplo original de cada tiempo.

7. Explíquese la diferencia entre:
   (a) No hablé con el presidente, pero hablé con su secretario.
   (b) No hablé con el presidente sino que hablé con su secretario.

8. Si uno quiere evitar la repetición de *hablé* en el segundo ejemplo del ejercicio anterior, ¿cómo hay que modificar la oración?

EJERCICIOS

A. Explíquese la diferencia entre:

1. (a) No quisieron acompañarle.
   (b) No querían acompañarle.

2. (a) No pudimos aceptar la oferta.
   (b) No podíamos aceptar la oferta.

3. (a) Estaban bailando alegremente . . .
   (b) Estuvieron bailando alegremente . . .

4. (a) Él estaba escuchando el disco . . .
   (b) Él estuvo escuchando el disco . . .

5. (a) Conocen el secreto.
   (b) Saben el secreto.

6. (a) Él puede tocar el órgano.
   (b) Él sabe tocar el órgano.
   (c) Él sabe cómo tocar el órgano.

B. Exprésense las oraciones siguientes como una contradicción, usando *sino que* o *sino*:

1. No quiero oír el concierto, pero la conferencia sí.
2. Él no está agitado, pero tiene una preocupación justificable.

3. No voy allá esta mañana, pero por la tarde sí.
4. No vimos al presidente, pero hablamos con el director.

C. Para expresar en español:

1. I wonder whether (if) he knew my intentions in the matter. [Two possible interpretations of *knew*.]
2. The boy that we met yesterday is probably very clever.
3. Both chemistry and mathematics are hard. I wonder whether John studied them.
4. Did you know him when he was president? Could you convince him? [Do not use *poder*.]
5. Did they manage to find the student who was sick?
6. He found out about it last night, but he wouldn't believe it.
7. He was sorry (regretted it), but he couldn't do anything.
8. As soon as she said it, she regretted it.
9. She grew pale for a moment, but she was able to reach the house.
10. The troops not only defeated them, but massacred them.

Vista de la biblioteca, Universidad
de México, Ciudad de México

Capítulo 2

Sección A

La subordinación del infinitivo con y sin preposición • El infinitivo y el sustantivo como complemento, con y sin preposición • La subordinación con V_{ndo} • Los verbos auxiliares

48
La subordinación del infinitivo con y sin preposición

Puede efectuarse la subordinación (**a**) con el infinitivo solo o (**b**) con el infinitivo precedido de preposición. Consúltese el Apéndice, §168, para una lista de verbos usados con o sin preposición ante el infinitivo.

a. Los verbos de uso más frecuente en la subordinación sin preposición son: *deber, querer, saber* y *poder*. Hay otros muchos de uso semejante, aunque no son tan comunes, como *creer, esperar, intentar, soler, temer*:

Ella se cree (ser) muy lista.[1]   She believes $\begin{cases} \text{she is} \\ \text{herself to be} \end{cases}$ very clever.

Ella espera recibir las noticias mañana.   She hopes (expects) to receive the news tomorrow.

Los guerrilleros intentaron volar el puente.   The guerrilla fighters attempted to blow up the bridge.

Solíamos frecuentar este café.   We were in the habit of visiting this cafe often.

Ellos temían no estar aquí a tiempo.   They were afraid that they would not be here on time.

b. En la subordinación con preposición + V_{inf}, las preposiciones *a* y *de* son las más frecuentes. De uso menos frecuente son *con, en, para* y *por*, entre otras. Como ejemplos pueden citarse:

¿Usted se atreve a decírselo?   Do you dare to tell him so?

Julio acaba de[2] escribirlo. $\begin{cases} \text{Julius has just written it.} \\ \text{Julius is finishing the writing of it.} \end{cases}$

¿Te acordaste de incluirle?   Did you remember to include him?

No dejes de ver esa película.   Don't fail to see that film.

No dejaron de reír.   They didn't stop laughing.

Yo me encargo de informarle.   I am assuming the responsibility (taking charge) of informing him.

---

[1] En la estructura transformada con *creerse* se omite con frecuencia el verbo *ser*.

[2] El imperfecto de este verbo se traduce *had just* (o *was finishing*) y el pretérito, *finished* (doing something).

74

¿Tratasteis de hacerlo? Did you try to do it?

Quedamos en dividirlo en porciones iguales. We agreed to divide it into equal parts.

¿Su tío tardó mucho en llegar allí? Did your uncle take a long time to get there?

Estas garantías no bastan para satisfacerles. These guarantees are not enough to satisfy them.

De importancia especial son los siguientes grupos semánticos de verbos que emplean *a* ante infinitivo: (1) verbos que indican movimiento, como *ir, venir, bajar, acudir, alcanzar, correr, parar, salir*; o (2) principio de acción, como *comenzar, empezar, echar(se), ponerse, principiar, romper,* 'comenzar abruptamente'; o (3) *enseñar* y *aprender*.

Bajaremos a hablar contigo. We shall come down to talk to you.

(Me) Eché a andar. I started walking.

Él me enseñó a prepararlo. He taught me (showed me how) to prepare it.

Se considera el giro verbal *ir a* + V_{inf} en el presente como un sustituto del futuro y es más frecuente que éste en la conversación.

Voy a verle mañana. I am going to see him tomorrow.

En oraciones subordinadas el imperfecto de *ir a* + V_{inf} puede usarse en lugar del futuro hipotético (compárese §43).

Dijiste que ibas a salir. You said that you were going to leave.

Dijiste que saldrías. You said that you would leave.

El pretérito de *ir a* + V_{inf}, en cambio, no sugiere la intención de una acción, sino más bien el principio de ella: **Cuando él fue a hablar, le interrumpieron,** *When he was going to speak, they interrupted him.*

49

El infinitivo y el sustantivo como complemento, con y sin preposición

Se emplea regularmente la misma preposición que introduce el infinitivo, o sustantivo verbal, para introducir cualquier sustantivo, si el sentido del verbo permite tal construcción: *Me acostumbré a ello, Se resistieron a la idea, No sirve para nada,* etc.

Hay que tener en cuenta, sin embargo, unos cuantos casos diferentes. Entre los verbos estudiados en el párrafo anterior hay algunos, como *bajar, alcanzar, parar, comenzar, empezar, enseñar* y *aprender*, que rigen el complemento de sustantivo directamente, sin preposición: **bajar la maleta,** *bring (take) down the suitcase,* **comenzar la tarea,** *begin the task,* **enseñar la lección,** *teach the lesson,* etc.

Otros verbos ofrecen distintas posibilidades semánticas según el carácter de su nexo con el complemento.

Pensamos hacer un viaje a Europa el mes que viene. We intend to take a trip to Europe next month.

Pensamos en hacer un viaje a Europa el año que viene. We are thinking about taking a trip to Europe next year.

¿Qué piensas de este libro?[3] What do you think about this book?

El director empezó la discusión. The director began the discussion.

El director empezó por la parte difícil. The director began with the difficult part.

Acabé de pintar la sala. I finished painting the room.

Acabé por pintar la sala. I finished up (by) painting the room.

N.B. Pagué la comida, *I paid for the meal*; pero **Pagué cinco dólares por la comida,** *I paid five dollars for the meal.*

A P L I C A C I Ó N

Complétense con una preposición, si hace falta:

1. Ellos pagaron_____las entradas. 2. Pagaron tres dólares_____cada una. 3. Evitamos_____esas personas. 4. Tal cantidad de dinero no basta_____mantener una familia. 5. No esperamos_____recibir ninguna oferta. 6. ¿Qué piensas_____ hacer respecto del examen? 7. No se acordaron_____pedir_____su dirección. 8. No me fijé_____su vestido. 9. ¿Logró usted_____convencerle? 10. ¿Te propones_____ visitarle mañana? 11. El anciano se ocupa_____coleccionar mariposas. 12. Mi hermano se puso_____cultivar dalias. 13. La actriz volvió_____reanudar sus antiguas amistades. 14. Este hombre insiste_____hacerlo de esa manera. 15. ¿No se le ocurrió a usted_____preguntárselo?

50
La subordinación con V$_{ndo}$

En el §37 estudiamos el uso de V$_{ndo}$ con *estar*, *andar*, etc., en una construcción en que se funden los dos elementos hasta el punto de formar un concepto verbal unitario, con matices aspectuales. Se emplean los verbos *continuar* y *seguir* con V$_{ndo}$ de manera algo análoga. (Compárense también *llevar* y *tener*, §54.)

Ellos continúan cometiendo los mismos errores. They continue $\begin{Bmatrix} \text{making} \\ \text{to make} \end{Bmatrix}$ the same mistakes.

Ella siguió haciéndome preguntas. She went on asking me questions.

Con otros verbos, V$_{ndo}$ parece mantener más claramente diferenciado su sentido propio. Con ellos expresa con frecuencia la manera, o el modo, de efectuar una acción.

---

[3] Normalmente no se usa el infinitivo después de *pensar de*. Para traducir *What do you think about our doing that?* se puede decir **¿Qué piensas** (o, **¿Qué te parece**) **si hacemos eso?**

El viejo salió (se fue) mascullando improperios.   The old man went away muttering insults.

Acabé diciéndole la verdad.   I ended up by telling him the truth.

Ella empezó la plática recordando el pasado.   She began the chat (by) recalling the past.[4]

N.B. Además de expresar modo y manera, puede emplearse V_{ndo} también en oraciones subordinadas de significado diferente; véanse los Capítulos VIII y IX. Para el uso de V_{ndo} como forma reducida de la oración de relativo, véase §92 (b).

APLICACIÓN

Combínense las siguientes oraciones, subordinando la segunda a la primera mediante V_{ndo}:

1. Continúe usted [eso].
   Escriba usted los artículos.

2. Mi amigo vino.
   Mi amigo corría.

3. Ella inició la función.
   Ella cantó el himno nacional.

4. Él logró atravesar los Andes.
   Él exigió un esfuerzo sobrehumano de los soldados.

5. Terminé [eso].
   Hice el trabajo yo mismo.

51
Los verbos auxiliares

Entre los giros verbales de los tipos ya estudiados, hay algunos denominados «auxiliares» o «modales» que por su frecuencia y sus características sintácticas merecen atención especial.

a. Poder traduce el inglés *can, be able, may.*

¿Puede él levantar tanto peso?   Can he lift so much weight?

Tú puedes ir al cine.   You may go to the movies.

Puede ser que sea verdad.   It may be that it is true.

¿Se puede? $\begin{cases} \text{May I} \\ \text{May we} \\ \text{Can one} \end{cases}$ (come in)?

Variando el orden de las palabras en la expresión negativa, se ven las posibilidades semánticas de *poder*:

Él no puede hacer mucho trabajo.   He can't do much work.

Él puede no hacer mucho trabajo.   He may not do much work.

---

[4] El angloparlante debe evitar el uso de *por* en las oraciones de modo o manera. Para traducir *By using a lot of caution, you can do it*, por ejemplo, se dice **Empleando mucha cautela, puedes hacerlo.** La construcción **Por emplear cautela** significaría *Because of employing caution.* Exceptuamos de esta generalización las expresiones verbales *acabar (terminar) por* y *comenzar (empezar, principiar) por*: **Él comenzó criticándolos** o **Él comenzó por criticarlos,** *He began by criticizing them* (frente a **Él comenzó a criticarlos,** *He began to criticize them*).

N.B. Queda claro el carácter básicamente impersonal del segundo ejemplo en su equivalente semántico: *Puede ser que él no haga mucho trabajo.* Para más detalles, véase el §136.

Recuérdense, además, los usos del pretérito e imperfecto de *poder* y la distinción entre *poder* y *saber*, tratados en los §§41 y 47.

b. Además de su sentido básico de *owe*, *deber* indica, como verbo auxiliar, una obligación moral o una obligación impuesta por las circunstancias.

Debes venir mañana. You $\begin{cases} \text{ought to} \\ \text{should} \\ \text{must} \end{cases}$ come tomorrow.

Usted debía hacerlo antes. You ought to have done it before [*obligation of indefinite duration in the past*].

Debiste vestirte más rápidamente. You should have got dressed more rapidly.

Deberán visitarla algún día. They will be obliged to visit her some day.

N.B. Sería difícil establecer distinciones semánticas entre *Él debía (debió) hacerlo antes, Ha debido hacerlo antes, Debe haberlo hecho antes* y *Debía (Debió) haberlo hecho antes.* Hay quizás cierta preferencia en la conversación por los giros con *haber hecho.* (Al usarse *deber de* en lugar de *deber*, podrían hacerse las mismas observaciones.) Además, se complica la cuestión de la equivalencia semántica entre el español y el inglés por el hecho de que los verbos *ought*, *should* y *must* no distinguen claramente los tiempos.

c. **Deber de** indica duda o conjetura; en muchos casos tiene un valor equivalente al futuro o futuro hipotético cuando se usan éstos para expresar dichos conceptos (véase §45).

Debe de estar aquí. It must be here [*because I remember seeing it a moment ago, for example*].

Debía de hacer mucho calor. It must have been very warm.

Los invitados debieron de llegar mucho antes. The guests must have arrived a long time before.

En el uso diario y hasta en el uso literario ha ocurrido una nivelación de las distinciones tradicionales entre *deber* y *deber de*, siendo el primero de uso mucho más general, tanto para expresar una obligación como para expresar una conjetura.

d. **Tener que** sugiere una obligación impuesta por circunstancias externas; en general, corresponde a *have to* en inglés.

Tuvieron que presenciar la escena. They had to [*were forced to*] witness the scene.

Él tenía que acabar el trabajo para el sábado. He had to finish the work by Saturday.

Variando el orden de elementos, *tener que* pierde gran parte de su fuerza obligatoria para indicar lo que queda por hacer. Nótese el paralelismo con el inglés en este respecto.

Tengo que entregar tres composiciones. I have to hand in three compositions.
Tengo tres composiciones que entregar. I have three compositions to hand in.

e. Haber de expresa una obligación menos enérgica que *tener que* y, a veces, su sentido se aproxima al del simple futuro. Se traduce muchas veces con *be to* o *be supposed to.*

El congreso ha de promulgar esa ley. Congress is to promulgate that law.

¿Qué he de hacer? What $\begin{cases} \text{am I to} \\ \text{should I} \end{cases}$ do?

¿La gente hubo de creer eso? Were people supposed to believe that?

f. Haber que denota una obligación de carácter impersonal y se emplea sólo en la 3ª persona del singular. No hay diferencia de sentido entre *no haber sino* y *no haber más que.*

Hay que comprender el programa. $\begin{cases} \text{One must} \\ \text{It is necessary to} \end{cases}$ understand the program.

No hubo $\begin{cases} \textbf{más que} \\ \textbf{sino} \end{cases}$ **aguantar su temperamento.**

$\begin{cases} \text{The only thing to do was to} \\ \text{There was nothing to do but} \end{cases}$ put up with his temperament.

El contraste entre *Hay que hacer mucho* y *Hay mucho que hacer* es paralelo al que existe en inglés entre *One must do a great deal* y *There is a great deal to do.* Compárese lo que se ha explicado respecto de *tener que.*

g. Cuando *will* expresa una petición cortés, y no el futuro, se traduce con *querer*: **¿Quieres abrir la ventana?** *Will you open the window?* Asimismo *shall*, cuando expresa la conveniencia o la inconveniencia de hacer alguna cosa, puede traducirse con el presente simple: **¿Abro la ventana?** *Shall I open the window?*

APLICACIÓN

A. Explíquese la diferencia entre:

1. (a) No pueden encontrar solución.
   (b) Pueden no encontrar solución.

2. (a) No puede haber poetas.
   (b) Puede no haber poetas.

B. Distínganse los tipos de obligación expresados en los siguientes grupos. ¿En qué casos parece haber poca diferencia?

1. (a) Tienes que hacerlo.
   (b) Debes hacerlo.
   (c) Has de hacerlo.

2. (a) Uno tiene que trabajar.
   (b) Uno debe trabajar.
   (c) Hay que trabajar.

3. (a) ¿Tenías mucho que hacer?
   (b) ¿Tenías que hacer mucho?
   (c) ¿Debías hacer mucho?
   (d) ¿Habías de hacer mucho?

C. Para expresar en español:

1. What are they to do if the necessary reforms are not carried out?
2. If they are late in coming, will you take charge of doing it?
3. Although he has just learned to drive, it may not have served to get a position.
4. You ought to have told me; I have just telephoned him.
5. It is necessary to go (*andar*) carefully; I can't (don't) get used to these stairs.

Verificación y repaso

Cuestionario

1. Citen media docena de verbos que no emplean preposición ante V_{inf}.
2. ¿Qué grupos importantes de verbos emplean la preposición *a* ante V_{inf}?
3. Además del V_{inf}, ¿qué otra forma verbal no-conjugada se emplea en la subordinación?
4. ¿Qué explica o expresa en muchos casos la oración subordinada con V_{ndo}? Den un ejemplo original.
5. ¿De qué maneras distintas puede expresarse en español la oración inglesa, *He ought to have done it?*
6. ¿Qué diferencias de significado hay entre *deber* y *haber de*, usados como verbos auxiliares?
7. ¿Qué construcción se emplea para expresar una obligación de carácter impersonal?
8. ¿De qué otra manera puede decirse *No hay más que tres?*

Ejercicios

A. Complétense con una preposición, si hace falta:

1. No me acostumbro____ese horario. 2. El dependiente se apresuró____tranquilizarla. 3. ¿Prefieres____venir mañana o pasado mañana? 4. Este estudiante tardó mucho____entregar su informe. 5. ¿Te encargaste____tal proyecto? 6. La compañía resolvió____servirse____el nuevo producto. 7. El joven merece ____saber la verdad. 8. Convinieron____despedirlo. 9. Fingieron____ser amigos suyos. 10. Tiramos____la cuerda sin resultado. 11. No se puede confiar ____lo que él dice; cambia mucho____parecer. 12. ¿No te cansas____pedírselo? 13. Procura____ser más formal. 14. No carezco____oportunidades.

B. Escriban oraciones que diferencien el sentido de las expresiones de cada grupo:

1. dejar de (dos sentidos)	4. haber que haber de	7. pensar pensar de pensar en
2. empezar a empezar por	5. quedar en quedar . . . por	8. tratar tratar de tratarse de
3. estar para estar por	6. tener que tener . . . que	9. servir de servir para

C. Para expresar en español:

1. He has a number of personal matters to resolve.
2. I ended up (finished) by paying for the meal.
3. If the rebels attempt to attack the palace, the government is to take very strict measures.
4. He started to run, but nobody would help him escape.
5. If they decide to change the plan, don't fail to advise me.
6. She believes she is very intelligent, but people only laugh at her pretensions.
7. Do you dare to tell me that you paid three hundred dollars for the painting?
8. I was thinking of you when you came in.
9. Did you manage to discuss the matter with him?
10. Shall I continue teaching that child? He can't read well yet.

Sección B

Expresiones de transcurso de tiempo con *hacer* • Expresiones de transcurso de tiempo con *desde* • El transcurso de tiempo expresado con *llevar* y *tener* • Fenómenos meteorológicos • Las fechas • Repaso de verbos: *preguntar*, *pedir*, *buscar*, *traer*

52
Expresiones de transcurso de tiempo con *hacer*

a. Se emplea *hacer* en la tercera persona del singular con una FS que expresa período de tiempo para indicar tiempo transcurrido. Las traducciones inglesas pueden ser varias, pero la más común es *ago*.

Hace un mes (año, etc.).
$\begin{cases} \text{*It makes a month (year, etc.)} \\ \text{It has been a month (year, etc.)} \\ \text{A month (year, etc.) ago.} \end{cases}$

Se emplea esta misma expresión con *hacer* con una oración subordinada de la siguiente manera:

Llegaron.
(Eso) hace un mes. $\Rightarrow$ **Hace un mes que llegaron.**   They arrived a month ago.

Si la oración subordinada precede a la oración con *hacer* (la matriz), se omite *que*:

Llegaron hace un mes.   They arrived a month ago.

Otros ejemplos son:

Hace tres días que lo vi.
Lo vi hace tres días. $\Big\}$ I saw it three days ago.

Hace un año que ella empezaba a sufrir.
Ella empezaba a sufrir hace un año. $\Big\}$ She was beginning to suffer a year ago.

N.B. Puede expresarse la misma idea empleando *atrás* en lugar de *hace*: *Ella empezaba a sufrir un año atrás.*

APLICACIÓN

A. Para traducir al inglés:

1. Él se estableció en esta ciudad hace cuatro años.
2. Salieron de aquí hace dos minutos.
3. Leí la biografía de Bolívar hace un mes.

B. Exprésense las oraciones del Ejercicio A colocando la oración con *hace* en posición inicial.

b. Si se combina el presente de *hacer* con otra oración también en el presente, se indica una situación que existe todavía en el momento de hablar.

Hace dos años que vivo en México. I $\begin{Bmatrix} \text{have been living} \\ \text{have lived} \end{Bmatrix}$ in Mexico (for) two years.

Hace una hora que le esperamos. We $\begin{Bmatrix} \text{have been waiting} \\ \text{have waited} \end{Bmatrix}$ for him (for) an hour

Si la oración con *hace* sigue a la oración subordinada, es facultativo el uso de *desde*:

Ese hombre me está molestando (desde) hace tres días. That man has been annoying me for three days.

Si el hablante quiere indicar que una acción ha terminado y no continúa en el momento de hablar, se puede usar el perfecto actual, como en inglés.[5]

Han estado aquí (por) una semana. They have been here for a week [*but have just left*].

También en oraciones negativas puede emplearse el perfecto actual en la oración subordinada, aunque la situación continúe:

Hace diez años que no la $\begin{Bmatrix} \text{veo.} \\ \text{he visto.} \end{Bmatrix}$ I haven't seen her for ten years.

Puede emplearse *hacer* en el futuro (o futuro hipotético) para indicar que una situación se cumplirá en el futuro:

Mañana hará cinco años que trabajo aquí. Tomorrow it will make five years that I have been working here.

A P L I C A C I Ó N

A. Para traducir al inglés:

1. Hace seis meses que vivimos aquí.
2. Hace diez años que trabajan allí.
3. Hace más de media hora que sufro sus tonterías.

B. Exprésense las oraciones del Ejercicio A colocando la oración con *hace* después de la oración subordinada.

C. Cambien las oraciones del Ejercicio A para indicar que la acción ha terminado ya (empleando *por* y el perfecto actual).

---

[5] Nótese que en inglés la oración *He has been sick for a week* es ambigua. Puede indicar que la enfermedad sigue en pie o que ha terminado recientemente.

c. Se emplea *hacía* de un modo análogo, con el verbo de la oración subordinada en el imperfecto, para indicar que una situación continuaba todavía en determinada época del pasado:

Hacía tres días que el tiempo empeoraba ⎫ The weather had been growing
El tiempo empeoraba (desde) hacía tres días. ⎭ worse for three days.

En oraciones negativas se puede emplear el pluscuamperfecto, como en inglés:
Hacía seis meses que no la había visitado, *I hadn't visited her for six months.*

APLICACIÓN

A. Formen ocho oraciones con los elementos siguientes y tradúzcanlas al inglés:

1. Hacía { mucho tiempo / varios días } que { yo no la veía. / él no venía a casa.

2. Él no asistía a la cita / Él no salía de casa } desde hacía { tres semanas. / tantos años.

B. Exprésense las oraciones del Ejercicio A empleando el pluscuamperfecto en lugar del imperfecto en la oración con *hacer* y tradúzcanlas al inglés.

53
Expresiones de transcurso de tiempo con *desde*

a. Si la parte con *hacer* no expresa unidades de tiempo, como días, años, etc., sino un punto en el pasado cuando empezó la acción referida, se emplea una FPrep introducida por *desde*. Se usa el presente si la acción persiste todavía y el imperfecto si todavía persistía en el pasado.

Me interesa desde la juventud. It has interested me since my youth.
Desde la juventud me interesa. Since my youth it has interested me.
La situación (se) está mejorando desde la guerra. The situation has been getting better since the war.
Desde su enfermedad, él no se sentía realmente bien. Since his illness, he hadn't felt really well.

b. Si se expresa el principio de la acción en el pasado con una oración subordinada, se introduce ésta mediante *desde que*:

Él me llama todos los días desde que enfermé. He has been calling me every day since I got sick.
Desde que era niño, sufre del corazón. Since he was a child, he has been suffering from heart trouble.

APLICACIÓN

Para expresar en español:

1. It has been raining in the mountains since my arrival.
2. John has been working in the library since he entered the university.

3. Since his illness, she has been helping to take care of the store.
4. Since the party, I have been expecting a letter from her.
5. He has gone about (*andar*) preoccupied since they asked him that question.

54
El transcurso de tiempo expresado con *llevar* y *tener*

Se emplean con frecuencia los verbos *llevar* y *tener*[6] para indicar tiempo transcurrido, sobre todo en la conversación.

Él $\begin{Bmatrix} \text{lleva} \\ \text{tiene} \end{Bmatrix}$ **tres semanas aquí.**   He has been here for three weeks.

Tienes un año ya en el proyecto.   You've already been on the project for a year.

Llevan unos meses ya construyendo la represa.   They've been constructing the dam for some months now.

Llevaban tres días ardiendo de impaciencia.   They had been burning with impatience for three days.

Aplicación

Exprésense de otra manera, empleando *llevar* o *tener*:

1. Hace seis meses que ella está en esta ciudad.
2. Hace cinco semanas que mi tío trabaja en la fábrica.
3. Hacía varios meses que él pensaba en ese proyecto.

55
Fenómenos meteorológicos

a. Se expresa la mayoría de las referencias al tiempo con *hacer*. En el caso de algunos fenómenos más bien visibles, sin embargo, se emplea *haber* las más veces.

Hace mucho frío (calor).   It is very cold (hot).
Hace buen tiempo.   The weather is good.
¿Qué tiempo hará?   What will the weather be like?
Hacía un tiempo desagradable.   The weather was disagreeable.
Hubo luna un momento.   There was moonlight for a moment.
$\begin{Bmatrix} \textbf{Hace} \\ \textbf{Hay} \end{Bmatrix}$ **sol.**   It is sunny.

N.B. Ya que *frío, calor* y *fresco* son sustantivos, *very* se expresa con *mucho*, como en el primer ejemplo. Si el adjetivo sigue al sustantivo, se emplea el artículo indefinido, como en el cuarto ejemplo.

---

[6] Se emplea *tener* en estas expresiones más bien en América.

56
Las fechas

Las expresiones referentes a la fecha son más variadas que las del inglés. Entre las más comunes pueden citarse las siguientes:

¿Qué día es hoy? }
- What day of the week is it?
- What day is today?

¿Qué fecha es hoy?
¿Qué fecha tenemos hoy?
¿A cuántos estamos hoy? } What is the date (of) today?

Hoy es el dos de junio.
Tenemos el dos de junio.
Estamos a dos de junio. } Today is the second of June.

A diferencia del inglés, se usan los números cardinales para expresar la fecha, a excepción del día primero.

el treinta y uno de enero   January thirty-first
el primero de febrero   the first of February

Para las expresiones de tiempo referentes al pasado, presente y futuro, véase §142; para la hora del día, véase §143.

Aplicación

A. Para contestar en español:

1. ¿A cuántos estamos hoy?
2. ¿Qué día es?

B. Escriban un parte meteorológico de un día imaginario de enero.

C. Para expresar en español:

1. The meeting will be held on the first of December.
2. Do you know what the date is today?
3. It must be the 15th of November.
4. Although it is cloudy, the weather is pleasant.
5. It stopped snowing two days ago; the sun must be shining in the mountains.

57
Repaso de verbos: *preguntar, pedir, buscar, traer*

Preguntar indica que uno busca informes sobre algo o sobre alguna persona; es sinónimo de la expresión *hacerle una pregunta a uno*. Con *pedir* se indica que uno desea alguna cosa o que alguien haga algo; la preposición *for*, que se emplea en inglés, no se usa en español, como tampoco en el caso de *buscar*, que se trata a continuación.

Él me preguntó si yo quería ir. He asked me whether I wanted to go.
Luis nos preguntó por María. Louis asked us about Mary.
Si usted no entiende la materia, pregúntele al profesor. If you don't understand the subject matter, ask the teacher.
Este hombre pide demasiado dinero. This man is asking for too much money.

Buscar significa procurar encontrar alguna cosa o ir a traer alguna cosa.

¿Qué buscas ahí? What are you looking for there?
¿Quieres buscarme un vaso de agua? Will you go and get me a glass of water?

Traer significa llevar alguna cosa al lugar donde está el que habla o, a veces, es sinónimo de *llevar*. Tiene, además, varios sentidos figurados.

Tráigame usted un vaso de agua. Bring me a glass of water.
Este niño me trae loca. This child has me crazy.

APLICACIÓN

Complétense las oraciones siguientes, empleando los verbos estudiados en esta sección:

1. Ellos tuvieron que____cómo salir del lugar. 2. Ellos me____(pret.) que escribiera su dirección. 3. Si no recibe usted bastante,____más. 4. ____a tu papá si puedes salir esta noche. 5. ____la palabra en el diccionario. 6. Por los daños recibidos, el litigante____la cantidad de diez mil pesos. 7. ¿Qué le____ por aquí? 8. Niña, ve a____pan; se nos ha acabado en casa. 9. La pobre mujer ____limosna en la calle. 10. Este hombre está muy ocupado; siempre____un negocio entre manos. 11. Quien____halla. 12. Su silencio me____inquieto. 13. Estos problemas____solución. 14. Este constante ir y venir me____loco. 15. Cuando Enrique vino a la universidad,____por ti.

Verificación y repaso

CUESTIONARIO

1. ¿Cuál es la traducción más común de *hace* + período de tiempo cuando se combina con otra oración con el verbo en el pasado?
2. ¿Cuál es la traducción más común de *hace* + período de tiempo cuando se combina con otra oración con el verbo en el presente?
3. ¿Qué tiempo puede usarse si el hablante quiere indicar que una acción ha terminado y no continúa en el momento de hablar?
4. ¿En qué caso puede emplearse el perfecto actual juntamente con *hace* + período de tiempo aunque la situación continúe?
5. ¿Qué tiempos del verbo se emplean en expresiones de transcurso de tiempo con *desde* para indicar que el tiempo transcurrido parte de un punto en el pasado?

6. ¿Qué dos verbos se emplean en muchas expresiones típicas para describir el tiempo?
7. ¿Hay alguna diferencia en el empleo de estos verbos?
8. ¿Cuáles son los patrones principales de las oraciones que se emplean para indicar la fecha?

EJERCICIOS

A. Explíquese la diferencia entre:

1. (a) Hace dos años que me di cuenta de la situación.
   (b) Hace dos años que me doy cuenta de la situación.
2. (a) Era el propietario de la hacienda hace dos años.
   (b) Hacía dos años que era el propietario de la hacienda.

B. Exprésense de otra manera (empleando el presente simple):

1. Hace diez años que no he asistido al cine.
2. No he estudiado francés desde hace diez años.

C. Traduzcan las oraciones al inglés; luego cambien los verbos a los tiempos indicados y expliquen el cambio en la traducción:

1. Él lleva dos días estudiando constantemente. (imperfecto)
2. ¿Tiene usted mucho tiempo en México? (imperfecto)
3. Hará veinte años que están casados. (futuro hipotético, imperfecto)
4. Hace un rato que no sale el sol. (imperfecto, imperfecto)
5. No ha tronado desde hace bastante tiempo. (pluscuamperfecto, imperfecto)
6. Dejó de granizar hace media hora. (pluscuamperfecto, imperfecto)

D. Para expresar en español:

1. I was born more than thirty years ago.
2. If he asks for her again, we shall say that she is not here.
3. I have grown tired of his projects; he has been collecting useless things for twenty years [use *llevar*].
4. Since he has been here a long time, do you intend to discharge him?
5. They returned an hour ago, laughing and making fun of everything.
6. He has been in love with that girl since he began to attend the university.
7. We have been listening to his plans for a month.
8. As (*Como*) night was beginning to fall, she had to leave.
9. I haven't seen him for many years; he has probably changed a lot.
10. The president's wife was wearing a very elegant dress at the ball.

Universidad de Monterrey, México

Capítulo 3

Sección A

58
El número y la referencia del sustantivo español

El plural del masculino de los sustantivos, además de indicar personas masculinas, puede referirse a un grupo o a una pareja de sexo diferente.

Los jóvenes, chicos y chicas, le escucharon con atención. The young people, boys and girls, listened to him with attention.

los reyes de Bélgica $\begin{cases} \text{the King and Queen} \\ \text{the Kings} \end{cases}$ of Belgium

los hermanos $\begin{cases} \text{the brother(s) and sister(s)} \\ \text{the brothers} \end{cases}$

los señores González $\begin{cases} \text{Mr. and Mrs. Gonzalez} \\ \text{the Gonzalez gentlemen} \end{cases}$

Refiriéndose principalmente a las partes del cuerpo y a las prendas de vestir, cuando se entiende claramente que cada persona es poseedora de sólo una parte o prenda, se usa el singular.

Se lavan la cara. They wash their faces.
Levantamos la mano. We raise our hands.
Los invitados se quitaron el saco. The guests took off their coats.

PERO:
Levantamos las manos. We raise [both] our hands.

P R E G U N T A S

1. ¿Qué dos significados puede tener el plural de las siguientes palabras?

   tío abuelo anciano señor hijo

2. Explíquese la diferencia entre:
   (a) Los dos tienen el ojo inflamado.
   (b) Los dos tienen los ojos inflamados.

3. ¿Cómo se expresa en inglés la diferencia entre las dos oraciones citadas en la pregunta anterior?

90

59
Los sustantivos contables y los no-contables

Denominamos sustantivos contables ([+cont]) los que, como *persona, mesa o lápiz*, pueden enumerarse o seleccionarse aisladamente. Los no-contables ([−cont]), como *arroz, agua* e inclusive los sustantivos abstractos, como *idealismo o justicia*, son los que se consideran como una totalidad o una masa indivisible. A veces el léxico del español y del inglés no coinciden respecto de la categoría [+cont] o [−cont]. En el caso más típico un sustantivo [−cont] de número singular en inglés se traduce al español con un sustantivo [+cont] de número plural.

candy	**dulces**	business	**negocios**
furniture	**muebles**	news	**noticias**
information	**informaciones, informes**	vacation	**vacaciones**

Para traducir el singular de los sustantivos [+cont] del español, el inglés tiene que valerse de giros como *a piece of, a stick of*, etc.: **un mueble**, *a piece of furniture*; **una noticia**, *a news item*, por ejemplo. Poco frecuentes son los ejemplos como **ropa**, *clothes*, o **bosque**, *woods*, en los cuales el singular del español corresponde al plural del inglés.

Con frecuencia un sustantivo español puede cambiar de tipo, siendo en algunos contextos [+cont] y en otros, [−cont]. No se realiza tanto tal función doble en inglés.

Producen buena cerveza en México.   They produce good beer in Mexico.
Nos sirvieron dos cervezas.   They served us two beers.
El pan es bueno.   The bread is good.
Quiero dos panes.   I want two loaves (rolls) of bread.
El carpintero lo construyó de madera.   The carpenter built it of wood.
Lo construyó de cuatro maderas.   He built it with four pieces of wood.

APLICACIÓN

Traduzcan al inglés los sustantivos de las parejas siguientes, para demostrar algunas de las diferencias que existen entre el inglés y el español respecto de los sustantivos [+cont] y [−cont]:

1. los postres / un postre
2. las tonterías / una tontería
3. los consejos / un consejo
4. el jabón / un jabón
5. la tiza / una tiza
6. el café / un café

60
Los usos del artículo definido

El artículo definido tiene dos usos que pueden ilustrarse en la ambigüedad de referencia de *playa* en la siguiente oración:

La playa es un lugar de recreo.   The beach is a recreation area.

En este ejemplo, *la playa* puede referirse por un lado a cierta playa, específica y conocida; o, en cambio, puede expresar una generalización sobre cualquier playa —es decir: *Toda playa es un lugar de recreo.* En el primer caso, el sustantivo y el artículo que lo acompaña llevan el rasgo semántico-sintáctico [+específico]; en el segundo caso, por expresar una generalización, llevan el rasgo [—específico]. En el caso citado arriba, el español y el inglés coinciden en el uso del artículo definido, pero tal coincidencia no puede tomarse como regla general. A continuación ilustramos y comentamos las diferencias principales entre las dos lenguas respecto de los rasgos [±específico].

a. En cuanto al rasgo [+específico], las diferencias son esporádicas.

1. En las expresiones de destino o localización, el español no suele omitir el artículo.

Ella va a la escuela.   She is going to $\begin{cases} \text{school.} \\ \text{the school.} \end{cases}$

Todos están en la cárcel.   All are in jail.

Sin embargo, hay unas cuantas expresiones corrientes de este tipo en las cuales el español no emplea el artículo.

Voy a casa[1] **(a misa).**   I am going home (to mass).

Salen de casa.   They are leaving $\begin{cases} \text{home.} \\ \text{from their house.} \end{cases}$

Están en casa de los Fernández.   They are at the Fernandez's (house).

2. Se usa el artículo definido (y no el posesivo) con las partes del cuerpo y las prendas de vestir si la referencia es clara y no es enfática.

Me duele el hígado. $\begin{cases} \text{My liver hurts.} \\ \text{I have a liver ailment.} \end{cases}$

¿Se puso usted las botas?   Did you put your boots on?

Él tiene la nariz muy larga.[2] $\begin{cases} \text{His nose is very long.} \\ \text{He has a very long nose.} \end{cases}$

3. Los títulos de las personas van precedidas del artículo definido, pero se omite el artículo al dirigirse uno directamente a una persona. En inglés se emplean los títulos siempre como nombres propios, es decir, sin el artículo.

la señora de Fernández   Mrs. Fernandez
el general Osuna   General Osuna
¿Adónde va, señora Martínez?   Where are you going, Mrs. Martinez?

N.B. No se usa el artículo con *don, doña* (título de respeto, no traducible al inglés, que se usa sólo con el nombre de pila) ni con los títulos extranjeros: *don Pedro* (*Fernández*), *mister Williams, monsieur Dupont, lord Cochrane,* etc.

---

[1] *Voy a la casa* indica que la casa, no necesariamente la del hablante, ha sido mencionada antes.

[2] En las expresiones con *tener* puede emplearse también el artículo indefinido con un sentido más bien enfático o exclamativo: **¡Él tenía unas manos sucias!** *His hands were really dirty!*

4. Se emplea el artículo definido con los nombres de ciertos países, muchos de ellos de América, de algunos estados o provincias y de un número muy reducido de ciudades. Hay vacilación en el uso del artículo con los nombres de países, sobre todo en el estilo periodístico.

El Japón se ha desarrollado rápidamente. Japan has developed rapidly.
El Perú es encantador. Peru is charming.
La Habana no está lejos de la Florida. Havana is not far from Florida.

Se dice también: *la Argentina, el Brasil, el Canadá, el Ecuador, el Panamá, el Paraguay, el Salvador, el Uruguay, el Cairo, el Callao, la Coruña, la Haya.*

Al modificarse cualquier expresión geográfica, se emplea el artículo.

la España meridional southern Spain
el México de los aztecas Mexico of the Aztecs
el París del artista (the) Paris of the artist

Con los demás términos geográficos el uso es, en general, como en inglés.

Guadalajara es también una ciudad de España. Guadalajara is also a city in Spain.
El Orinoco es el río principal de Venezuela. The Orinoco is the principal river in Venezuela.

APLICACIÓN

Complétense con el artículo definido, si hace falta:

1. ＿＿doctor Méndez vendrá a las ocho.
2. ＿＿doctor Méndez, ¿puede usted venir a las ocho?
3. ¿Ha visitado usted＿＿Paraguay?
4. No, pero＿＿don José lo conoce muy bien.
5. ＿＿Habana es la capital de＿＿Cuba.
6. Se ha modificado radicalmente＿＿Cuba actual.
7. Se celebrará la reunión en＿＿Cairo.
8. ＿＿Roma de los Césares era el centro del mundo civilizado.
9. Hablando de la ruina de＿＿Roma, luego asoma.
10. Ella sale de＿＿casa todos los días a las siete.
11. ¿Está Luis en＿＿casa de Juan?
12. ＿＿Misisipí es el río más largo del mundo.

b. En cuanto al uso del artículo definido con el rasgo [—específico], se observa una diferencia más sistemática y regular entre las dos lenguas.

1. Se emplea en casi toda generalización en español, mientras que en inglés se emplea para tal efecto sólo con los [+cont] de número singular.

El diccionario es útil. The dictionary is useful.
En la universidad se estudia mucho. At the university one studies a great deal.

PERO:

El azúcar daña los dientes. Sugar harms one's teeth.
Los gatos no son de fiar. Cats are not to be trusted.

Nótese en los dos primeros ejemplos la posible ambigüedad, tanto en español como en inglés, entre la referencia [+específico] y [—específico] mencionada al principio de esta sección. *El diccionario*, por ejemplo, puede referirse a un diccionario particular o a cualquier diccionario. En español esa misma ambigüedad se extiende también a los [—cont] y al plural del sustantivo. En estos casos el inglés indica [+específico] con el artículo y [—específico] con su omisión.

La nieve es blanca. $\begin{cases} \text{Snow is white.} \\ \text{The snow is white.} \end{cases}$

Me gusta el arroz con pollo. I like $\begin{cases} \text{chicken and rice.} \\ \text{the chicken and rice.} \end{cases}$

Las flores alegran el ambiente. $\begin{cases} \text{Flowers} \\ \text{The flowers} \end{cases}$ brighten up the surroundings.

N.B. A veces, por motivos estilísticos, se omite el artículo definido para producir cierto efecto enfático.

Todo el espíritu de la nación es inteligencia, sentimiento, idealismo. The whole spirit of the nation is intelligence, feeling, idealism.

Rusos y americanos, durante los años de la posguerra, compartían la hegemonía mundial. Russians and Americans, during the postwar years, shared world hegemony.

2. El artículo se usa con el nombre de las lenguas. Se omite al seguir *directamente* al verbo *hablar* y las preposiciones *de* y *en*. Se omite también generalmente después de los verbos *escribir, estudiar* y *aprender*.[3]

El árabe es difícil. Arabic is difficult.
Ella escribe en alemán. She writes in German.
Hablan chino. They speak Chinese.
¿Usted aprende (el) ruso? Are you learning Russian?

Pero:

El embajador habla muy bien el portugués. The ambassador speaks Portuguese very well.

3. Se usa el artículo para expresar la razón de dos medidas.

Cuesta tres pesos el kilo. It costs three pesos a kilo.
Se venden a cien pesetas la docena. They sell for one hundred pesetas a dozen.

N.B. En muchas expresiones de este tipo se usa también *por* sin el artículo, sobre todo en las medidas técnicas: *cien kilómetros por hora*, por ejemplo; véase §140.

---

[3] Sin embargo, si el nombre de la lengua va modificado por una FPrep con *de*, suele llevar el artículo definido: **Unos cuantos sefarditas aún hablan el español del siglo XVI**, *A few Sephardic Jews still speak (the) Spanish of the sixteenth century.*
   Si el nombre de la lengua va modificado por una FA, el uso vacila; pero parece predominar el uso del artículo: **Se expresa en (el o un) inglés ordinario**, *It is expressed in ordinary English.*

4. Con las estaciones del año, los días de la semana, y las horas del día, el uso del sustantivo puede ser [+específico] o [—específico]; en los dos casos el español utiliza el artículo.

El invierno es muy agradable en Acapulco. (The) Winter is very pleasant in Acapulco.
Vienen el lunes. They are coming (on) Monday.
Es la una (Son las dos.). It is one (two) o'clock.

5. Después de cópula se omite *el* con los días de la semana, a menos que se refiera uno a cierto día ya mencionado. Después de *en*, el uso del artículo es facultativo con las estaciones.

Hoy es jueves. Today is Thursday.
Parece sábado. It seems like Saturday.
¡Hoy es el domingo que tanto anticipamos! Today is the Sunday that we were so looking forward to!
En (el) verano la situación es muy distinta. In (the) summer the situation is very different.

c. Ciertos sustantivos del inglés se han convertido en nombres propios mientras se han quedado nombres genéricos en español.

Dante tuvo una visión del cielo (infierno). Dante had a vision of Heaven (Hell).
La Quinta Avenida es bien conocida. Fifth Avenue is well known.

Notablemente en el caso de *man* y *woman*, el inglés emplea el [+cont] como [—cont] en las generalizaciones: **El hombre es un animal político,** *Man is a political animal.*

Véase también §65, en que tratamos de la omisión de los artículos definido e indefinido en las expresiones apositivas.

APLICACIÓN

A. Complétense con el artículo definido, si hace falta:

1. ____tabaco y____cáncer están ligados estadísticamente. 2. ____chile no es un condimento de mucho uso en la América del Sur. 3. No se sirven____tortillas en los grandes hoteles de México.[4] 4. Se dice que el chico tiene____inteligencia. 5. En general,____muchachos son más traviesos que____muchachas. 6. Este fraile es un modelo de____bondad. 7. Hoy es____miércoles; el médico vino____ viernes pasado. 8. El desfile pasó por____Avenida Juárez.

B. Para expresar en español:

1. Coffee used to be the basic crop of Brazil; cattle raising is still important in Argentina and Uruguay. 2. Folkloric music assumes its most popular form in

---

[4] Como se explica en la Sección B, la omisión del artículo puede indicar el concepto inglés de *some* o *any*; por consiguiente, el uso del artículo en esta oración varía según se quiera expresar una generalización o el concepto cuantitativo *any*.

southern Spain. 3. Although French and German are easier, I prefer to study Japanese. 4. In Moslem nations women covered their faces when they went out of their houses. 5. My aunt and uncle say that dogs are the best friends of man.

Verificación y repaso

CUESTIONARIO

1. Además de indicar personas masculinas, ¿a qué puede referirse el plural del masculino de los sustantivos en español?
2. ¿Qué es un sustantivo [+cont]? ¿Un sustantivo [−cont]? Citen tres ejemplos de cada clase.
3. ¿Coinciden siempre el léxico del inglés y el del español en el concepto [+cont] o [−cont]?
4. ¿Cómo difieren el español y el inglés en el uso del artículo definido para expresar el destino o la localización?
5. ¿Cómo suele traducirse la parte en cursiva de las oraciones siguientes?
   (a) He cut *his fingers*. (b) She broke *her arm*. (c) I tore *my overcoat*.
   (d) They lost *their hats*.
6. ¿Cómo difieren el español y el inglés en el uso del artículo definido con los títulos? ¿Con los nombres de ciertos países?
7. ¿Cómo difieren las dos lenguas en el uso del artículo definido en las generalizaciones? ¿En qué circunstancias puede omitirse el artículo definido en las generalizaciones?
8. ¿Cómo se dicen *Heaven* y *Hell* en español?

EJERCICIOS

A. Compárense las siguientes oraciones, indicando las diferencias que muestran respecto al inglés:

1. (a) Ana nos trajo helados de postre.
   (b) Ana me compró un helado.

2. (a) Los cargadores se llevaron las mercancías.
   (b) Los cargadores rompieron una mercancía de valor.

3. (a) Es difícil digerir la lechuga.
   (b) Luis recogió dos lechugas del suelo.

4. (a) Pepe hizo las paces conmigo.
   (b) Se consigue la paz difícilmente.

5. (a) No quiero oír romanticismos de niña mimada.
   (b) La obra es de un romanticismo pegajoso.

6. (a) No tengo fuerzas para hacer semejante cosa.
   (b) Él tiene mucha fuerza en los dedos.

B. Explíquense los dos significados que pueden tener las siguientes oraciones:

1. La universidad exige mucho trabajo.
2. Los hombres son pesimistas.

3. El agua es necesaria para la industria.
4. El átomo tiene una estructura complicada.
5. Los niños hacen muchas preguntas.

C. Para expresar en español:

1. Did your mother and father-in-law stay at the Rojas'?
2. The children took off their sweaters and shoes.
3. Their faces were frozen [use *tener*].
4. Go and get me two cloves of garlic for the *cocido*.
5. The Castro brothers spoke with them about the business deal.
6. When Mrs. Santa Cruz and Mrs. Santana would come to mass, they would always bring their purses.
7. Mrs. Gonzalez, may I ask you for two bars of soap? The clothes are very dirty.
8. The army needs information about the woods; lack of knowledge is intolerable in these circumstances.
9. For many years forestry has been one of the principal activities in Canada.
10. Go and see Dr. Fernandez at once; in this climate coughing is dangerous.

Sección B

Los usos del artículo indefinido • El empleo de *todo* como determinante
• Otros determinantes • Repaso de verbos: *coger (recoger), llevar,
conducir, tomar*

61
Los usos del artículo indefinido

Como el artículo definido, el artículo indefinido tiene también dos empleos caracterizados por los rasgos [+específico] y [−específico]. Se ilustra la diferencia en la siguiente conversación imaginaria:

—Acabo de ver un colibrí.	—I have just seen a hummingbird.
—¿Qué es un colibrí?	—What is a hummingbird?
—Un (o El) colibrí es un pájaro pequeñín que puede mantenerse suspendido en el aire . . . etc.	—A (or The) hummingbird is a tiny bird that can stay suspended in the air . . . etc.

En la primera oración se emplea el artículo indefinido para indicar un miembro indeterminado de una clase de entidades. Aunque indeterminada, la entidad referida es particular y específica, y, por lo tanto, lleva el rasgo [+específico]. En la pregunta y respuesta subsiguientes, el sentido del artículo cambia para señalar, no un individuo específico sino toda una clase de entidades; lleva, por lo tanto, el rasgo [−específico]. Nótese que tanto en español como en inglés, al referirse uno a sustantivo [−específico], pueden usarse en algunos casos el artículo indefinido y el definido casi indiferentemente.

Cuando el sustantivo español lleva el rasgo [+específico], el uso del artículo indefinido es igual al del inglés. En cambio, cuando el artículo caracteriza la referencia [−específico], su empleo en las dos lenguas suele variar bastante, omitiéndose en muchos casos el artículo en español. Examinamos a continuación las circunstancias de su omisión.

a. Después de cópula o de verbo transitivo, se omite el artículo indefinido ante un nombre [+cont] en el singular si se indica una clase, una profesión o una cosa en general. En este caso no se destaca lo individual, y el sustantivo [+cont] asume algo de la naturaleza del sustantivo [−cont].

Soy americano. I am an American.
Fulano de Tal es banquero. So and So is a banker.
Fue buen padre. He was a good father.
Es estudiante de medicina. He is a medical student.
Era costumbre. It was a custom.

Ella lleva abrigo.   She is wearing a coat.
Buscan criada.   They are looking for a maid.
No queremos casa.   We don't want a house.
Yo no necesitaba silla.   I didn't need a chair.

Se extiende tal uso a las FPrep en las descripciones generalizadas.

Él habló con tono amenazador.   He spoke in a menacing tone.
Ella salió sin impermeable.   She left without a raincoat.
Los soldados están provistos de pistola.   The soldiers are supplied with a pistol.
Elena es una belleza de muchacha.   Helen is a beauty of a girl.
Fue un perfecto horror de examen.   It was a perfectly horrible examination (a horror of an examination).

En cambio, si se quiere dar énfasis al sustantivo o insistir en su singularidad, es necesario emplear el artículo indefinido. Esto ocurre especialmente cuando el sustantivo es modificado por un adjetivo que denota una distinción.

Es un profesor muy interesante.   He is a very interesting professor.
Fue un buen padre.   He was [really] a good father.
Él salió sin decir una palabra.   He left without saying a single word.
Buscan una criada.[5]   They are looking for a maid [and they need only one].

b. Se emplea la preposición *de* con *estar* y otros verbos para describir la ocupación del momento. En tal caso se usa el sustantivo [+cont] como [−cont] y se omite el artículo indefinido. Estas expresiones no tienen variante con el artículo.

María está aquí de criada desde hace seis meses ya.   Mary has been here as a maid for six months now.
Luis $\begin{Bmatrix} \text{trabaja} \\ \text{está} \end{Bmatrix}$ de guardia en la fábrica.   Louis $\begin{Bmatrix} \text{works as} \\ \text{is} \end{Bmatrix}$ a guard in the factory.
Él vino aquí de bracero, pero ahora es capataz.   He came here as a field hand but he is now a foreman.

Aplicación

Complétense con el artículo indefinido, si hace falta:

1. Julio trabaja aquí de＿＿fontanero.
2. El doctor Carvajal es＿＿profesor muy distinguido.
3. Mi hermano es＿＿ingeniero civil.
4. El muchacho no debe salir sin＿＿chaqueta.
5. Se solicita＿＿cocinera.
6. Necesitamos＿＿guardia de cierta responsabilidad.
7. Acaban de mudarse a esta ciudad y buscan＿＿casa.
8. Podrás entrar sólo con＿＿ficha.

---

[5] Para la omisión de la *a* personal, típica de estas expresiones, véase §74.

c. Se omite el artículo indefinido ante el complemento directo [—cont] para indicar el partitivo, es decir, la expresión de una parte o una porción de alguna cosa. Es frecuente también la omisión del artículo indefinido ante el plural de los sustantivos [+cont] para expresar el partitivo.

No tienen pan (leche, valor, etc.) They don't have (any) bread (milk, courage, etc.).
Quiero fósforos. I want (some) matches.

Como se ve en los ejemplos citados, se expresa el partitivo en inglés con la omisión del artículo o con *some* o *any*.

d. Se emplea asimismo el plural del artículo indefinido para indicar el partitivo. Se destaca un poco más que con la omisión del artículo la noción de una cantidad indeterminada de individuos o de cosas.

Tengo unos fósforos. I have $\begin{Bmatrix} \text{a few} \\ \text{some} \end{Bmatrix}$ matches.

Unos hombres se acercaron. $\begin{Bmatrix} \text{Some} \\ \text{A few} \end{Bmatrix}$ men approached.

Unos cinco se quedaron atrás. $\begin{Bmatrix} \text{Some} \\ \text{About} \end{Bmatrix}$ five remained behind.

e. *Alguno* y *ninguno*, siendo formas reforzadas del artículo indefinido, expresan con mayor fuerza que el artículo la noción de cantidad indeterminada. Como *uno*, pierden la *-o* final ante un sustantivo masculino singular.

Algunos médicos no son de fiar. Some doctors are not to be trusted.
No tengo ningún vestido servible. I don't have any usable dress.

Ninguno traduce la palabra inglesa *no* cuando se usa esta palabra como determinante.

Ningunas mercancías llegaron. No merchandise arrived.
No es ningún idiota. He's no idiot.

En oraciones negativas pueden posponerse *alguno* y *ninguno* al sustantivo para dar todavía más énfasis a la expresión. De las dos palabras, *alguno* forma las expresiones más fuertes en esta posición.

No tengo libro ninguno. I don't have any book.
No tengo libro alguno. I don't have any book at all.

Véase también la sección sobre las expresiones indefinidas, §99.

Aplicación

Tradúzcanse de dos o tres maneras las FS en cursiva, para dar un énfasis creciente a la noción inglesa de *some* o *any*:

1. It brought us *some consolation*. [de dos maneras]
2. It has *some advantages*. [de tres maneras]
3. He doesn't want *any help*. [de tres maneras]

62
El empleo de *todo* como determinante

Todo, -a, ocupa un lugar especial entre los determinantes porque puede agregarse a los otros para formar una especie de «frase determinante». Usado con un sustantivo en el singular indica la totalidad de una cosa; en el plural indica la totalidad de un grupo o de una serie de cosas.

toda la semana pasada[6]   all last week
todos mis antiguos amigos   all (of) my former friends
todas las semanas {every week / all the weeks}
todos los días   every day

A veces se pospone *todo* al sustantivo, aunque esta posición no es la más típica.

toda la semana {the whole week / all (of the) week}
la semana toda
toda esta casa {all (of) this house / this whole house}
esta casa toda

N.B. Se emplea *entero, -a*, con el mismo sentido, pero normalmente sigue al sustantivo: **la semana entera,** *the whole (entire) week.*

Se emplea *todos, -as*, regularmente con el plural del pronombre sujeto; véase también §72(e). Puede colocarse delante o después del pronombre.

Todas ellas / **Ellas todas**} **fueron al baile.**   All of them (*f.*) went to the dance.
Él habló con todos nosotros.   He spoke with all of us.

Nótense también las frases hechas *todo el mundo* y *todos.*

Todo el mundo lo sabe. / **Todos lo saben.**}   Everybody knows it.

APLICACIÓN

Tradúzcanse las siguientes FS:

1. every day of his life (all the days of his life)
2. the whole book [de tres maneras]
3. all of us
4. all of them (m.) [de dos maneras]
5. everyone [de dos maneras]

---

[6] El angloparlante debe notar que el español no permite el uso de *de* después de *todo.* Se traduce *All of my friends,* **Todos mis amigos.**

63
Otros determinantes

a. *Otro, -a, cierto, -a, tal* y *semejante*, que pueden funcionar como determinantes en español, difieren del inglés en el singular respecto al uso del artículo indefinido.

No hay otra cosa.   There isn't another thing.
Cierto hombre me lo dijo.   A certain man told me.
No he visto nunca tal accidente.   I have never seen such an accident.
Semejante escándalo debe investigarse.   Such a scandal should be investigated.

b. *Cualquiera* se aproxima semánticamente a *alguno*, pero a la noción de lo indeterminado añade la de la indiferencia o hasta la del desprecio. *Cualquiera* puede perder la *-a* final ante sustantivo singular o plural; en el plural su forma es *cualesquier(a)*.

Cualquier palo servirá.   Any stick will do.
Ese chico se ofende por cualquier cosa.   That boy takes offense at anything.
Cualesquier palabras le sirven de pretexto.   Any words serve him as an excuse.

c. *Cada* y *sendos, -as. Cada* señala enfáticamente un individuo o una cosa. Corresponde a *each* en inglés.

Cada mujer conoce el plan.   Each woman [individually] knows the plan.
Cada empujón adelantó el coche.   Each [separate] push moved the car forward.

Sendos, -as, es de uso poco frecuente. Significa que una cosa o una porción de algo corresponde a cada persona o cosa mencionada: **Los chicos se fueron con sendos regalos**, *The children went away, each one with a gift.*

d. Se emplean *mucho, -a,* y *poco, -a,* con los sustantivos [—cont] de número singular y *muchos, -as,* y *pocos, -as,* con los sustantivos en el plural.

Tengo poca confianza en él.   I have little confidence in him.
Pocos hombres han hecho tanto.   Few men have done so much.

N.B. Hay que distinguir entre *poco, -a,* por una parte, y *un poco de* o *unos pocos*, por otra. Estas últimas expresiones tienen un sentido afirmativo más bien que negativo: **Un poco de confianza le alentaría**, *A little confidence would encourage him.* Véase §99.

APLICACIÓN

Para expresar en español:

1. another raincoat
2. another custom
3. a certain article of merchandise
4. a certain business deal
5. such a question [de dos maneras]
6. each crisis
7. each one with a book [de dos maneras]
8. little intelligence
9. a little intelligence.
10. few rules
11. a few rules
12. any boxes

e. Es frecuente en español el uso de *poco, -á, mucho, -a, tanto, -a,* y *todo, -a,* con un nombre [+cont] empleado como [−cont].

Se vende poco sombrero aquí. Few hats are sold here.
Se ve mucho carro en la calle. Many cars are seen in the street.
¡Ésa es mucha mujer! That's a lot of woman!
¡Se gasta tanta palabra en estas reuniones! So many words are wasted in these meetings!

Puede emplearse *todo, -a,* tanto con los sustantivos [+cont] como con los [−cont] en el singular. En el primer caso (1) es el equivalente del plural con el artículo; en el segundo (2) se emplea el sustantivo [−cont] como [+cont].

(1) Toda mujer sabe eso = Todas las mujeres saben eso. Every woman knows that = All women know that.

(2) Emplearon toda amabilidad (para) conmigo. They employed every (type of) kindness with me.

Todo vino necesita madurar. All wine ⎫ Every wine ⎬ needs to mature.

Todo esfuerzo fue inútil. All effort ⎫ Every effort ⎬ was useless.

APLICACIÓN

Para expresar en español:

1. Every society has its defects, but each individual should try to improve himself.
2. We are looking for [a] manager; there are so many new regulations [use the sing.].
3. The mail brings so many announcements [use the sing.] without any value whatsoever.
4. Those young people, each one with (*con sendas*) a pistol, seem like guerrilla fighters.
5. She has been here as a nurse for more than three years, and all of us know her very well.

64
Repaso de verbos: *coger (recoger), llevar, conducir, tomar*

Básicamente *coger* significa agarrar algo con la mano, pero tiene muchos derivados semánticos;[7] suele traducirse al inglés con *pick, catch, hold. Recoger* puede tener sentidos semejantes, pero también significa reunir o coleccionar cosas, a veces dispersas.

---

[7] En algunas regiones, notablemente en América, el verbo *coger* tiene un sentido sexual y es frecuente el empleo de *agarrar* en lugar de *coger.*

Él me cogió del brazo. He seized (or caught) me by the arm.
Ella se cogió un pellizco de azafrán. She took a pinch of saffron (for herself).
¿Quieres recogerme el lápiz? Will you pick up the pencil for me?
Recogieron la cosecha. They picked (or harvested) the crop.

Llevar significa transportar o conducir; se emplea también en el sentido de tener puesta la ropa (como traer), cuidar, o estar a cargo, de algo, y exceder o aventajar. *Llevarse* puede tener el sentido de *take away*; *llevarse bien* o *mal* con otro significa entenderse bien o mal con otro.

Conducir significa transportar o dirigir, pero más bien como guía. También se emplea en el sentido de manejar (un coche, por ejemplo). Como verbo reflexivo significa portarse.

La llevo a la escuela. I take her to school.
El camino lleva a la ciudad. The road leads to the city.
Juanito lleva (trae) una camisa roja. Johnny is wearing a red shirt.
La novia se llevó los regalos. The bride took away her gifts.
No me llevo bien con el jefe. I don't get along (on) well with the boss.
Le llevo dos años. I'm two years up on him.
Él se conduce como es debido. He acts as one should.

Tomar puede tener el mismo significado que *coger* (en la acepción de agarrar); se usa también en el sentido de recibir, comer o beber, consumir y emplear o contratar.

La bomba toma agua del subsuelo. The pump takes water from the subsoil.
Tomamos vino con la comida. We drink wine with meals.
Ella tomó una criada nueva. She took on a new maid.

Aplicación

Complétense las oraciones siguientes empleando los verbos estudiados en esta sección:

1. La nueva máquina____mucha energía eléctrica. 3. Yo____tres meses estudiando el asunto. 3. Mi colega____un resfriado ayer. 4. Los campesinos_____(perfecto actual) la nueva cosecha de uva. 5. ¿Qué papel____(pret.) tú del suelo? 6. Nosotros____a todos los testigos posibles para interrogarlos. 7. Él____la pelota aunque fue mal dirigida. 8. Yo no____café sino chocolate. 9. Le ofrecí todos los libros, pero sólo____cinco. 10. Ese pícaro____(pret.) todos mis libros. 11. Ya que necesitábamos más fondos,____otro socio. 12. Él____los asuntos relacionados con el personal. 13. Hay que____en serio tal insulto; no se puede ____a broma. 14. ¿No____tú bien con él durante el viaje? 15. ¿Por quién me____tú, un cualquiera? 16. El otro equipo nos____trece tantos. 17. Usted no debe____sobre sí tantas responsabilidades. 18. Si vas a____parte en la fiesta, hay que____como es debido.

Verificación y repaso

CUESTIONARIO

1. ¿Cuáles son los dos usos del artículo indefinido?
2. ¿En qué circunstancias coinciden el español y el inglés en el uso del artículo indefinido?
3. ¿En qué circunstancias difieren las dos lenguas en el empleo del artículo indefinido? Citen dos ejemplos en que se omite el artículo indefinido en español.
4. ¿Por qué puede decirse que *todo, -a,* ocupa un lugar especial entre los determinantes?
5. ¿Cómo difiere el empleo del artículo indefinido con *otro, cierto, tal* y *semejante* respecto a sus equivalentes en inglés?
6. ¿Cómo se dice en español *All of my friends* (f.)? ¿*All of you*?
7. Citen un ejemplo original del uso de *sendos, -as.*
8. ¿Con qué determinantes es frecuente el uso de un nombre [+cont] en el singular como [−cont]?

EJERCICIOS

A. Explíquese la diferencia semántica entre:

1. (a) Ella sabe poco inglés.
   (b) Ella sabe un poco de inglés.
2. (a) Él no me ha advertido ningún peligro.
   (b) Él no me ha advertido peligro alguno.
3. (a) Todo libro es aburrido.
   (b) Todo el libro es aburrido.
4. (a) Todo hombre es libre.
   (b) Cada hombre es libre.
5. (a) Veo estrellas.
   (b) Veo unas estrellas.
   (c) Veo algunas estrellas.
6. (a) Alguna persona puede hacerlo.
   (b) Cualquier persona puede hacerlo.

B. Cambien las oraciones siguientes para expresar la misma idea con el singular de la FS en cursiva; hagan también las otras modificaciones necesarias:

1. Él tiene *pocas cosas.*
2. Ha habido *pocas reuniones.*
3. Veo *pocas banderas.*
4. *Todos los chicos* necesitan divertirse.
5. *Todos los buenos ciudadanos* son patriotas.

C. Para expresar en español:

1. Without (a) map, and without previous knowledge, each guide could take his group directly to the indicated place.
2. Are your brother and sister-in-law going to drive all day?
3. If she bought them (*m.*) for (*en*) one hundred pesos a kilo, there is no such bargain elsewhere.
4. Trade with Asia was another factor in the importance of Renaissance Italy.
5. Each one took his own seat (use *sendos*), and no place remained unoccupied.

6. Everyone knows that she is an ordinary woman.
7. We all respect him; no colleague speaks ill of him.
8. All of my Spanish friends say that gypsies are a bunch of (*unos*) thieves.
9. I didn't see any movement whatsoever; the streets as well as the houses are unoccupied.
10. One day when Julius was on guard, he caught (*una*) pneumonia.

Universidad de San Carlos,
Antigua, Guatemala

Sección A

65
La oración parentética y la aposición

Las dos oraciones

Mi hermano forma parte de ese equipo.   My brother forms part of that team.
Mi hermano es el chico alto.   My brother is the tall boy.

pueden combinarse para formar una oración coordinada con *y*:

Mi hermano —y mi hermano es el chico alto— forma parte de ese equipo.

Ya que las oraciones coordinadas comparten un S de referencia idéntica, la oración puede sufrir una transformación que la convierte en oración de relativo de tipo parentético. La misma oración puede experimentar todavía otra transformación facultativa, la de eliminación de relativo, que la convierte en oración apositiva compuesta de dos FS.

Mi hermano, que es el chico alto,   ⇒   **Mi hermano, el chico alto, forma**
forma parte de ese equipo.   **parte de ese equipo.**

Nótese, sobre todo, que se conserva la idea de la coordinación en la expresión parentética (indicada por comas). Es necesario distinguir las oraciones de relativo parentéticas, derivadas de coordinación, del otro tipo ya tratado en §16, que deriva de la Regla 2. Los dos tipos dan origen a oraciones semánticamente distintas.

En la oración parentética de dos FS, que acabamos de explicar, el artículo ante *chico* sirve para señalar y distinguir la FS apositiva. Si la FS apositiva no se distingue de esta manera, lo más típico es la omisión de los artículos definido e indefinido, sobre todo al referirse a nombre propio.

La tergiversación, (el) arma secreta del demagogo, ha engañado a muchos.   Misrepresentation, the secret weapon of the demagogue, has deceived many.
El sentido común, virtud poco frecuente, brillaba por su ausencia.   Common sense, an infrequent virtue, was conspicuous [shone] by its absence.
Bogotá, capital de Colombia, tiene una elevación de 2600 metros.   Bogota, the capital of Colombia, has an elevation of 2600 meters.
Ángel Ganivet, escritor genial del '98, se suicidó trágicamente.   Angel Ganivet, $\begin{Bmatrix} \text{the} \\ \text{a} \end{Bmatrix}$ gifted writer of the Generation of '98, committed suicide tragically.

Si el hablante quiere dar a entender que el nombre propio es persona o cosa conocida, se incluye el artículo definido. Asimismo, si se quiere hacer resaltar la singularidad, se emplea el artículo indefinido. Tal énfasis es corriente con el posesivo enfático (*mío, tuyo, suyo*, etc.).

César Zutano, el famoso cantante, nos visita mañana.   Cesar So-and-So, the famous singer, is visiting us tomorrow.
Juan, un amigo mío, fue elegido ayer.   John, a friend of mine, was elected yesterday.

A p l i c a c i ó n

Reduzcan las oraciones de relativo para formar frases apositivas. Expliquen el empleo o la omisión del artículo.

1. Cali, que es una ciudad importante de Colombia, se encuentra en el valle del Cauca.
2. El ayuntamiento, que es el edificio más interesante de la ciudad, tiene unos cuatrocientos años.
3. La Triana, que es un barrio tradicional de Sevilla, es notable por su artesanía.
4. Las ciudades de Italia, que son verdaderas joyas de la arquitectura renacentista, atraen diariamente turistas de todo el mundo.
5. El idealismo ingenuo, que es el rasgo más atrayente de la personalidad de D. Quijote, le ha ganado la simpatía de generaciones de lectores.

66
La derivación del adjetivo de la FS

a. Si la parte subordinada de la oración de relativo contiene un adjetivo, la eliminación del relativo genera una FS compuesta del sustantivo y del adjetivo (proveniente de la oración subordinada).

Las casas que son viejas tienen cierto encanto.   ⇒   **Las casas viejas tienen cierto encanto.**
The houses that are old have a certain charm.   ⇒   The *old* houses have a certain charm.

Se notará que la oración subordinada de arriba es específica, es decir, especifica que entre todas las casas sólo las antiguas tienen encanto. Por lo tanto, el adjetivo tiene función *diferenciadora*. La FS, *las casas que son viejas*, se pronuncia como una unidad prosódica sin pausa. El adjetivo especificativo sigue al sustantivo en español. En inglés, se acentúa el adjetivo especificativo un poco más que el sustantivo, y se antepone a éste.[1]

---

[1] El adjetivo de la FS puede tener su origen en oraciones con *ser* o *estar*. *Las manzanas verdes*, por ej., puede derivar de *las manzanas que son verdes* o *las manzanas que están verdes*. En los más casos, tal ambigüedad se resuelve mediante el contexto.

La mayor parte de los adjetivos descriptivos suelen emplearse como términos especificativos, y, por lo tanto, en español estos adjetivos siguen normalmente al sustantivo. Son de naturaleza enfática, y distinguen las personas y las cosas de otras de la misma especie:

mi bolsa negra (no la roja, ni la marrón, etc.)   my black purse (not the red one, nor the brown one, etc.)

un profesor interesante (Tiene el don especial de intrigar a los otros.)   an interesting professor (He has the special gift of intriguing others.)

b. En cambio, si la oración subordinada con adjetivo es de tipo parentético[2] (como ya describimos en §65), el adjetivo se coloca *ante* el sustantivo con la eliminación del relativo.

Las casas, que son viejas, tienen cierto encanto.	⇒	**Las viejas casas tienen cierto encanto.**
The houses, which are old, have a certain charm.	⇒	The old *houses* have a certain charm.

En este caso el adjetivo explica o añade que todas las casas son antiguas, o por lo menos, parecen serlo. La porción parentética se coloca entre pausas indicadas con comas. Compárense:

Los estudiantes que eran amables me ayudaron.	⇒	**Los estudiantes amables me ayudaron.**
The students who were nice helped me.	⇒	The *nice* students helped me.
Los estudiantes, que eran amables, me ayudaron.	⇒	**Los amables estudiantes me ayudaron.**
The students, who were nice, helped me.	⇒	The nice *students* helped me.

El adjetivo explicativo (derivado de oración parentética) es muy frecuente en las descripciones de índole literaria y, sobre todo, afectiva.

Las turbias aguas de la política no me interesan.   The turbid waters of politics do not interest me.

Los miserables indios de los Andes viven una vida de hambre.   The wretched Indians of the Andes live a life of hunger.

APLICACIÓN

Combínense las dos oraciones para formar (a) una oración de relativo de tipo especificativo, y (b) una oración de tipo parentético. En cada caso eliminen luego el relativo, colocando el adjetivo en el lugar apropiado. Usen la primera oración como la matriz.

---

[2] Estas oraciones se denominan también «oraciones explicativas».

1. Sus parientes le dan muchas cosas.
   Sus parientes son ricos.

2. Las noticias perturbaron al público.
   Las noticias fueron malas.

3. El dictador merece el odio del pueblo.
   El dictador es cruel.

4. Su éxito no tiene justificación.
   Su éxito es reciente.

67

Factores adicionales en la colocación del adjetivo y de otras expresiones modificadoras

a. La mayoría de los adjetivos se colocan de acuerdo con las normas establecidas en §66: es decir, los adjetivos diferenciadores, derivados de oración especificativa, se posponen; los explicativos, derivados de oración parentética, se anteponen. Hay ciertos adjetivos, sin embargo, que al incorporarse a la FS, parecen tener casi invariablemente una función diferenciadora. Por lot anto, se colocan, por regla general, sólo después del sustantivo.

Los estudiantes orientales tienen otro punto de vista. The Oriental students have another viewpoint.

Se ha instalado la prensa hidráulica. The hydraulic press has been installed.

Los adjetivos que se colocan típicamente después del sustantivo incluyen la mayor parte de los que indican grupos políticos, sociales, etc., como *madrileño, mahometano, político, socialista,* los adjetivos de nacionalidad y los términos técnicos o profesionales como *médico, musical, eléctrico, lingüístico,* etc.

b. Por regla general se pospone el adjetivo reforzado o modificado: **un hombre altamente conceptuado**, *a highly regarded man*; **una cara tan triste,** *such a sad face* (*so sad a face*). Por el mismo motivo, también se pospone el adjetivo compuesto: **su mente llena de fantasía**, *his fantasy-filled mind*. Sin embargo, es frecuente anteponer el adjetivo modificado por expresiones cortas y comunes como *muy*: **Él tiene muy buenas ideas,** *He has very good ideas*.

N.B. Si la FA modificada por *más* (o *menos*) precede a la FS, parece tener frecuentemente el carácter de superlativo absoluto; cuando sigue a la FS, sugiere la posibilidad de una comparación con algo mencionado ya: **los más altos conceptos de la democracia,** *the highest concepts of democracy* (no sugiere referencia a otros conceptos comparables); **los conceptos más altos de la democracia** (puede haber mención previa de otros conceptos a que se hace comparación).

c. Hay también ciertas combinaciones establecidas, como **idea fija**, *fixed idea* (mania); **última pena,** *the ultimate penalty*; **libre albedrío**, *free will*, que no admiten variación, y otras casi fijas, como **mala suerte**, *bad luck* (*fate*); **mal agüero**, *evil omen*; **punto álgido**, *critical point*, etc.

d. El artículo indefinido indica en sí una especificación. Por lo tanto se pospone normalmente el adjetivo con este artículo. Sin embargo, para ciertos efectos estilísticos, empleados para dar relieve a toda la FS, se antepone también. Compárense:

El exceso de población en el mundo es un problema grave. The excess of population in the world is a serious problem.

Grave problema es el exceso de población en el mundo. A truly serious problem is the excess of population in the world.

Juan Vicente es un profesor inteligente. Juan Vicente is an intelligent professor.

Juan Vicente es realmente un inteligente profesor. Juan Vicente really *is* an intelligent professor.

e. Pero lo normal es que la posposición, por ser diferenciadora, sea más enfática, y que la anteposición, por ser sólo explicativa, sea relativamente menos enfática. Se ha exagerado el efecto de esta diferencia de posición en el caso de algunos adjetivos de gran frecuencia hasta el punto de llegar a señalar una marcada distinción semántica. Compárense:

FUNCIÓN DIFERENCIADORA

un hombre bueno = *a good man* [*as distinguished from a bad one*]

un padre malo = *a bad* [*evil*] *father*

su coche nuevo = *his new car* [*brand new*]

el hombre grande = *the large man*

el profesor antiguo = *the old professor, the professor of long standing*

un dulce de azúcar puro = *a candy made of pure* [*without impurities*] *sugar*

un hombre santo = *a holy man*

FUNCIÓN EXPLICATIVA

un buen hombre = *a good man* [*the simple absence of bad qualities*]

un mal padre = *a bad* [*inadequate*] *father*

su nuevo coche = *his new car* [*simply different*]

el gran hombre = *the great man*

mi antiguo profesor = *my former teacher*

un dulce de puro azúcar = *a candy made of pure* [*nothing but*] *sugar*

San Juan = *St. John*

N.B. *Bueno* y *malo*, como *uno*, pierden la *-o* final ante S [+*masc*] [+*sing*]. *Santo* pierde toda la sílaba final en las mismas circunstancias.[3] *Grande* pierde la última sílaba ante S [+*masc*] o [−*masc*]. A veces, si se quiere dar énfasis a lo extraordinario, se puede usar la forma completa de *grande* ante S: **un grande amigo,** *a truly great friend.*

Ciertos adjetivos, como *solo, único* o *medio,* al preceder al S, sirven para indicar cantidad; al seguir al S, tienen una función más bien descriptiva (véanse también §§97 y 99).

FUNCIÓN CUANTITATIVA

un solo hombre de buena voluntad = *a single man of good will*

el único libro = *the only book*

la media naranja = *the half orange*

FUNCIÓN DESCRIPTIVA

un hombre de buena voluntad solo = *a man of good will alone (by himself)*

un libro único = *a unique book*

el hombre medio = *the average man*

---

[3] Se exceptúan los comenzados por *To-, Do-*: *Santo Domingo, Santo Tomás,* etc.

APLICACIÓN

¿Cuáles de las siguientes FS parecen extrañas o incorrectas?

1. (a) un reactor atómico
   (b) un atómico reactor
2. (a) la doctrina anarquista
   (b) la anarquista doctrina
3. (a) un pobremente vestido hombre
   (b) un hombre pobremente vestido

4. (a) los creyentes protestantes
   (b) los protestantes creyentes
   [en ambas frases considérese
   protestantes como el S]
5. (a) las medidas administrativas
   (b) las administrativas medidas

68
Más de un adjetivo en la misma FS

Cuando dos adjetivos modifican el mismo S, rigen las mismas normas (y las mismas excepciones) tratadas en el apartado anterior. Si uno de los adjetivos lleva función diferenciadora y la otra, función explicativa, éste precede, y aquél sigue al S. Si los dos tienen la misma función —y tienen igual valor— se los coloca al mismo lado del S, vinculados por *y*.

las lejanas velas rojas   the distant *red* sails [*red*, differentiating; *distant*, explicative]
las rojas velas lejanas   the red *distant* sails [*red*, explicative; *distant*, differentiating]
las velas lejanas y rojas   the *distant, red* sails [both *red* and *distant* differentiating]
las lejanas y rojas velas   the distant, red *sails* [both *red* and *distant* explicative]

En las FS que siguen, nótese el efecto de la colocación adjetiva:

Él es un gran pintor flamenco.   He is a great Flemish painter.
Él tiene un cuarto amplio y fresco.   He has a cool, spacious room.
Las blancas y pintorescas casas de Nápoles . . .   The white and picturesque houses
   of Naples . . .

A veces, sin embargo, los dos adjetivos no tienen igual valor dentro de la FS. Si el contexto del discurso ha establecido que el tema a ser tratado es, por ejemplo, *la novela romántica*; entonces se trata esta expresión como unidad, y el otro adjetivo le sigue sin *y*. Indicamos con paréntesis la parte unitaria.

una (novela romántica) larga   a *long* romantic novel
este (vino tinto) seco   this *dry* red wine

PERO:

una (novela larga) romántica   a *romantic* long novel
este (vino seco) tinto   this *red* dry wine

Puede ocurrir análoga variación cuando dos adjetivos con función explicativa preceden al S: **esas primeras (balbucientes palabras)**, *those first hesitant (stammering) words* frente a **esas balbucientes (primeras palabras)**, *those hesitant first words*.

APLICACIÓN

A. Combínense las dos FS, colocando los dos adjetivos en una sola FS y eliminando uno de los sustantivos repetidos. Coméntense las posibilidades combinatorias:

1. un buen ingeniero
   un ingeniero suizo
2. sus detestables costumbres
   sus costumbres provincianas

3. la pampa enorme
   la pampa silenciosa
4. mi antiguo profesor
   mi querido profesor

B. Para expresar en español:

1. Interesting consequences may result from the recent space explorations of the (North) Americans.
2. I have a desire to breathe the cool, clean air of the mountains.
3. The poisonous atmosphere of the city is depressing.
4. Spanish folk music has a long and distinguished tradition.

Verificación y repaso

CUESTIONARIO

1. ¿Cómo se deriva la oración de tipo apositivo de una oración de relativo?
2. ¿Cuándo se incluye el artículo definido en la oración de tipo apositivo?
3. ¿Qué regla general puede darse para la colocación del adjetivo en español?
4. ¿Dónde se coloca el adjetivo especificativo en inglés?
5. ¿Qué norma siguen los adjetivos como *madrileño* y *político*, y los adjetivos de nacionalidad? Citen dos o tres ejemplos.
6. ¿Qué regla general se aplica cuando hay más de un adjetivo en la FS?
7. ¿Cuándo se usa *y* para ligar dos adjetivos?
8. Explíquese la diferencia entre las expresiones de cada grupo: (a) mis colegas fieles, mis fieles colegas; (b) una ancha carretera pavimentada, una carretera pavimentada ancha; (c) una carretera ancha y pavimentada, una ancha y pavimentada carretera.

EJERCICIOS

A. En las siguientes oraciones indíquese si conviene o no emplear el artículo definido o indefinido, explicando las diversas probabilidades:

1. Doña María,____señora que vimos anoche, acaba de llegar.
2. D. Antonio Buero Vallejo,____distinguido dramaturgo español, hablará esta noche.
3. Rosas,____dictador de la Argentina del siglo XIX, . . .
4. Rosas,____dictador sangriento de la Argentina del siglo XIX, . . .
5. México,____país de contrastes, está al alcance de todos los norteamericanos.

B. Explíquese la diferencia entre los dos tipos de oración de relativo:

1. (a) Los adjetivos que van modificados no los consideramos aquí.
   (b) Los adjetivos, que van modificados, no los consideramos aquí.
2. (a) Las poblaciones que son indefensas no podrán sobrevivir.
   (b) Las poblaciones, que son indefensas, no podrán sobrevivir.
3. (a) El caballo que está inmediato al fogón no es nuestro.
   (b) El caballo, que está inmediato al fogón, no es nuestro.

C. Explíquese la diferencia en el significado del adjetivo de las oraciones de cada pareja:

1. (a) Estas cosas no interesan al español medio.
   (b) Su padre era medio español.
2. (a) Esta bebida está hecha de pura agua.
   (b) Esta bebida está hecha de agua pura.
3. (a) La simple explicación es que no hay dinero suficiente.
   (b) Su explicación simple no me satisface.
4. (a) Prefiero a sus antiguos compañeros.
   (b) Prefiero a sus compañeros antiguos.
5. (a) Ella salió con un vestido nuevo.
   (b) Ella salió con un nuevo vestido.
6. (a) Su baja conducta no tiene explicación.
   (b) Hablaban en voz baja.

D. Para expresar en español:

1. Mulhacén, the highest mountain peak in Spain, is located (found) near historic Granada.
2. A great part of the New World is not a new world from the standpoint of modern geology.
3. The arid soil of the Atacama has seen little rain in this century.
4. Vienna, the former capital of the Hapsburgs, is still an impressive city.
5. The controversial first proposition did not occasion any comment at all.
6. A delicate, refined young lady cannot do work of such a kind.
7. The difficult solution of war should be the last recourse of a free people.
8. St. Thomas Aquinas, an Italian theologian of the thirteenth century, was the initiator of Scholastic philosophy.
9. Mercantilism, the ruling theory of the colonial period (*época*), restricted [a] great part of the economic activities of the creoles.
10. The turbulent session, which lasted five long hours, ended in a complete failure.

Sección B

El sustantivo usado como adjetivo y el genitivo • Concordancia de las
expresiones modificadoras • Repaso de verbos: *poner*, *colocar*, *meter*.

69
El sustantivo usado como adjetivo y el genitivo

Uno de los oficios principales del genitivo es el de expresar la posesión (véase §17);
pero el genitivo tiene un empleo mucho más amplio que el de la posesión. Se emplea
además la construccion *de* + S como cualquier adjetivo.

El asunto es de interés. } = El asunto es interesante.
o El asunto tiene interés.

a. Normalmente, el español usa *de* para modificar un sustantivo con otro. Hay
unas cuantas expresiones, no obstante, en las cuales el sustantivo puede actuar
directamente como adjetivo. En estos casos éste sigue al primer S. Véase también
§154 (a).

el cura párroco   the parish priest
una urbanización modelo   a model housing project
el precio tope   the top price
la tierra virgen   the virgin soil
el papel moneda   the paper money[4]

Además, el español puede formar palabras compuestas, como **mapamundi**,
world map, que se tratan en §153.

b. Tanto el inglés como el español poseen adjetivos de nacionalidad que alternan
con frases genitivas: *un profesor alemán* o *un profesor de Alemania*.[5]

Referentes a ciudades y otras divisiones geográficas, el español tiene una abundancia de adjetivos, muchos de ellos de uso más bien literario.

un banquero {**londinense** / **de Londres**}   a {London banker / banker from London}

los taxis {**madrileños** / **de Madrid**}   the {Madrid taxis / taxis in (of) Madrid}

Existen también: *barcelonés, caraqueño, genovés, habanero, neoyorkino, rioplatense,
veracruzano*, entre otros.

c. Para designar los nombres de las calles, edificios, etc., el uso vacila entre la
yuxtaposición de dos S y la FPrep con *de*: *Paseo Colón, Paseo de la Reforma; Plaza*

---

[4] Parece que en este caso el punto de vista español difiere del inglés: *papel moneda* = *papel
que es moneda*; *paper money* = *money which is paper*.

[5] La FPrep y el adjetivo no tienen necesariamente coincidencia semántica: *un barco del Japón*
puede no significar lo mismo que *un barco japonés*, ni *una expresión de satisfacción* lo mismo
que *una expresión satisfactoria*.

San José, Plaza de San Martín; *Teatro Infanta Isabel, Teatro de la Zarzuela*; *Avenida Juárez, Calle de Alcalá.*

d. El español emplea la FPrep con *de* para identificar un sustantivo en cuanto a función, instrumentalidad o composición, correspondiendo muchas veces a la yuxtaposición de dos S en inglés:

botas de montaña (*o* **botas para la montaña**) mountain boots (*or* boots for the mountains)

golpe de mano (*o* **golpe con la mano**) hand blow (*or* blow with the hand)

salto de agua waterfall

el discurso de costumbre the customary speech

Asimismo se emplea la FPrep con *de* para establecer la identificación de un sustantivo mediante la posesión de otro sustantivo:

la chica del perro[6] the girl with the dog

la mujer de pelo rojo {the red-headed woman / the woman with red hair

el hombre del traje negro the man with the black suit

Se identifica la función de un sustantivo muchas veces mediante *de* + V_{inf}. La FPrep española corresponde frecuentemente a V_{ing} adjetivo del inglés.

máquina de coser sewing machine

máquina de escribir typewriter

mesa de escribir writing table

papel de filtrar (*o* **de filtro**) filtering (*or* filter) paper

e. Si existe una posible ambigüedad entre la función de un S y la sustancia que contiene, puede expresarse la función con *para* y la sustancia con *de*. Compárense:

una botella de cerveza a bottle of beer

una botella para cerveza a beer bottle

el estante de libros the shelf of books

el estante para libros the bookshelf

una copa de champaña a glass of champagne

una copa para champaña a champagne glass

APLICACIÓN

A. Explíquese la diferencia entre:

1. (a) el hombre masa
   (b) el hombre de las masas
2. (a) la isla fantasma
   (b) la isla del fantasma
3. (a) dinero inglés
   (b) dinero de Inglaterra
4. (a) un cuarto de dormir
   (b) un cuarto para dormir
5. (a) una lata de aceite
   (b) una lata para aceite
6. (a) una casa de huéspedes
   (b) una casa para huéspedes

---

[6] *La chica del perro* identifica a la chica. Si se quiere hacer resaltar el acompañamiento, se dice *la chica con el perro.* En la mayor parte de los casos de *de* + S[−animado], en cambio, la noción de acompañamiento no sería apropiada.

B. Para expresar en inglés:

1. la niña de la cinta azul
2. el guardia del museo

3. un paso de baile
4. las tonterías de siempre

C. Para expresar en español con *de*:

1. a chemistry text
2. a firearm

3. a girl with blond hair
4. the man with the inflamed nose

f. En lugar de la expresión típica **una mujer de cara blanca**, *a woman with a white face*, se puede emplear la variante sintáctica y estilística (de índole más literaria) en que el adjetivo puede referirse a cualquiera de los sustantivos de la frase: **una mujer blanca de cara**, *a woman white of face*.

un hombre mediano de estatura   a man average in height
una historia larga de contar   a story long in the telling
un anciano orgulloso de linaje   a old man proud of lineage

N.B. Tal orden de elementos es el único posible en expresiones como las siguientes en las cuales el participio pasado se refiere únicamente al primer sustantivo:

una silla hecha de madera   a chair made of wood
un ladrón acribillado de balas   a thief riddled with bullets (a bullet-riddled thief)
un camión cargado de gasolina   a truck loaded with gasoline

A P L I C A C I Ó N

Modifiquen los elementos de las siguientes FS para expresarlas de acuerdo con las construcciones estudiadas en (**f**):

1. un hombre de rostro duro
2. un ladrón de mano ligera

3. una situación que se contempla tristemente
4. un éxito que se logra difícilmente

g. El uso de las expresiones locativas para modificar una FS obedece a ciertas restricciones condicionadas por lo expuesto en §5, relativo al enfoque localización/existencia manifestado respectivamente por *estar/ser* (*haber*).

1. El inglés emplea mucho una transformación del tipo:

the couch which is in the living room   ⇒   the couch in the living room
the thermometer which is outside   ⇒   the thermometer outside

En tales casos, el español no suele eliminar *estar* en las oraciones de relativo especificativas; con las oraciones parentéticas, el uso es como en inglés:

the couch in the living room   **el sofá que está en la sala**
the thermometer outside   **el termómetro que está afuera**
the coat on the hanger   **el saco que está en la percha**
the mirror above the mantel   **el espejo que está encima de la chimenea**

PERO:

El espejo, encima de la chimenea, está todo agrietado.   The mirror, above the mantel, is all cracked.

2. Si la expresión locativa no enfoca la localización, sino que se refiere más bien a tipo, uso o característica, se emplea la FPrep con *de* para formar expresiones compuestas parecidas a las ya citadas en (**d**):

el sofá de la sala   the living-room couch
el termómetro de afuera   the outside thermometer [*i.e. the one belonging outside, although it may not be there at the moment of speaking*]
los libros del cuarto   the books [belonging] in the room
el huésped del primer piso   the second-floor guest[7]
las chicas del baile   the girls at the dance

3. Si se entiende la FPrep como la forma reducida de una oración de relativo de la cual se ha eliminado *haber*, dicha FPrep puede modificar directamente un sustantivo.

Los procesos geotérmicos bajo la superficie terrestre son, en gran parte, desconocidos. [= **Los procesos geotérmicos que hay** . . .]	The geothermal processes under the earth's surface are, in large part, unknown. [= The geothermal processes which take place . . .]

Existe una distinción semántica entre la FPrep derivada de *haber* + *en* y la derivada de *ser* + *de*; compárense:

El ruido en la calle [= **El ruido que hay en la calle**] **es ensordecedor.**   The noise in the street is deafening. [= the noise which happens to be present now]
El ruido de la calle es ensordecedor.   The street noise is deafening. [= the noise characteristic of the street]; *or* The noise from the street . . .
Los cambios en los cromosomas son difíciles de descubrir.   (The) Changes in the chromosomes are difficult to detect.
Los cambios de los cromosomas son difíciles de descubrir.   (The) Chromosome changes are difficult to detect.

h. Fuera de la excepción tratada en (**g**), en términos generales se emplean las expresiones locativas españolas como en inglés. Conviene aclarar que la diferencia señalada en (**g**) tiene que ver sólo con las frases derivadas de oración de relativo con estar y no implica ninguna restricción del uso de las frases locativas (1) en la FV transitiva o intransitiva (§§6, 7) ni (2) en las que siguen a *con* + S:

(1) **Vi una rata bajo la mesa.**   I saw a rat under the table.
  Bajo la mesa vi una rata.   Under the table I saw a rat.
  Vi, bajo la mesa, una rata.   I saw, under the table, a rat.

(2) **Él salió del banco con mucho dinero en el bolsillo.**   He left the bank with a lot of money in his pocket.[8]

Nótese que la expresión locativa de la FV transitiva se desplaza con suma facilidad en español.

---

[7] El español suele empezar la enumeración de los pisos a partir de la planta baja (*ground floor*).
[8] Consideramos que estas construcciones que emplean *con* equivalen a una FV con *tener*: *Él salió del banco y tenía mucho dinero en el bolsillo*, por ejemplo.

i. Para expresar la localización en estilo técnico o literario se prefieren los adjetivos locativos, de carácter más bien erudito.

Él entró por la puerta lateral (delantera *o* **frontal, trasera, interior, exterior).** He entered by the side (front, rear, inside, outside) door.

El borde superior (inferior) es más accesible. The upper (lower) edge is more accessible.

La sección anterior (posterior) del espécimen es apenas visible. The anterior (posterior) section of the specimen is scarcely visible.

j. Las expresiones de tiempo pueden usarse con o sin *de,* pero la diferencia semántica sólo se exhibe en circunstancias especiales:

Los costumbres $\begin{Bmatrix} \text{de hoy} \\ \text{hoy} \end{Bmatrix}$ **son diferentes.** The customs $\begin{Bmatrix} \text{of today} \\ \text{today} \end{Bmatrix}$ are different.

El espectáculo $\begin{Bmatrix} \text{de ayer} \\ \text{ayer} \end{Bmatrix}$ **fue pésimo.** $\left.\begin{array}{l}\text{Yesterday's show} \\ \text{The show yesterday}\end{array}\right\}$ was terrible.

PERO:

El espectáculo de ayer fue repetido hoy. Yesterday's show was repeated today.

Véanse también las expresiones de tiempo tratadas en §132.

APLICACIÓN

A. Distínganse las siguientes parejas, explicando la diferencia entre (a) y (b) mediante la traducción inglesa, si es posible:

1. (a) la puerta de al lado
   (b) la puerta que está al lado

2. (a) el mecanismo de adentro.
   (b) el mecanismo que está adentro

3. (a) el piso de abajo
   (b) el piso que está abajo

4. (a) el estante de arriba
   (b) el estante que está arriba

B. Exprésense los conceptos locativos del ejercicio A con un adjetivo simple de carácter técnico o literario.

C. Para expresar en español:

1. The emigrants from the mother country wished (tried) to establish a model community in the River Plate region. 2. That picture on the wall is an example of German impressionistic art. 3. The young lady with the red umbrella has been waiting for you for a long time. 4. The store is full of useless things such as (*tales como*) bird cages, wine bottles, and teacups. 5. The marvellous civilization of the Incas utilized a number of advanced medical instruments made entirely of stone.

70
Concordancia de las expresiones modificadoras

a. El adjetivo y el determinante concuerdan con el sustantivo o los sustantivos a que se refieren. Por regla general, cuando hay dos sustantivos de género diferente, se usa el adjetivo en el plural del masculino.

La lengua y la literatura españolas son dignas de estudiar.   The Spanish language and literature are worthy of being studied.

El sofá y la silla son muy pesados.   The couch and the chair are very heavy.

A veces se emplean dos sustantivos como concepto unitario. En tal caso, la expresión modificadora concuerda con el sustantivo más inmediato.

La lengua y literatura española es digna de estudiar.   Spanish language and literature is worthy of being studied.

Le trató el funcionario con todo respeto y deferencia.   The government employee treated him with every respect and consideration.

Si se refieren dos adjetivos por separado a unidades o partes diferentes de un sustantivo plural, se usan los adjetivos en el singular como en los ejemplos siguientes:

Quiero ver los tomos primero y segundo.   I want to see the first and second volumes.

El profesor conoce las literaturas francesa y alemana.   The professor knows French and German literature.

N.B. También puede expresarse el último ejemplo: *El profesor conoce la literatura francesa y la alemana,* omitiendo la repetición del sustantivo *literatura* en la coordinación.

b. Al tratarse de sustantivos que se refieren a los dos sexos, hay bastante vacilación. Según la tendencia general, el adjetivo que forma parte de la FS concuerda con el género gramatical; el adjetivo después de cópula concuerda con el sexo natural.

La segunda víctima era chato y pelirrojo.   The second victim (masc.) was pug-nosed and red-headed.

Su majestad católica estaba muy enojado.   His Catholic Majesty was much annoyed.

N.B. Como excepción importante debe citarse *persona*: **Una persona como Juan es muy atrevida,** *A person like John is very bold.*

APLICACIÓN

Para completar con la forma apropiada del adjetivo indicado:

1. (francés) La inteligencia y la ambición____son proverbiales.
2. (español) Se conocen bien la pasión y el estoicismo____.

3. (nativo) Han escrito mucho sobre la ignorancia y superstición——.
4. (americano, ruso) Sería más económica la coordinación de los programas espaciales——y——.
5. (enfermo) La autoridad máxima (masc.) en este asunto está gravemente——.

71
Repaso de verbos: *poner, colocar, meter*

Pueden traducirse los tres con *put* o *place* del inglés. Demuestran, sin embargo, diferencias importantes. *Poner* tiene sentido más general, además de varios usos idiomáticos. *Ponerse* usado con adjetivo puede traducir el inglés *become* o *get*, refiriéndose a estados involuntarios. *Colocar* sugiere atención o cuidado al efectuar una acción, y se refiere también a un empleo. *Meter* significa introducir una cosa dentro de otra.

¿Le pongo el correo en la oficina?   Shall I put your mail in the office?
El vino le pone de buen humor.   Wine puts him in a good mood.
Te pongo cien pesos que él no sabe nada.   I'll bet you one hundred pesos he doesn't know anything.
Pongamos [Supongamos] que él tuvo la culpa.   Let's suppose he was to blame.
Se ponía pálida de tanto viajar.   She was getting pale from travelling so much.
Se pusieron traje de etiqueta.   They put on formal clothes.
Nos pusimos de acuerdo.   We came to an agreement.
Se pusieron a comer.   They began to eat.
El director del museo volvió a colocar los artefactos en la vitrina.   The museum director again placed the artifacts in the showcase.
Conseguimos colocar a tres empleados en la empresa.   We succeeded in placing three employees in the firm.
Metieron los objetos de valor en la caja.   They put the valuables in the safe.
No se meta usted en lo que no le conviene.   Don't get involved in what isn't proper for you.
Esos estudiantes metieron gran ruido en la calle.   Those students raised a lot of noise in the streets.
¿Por qué quieres meterte a actriz?   Why do you want to go in for being an actress?

APLICACIÓN

Complétense las oraciones siguientes, empleando los verbos estudiados en esta sección:

1. Esa gallina cacarea como si acabara de——un huevo.   2. Yo te——mil pesetas que los brasileños ganan el campeonato mundial.   3. ——[Let us assume] que no ocurrió nada de lo que él dice.   4. No tuvieron tiempo de——casa, de modo que tomaron un apartamento.   5. Al entrar el presidente, los periodistas——[pret.] de pie.   6. ¿Dijo papá que te——un telegrama ayer?   7. Las noticias que recibió le——de buen humor.   8. Al——a hablar, la pobre mujer——[pret.] nerviosa.

9. Parece que va a llover; el cielo———[perfecto actual] muy oscuro. 10. La criada———[pret.] el ramo en el florero y lo———sobre el aparador. 11. El propietario———[pret.] el dinero en el cajón. 12. Como hacía frío, tuvimos que———las manos en los bolsillos. 13. ¡Ahora es ella! Nosotros———[perfecto actual] en un lío. 14. Si los litigantes pueden———de acuerdo, no necesitaremos comparecer ante el juez. 15. ¿A qué hora———el sol en el verano? 16. Después de varios ensayos, el motor———[pret.] en marcha. 17. Es evidente que tú———[pret.] la pata. 18. ¿Por qué———[pret.] ese chico a artista? No tiene talento. 19. Antes de salir, Luisa ———el vestido nuevo. 20. No———[tú, imperativo] con ese hombre; es traicionero y cruel. 21. Querido hijo: Quería———te algunas líneas antes de partir para Europa. 22. El dueño———[pret.] a su yerno como director de la empresa.

Verificación y repaso

C U E S T I O N A R I O

1. Citen algunos ejemplos en que el sustantivo actúa directamente como adjetivo.
2. ¿Cómo se designan los nombres de las calles, plazas, edificios, etc. en español: con la yuxtaposición de dos S o con *de* + S?
3. Además de expresar la posesión, ¿cómo puede emplearse la construcción *de* + S?
4. ¿Qué diferencia puede señalar el uso de *de* o de *para* con los S? Citen dos o tres ejemplos.
5. ¿Cómo se expresan en español las frases siguientes: *the couch in the room*; *the chair near the couch*?
6. En el estilo técnico o literario ¿cómo se expresan las relaciones locativas? Citen algunos ejemplos.
7. ¿En qué género y número se emplea el adjetivo cuando modifica dos S de género distinto?
8. Si se emplean dos S como concepto unitario, ¿con qué concuerda la expresión modificadora?

E J E R C I C I O S

A. Exprésense mediante una FPrep con *de*:

1. los hombres que viven en el campo
2. el hombre que tiene el pelo crespo
3. un golpe hecho con martillo
4. un problema que ha existido siempre
5. el vestido que hay en el escaparate

B. Explíquese el uso de la frase locativa o temporal en las siguientes oraciones:

1. La brisa en el mar refresca mucho.
   La brisa del mar refresca mucho.
2. Una criada de adentro le costará X pesos.
   No vi ninguna criada dentro de la casa.
3. La huelga ayer fue grave.
   La huelga de ayer fue grave.

C. Utilicen el sustantivo y los dos adjetivos para formar oraciones, colocando cada elemento en la posición apropiada; en algunos casos existen varias posibilidades.

1. agua, fresca, azul
2. señor, imposible, americano
3. novela, aburrida, contemporánea
4. vino, barato, bueno
5. problema, difícil, económico
6. pez, feroz, carnívoro

D. Para expresar en español:

1. Mr. Ramirez's secretary does not know how to put the paper in the copying machine. 2. Such a cheerful party cannot fail to put him in a good humor. 3. The Paris shareholders came to an agreement on the very thorny problem of the maximum price. 4. I'll bet you one hundred pesos that the upstairs maid (the maid from upstairs) stole the clothes basket. 5. The critical point of yesterday's session arrived when we tried to place two men with the Lima firm. 6. The chest in the basement contains only some moth-eaten documents [i.e., the chest belonging in the basement or the one customarily there]. 7. The victim, a man of some forty years, was medium in stature and was wearing riding clothes. 8. At today's meeting, the parish priest was soft of voice, but strong of will. 9. The toy underneath the table is not Peter's but John's. [There are several toys, and focus is upon the location of the particular one in question.] 10. The upper portion of the mechanism does not permit the construction of a side inlet (*entrada*) nor a front exhaust (*escape*, m.).

Universidad de Panamá, Ciudad de Panamá

Capítulo 5

Sección A

El empleo del pronombre sujeto • La aposición con el pronombre • La omisión de la *a* de persona • El uso del pronombre átono además de nombre, complemento directo e indirecto • Verbos empleados impersonalmente y con complemento átono • Otras expresiones verbales que emplean el complemento indirecto • La amplitud de referencia del complemento indirecto • Comparación de la FV reflexiva y no-reflexiva

72
El empleo del pronombre sujeto

a. A distinción del inglés, los pronombres que designan el sujeto se omiten en la estructura superficial de la oración española a menos que haya circunstancias que exigen su uso. Se emplean para dar énfasis al sujeto. Se logra semejante efecto en inglés subiendo el tono y reforzando la voz. Tal énfasis es obligatorio al contrastar dos pronombres sujetos.

Nosotros lo hicimos. We did it.[1]
Yo fui, pero él se quedó. I went, but he stayed behind.

Al contrastar dos pronombres en la coordinación se suele eliminar la FV repetida, sustituyéndola con el pronombre tónico más *sí* o *no*. Corresponde muchas veces al uso del auxiliar solo del inglés.

Él es de buen corazón, pero ellos no. He is good hearted, but they aren't.
Yo no la vi, pero ellos sí. I didn't see her, but they did.

b. En una oración subordinada, o en dos oraciones independientes estrechamente vinculadas, el uso del pronombre suele indicar un cambio de sujeto.

Juan dice que él canta bien. John says he [*another person*] sings well.
Juan dice que canta bien. [*Normally indicates the same person, but the sentence is potentially ambiguous.*]

c. A veces los pronombres sujetos son necesarios para aclarar la referencia.

Los dos hicieron el viaje; ella volvió sola. The two of them made the trip; she returned alone.
Elena vio a Juan en el centro. Él le dio un saludo. [*o* **Ella le dio un saludo.**] Helen saw John downtown. He greeted (nodded to, spoke to) her. [*or* She greeted him.]

---

[1] El pronombre sujeto lleva acento prosódico en español, pero no suele pronunciarse con énfasis especial. El empleo frecuente del pronombre personal con pronunciación enfática puede producir una impresión desagradable.

d. Como mencionamos en §29, se emplea *usted*(*es*) como fórmula de cortesía, aun si de otra manera pudiera eliminarse. La omisión de *usted* constituye, en realidad, una manera de tratamiento intermedia entre la familiaridad de *tú* y *vosotros* y el trato cortés de *usted.*[2]

e. Refiriéndose a sustantivo [–animado], el uso del pronombre sujeto es poco frecuente, pero puede emplearse cuando se quiere destacar la referencia. Con *todo* y *solo* su uso es más común.

La historia es útil. Ella nos enseña a evitar los desaciertos del pasado.   History is useful. It teaches us (how) to avoid the mistakes of the past.
¿La temporada? Toda ella fue desalentadora.   The (theatrical, sporting, etc.) season? All of it was discouraging.

f. Como se ha dicho ya, se emplea el pronombre tónico después de preposición. Adicionalmente, con *entre, incluso, menos* (*excepto, salvo*) se emplean *yo* y *tú*.

¿La política? No quiero hablar de ella.   Politics? I don't want to talk about it.
Entre tú y yo, ese hombre es un charlatán.   Between you and me, that man is a charlatan.
Todos fueron menos yo.   Everyone went except me.

73
La aposición con el pronombre

Los sustantivos y los adjetivos empleados como sustantivos, especialmente los de nacionalidad, pueden combinarse con *nosotros, vosotros* y *ustedes* en una estrecha relación apositiva en que los términos forman una unidad. Ya que el verbo indica el sujeto sin ambigüedad, pueden omitirse *nosotros* y *vosotros* para menor énfasis.

Nosotros los norteamericanos tenemos otro punto de vista.   We Americans have another viewpoint.
Los norteamericanos no creemos tal.   We Americans [*unemphatic*] don't believe such a thing.
(Vosotros) Los ricos no entendéis la pobreza.   You rich people don't understand poverty.
Naturalmente, ustedes los propietarios lo quieren así.   Naturally, you owners want it that way.
Se refieren a ustedes los guatemaltecos.   They are referring to you Guatemalans.

Con los otros pronombres se destaca más el carácter apositivo de estas expresiones:

---

[2] En muchas partes de América, y notablemente en la región rioplatense, en Chile y en Centroamérica, se emplea *vos* (es decir, *vosotros* sin el término intensificador *otros*) como pronombre singular de carácter familiar en lugar de *tú.*

Ellos, los norteamericanos, no admiten estas cosas.   These Americans[3] (they) don't admit these things.
Hablan de ti, el culpable.   They are speaking of you, the guilty one.

<small>APLICACIÓN</small>

A. Para completar con el pronombre sujeto, si hace falta:

1. _____fuimos al teatro ayer.
2. _____fuimos al teatro, pero ellos se quedaron en casa.
3. _____soy el que lo hice.
4. _____tengo muy malas pulgas hoy.
5. _____debes ir hoy; ella fue ayer.

B. Para expresar en español:

We professors
You workers   } do not yet understand the situation.
The politicians, they

74
La omisión de la *a* de persona

Se omite la *a* delante del complemento directo de persona cuando el hablante quiere alejar al individuo de las circunstancias inmediatas expresadas por el verbo. Tal omisión tiene el efecto de despersonalizar la frase verbal. Compárense:

Tengo tres hermanos.   I have three brothers.
La muchacha tiene al niño en los brazos.   The girl is holding the baby in her arms.
El jefe trajo unos 40 hombres.   The chief brought some 40 men.
¿Puedo traer a un hermano mío?   May I bring one of my brothers?
Perdí mi compañero entre toda esta gente.   I lost my friend among all these people.
La madre perdió al hijo.   The mother ruined her son [or also "lost", emphasizing the personal element].

El uso de *a* con sustantivos [— pers] indica mayor intimidad o afecto y, por consiguiente, la personalización del complemento.

Conozco a Valencia, la incomparable.   I know Valencia, the incomparable.
Adoro al perro.   I love the dog.

N.B. No se usa la *a* con el nombre de ciudades precedido de artículo: *Conozco la Habana* (*la Haya*, etc.).

<small>APLICACIÓN</small>

Para completar con la *a* personal, si hace falta:

1. El profesor trajo_____el grupo consigo.

---
[3] Aquí, el uso de *these* no es necesariamente deíctica, es decir, no señala un grupo conocido sino que es referencia general.

2. María quiere mucho____Juan.
3. Luisa piensa invitar____unos estudiantes hispanoparlantes a la fiesta.
4. Encontraron____un niño abandonado.
5. El jefe encontró____un empleado del tipo que buscaba⁴.
6. El grupo visitó____París sólo brevemente.
7. Recordamos____España con sentimientos nostálgicos.
8. Buscamos____chófer.

75
El uso del pronombre átono además de nombre, complemento directo o indirecto

a. Cuando el complemento de nombre se refiere a una persona, se emplea además el At$_d$ para señalar la estrecha incorporación del complemento en la acción verbal. En muchos casos tal empleo indica una actitud de afectividad o familiaridad.

Le (Lo) conozco a ese hombre. I know that man.
Los quiero a todos. I love them all.

b. Es todavía más frecuente el empleo del At$_i$ para señalar la incorporación del complemento en la acción verbal, siendo, en la mayoría de los casos, el modo preferido de expresarse.

Él no les dio nada a los chicos. He didn't give anything to the children.
¿Sabrás decírselo a Enrique? Will you be able to tell it to Henry?

La omisión del At$_i$ puede indicar cierto alejamiento o frialdad hacia la persona.

Pedimos su dimisión al chico. We asked the boy for his resignation.
No entrego nada a ese ladrón. I won't hand anything over to that thief.

c. Cuando el complemento directo de *persona o cosa* precede al resto de la FV, es obligatorio el uso del At$_d$; cuando precede el complemento indirecto, lo más corriente es el empleo del At$_i$.

El libro lo tengo ya. The book I already have.
A los criminales la policía los ha detenido. As for the criminals, the police have arrested them.
A mi hija le doy todos mis bienes. To my daughter I give all my property (goods).

N.B. En la conversación, sobre todo, este uso es frecuente también con la oración de relativo: *Él tiene una idea que no la entiende nadie.*

---

⁴ Con las FS [—específico], el español tiende a eliminar la *a*, pero tal omisión no es regular, sino que depende más bien del grado de énfasis concedido al elemento [+personal]. Con expresiones que permiten la eliminación del artículo, puede establecerse una escala graduada de interés personal: *Buscamos cocinera, Buscamos una cocinera* y *Buscamos a una cocinera*, en la cual pueden entrar los dos factores [±personal] y [±específico].

76
Verbos empleados impersonalmente y con complemento átono

Hay un grupo importante de verbos usados en la 3ª persona cuyo sujeto es frecuente o típicamente cosa inanimada, V_{inf} u oración subordinada.[5] Con estos verbos es característico el empleo del At. El At que precede a un verbo matriz indica la persona que cumple la acción expresada por la parte subordinada. El uso del At es normal con estos verbos (y el At_i es obligatorio en el caso de *gustar*) aun cuando el complemento esté presente en forma de nombre.

Nos conviene hacerlo. $\begin{cases} \text{It is a good idea} \\ \text{It is befitting} \end{cases}$ for us to do it.

Les fastidiará asistir a la fiesta. It will annoy them to attend the party.

Te faltan tres. You're missing (lacking) three.

Su palabra no les basta a aquellos hombres. His word is not enough for those men.

A las señoritas les $\begin{cases} \text{caen} \\ \text{sientan} \end{cases}$ **bien esos vestidos.**

$\begin{cases} \text{The young ladies look well in those dresses.} \\ \text{Those dresses are becoming to the young ladies.} \end{cases}$

La película les gusta a los jóvenes. Young people like the film.

Se usan del mismo modo *agradar, alegrar, complacer, doler, hacer falta, interesar, molestar, pesar, preocupar*, entre otros.

N.B. Es frecuente también el empleo de estos verbos sin complemento átono. En este caso expresan oraciones de tipo generalizado o abstracto.

Este libro no agrada. This book is not pleasing.

Duele (Pesa) ver su inconsideración. It is distressing to see his lack of consideration.

Hacen falta tres más. Three more are needed.

77
Otras expresiones verbales que emplean el complemento indirecto

De índole semejante a las FV tratadas en el párrafo anterior, son las siguientes construcciones en que es corriente el empleo del At_i.

a. *Ser* (o equivalente) + A:

Me es simpática ella. $\begin{cases} \text{I like her.} \\ \text{She strikes me as nice.} \end{cases}$

---

[5] Los verbos de este grupo aceptan también sujeto [+animado], como en **Tú fastidias a Juan,** *You irritate John*; pero en este caso no se concibe que el sujeto asuma un papel activo, sino que es simplemente el origen del sentimiento expresado por el verbo. Para la noción de agente o sujeto activo, véanse §83 y Capítulos VI y VII.

Te puede ser⎱
Puede serte ⎰ **útil.** It may be useful to you.
Te puede resultar imposible. It may turn out to be impossible for you.

   b. *Tener* + S:

A aquellos jóvenes les tengo simpatía. I find those young people congenial.
Les tuvieron envidia. They were envious of them.
Ella le tiene miedo a ese hombre. She is afraid of that man.

N.B. Al tratarse de sustantivo [— animado], se emplea *tener miedo* muchas veces con *de*: *Tengo miedo de las armas nucleares.*

A P L I C A C I Ó N

A. Para completar con el At$_d$ o el At$_i$, si parece apropiado:

1. A ese hombre bastante____conocemos.
2. ____conozco a los dos.
3. Su poesía____considero de poco valor.
4. No____gustan a nosotros tales espectáculos.
5. Tal eventualidad no puede dejar de ser____útil a ese tipo.
6. ¿Qué____duele al enfermo?
7. ____conviene a los estudiantes llegar temprano.
8. ____tengo lástima a los pobres.
9. ____quemaron la casa al forastero.
10. Para ellos____fue doloroso presenciar las desagradables escenas de ayer.

B. Para expresar en español:

1. His escapades annoy me; I'm fed up with them.
2. The books I consider essential; they alone are worth the trouble.
3. The new teacher loves the children, but she can't get them over (take away from them) their timidity.
4. You'd better (*convenir*) not enter the street; all of it is in a turmoil (*alborotada*).
5. It distresses me to tell you so, but I do not find him congenial.

78
La amplitud de referencia del complemento indirecto

Como ya indicamos en §8, el complemento indirecto del español tiene un campo de referencia semántica que va mucho más allá del simple *to* o *for* del inglés, incluyendo además la localización, la separación, la posesión o una combinación de estas relaciones. Tal referencia es frecuentemente puramente figurada o metafórica.

Les tengo una ventaja.   I have an advantage over them.
                                              [*superiority: figurative localization*]

El mundo le vino abajo al pobre muchacho.	The world fell down around the poor boy *or* The poor boy's world came down around him. [*figurative localization or possession*]
Le pusieron mucha pimienta.	They put a lot of pepper in it. [*localization*]
¿Nuestro hijo? Nos creció casi dos centímetros este verano.	Our son? He grew almost two centimeters on us this summer. [*figurative separation*]
Me compraron varios artículos.	They bought several articles for (*or* from) me. [*benefit or separation*]

N.B. Compárense también: **Él comió el pastel**, *He ate the pastry* [but did not necessarily consume all of it] y **Él se comió el pastel**, *He ate up the pastry* [benefit or figurative localization: took it within himself]. Asimismo: **Sé de antemano su respuesta**, *I know his answer beforehand* [The knowledge may be derived from outside sources] y **Me sé de antemano su respuesta** [The knowledge is self generated, from within].

79
El beneficio expresado con *para*

En unas cuantas expresiones, como las siguientes, se expresa el beneficio alternativamente con *para* o el At_i:[6]

Él trajo un regalo para mí. ⎫
Él me trajo un regalo. ⎭ He brought a gift for me.

Fue importante para ellos. ⎫
Les fue importante. ⎭ It was important for them.

También: *Es agradable* (*bastante, doloroso, imposible*, etc.) *para mí* (*ti, usted*, etc.).

APLICACIÓN

Para expresar en español, empleando el At_i:

1. He took my presents away from me.
2. I put water in it.
3. He demonstrated little courtesy toward us.
4. They pulled a fast one on her (*hacer una trampa*).
5. For me it is painful. [Exprésese con y sin *para*.]

---

[6] Es común la combinación de *para* con el At_i para realzar la idea de beneficio: **¿Me traes el dinero para mí?**, *Are you bringing the money for me?*; **Nos lo pedimos para nosotros**, *We are asking it for ourselves*; **Me lo reservo para mí**, *I reserve it for myself*.

80

Comparación de la FV reflexiva y no-reflexiva

Puede usarse la mayor parte de los verbos transitivos con sentido reflexivo o no-reflexivo. La traducción inglesa suele variar bastante.

La madre (le) acostó al niño.   The mother put the child to bed.
La madre se acostó.   The mother went to bed.

La comedia nos cansó.   The play tired us.
Nos cansamos durante la comedia.   We got tired during the play.

Él está aproximando el camión a la zona de peligro.   He is bringing the truck near the danger zone.
Él se está aproximando a la zona de peligro.   He is approaching (getting near) the danger zone.

N.B. Como en algunos de los casos citados arriba, el reflexivo traduce frecuentemente el inglés *get* o *become*: **Ellos se enriquecieron,** *They got (became) rich.*

Se encuentra un número muy restringido de verbos que se emplean únicamente en la forma reflexiva. (A veces se omite el At_r con V_{inf} subordinado; véase §130,d.)

¿Os arrepentisteis de vuestra conducta?   Were you sorry about your conduct?
¿Usted se atreve a hacer eso?   Do you dare (to) do that?
Voy a quejarme de su despreciable servicio.   I am going to complain about their worthless service.

Unos cuantos verbos parecen usarse indiferentemente como reflexivos o no-reflexivos.

Ahí el asunto (se) acabó.   There the matter ended.
Todos (se) callaron un momento.   Everyone was silent a moment.
(Me) Quedé en casa.   I stayed at home.
(Se) Rieron de un modo desagradable.   They laughed in a disagreeable way.

APLICACIÓN

Utilizando el sustantivo entre paréntesis como complemento, fórmese una oración nueva que no sea reflexiva (Si el complemento es indirecto, incluyan el At_i.):

1. Ella se miraba en el espejo. (la otra)
2. La criada se despertó a las ocho. (la cocinera)
3. La mamá se puso un suéter. (la niña)
4. Luisa se viste. (la novia)
5. Los bomberos se alejaban del incendio. (los curiosos)
6. Yo me lavé las manos. (los chicos)

Verificación y repaso

CUESTIONARIO

1. ¿Cuándo es necesario emplear el pronombre sujeto en español?
2. ¿Por qué se usa la forma *usted* aun cuando no sea necesaria?
3. En la oración aislada, *Él acaba de decir que llegó ayer*, ¿qué indicaría por lo general la omisión del pronombre sujeto ante el verbo de la oración subordinada? ¿Cómo podría interpretarse en el contexto siguiente: *¿Le pregunta usted por su tío? Él acaba de decir que llegó ayer.*
4. ¿En qué casos se emplea el pronombre sujeto referente a cosa inanimada?
5. ¿Cuándo se omite la *a* ante complemento [+ animado]? ¿Cuándo se emplea con entidades geográficas?
6. ¿Qué puede indicar muchas veces la eliminación del At_i?
7. ¿Cuándo es obligatorio el uso del pronombre átono?
8. Además de *a*, ¿qué otra preposición puede indicar la relación de beneficio?

EJERCICIOS

A. Para traducir al inglés, explicando, en el caso de las oraciones 2–5, la noción que expresa el At_i:

1. nosotros los estudiantes; vosotros los católicos
2. Nos rompieron cuatro sillas.
3. No les envidiamos su suerte.
4. Me enfermó el niño anoche.
5. Me han llevado toda la ropa.

B. Fórmense otras oraciones de sentido análogo, empleando el verbo indicado:

1. Me es doloroso. (doler)
2. Es bastante para mí. (bastar)
3. Le tengo miedo. (asustar)
4. Es agradable para nosotros. (agradar)
5. Simpatizo con ella. (ser o resultar simpática)

C. Explíquese la diferencia entre:

1. (a) Nos alejamos del peligro.
   (b) Los alejamos del peligro.
2. (a) Me compro un vestido.
   (b) Le compro un vestido.
3. (a) Él se tomó un pedazo de pan.
   (b) Él le tomó un pedazo de pan.

D. Para expresar en español:

1. We don't take these things seriously, but they do.
2. —And the witnesses, who visited them? —I visited them this morning.
3. You (Tú) want a guide, but she doesn't.
4. If you wake up early, get me up before breakfast.
5. Everything turned out (*salir*) badly for him, but don't remind him of it.

6. I *know* that student; it would be very pleasant for me to speak to him (greet him) again.
7. His efforts are not enough as far as I am concerned (*para mí*); he lacks the necessary temperament.
8. I don't like the dress; it doesn't look well on you.
9. Those Americans [Do not use demonstrative.] turned out to be very pleasant; their conduct in the matter pleased (*agradar*) everyone.
10. You poor people must have been very envious of them, but they paid no attention to you.

Sección B

81
El At$_r$ con los verbos intransitivos

Con los verbos intransitivos de movimiento el uso del At$_r$ indica o sugiere cierto punto de vista hacia las relaciones espaciales que el movimiento comprende.[7] Nótese que el inglés emplea varias expresiones locativas y de movimiento para indicar estas relaciones.

Él fue a la escuela.   He went to school. [*The starting point is not specified.*]
Él se fue a la escuela.   He went off to school. [*"From here" is suggested.*]
Pero no: *__Él fue de aquí.__   [*If the starting point is mentioned or implied, the reflexive is used.*]
Él volvió a casa.   He returned home. [*The starting point is not suggested.*]
Él se volvió a casa.[8]   He returned home. [*probably from the speaker's location*]
El ladrón entró.   The thief entered. [*no implied viewpoint toward the action*]
El ladrón se entró.   The thief got in. [*from the outside in*]
Los prisioneros salen mañana.   The prisoners are leaving tomorrow.
Los prisioneros se salieron anoche.   The prisoners got out last night. [*from inside out*]
Subí al (Bajé del) coche.   I entered (left) the car.
Me subí al (Me bajé del) coche.   I got into (out of) the car.
El chico cayó del árbol.   The boy fell from (out of) the tree. [*no viewpoint toward verbal act*]
El chico se cayó del árbol.   The boy fell down from the tree. [*the whole trajectory included*]
El coche paró un momento.   The car stopped for a moment.
La fábrica se paró.   The factory shut down.

Con ciertos verbos intransitivos que no indican movimiento, el uso del At$_r$ señala un punto de vista variable hacia la acción.

---

[7] La relación entre el sujeto y el At$_r$ complemento es tal que sólo difícilmente pueden denominarse «reflexivas» estas FV. Se llaman frecuentemente «oraciones seudorreflejas».

[8] *Volver* se emplea también transitivamente: **Ella volvió la página,** *She turned the page*; **Ella se volvió,** *She turned around.*

La esposa murió estrangulada.   The wife died strangled to death.
Se murió la esposa.   The wife passed away. [*by natural processes*]
Dormimos cuatro horas.   We slept four hours.
Nos dormimos en seguida.   We fell asleep right away.

APLICACIÓN

Tradúzcanse las FV en cursiva:

1. (a) Johnny *fell down* from his chair.
   (b) The dish *fell* from the table.
2. (a) I *slept* well last night.
   (b) I *fell asleep* in class.

3. (a) He *went away* from home.
   (b) He *went* downtown.
4. (a) He *died* as a result of the beating.
   (b) He *passed away* last night.

82
El empleo de la forma tónica del pronombre

a. Ya que el At$_r$, At$_i$ y At$_d$ no llevan énfasis, o a veces son ambiguos, se emplea la forma tónica para reforzar o aclarar la forma átona. Normalmente se coloca la forma tónica inmediatamente antes o después del resto de la FV.

A nosotros nos miró como a un loco.   He looked at us like a crazy man.
¿Él te lo entregó a ti?   Did he hand it to you?
Se lo di a él (a ella, a usted, a ellos, etc.).   I gave it to him (her, you, them, etc.)

Tal énfasis es obligatorio al contrastar dos complementos.

Nos vieron a nosotros, no a ellos.   They saw us, not them.
Él no me lo dio a mí sino a ti.   He didn't give it to me but to you.

b. Si el At$_d$ es de la 1ª o 2ª persona, se recomienda la expresión del complemento indirecto con la forma tónica sola, lo cual es excepción a la regla general; véase §26.

Me recomendaron a ti.   They recommended me to you.
Te recomendaron a mí.[9]   They recommended you to me.
¿Te propones entregarme a él?   Do you propose to hand me over to him?
Él te presentó a ellos.   He introduced you to them.

PERO:
Él te los presentó.   He introduced them to you.

c. Se suele emplear la forma tónica en vez del At$_i$ con los verbos de movimiento (aunque se encuentra también el At$_i$ en algunos casos).

Le dirigí a ellos.   I directed him to them.
Se acercaron a nosotros.⎫
Se nos acercaron. ⎭   They approached us.

---

[9] Sin embargo, es frecuente la combinación *te me*: **Él te me recomendó,** *He recommended you to me* or *He recommended me to you.* El uso del pronombre en este particular y en otros está sujeto a mucha variación regional e individual. Para más detalles, véase el Apéndice, §171.

d. El pronombre reflexivo tónico tiene las formas propias *sí* y *consigo* en la 3ª persona singular y plural. Es corriente, además, agregarles el término intensificador *mismo*; también se les agrega *solo* y *propio* para el mismo efecto. Véase también §147.

¿No quiere usted llevar consigo estas cosas? Don't you want to take these things with you?

Trajeron los bultos consigo. They brought the bundles with them.

Él sintió unos pasos detrás de sí.[10] He heard some footsteps behind him.

Quiere elaborar una vida para sí sola. She wants to make a life for herself alone.

Ella lo ha hecho para sí misma. She has done it for herself.

Me lo he regalado a mí mismo. I have made a present of it to myself.

Están muy satisfechas de sí propias. They are very satisfied with themselves (*fem.*).

N.B. Con las FV como *acostarse, lavarse las manos, levantarse, limpiarse los dientes,* etc., no se emplea el tónico reflexivo; es decir, no se dice, por ejemplo, **Él se acostó a sí mismo.* Es posible, sin embargo, *Él se lavó a sí mismo.*

APLICACIÓN

A. Para expresar en español, empleando la forma tónica de los pronombres en cursiva:

1. You are wrong; I gave it (the magazine) to *him*.
2. I went (*acudir*) to them.
3. He talks to (*para*) himself constantly.
4. *I* like it.
5. He did that to *you* (fam. sing.)!
6. She sent me to them.
7. I recommended him to you.
8. Between you and me, he wants to go by himself.

B. Exprésense enfáticamente, empleando *mismo, solo* o *propio*:

1. Ella____conoce el secreto. 2. Al verse perdido, él volvió sobre sus____pasos.
3. Vas a dañarte a ti____. 4. Ellas no hablan sino consigo____.

83
Se empleado en oraciones sin sujeto y la intransitivización

a. Se emplea el At *se* con un verbo de la 3ª persona del singular en las oraciones intransitivas (o las oraciones con *ser* o *estar*) sin sujeto en la estructura superficial. Mediante estas oraciones se indica una actividad (o una situación) generali-

---

[10] Respecto de este ejemplo y el que sigue, se ven y se oyen muchas veces: *Sintió unos pasos detrás de él* y *Quiere elaborar una vida para ella sola.* Para algunos gramáticos el uso del pronombre no-reflexivo es inaceptable en estos casos. Conviene añadir, que en oraciones de este tipo, sin *se*, las formas *sí* y *consigo* pierden terreno en la actualidad, a no ser que se usen con *traer, llevar* y *tomar.*

zada que casi siempre implica un agente, o sea, un ser animado ([+ animado]) que efectúe la acción. Al mismo tiempo, no interesa la persona particular que actúe sino el hecho de que tal o cual acción se realice. Se traduce muchas veces al inglés con *there* + *be* + V_{ing}.

Se bailó y se cantó hasta la madrugada.
$\begin{cases} \text{There was dancing and singing} \\ \text{One danced and sang} \end{cases}$ until the early morning.

Se habla demasiado en estas reuniones.   There is too much talking at these meetings.

Se es patriota o no.   One is a patriot or not.

Para explicar sintácticamente estas construcciones, suponemos que en ellas la FS de la Regla 1 (0 → FS FV), refleja un agente pronominal que denominamos «Pro», y que lleva en este caso el rasgo semántico-sintáctico [+ animado]. La transformación ocasionada por Pro coloca *se* en la estructura superficial:

Pro bailó y Pro cantó hasta la madrugada.   ⇒   **Se bailó y se cantó hasta la madrugada.**

b. También es posible expresar la entidad Pro con *se* en las oraciones transitivas. Ya que la voz pasiva, sin agente[11] (§86) asimismo refleja la existencia de Pro en la estructura básica, se emplea esta voz a menudo para traducir las oraciones transitivas con *se*.

Se plantó un árbol. $\begin{cases} \text{A tree was planted.} \\ \text{One planted a tree.} \end{cases}$

Se discutirá la cuestión.   The question will be argued.

Se $\begin{cases} \text{renta} \\ \text{alquila} \end{cases}$ **casas.**   Houses for rent.

Se ve muchas cosas. $\begin{cases} \text{Many things are seen.} \\ \text{One sees many things.} \end{cases}$

Si el complemento directo lleva el rasgo [+ animado], debe ir precedido de *a*.

Se vio a tres personas.   Three persons were seen.
Se mató al ladrón.[12]   The thief was killed.
Se le mató.   He was killed.

Si el pronombre átono lleva el rasgo [+ animado], como en el último ejemplo, hay mucha vacilación entre el uso del At_i y el At_d.

Se les encarceló.
Se los encarceló. $\Big\}$ They were jailed.

---

[11] La voz pasiva del inglés se compone de *be* + participio pasado: *The building was constructed* (*by the Indians*) o *The letter was written* (*by the secretary*). Si se incluye el agente, indicado entre paréntesis, se introduce con *by*.

[12] **Se mató el ladrón** se traduce *The thief killed himself*.

Para disminuir las ambigüedades inherentes a estas construcciones, se prefiere reservar el uso del At$_i$ para el rasgo [+ animado]: **Se les leyó**, *They were read to* (*Pro read to them*) frente a **Se los leyó**, *They were read* (*Pro read them*).[13]

c. Un verbo que se emplea reflexivamente no se encuentra en las oraciones en que Pro se expresa con *se*. *Se levanta*, por ejemplo, supone un agente conocido (*él, ella, usted*). Para expresar el equivalente de Pro con estos verbos se echa mano a otra construcción superficial, siendo *uno (-a)*, una sustitución muy común. Para el mismo fin se emplea también la 3ª persona del plural, usada impersonalmente, una construcción que tratamos con más detalle en §87.

Uno se levanta temprano en el campo.   One gets up early in the country.
Una no se atreve a eso.[14]   One (*fem.*) doesn't dare to do that.

Se jactan de ello en este lugar. $\left\{\begin{matrix}\text{They (}imp.\text{)}\\ \text{People}\end{matrix}\right\}$ boast about it in this place.

d. Puede emplearse *se* también en oraciones en las que se quiere convertir un verbo transitivo en intransitivo. En este caso no se supone Pro en la estructura básica, y el verbo concuerda con su sujeto como en el caso de cualquier verbo intransitivo. Este proceso se llama la «intransitivización». A veces se puede emplear los giros verbales ingleses con *get, become* o *grow* como equivalentes.

Las casas se quemaron. $\left\{\begin{matrix}\text{The houses burned down (up).}\\ \text{The houses got burned down (up).}\end{matrix}\right.$
La tierra se sacudía violentamente.   The ground was shaking violently.
Todas las superficies se mojaron.   All the surfaces got (became, grew) wet.[15]

e. Como se ha visto en (**b**) y (**d**), las oraciones en que Pro se expresa con *se* y las oraciones intransitivas con *se* se distinguen normalmente en la estructura superficial: (1) En las oraciones con Pro, la FS (complemento directo) sigue al verbo y el verbo está siempre en el singular; (2) en las oraciones intransitivas se coloca la FS (sujeto) delante del verbo, y el verbo concuerda con el sujeto.

(1) Se vendió muchos libros ayer.   Many books were sold yesterday.
(2) Los libros se vendieron rápidamente.   The books sold out rapidly.

---

[13] Nótese, sin embargo, que si se interpreta *leyó* con sujeto definido (*él, ella, usted*), (**Él**) **Se los leyó** puede tener otro significado distinto: *He read them to them* (or *for them*). En este último caso *se* no denota Pro, sino el At$_i$ de 3ª persona.

[14] *Uno (-a)*, usado con verbo reflexivo o no-reflexivo, puede indicar que el hablante se refiere a sí mismo, o por lo menos, que tiene un conocimiento personal del asunto. Para mayor impersonalidad se emplea la 3ª persona del verbo u otra expresión, como **la gente**, *people*. Aun si una mujer se refiere a sí misma, se emplea frecuentemente la forma masculina, *uno*.

[15] No sólo no se supone Pro como agente en estas oraciones, sino que es importante notar que no se supone agente alguno. Al tratarse de FS con sujeto [+animado], en cambio, la interpretación varía según el contexto semántico. En la oración **Los espectadores se quemaron al acercarse al incendio**, la interpretación más verosímil sería *The spectators got burned on approaching the fire* (la cual no indica la acción voluntaria de un agente), frente a las traducciones posibles, pero inverosímiles, *The spectators burned themselves* [*on purpose*] (o *burned one another*) *on approaching the fire*. En la mayoría de los casos de oración reflexiva con sujeto [+animado], sin embargo, se supone la acción voluntaria de un agente: **El grupo se reunió a las cinco**, *The group got together at five*; **Los manifestantes se dispersaron**, *The demonstrators dispersed*, etc.

Sin embargo, las oraciones con Pro y las intransitivas se aproximan semánticamente hasta el punto de ser casi indistinguibles en muchos casos.[16] Además de esto, en las oraciones intransitivas el sujeto puede posponerse al verbo, para dar mayor énfasis a la acción verbal, como puede ocurrir en cualquier oración española. Por estos motivos, las dos construcciones se confunden con frecuencia, y su sentido debe aclararse según el contexto.

Se abren las puertas. One opens the doors.
Las puertas se abren. The doors are opened.
The doors open (up).
The doors get open.

PERO:

Se abre las puertas. One opens the doors.
The doors are opened.

APLICACIÓN

A. Cambien la expresión impersonal, sustituyéndola con una construcción con *se*:

1. ¿Puede uno cerrar las puertas a las once?
2. Uno está llorando en el apartamento de al lado.
3. ¿Venderá uno todas sus casas?
4. Uno asesinó al dictador.
5. Uno los corrige.

B. Para expresar en español:

1. The papers got destroyed.
2. The idea becomes clear (*esclarecerse*).
3. The windows close automatically.
4. During the storm the water (*pl.*) got very agitated (*agitarse*).
5. The results became confused.
6. The results were confused on purpose.

84
La combinación de *se* y At$_i$

Muy típica del español es la combinación en la misma FV de *se* y el At$_i$. En esta construcción, tanto *se* como el At$_i$ acarrean la misma amplitud semántica que ya referimos en el curso de este capítulo.

La chica se nos fue. The girl left us.
Se le sale el agua. The water is leaking from it.
Se les cerró la puerta. The door was closed to (on *or* for) them.

---

[16] Se observa tal aproximación, por ejemplo, en **Se plancha fácilmente estas camisas,** *One irons (can iron) these shirts easily,* en que se supone a Pro como agente, frente a **Estas camisas se planchan fácilmente,** *These shirts iron easily,* en que no se supone un agente. Pese a la distinción básica agente | no-agente, las dos oraciones citadas podrían usarse indistintamente en muchas situaciones prácticas.

En el caso de algunos verbos, la combinación de *se* + At$_i$ puede señalar la despersonalización de la expresión verbal, o, quizás mejor dicho, sirve para alejar un agente posible, expresado por el At$_i$, de la acción verbal; compárense:

Él se rompió la camisa.   He tore his shirt.
Se le rompió la camisa.   His shirt got torn.
Dejé caer las tazas.   I let the cups drop.
Se me cayeron las tazas.   The cups (got away from me and) fell down.
Olvidé los libros.   I forgot the books.
Se me olvidaron los libros.   The books got forgotten [by me].

N.B. Se emplea *olvidar* también como verbo reflexivo con *de*: *Me olvidé de los libros.*

Algunos verbos tienen su uso idiomático ya fijo con *se* + At$_i$.

Si se les antoja, se irán.   If they take a notion to (If the fancy strikes them), they will go.
Se me figuró que él los tendría ya.   I figured (imagined, reckoned) that he would already have them.
Se nos hace que él no viene.   We have the notion (impression) that he won't come.

A P L I C A C I Ó N

Para expresar en español:

1. I have a notion that you Brazilians are afraid of the Italian team.
2. My furniture [use indirect object] was taken away, but they forgot the papers. [Express *forgot* in three ways.]
3. He was given injections, but he got worse in spite of them.
4. There was a lot of noise being made in the room when they introduced me to him.
5. They recommended her to us, but she wanted to bring her family with her.

85
Repaso de verbos: *faltar (hacer falta), quedar, sobrar*

Faltar indica la simple ausencia de una cosa; *hacer falta* es casi sinónimo, pero sugiere a la vez la necesidad de la cosa (o persona) que falta. *Quedar* se traduce *remain* o *be left with*. El At$_r$ se emplea para indicar la permanencia de una persona o para dar énfasis al resultado de una acción. *Sobrar*, como *quedar*, indica lo que resta de algo, pero al mismo tiempo implica un exceso. Se emplean todos estos verbos típicamente con el complemento indirecto. Citamos algunos ejemplos:

Falta una pieza.   A part is missing.
Me faltan dos meses todavía.   I still have two months left.
La señora de X me faltó.   Mrs. X slighted me.
Falta poco para terminar.   There is not much left to finish.

¡No faltaba más! {How ridiculous! / That's the last straw!

Nos hace falta un técnico. We need a technician.

Me faltan tres páginas todavía. {I'm still missing three pages. / I still have three pages to go.

(Se) Quedó en la casa. He stayed in the house.

Me quedo aquí. I'm staying here.

Se quedaron muy amigos. They turned out to be good friends.

Me quedaré con este vestido. I'll take this dress.

Después del incendio, le queda muy poco. After the fire, he has very little left.

¿Quedamos conformes? Do we agree?

Él quedó mal en el negocio. He came out badly in the deal.

Quedamos en volver a verla. We agreed to see her again.

Sobra una silla. There is one chair too many.

No me sobra nada del presupuesto. I don't have anything left over in the budget.

APLICACIÓN

Complétense las oraciones siguientes, empleando los verbos estudiados en esta sección:

1. De mi equipaje____una maleta. 2. Alguien me habrá robado; me____cien pesos. 3. No venció el plazo;____todavía un mes. 4. ____diez minutos para la hora convenida. 5. ¿____(tú) con la bolsa roja o la negra? 6. ¿Juan____bien en el examen? 7. Los tres____(pret.) en reunirse a las siete. 8. ¿____(ustedes) conformes en que debe salir? 9. ¿De toda la comida que preparamos para la fiesta no te____nada? 10. No puedo aflojar esta tuerca con los alicates; me____ una llave (inglesa). 11. En una plática entre novios,____el amigo. 12. Me____un vestido nuevo para la fiesta. 13. Después de tanto viajar, yo____aquí un rato. 14. Después de la muerte de su hija, Enrique____(perf. actual) muy triste. 15. ¿____mucho para terminar la obra? 16. Enrique es de mucha confianza; no te____(fut.). 17. A pesar de sus buenas intenciones, la tarea todavía____por hacer (*quedar*).

Verificación y repaso

CUESTIONARIO

1. ¿Qué indica o sugiere el empleo de At_r con los verbos intransitivos de movimiento?
2. Si el At_d es de la 1ª o 2ª persona, ¿cómo suele expresarse el complemento indirecto pronominal?
3. ¿Cuándo es obligatorio el uso de las formas preposicionales del pronombre?
4. ¿Qué formas especiales tiene el pronombre reflexivo de la 3ª persona, singular y plural?
5. ¿Cómo se traduce al inglés la construcción con *se* en oraciones sin agente específico si el verbo es intransitivo? Citen un ejemplo.

6. ¿Cómo se traduce frecuentemente la construcción con *se* si el verbo es transitivo? Citen un ejemplo.

7. ¿Puede usarse *se* como el equivalente de la voz pasiva del inglés si el complemento directo es [+ animado]? ¿Cómo se indica el complemento en este caso?

8. Analicen gramaticalmente la oración *Se me olvidaron los libros.*

E J E R C I C I O S

A. Explíquese la diferencia semántica o de énfasis entre:

1. (a) Él agarró un lápiz.
   (b) Él se agarró un lápiz.

2. (a) Ella cogió un resfriado.
   (b) Ella se cogió un resfriado.

3. (a) Ella paró y luego volvió lentamente.
   (b) Ella paró y luego se volvió lentamente.

4. (a) El hombre cayó del tejado.
   (b) El hombre se cayó del tejado.

5. (a) Sé lo que él está tramando.
   (b) Me sé lo que él está tramando.

6. (a) Juan entró en la casa.
   (b) El ladrón se entró de noche.

B. Complétense con un pronombre tónico, si parece necesario:

1. Nos los robaron＿＿, a ellos no.
2. ＿＿nos habló dos veces.
3. Entre el chico y la chica, le tengo más simpatía＿＿.
4. ＿＿les sobró mucho dinero, a los otros no.
5. Parece que esto siempre me pasa＿＿.

C. Para expresar en español:

1. Between you and me, I believe we Bolivians have been deceived.
2. The valve was completely closed, but a little steam escaped from it.
3. One gets up early if one wishes (if it is wished) to follow the policies (*normas*) of the institution.
4. His parents died (on him), and only his aunt and uncle were left (to him).
5. When the enemy approached us [two ways], everyone was surprised [use *quedar*] except me.
6. He wants a room for himself, and one can understand the reasons (*motivos*).
7. After his wallet was stolen from him, less than half of his money was left over (to him).
8. English and French are spoken currently, but Russian is seldom heard.
9. One can easily understand why he has few friends left.
10. If they take a notion, something will be arranged for him.

Interior de la biblioteca, Universidad de México, Ciudad de México

Capítulo 6

Sección A

La voz pasiva • El uso de la 3ª persona del plural para expresar un
agente indefinido • La voz pasiva con *estar* + V_{do} • *Estar* + V_{do} en
oraciones reflexivas e intransitivas • V_{do} como adjetivo simple • *Tener* y
llevar + V_{do} • El participio de presente; V_{ing} del inglés y V_{ndo} del español

86
La voz pasiva

Se forma la voz pasiva con *ser* + V_{do} mediante una transformación del tipo
siguiente:

(1) Los maleantes hirieron a tres mujeres.	⇒	**(2)** Tres mujeres fueron heridas por los maleantes.

Es evidente el paralelismo entre la pasivización española y la inglesa: El complemento directo, *mujeres*, de la oración de voz activa (1), se convierte en el sujeto superficial de la estructura transformada (2). El agente, *maleantes*, sujeto de (1), se expresa en (2) como FPrep con *por*. El participio pasado (V_{do}) concuerda con el sujeto superficial (e.g. *mujeres... heridas*).

El agente (o el instrumento) que efectúe una acción puede ser también de naturaleza [− animado]: **Los pedazos de vidrio hirieron a tres mujeres**, *The pieces of glass wounded three women* ⇒ **Tres mujeres fueron heridas por los pedazos de vidrio**, *Three women were wounded by the pieces of glass.*

Además, es posible decir *Tres mujeres fueron heridas*, sin agente expresado en la estructura superficial. En este caso, el agente de la estructura básica es Pro, el pronombre de tipo indeterminado ideado para las oraciones sin sujeto superficial con *se* (§83). Aunque las oraciones con *se* y las oraciones pasivas con *ser* + V_{do} sin agente coinciden semánticamente en gran parte, no son sinónimas, ya que en las oraciones con *ser* + V_{do}, Pro queda sin especificar en cuanto a los rasgos [± animado], mientras que en las oraciones con *se* se suele concebir Pro sólo como [+ animado].[1] No se indica Pro en la estructura superficial, pero es claramente deducible, ya que se supone un agente (o instrumento) no-especificado o desconocido.

De acuerdo con su forma y función, se ve que la pasivización, con o sin agente, destaca *la acción verbal*.

En teoría cualquier verbo transitivo puede sufrir la pasivización, pero el español parece sentir cierta aversión al uso de esta voz. A continuación examinaremos las circunstancias más típicas de su empleo.

---

[1] Si el sentido del verbo lo permite, puede expresarse un agente abstracto [− animado] en las oraciones pasivas con *ser* + V_{do} con los pronombres abstractos estudiados en el Capítulo VII, B: **Fue vencido por todo eso**, *He was defeated by all that.*

a. Lo más característico de la voz pasiva es su uso para describir acciones, y es común sobre todo en las narraciones históricas y periodísticas.

España fue conquistada por los moros en 711.   Spain was conquered by the Moors in 711.
La ciudad fue destruida por un terremoto.   The city was destroyed by an earthquake.

b. Es frecuente, pero quizás menos usada, en la descripción en el pasado.

En aquella época ella era muy admirada.   At that time she was greatly admired.
El hecho era comentado por todos.   The fact was commented upon by everyone [repeatedly].

N.B. Con los verbos de naturaleza afectiva es frecuente expresar el agente también con *de*: **Él era admirado (amado, estimado) de todos**, *He was admired (loved, esteemed) by everyone.*

c. Con el presente (y el imperfecto —véase (**b**) arriba) la voz pasiva destaca el aspecto imperfectivo, o sea, una acción repetida, habitual, o corriente.

Su muerte es (era) muy lamentada.   His death is (was) much lamented [*generally*].
Los perturbados mentales son cuidadosamente observados por un sicólogo.   The mentally disturbed are carefully observed by a psychologist.
Sabido es que las lecciones de la historia no se aprenden nunca.   It is [well] known that the lessons of history are never learned.

Se emplea la voz pasiva únicamente con verbos claramente transitivos. Con verbos como *cantar* o *correr*, por ejemplo, que son normalmente intransitivos, se usa la voz activa. Con los verbos que llevan preposición, la construcción pasiva no es posible.[2]

The distance was run by him in three minutes.   **Él corrió la distancia en tres minutos.**
His uncle was talked about by them.   **Hablaron de su tío.**

No es corriente emplear la voz pasiva con los verbos de percepción (*ver, oír,* etc.).

The accident was seen by three people.   **Tres personas vieron el accidente.**[3]

En inglés, puede transformarse el complemento indirecto en el sujeto superficial de la voz pasiva; el español no admite semejante construcción. Tal prohibición se aplica no sólo a oraciones sencillas sino también a oraciones con verbo subordinado (véanse §§112, 130).

---

[2] Esta observación no se aplica a expresiones idiomáticas que llevan término de preposición fijo: **Tal punto de vista no fue tomado en cuenta,** *Such a point of view was not taken into account.*
[3] *Ver* y *oír*, empleados en sentido más bien metafórico, se emplean normalmente en la voz pasiva: **Estos fenómenos son vistos como efecto más bien qué como causa,** *These phenomena are seen (= viewed, considered) as effect rather than as cause;* **Sus razones fueron oídas con tolerancia,** *His reasons were heard (= listened to) with tolerance.*

My colleagues gave a book to me. ⇒ ⎫
I was given a book by my colleagues. ⎭   **Mis colegas me dieron un libro.**

They ordered him to do it. ⇒   ⎫   **Le mandaron que lo hiciera** *o* **Le mandaron**
He was ordered by them to do it. ⎭   **hacerlo.**

A P L I C A C I Ó N

Cámbiense a la voz pasiva, si es posible:

1. El pueblo creía en él.
2. Los especialistas coleccionan los especímenes todos los días.
3. Los pilotos derribaron tres aviones enemigos.
4. Todo el mundo celebraba su atrevimiento.
5. Anduve sin dificultades los cinco kilómetros.

87
El uso de la 3ª persona del plural para expresar un agente indefinido

El español puede emplear la 3ª persona del plural del verbo, sin sujeto, para expresar un agente (o sujeto del verbo) de naturaleza vaga, desconocida o imprecisa, como en el giro inglés *They say that* . . . Usada de esta manera, la 3ª persona del verbo tiene un valor semántico igual a *se* en las oraciones sin sujeto, cuyo sujeto básico es Pro [+ animado]. La construcción con la 3ª persona del verbo equivale también a la voz pasiva, sin agente expresado, cuando las circunstancias sugieren que Pro lleva el rasgo [+ animado].

Dicen [*o* **Se dice**] **que es muy rico.**   They (*indef.*) say [It is said] he is very rich.
Cantaron [*o* **Se cantó (cantaron)**] **muchas canciones.**   They sang many songs. [Many songs were sung.]
Fusilaron [*o* **Se le fusiló**] **a Hidalgo.**   They shot Hidalgo. [Hidalgo was shot.]
Oyeron [*o* **Se oyó (oyeron)**] **unos ruidos extraños.**   Some strange noises were heard.

N.B. A veces se nombra un agente con *por* aun en las oraciones con *se*: *Se construyó (construyeron)* **tres edificios por la misma compañía,** *Three buildings were built by the same company.*

A P L I C A C I Ó N

Cámbiense a la construcción equivalente (a) con *se*, y (b) con la 3ª persona del plural del verbo:

1. El edificio fue construido.
2. El empleado fue colocado en el puesto.
3. El presidente fue asesinado.
4. La torre será destruida.
5. Los no-conformistas son tolerados.

88
La voz pasiva con *estar* + V$_{do}$

Hemos dicho en §86 que la voz pasiva con *ser* + V$_{do}$ destaca la acción verbal. En español existe otra formación pasiva con *estar* + V$_{do}$ que no destaca la acción, sino el resultado final de la acción —y normalmente se concibe este resultado final como de duración indefinida. El cuadro siguiente ilustra la relación semántica de causa y efecto que pudiera inferirse entre los dos tipos de pasivización:

ACCIÓN CAUSAL (voz pasiva con *ser*)	ESTADO RESULTANTE (voz pasiva con *estar*)
Las máquinas habrán sido arregladas [por el mecánico]. *The machines will have been fixed [by the mechanic].*	Las máquinas estarán arregladas. *The machines will be fixed* [i.e., *will be in good running order*].
Las máquinas han sido (fueron) arregladas [por el mecánico]. *The machines have been (were) fixed [by the mechanic].*	Las máquinas están arregladas. *The machines are fixed* [i.e., *are in good running order*].
Las máquinas habían sido arregladas [por el mecánico]. *The machines had been fixed [by the mechanic].*	Las máquinas estaban arregladas. *The machines were fixed* [i.e., *were in good running order*].

En el cuadro citado, es importante notar lo siguiente:

1. El inglés no distingue, en general, entre la acción y el estado resultante. *The machines were fixed*, por ejemplo, podría traducirse **Las máquinas fueron arregladas** o **Las máquinas estaban arregladas.**

2. Se verifica la relación de causa y efecto entre las formas *perfectivas* de *ser* (*habrá sido, ha sido (fue), había sido*) y las formas *imperfectivas* de *estar* (*estará, está, estaba*).[4]

3. Se ve, entonces, que la voz pasiva con *estar* destaca el aspecto imperfectivo, indicando mediante el participio pasado del verbo principal (en este caso, *arregladas*) que el estado resultante tiene su origen en una acción acabada.[5]

---

[4] Ya que normalmente no se concibe una condición resultante como momentánea—o, dicho de otro modo, normalmente se concibe una condición momentánea como una acción—, no se emplean en estas construcciones las formas perfectivas de *estar* + V$_{do}$ (o se emplean sólo en circunstancias especiales). En lugar de **La casa estuvo incendiada**, por ejemplo, se dice normalmente **La casa fue incendiada**, *The house was set on fire.* Compárese la poca frecuencia de las formas perfectivas de *estar* + V$_{ndo}$ con la gran frecuencia de las formas imperfectivas (véase §44) — una diferencia que obedece a factores muy similares a las que mencionamos en el caso de *estar* + V$_{do}$.

[5] No se prestan las formas imperfectivas de *ser* para indicar la causa directa e inmediata de una condición ya que estas formas implican una continuación indefinida de la acción verbal.

4. Para evitar ambigüedades, no hemos indicado en el cuadro la posible inclusión de un agente o una instrumentalidad con *estar* + V$_{do}$. La inclusión de un agente o de una instrumentalidad obedece a factores bastante diversos, que resumimos a continuación:

(i) Un agente [±animado], [+específico] suele expresarse con *por*.

La ciudad estaba sitiada por los turcos. The city was besieged by the Turks. [*The action of the Turks caused the city to be in a state of siege.*]

El edificio está construido por la misma compañía. The building is constructed by the same company. [*The action of the same company caused the building to be in a finished state.*]

(ii) Si se destacan menos la causa o el agente *activos*, para realzar más la apariencia o la situación general (como si la oración representara una foto o un cuadro), se expresa la causa o la instrumentalidad con *de*. El uso de *de* es común sobre todo con los nombres [−cont] y los nombres [+cont], [−sing].

La casa estaba rodeada de flores (de un muro, de soldados, etc.) The house was surrounded by flowers (by a wall, by soldiers, etc.).

El patio estaba inundado de sol (de la luz de la luna, etc.) The patio was flooded by (with) sunlight (moonlight, etc.).

(iii) Compárense los usos de *por* y *de* en los siguientes ejemplos:

La casa estaba rodeada por los soldados. The house was surrounded by the soldiers.

La casa estaba rodeada de soldados. The house was surrounded with soldiers.

El patio estaba inundado por el sol. The patio was flooded by sunlight.

El patio estaba inundado de sol. The patio was flooded with sunlight.

El perro estaba amarrado por el cuello.
El perro estaba amarrado del cuello. } The dog was tied by the neck. [*The second example emphasizes the situation.*]

(iv) Si la oración da énfasis a la materia empleada para efectuar una acción *deliberada*, se emplea *con* para señalar el instrumento de la acción; compárense:

Cubrimos el patio con arena. We covered the patio with sand.

El patio estaba cubierto de arena. The patio was covered with sand.

El cuello de la botella estaba tapado (o fue tapado) con un trapo. The neck of the bottle was stopped up with a rag.

El cuello de la botella estaba tapado de mugre. The neck of the bottle was stopped up with muck.

Además de *estar*, es frecuente el empleo de otras expresiones verbales, como *ir, verse, encontrarse*, etc., en construcciones semejantes. Algunas de estas expresiones —notablemente *verse* y *quedar*— se emplean frecuentemente en los tiempos perfectivos.

El sustantivo va precedido de artículo. The noun is preceded by an article.

Los comerciantes españoles del siglo XVII se vieron arruinados de tantos impuestos. The Spanish merchants of the seventeenth century were ruined by so many taxes.

El ayuntamiento se hallaba abrumado de protestas. The city hall was overwhelmed with protests.

APLICACIÓN

A. Cámbiense a la voz pasiva con *estar* para expresar un estado resultante. Consérvese *estar* en el mismo tiempo que el verbo original:

1. Los soldados rodeaban el edificio.
2. Unos viejos eucaliptos bordean el camino.
3. La muerte amenazaba al pequeño grupo.
4. Las plantas llenarán todo el patio.
5. Emplazaron el cohete antiaéreo en un desfiladero. [Al tratarse de la localización, el uso del pretérito de *estar* + V_{do} es normal.]

B. ¿Cuáles serían las oraciones pasivas correspondientes con *ser* que pudieran ser citadas como la causa de la oración con *estar* en los números 1 y 3 de A?

C. Complétense con *de, con* o *por*. Si hay más de una posibilidad, explíquense:

1. La circulación estaba completamente paralizada ____ el accidente.
2. La página estaba manchada ____ tinta.
3. En su pintura el efecto de la oscuridad está aligerado____algunos toques de blanco.

D. Para expresar con el verbo indicado:

1. (hallarse) The city was besieged.
2. (verse) The travelers were lost.
3. (encontrarse) She was devoid of (*desprovista de*) money.
4. (quedar) They are not convinced.
5. (ir) The letter was addressed (*dirigir*) to his daughter.

89
Estar + V_{do} en oraciones reflexivas

Además de señalar el estado resultante en forma pasiva de verbos transitivos no-reflexivos, *estar* + V_{do} tiene otro uso importante: el de indicar el estado resultante respecto a una acción expresada con verbos reflexivos.[6] De una manera análoga a la que empleamos en §88 para demostrar la estrecha relación semántica

---

[6] Por motivos hasta ahora desconocidos, parece que ni en inglés ni en español pueden pasivizarse los verbos reflexivos. Aunque *estar* + V_{do} derivado de verbo reflexivo lleva la misma forma que la voz pasiva con *estar* + V_{do} y tiene cierta analogía con ella respecto a las formas activas, no puede llamarse «voz pasiva» en el sentido regular de la expresión.

entre la voz pasiva con *ser* y la voz pasiva con *estar*, comparamos, en el cuadro abajo, la relación entre una acción expresada con verbo reflexivo y el estado resultante de esta acción expresado con *estar* + V_{do}:

ACCIÓN CAUSAL	ESTADO RESULTANTE
La muchacha se habrá sentado en el tercer banco. *The girl will have sat on the third bench.*	La muchacha estará sentada en el tercer banco. *The girl will be sitting (seated) on the third bench.*
El niño se ha dormido (se durmió). *The child has gone (went) to sleep.*	El niño está dormido. *The child is asleep.*
Los más desesperados se habían agarrado a la viga. *The most desperate ones had caught on to the beam.*	Los más desesperados estaban agarrados a la viga. *The most desperate ones were clinging to (clutching) the beam.*

Entre las conclusiones que pueden deducirse del cuadro expuesto arriba, merece destacarse lo siguiente:

1. Aunque el inglés puede expresar el estado resultante con el participio pasado, como en el primer ejemplo, o con el prefijo verbal *a-*, como en el segundo ejemplo, lo más corriente es el uso de V_{ing} para traducir *estar* + V_{do} del español en estas construcciones. De aquí resulta que el inglés concibe el estado resultante, en la mayoría de los casos, como si fuese una acción en progreso.

2. Una oración como *The man, exhausted, was lying down* puede traducirse de dos maneras, según las circunstancias: **El hombre, agotado, estaba acostándose** [acción en progreso] o **El hombre, agotado, estaba acostado** [estado resultante]; igualmente: **La anciana estaba sentándose cuando se le resbaló el pie**, *The old woman was sitting down when her foot slipped* frente a **La anciana estaba sentada cuando se le resbaló la silla**, *The old woman was sitting down (seated) when her chair slipped*.

3. En casos muy contados *estar* + V_{ndo} y *estar* + V_{do} se aproximan semánticamente: **El niño estaba durmiendo**, *The child was sleeping* y **El niño estaba dormido**, *The child was asleep (sleeping)*.[7] Puede atribuirse tal aproximación al significado particular del verbo de que se trata.

Otros ejemplos son:

Están parados en la esquina. They're standing $\begin{Bmatrix} \text{at} \\ \text{on} \end{Bmatrix}$ the corner.[8]

---

[7] Unos cuantos verbos mencionados en esta parte forman adjetivos con el participio de presente: **un niño durmiente**, *a sleeping child*; **las uvas colgantes**, *the hanging grapes*, etc. Estas formas se refieren más bien a actitudes o características y no a la situación. Véase §92.

[8] **Están de pie**, *They're standing up*, forma contraste con **Están sentados (o acostados)**.

Los prisioneros están arrimados a la pared. The prisoners are leaning against the wall.

Los soldados estaban tumbados sobre el césped. The soldiers were lying down on the grass.

Se emplean de análoga manera: **arrodillado**, *kneeling*; **cogido**, *clinging*; **colgado (suspendido)**, *hanging*; **empapado**, *soaking wet*; **inclinado**, *bending over*; **tendido**, *stretching (stretched) out*, etc.

90
V$_{do}$ como adjetivo simple

a. La forma V$_{do}$ de algunos verbos ha dado origen a adjetivos simples que pueden emplearse sin sentido pasivo.

La novela es aburrida (entretenida). The novel is boring (amusing).
Fue una maniobra atrevida. It was a daring maneuver.
Es un niño muy confiado (desconfiado). He is a very trusting (mistrustful) child.
Un viejo bien parecido entró en la sala. A fine-looking old man entered the room.
El libro es pesado. The book is heavy (*or* boring).
Su madre es tan sufrida. His mother is so long-suffering.

Se emplean del mismo modo: **agradecido**, *thankful*; **callado**, *quiet*; **divertido**, *amusing*; **entendido**, *knowledgeable*, *expert*; **presumido**, *presumptuous*; **resuelto**, *resolute*, *determined*, etc.

Algunas de estas formas pueden usarse también con sentido pasivo: **La chica está aburrida**, *The girl is bored*; **Le fueron confiados muchos secretos**, *Many secrets were confided to him*. Nótese que en estos casos la traducción inglesa suele variar según se use con o sin sentido pasivo.

b. El participio pasado de algunos verbos tiene dos formas —una regular, y otra irregular, heredada directamente del latín. El uso de estas formas está sujeto a mucha vacilación, pero quizás más típicamente se emplea la forma regular con los tiempos compuestos y la voz pasiva; se emplea la forma irregular casi exclusivamente como adjetivo simple. Las dos formas pueden emplearse como adjetivo dentro de la FS.

He confundido las dos cosas. I have confused the two things.
El pobre profesor está confundido. The poor professor is confused.
El libro es confuso. The book is jumbled (obscure).

Los hombres fueron juntados. The men were gathered together [by Pro].
Los hombres están juntos. The men are together (*or* near).

Se han ocultado detrás de la cortina. They have hidden behind the curtain.
Quedaron ocultos detrás de la cortina. They remained hidden behind the curtain.

Su dueño lo ha soltado. His master has let him loose.
Un perro suelto es peligroso. A loose dog is dangerous.

c. Se suele emplear el participio pasado de *llenar* y *limpiar* sólo con los tiempos compuestos: **Han llenado (limpiado) el lugar**, *They have filled (cleaned) the place*. La voz pasiva es poco usada; se emplea *se* preferentemente: *Se llenó (limpió) el lugar*; con *estar*, se emplean sólo las formas adjetivas *lleno* y *limpio*. Del mismo modo, se dice **Han bendecido (maldecido) sus acciones**, *They have blessed (cursed) his actions*, al lado de *Sus acciones están benditas (malditas)*. Se encuentran las formas irregulares también en las expresiones hechas **Bendito (Maldito) sea**, *May he be blessed (cursed)*. Para todos los usos, parece haber preferencia por el participio irregular de *imprimir, impreso*. Se emplea *electo*, participio irregular de *elegir*, sólo dentro de la FS: **El presidente electo no compareció**, *The president-elect did not appear*; de otro modo se emplea *elegido*.

91
Tener y *llevar* + V$_{do}$

Pueden combinarse *tener* y *llevar* con V$_{do}$ para formar giros verbales que semánticamente se aproximan bastante a los tiempos compuestos (perfecto actual, pluscuamperfecto, etc.). No obstante, parece haber ciertas diferencias no siempre fáciles de señalar. Compárense:

Hemos escrito ya tres páginas. We have written three pages already. [*present condition as the result of past action*]
Tenemos escritas tres páginas.\ We have three pages written. [*more emphasis on*
Tenemos tres páginas escritas./ *the present situation*]
Llevamos terminada la mitad del trabajo. We have half the work finished. [*but it may be inferred that we still have the other half to go*]

Nótese que V$_{do}$ concuerda con el complemento directo. Debe notarse también el paralelismo del uso de *tener* y *llevar* con V$_{do}$ y el uso de estos mismos verbos en las expresiones de transcurso de tiempo con V$_{ndo}$ (§54).

A P L I C A C I Ó N

A. Fórmense oraciones de sentido análogo, empleando *estar* o *ser* + V$_{do}$:

1. La señora duerme ahora.
2. Los clientes [lo] agradecen mucho.
3. El chico agarra la viga.
4. El niño desconfía mucho.

5. Este hombre calla siempre.
6. Este libro divierte mucho.
7. La ropa cuelga de una cuerda.
8. Esa mujer presume mucho.

B. Para expresar en español:

1. In spite of being mistrustful, he was deceived by everyone.
2. It was exceptionally warm, and many of the students were lying on the grass.
3. In 1824 the Americans had defeated the Spaniards, and Spanish domination was ended by Sucre at Ayacucho.
4. There are a lot of pictures hanging on that wall; there are two too many (*sobrar*).
5. The tourists were seen standing on the corner, and they were surrounded by beggars.

92

El participio de presente; V_{ing} del inglés y V_{ndo} del español

a. En español existe una formación verbal en *-ante, -ente* (*o -iente*), derivada de las formas del participio de presente en latín, que se emplea como adjetivo para describir una actividad típica o característica. Corresponde muchas veces al inglés V_{ing}.

una chica condescendiente a condescending girl
unas medidas conducentes a la paz some measures leading to peace
un drama convincente a convincing drama
una película emocionante an exciting (thrilling) film
el niño sonriente the smiling child

Se sustantivan estas formas con suma facilidad, y en algunos casos se emplean típica o exclusivamente como sustantivos: **asistente**, *assistant*; **sirviente**, *servant*; **oyente**, *listener, auditor*; **hispanoparlante**, *Spanish speaker, Spanish-speaking*; etc. Existe una forma femenina, pero además de alguna que otra forma popular se halla restringida casi a *asistenta, presidenta, sirvienta*; frente a *la oyente, la estudiante*.

No todos los verbos del español admiten la formación citada. En tales casos puede buscarse el equivalente del participio de presente en (1) otras terminaciones adjetivales, principalmente *-or(-ora)*, (2) la oración de relativo o (3) el V_{do} ya descrito en §§89 y 90.

(1) una chica encantadora a charming girl
  unas palabras alentadoras a few encouraging words
  unos gestos amenazadores (*o* **amenazantes**) a few menacing gestures
  una mujer engañadora a $\begin{Bmatrix}\text{deceiving}\\\text{deceitful}\end{Bmatrix}$ woman
  un hombre $\begin{Bmatrix}\textbf{bromista}\\\textbf{chistoso}\\\textbf{burlador}\end{Bmatrix}$ a joking man

(2) un mendigo que da miedo a frightening beggar
  el eslabón que falta the missing link
  una experiencia que hiela a chilling experience
  los equipos que compiten the competing teams

(3) un chiste muy divertido (*o* **que divierte mucho**) a very amusing joke

b. En §50 explicamos el uso de V_{ndo} para formar oraciones de modo o manera. En los capítulos subsiguientes, trataremos del uso de V_{ndo} para formar oraciones que expresan propósito, causa, condición, etc. Aparte de estas oraciones de especial contenido semántico, puede usarse V_{ndo} para indicar simplemente una acción que acompaña a la del verbo principal. Estas construcciones resultan de la reducción de una oración de relativo parentética (indicada por comas), a saber:

Elena, que estaba volviendo a casa, vio el accidente. ⇒ **Elena, volviendo a casa, vio el accidente.**

Helen, who was returning home, saw the accident. ⇒ *Helen, returning home, saw the accident.*

(i) En las oraciones que tratamos aquí, no se emplea V_{ndo} si la oración correspondiente con *estar* + V_{ndo}, de que deriva, no es aceptable. En inglés, se puede decir *a box containing books*, o *a book showing us how to live*, pero no **a box that is containing books* o **a book that is showing us how to live*. En tales casos el español emplea la forma simple del verbo:[9]

una caja que contiene libros   a box $\begin{Bmatrix} \text{containing} \\ \text{which contains} \end{Bmatrix}$ books

un libro que nos enseña cómo vivir   a book $\begin{Bmatrix} \text{showing} \\ \text{which shows} \end{Bmatrix}$ us how to live

(ii) Hay que hacer hincapié en el hecho de que el uso de V_{ndo} debe ser *parentético*, ya que el inglés se sirve de V_{ing} en sentido especificativo; compárense:

The children who were gesturing leaned out of the window. ⇒ The *gesturing* children leaned out of the window.

The children, who were gesturing, leaned out of the window. ⇒ The children, gesturing, leaned out of the window.

En español se emplea V_{ndo} como forma reducida de oración de relativo únicamente en construcciones del segundo tipo —el parentético: *Los niños, gesticulando, se asomaron por la ventana*; de otro modo, se emplea la forma plena de la oración de relativo: *Los ninos que estaban gesticulando se asomaron por la ventana*.

(iii) V_{ndo} solo, usado para referirse al complemento directo, sigue las mismas normas expuestas en el caso de V_{ndo} que se refiere al sujeto: no especifica ni singulariza la FS a que se refiere.

Encontré al niño durmiendo.   I found the child sleeping [but not *the sleeping child:* i.e., a particular child of a group].

Distinguí la bandera ondeando en el cerro.   I made out the flag waving on the hill. [*There was only one flag involved.*]

En casos como el siguiente, en que el inglés emplea V_{ing} para especificar o singularizar el sustantivo, el español emplea la oración de relativo:

We helped those passengers feeling sick.

Ayudamos a aquellos pasajeros que $\begin{Bmatrix} \text{se sentían} \\ \text{estaban sintiéndose} \end{Bmatrix}$ **enfermos.**

---

[9] A veces en el estilo oficial (y aun en otros escritos) se leen frases como **Promulgaron una ley protegiendo a las viudas,** *They issued a law protecting widows.* Tal uso de V_{ndo} es censurado por los gramáticos. Al mismo tiempo, hay que distinguir entre una acción acompañante y V_{ndo} de especial contenido semántico. Por ejemplo: **El chico, adivinando sus intenciones, llegó primero,** *The boy, guessing his intentions, got there first,* parece no derivar de *estar adivinando,* sino implica más bien causa o motivo. Deben considerarse a guisa de excepción las locuciones aceptables del tipo siguiente con *anunciar:* **Recibí (Tuve) una carta anunciando su llegada,** *I received a letter announcing his arrival.*

El verbo conjugado del cual depende V$_{ndo}$ debe expresar un acto de percepción, descubrimiento o descripción; de otro modo existirían ambigüedades respecto de la persona que ejecutara la acción:

Vi (Descubrí) a los chicos jugando en la calle.   I saw (discovered) the boys playing in the street.

El artista ha dibujado a los hambrientos atravesando el desierto.[10]   The artist has drawn the hungry people crossing the desert.

Pero no: ***El perseguidor mató a los hambrientos atravesando el desierto.**   *The pursuer killed the hungry people crossing the desert.

En el último caso, debe decirse: *El perseguidor mató a los hambrientos que atravesaban (estaban atravesando) el desierto.*

(iv) El inglés puede emplear V$_{ing}$ para modificar el término de preposición. No suele emplearse V$_{ndo}$ de manera análoga en español.

The film begins with two men driving a truck.

{**Empieza la película con dos hombres que conducen un camión.**
{**Al comenzar la película se ve a dos hombres que conducen un camión.**

Se emplea V$_{ndo}$ como en inglés en las noticias y títulos y en la descripción de acciones: **Washington cruzando el Delaware**, *Washington crossing the Delaware*; **Hombres trabajando**, *Men working*, etc.

Se emplean *hirviendo* y *ardiendo* regularmente como adjetivos de número singular y forma invariable: **el agua hirviendo**, *the boiling water*; **una casa ardiendo**, *a burning house*.

A P L I C A C I Ó N

A. Elimínese la oración de relativo para expresar la misma idea con V$_{ndo}$ solo, si es posible:

1. Los prisioneros, que estaban gritando, fueron conducidos a otra sala.
2. Los prisioneros que estaban gritando fueron conducidos a otra sala.
3. Mi amigo, que pasaba por allí, los vio salir.
4. Vi a un hombre que estaba corriendo como un loco.
5. Él me enseñó el estante que contenía los libros.
6. Encontré al chico, que estaba esquiando con el grupo del club.
7. La policía no podía alcanzar a los chicos que estaban corriendo hacia la salida.

B. ¿Cómo se diría en español: *The professor began the test with a question having nothing to do with the material; For the students studying linguistics . . .?*

---

[10] Si se quiere indicar que fue el artista el que atravesó el desierto, debe anteponerse V$_{ndo}$: *El artista, atravesando el desierto, ha dibujado a los hambrientos* o *Atravesando el desierto, el artista ha dibujado a los hambrientos.*

Verificación y repaso

Cuestionario

1. En la pasivización, ¿en qué se convierte el complemento original de la estructura básica?
2. ¿En qué circunstancias es común el uso de la voz pasiva con *ser* en español?
3. ¿Con qué clases de verbos no se emplea la pasivización con *ser* en español?
4. ¿Qué preposiciones pueden emplearse después de *estar* + V_{do} cuando esta construcción describe un estado resultante? ¿En qué circunstancias se emplea cada una?
5. ¿Qué forma verbal, empleada como adjetivo simple, puede usarse como equivalente de V_{ing} para indicar una característica o especificación?
6. Si un verbo no tiene forma de participio presente (es decir, forma en *-ante*, *-(i)ente* en español), ¿que formas morfológicas o sintácticas pueden utilizarse en su lugar?
7. ¿En qué circunstancias puede emplearse V_{ndo} como expresión modificadora al referirse uno al sujeto o al complemento de la oración matriz?
8. Si el uso de V_{ndo} no es admisible, ¿qué construcción se emplea en su lugar?

Ejercicios

A. Explíquese la diferencia entre:

1. (a) La gente fue amenazada.
   (b) La gente estaba amenazada.
2. (a) El hombre es callado.
   (b) El hombre está callado.
3. (a) Esa mujer es aburrida.
   (b) Esa mujer está aburrida.
4. (a) La entrada estaba bloqueada por cajas y ropa vieja.
   (b) La entrada estaba bloqueada con cajas y ropa vieja.
5. (a) Lo tengo hecho para mañana.
   (b) Lo he hecho para mañana.

B. Sustituyan la oración de relativo con un adjetivo de significado equivalente:

1. No es una historia que convence.
2. Es una mujer que habla mucho.
3. Sé que es un chico que obedece.
4. Es un muchacho que miente mucho.
5. Los grupos que participan son numerosos.

C. Para expresar en español:

1. We had to run from the burning building; it was a horrifying experience for me.
2. The crying child was calmed by his mother.
3. The king was sent some very daring verses by the poet Quevedo.
4. The privileges of the peninsular Spaniards were not enjoyed by the *criollos*.
5. Bolivar, suffering new military reverses, was obliged to withdraw to the island of Jamaica.

6. He is greatly (*muy*) criticized by many, but his opinions are heard everywhere.
7. The matter has been discussed a great deal, but it is not known why San Martin returned to the south.
8. There has been a lot of talking, but nothing has been resolved.
9. Although he is an amusing man, he is a little presumptuous.
10. I have three reports finished, but the others have confused me very much.

Sección B

93
La sustantivación

a. En §65 estudiamos la oración parentética y la aposición, como en *Mi hermano, que es el chico alto, forma parte de ese equipo*; en §73, estudiamos la aposición con el pronombre. Al combinar estos procesos anteriores, puede producirse una oración del tipo:

Ellos, que son pobres, viven en constantes apuros. They, who are poor, live in constant hardship.

En la oración citada, es importante notar que el pronombre tónico sólo se combina con una oración de relativo de naturaleza parentética (o apositiva), indicada por comas; por lo tanto, no es posible decir **Ellos que son pobres viven en constantes apuros* —oración de naturaleza especificativa.

En cambio, si se quiere formar una oración especificativa, de referencia pronominal, se emplea el artículo definido —elemento átono, íntimamente ligado históricamente con el pronombre— en lugar del pronombre tónico:

Los que son pobres viven en constantes apuros. Those who are poor live in constant hardship.

En los ejemplos adicionales que siguen, nótese que el artículo definido especifica los rasgos [±masc] y [±sing], lo mismo que el pronombre tónico de 3ª persona. Nótese, además, que la oración correspondiente del inglés es expresada con *those* (y, a veces, *the ones*), en el plural; y *the one*, en el singular.

¿Esperabas los que llegaron? Did you expect those (the ones) that arrived? [*referring to any object* (−pers), (−sing), (+masc)]

¿Esperabas a la que llegó? Did you expect the one who arrived? [*referring to any person:* (+pers), (+sing), (−masc)]

El que es rico se fue. The one who is rich left.

Por el hecho de emplearse el artículo definido en lugar del sustantivo pronominal, esta sustitución se llama «la sustantivación».

b. Con grandísima frecuencia en español, se elimina la parte de relativo, mediante una transformación de tipo harto conocido ya, dejando sólo el artículo definido sustantivado más adjetivo o FPrep con *de*:

El rico no puede entender la ansiedad del pobre. The rich [man] (One who is rich) cannot understand the anxiety of the poor one (one who is poor).

Las dos pinturas están bien ejecutadas; la grande quizás más que la chica. The two pictures are well executed; the large one perhaps more so than the small one.

No se (les) perdona a los descuidados. The careless (Careless people) are not excused (exempted).

El de Colombia es de la más alta calidad. Colombia's (That from Colombia) is of the highest quality. [*coffee* (**el café**), for example]

Ella no vio los de Roberto. She didn't see Robert's. [*his socks* (**los calcetines**), for example]

La casa del Sr. Márquez es más grande que la del Sr. Castro.[11] Mr. Marquez's house is larger than Mr. Castro's.

c. Es frecuente también la sustantivación del artículo indefinido.

Sólo un descuidado haría tal cosa.

Only $\begin{Bmatrix} \text{one who is careless} \\ \text{a careless person} \end{Bmatrix}$ would do such a thing.

Unos desalmados lo han hecho. Some heartless people have done it.

Vi a un pobre. I saw a poor one (person, etc.)

Si el artículo indefinido masculino lleva el sentido de unidad numérica (en inglés, *one*), se emplea la forma plena *uno*. *Uno* es obligatorio en todo caso ante la FPrep y la oración de relativo.

Vi uno sobresaliente. I saw an outstanding one (one which was outstanding).

Él es uno de mis amigos. He is one of my friends.

Uno con quien hablé no respondió. One with whom I spoke did not answer.

Él es uno que no ha sido vencido. He is one who has not been defeated.

d. Una expresión típica del español, difícilmente traducible al inglés, consta de artículo (u otro determinante) sustantivado + FA + FPrep (con *de*). Se emplea para reforzar la calidad expresada por el adjetivo y lleva muchas veces sentido irónico. (Compárense las expresiones tratadas en §61: *una belleza de muchacha*, por ejemplo.) Se omite el artículo en ciertas frases hechas para formar expresiones de tipo exclamativo.

El bueno de don Diego no supo lo que pasó. The good fellow (that) Don Diego (is) didn't know what went on.

Esa tonta de mi prima no puede con los negocios. That fool of a cousin of mine can't cope with business matters.

¡Ay, triste de ti! ¡Pobre de mí! Oh, poor sad you! Poor me!

Compárese también el uso de los artículos: **una distraída de secretaria** y **la distraída de la secretaria,** *a scatterbrain of a secretary* and *the scatterbrain secretary*.

---

[11] La eliminación de la parte de relativo sólo se efectúa con *de* en español; no es posible decir, por ejemplo, **el para mi esposa*, *the one for my wife*. Se emplea la forma plena del relativo: **el que es para mi esposa.**

Aplicación

A. Con los rasgos de género y número especificados por el sustantivo en cursiva, fórmese una nueva FS con artículo sustantivado, definido o indefinido.

1. Le encantan las *mujeres* españolas.
2. Los mismos *clientes* vienen todos los días.
3. Ayer conocí a la *novia* de Juan.
4. Un *hombre* que sabe obedecer, sabe mandar.
5. La *tesis* que escribió es muy larga.
6. Los *profesores* entendidos en el asunto son pocos.
7. Los *familiares* de Lucía son muy simpáticos.
8. ¡Vimos un *espectáculo* que da gusto!
9. Un *hombre* conservador fue elegido a la asamblea.
10. Ella es una *mujer* cualquiera.

B. Para expresar en español:

1. that presumptuous uncle of mine [*that presumptuous one of my uncle]
2. a miserable [kind] of [a] soldier

94
La sustantivación del demostrativo

Al sustantivarse, el demostrativo lleva acento escrito.

Éste es interesante.   This one is interesting. [*Se refiere a cualquier sustantivo* (+masc), (+sing).]

Detuvieron a ésos.   They arrested those (people). [*Se refiere a cualquier sustantivo* (+masc), (−sing).]

Ignoro aquéllas (de Juan).   I don't know about those (of John's). [*Se refiere a cualquier sustantivo* (−masc.), (−sing.)]

N.B. En la correspondencia *ésta* se refiere a la ciudad en que vive el que escribe; *ésa*, a aquella en que vive el destinatario.

En ésa debe haber muchas diversiones. En ésta no pasa nada.   There [where you are] there must be many things to do. Here nothing happens.

En una referencia a dos personas o cosas mencionadas anteriormente, *éste* se refiere a la última cosa mencionada y se traduce *the latter*; *aquél*, a la primera, traduciéndose *the former*. Por la diferencia en el modo de expresión en las dos lenguas, es necesario mudar el orden de los elementos —o el de la oración española o el de la inglesa — al traducirse.

Juan y María vienen mañana. Ésta es una chica dócil; aquél un poco travieso.   John and Mary are coming tomorrow. The former is a little mischievous; the latter a well-behaved girl.

El mar y los montes son dramáticos; éstos muy altos, aquél muy bravo.   The mountains and the sea are dramatic; the former very high, the latter very wild.

Puede sustituirse el demostrativo sustantivado por el artículo sustantivado (véase §93, b). El demostrativo sirve para señalar físicamente una localización o sugerirla sicológicamente. Usado de tal manera no lleva acento escrito.

los de Juan   John's
esos de Juan   *those* (those ones) of John's
la que tienes   the one you have
esa que tienes   *that one* you have

APLICACIÓN

A. Elimínese la porción de la FS en cursiva, empleando el demostrativo como sustantivo:

1. Esta *calle* está en muy malas condiciones.
2. Ese *cantante* es muy orgulloso.
3. Aquel *perro* de la hacienda anda suelto.
4. Ese *candidato* del otro lado sale ganando.

B. Para expresar en español:

1. The rich one is the one who is sitting on (*a*) his right.
2. It is not known whether it was his father's [*terrenos*] which have been lost.
3. Those [*pinturas*] that are hanging on the wall are older than those in the museum.
4. Bolivar wrote (*redactar*) both the "Letter from Jamaica" and the constitution of Bolivia; in the former he proposes a parliamentary system, and in the latter a centralized presidential authority.
5. This paper we can sell by the single [loose] sheet; that is sold only by the package.

95
El posesivo y el demostrativo enfáticos

a. El posesivo tiene las siguientes formas enfáticas (citadas en el masculino, singular) que siguen al sustantivo de la FS como adjetivo o que se emplean en una FS sustantivada con el artículo solo. Nótese que en el primer caso estas formas enfáticas se traducen muchas veces con *of mine, yours*, etc., o con énfasis de la voz en inglés.

1ª *persona*	mío	nuestro
2ª *persona*	tuyo	vuestro
3ª *persona*	suyo	suyo

unos amigos míos   a few friends of mine
esa casa tuya   that house of yours
unas dificultades suyas   { your, his, their, etc. difficulties
{ some difficulties of yours, his, theirs, etc.

las vuestras [primas, p. ej.] yours [*cousins*(*f*.), for ex.]
el mío [padre, por ej.] mine [*father*, for ex.]

N.B. Nótese el paralelismo sintáctico entre el español y el inglés en las siguientes construcciones posesivas:

Un amigo tuyo me lo dijo. A friend of yours told me.
Uno de tus amigos me lo dijo. One of your friends told me.

Después de *ser* se suele omitir el artículo:

La culpa es tuya. The fault is yours.
Es tuya la culpa. It's your fault.

Sin embargo, si se quiere destacar la singularidad del objeto poseído, se incluye el artículo: **Éste es el mío**, *This is the one that belongs to me.*

Como forma alternativa, únicamente de la 3ª persona, existen las FPrep *de él, de ella, de usted(es), de ellos(as).* Estas formas son obligatorias al comparar dos posesivos de la 3ª persona, y son de uso frecuente en otras circunstancias (aun con el determinante posesivo).

El descuido no es de él, sino de ella. The carelessness is not his, but hers.
La victoria es nuestra, y no de ellos. The victory is ours and not theirs.
El de ella es de plata; el de usted es de oro. [el anillo] Hers is silver; yours is gold.
[the ring]
¿Me permite hablar con su padre de usted? Won't you kindly let me speak with your father?

N.B. Es importante recalcar que el énfasis prosódico del inglés en *This isn't my problem, but yours*, p. ej., es expresado en español con las formas enfáticas del posesivo: **Éste no es problema mío, sino tuyo.**

Se emplea el posesivo además en ciertas frases típicas:

¿No recibiste carta mía? Didn't you receive a letter from me?

Salieron en $\begin{cases} \textbf{su busca.} \\ \textbf{busca suya.} \end{cases}$ They went out in search of him (her, you, them).

De $\begin{cases} \textbf{mi parte} \\ \textbf{parte mía} \end{cases}$ **no tengo inconveniente.** For my part, I have no objection.

Lo consiguieron a costa suya. They achieved it at his (her, your, their) expense.
¿Los tuyos están aquí? Are the members of your family here?

b. Aunque infrecuente, se emplea el demostrativo como adjetivo que se pospone al sustantivo. *Ese* pospuesto suele tener sentido despectivo.

El movimiento aquel fue inesperado. That [particular] movement was unexpected.
Es difícil entender el contrato ese. That contract [there] is difficult to understand.
La mujer esa se viste de gusto pésimo. That woman dresses in wretched taste.

A P L I C A C I Ó N

Expresen de otra manera la porción de la FS en cursiva, empleando la forma sustantivada del posesivo con el artículo; en el caso de la 3ª persona, exprésese de dos maneras:

1. ¿Encontró usted *mi examen?*
2. No, sólo encontré *el examen de María.*
3. *Mis lentes* [m.] ya no sirven.
4. *Vuestras innovaciones* no dieron buen resultado.
5. ¿No ha oído usted decir nada sobre *las desdichas de Juan?*

96
Repaso de verbos: *dar*

a. Se combina con un sustantivo para expresar un concepto verbal asociado con el sustantivo.

El jugador dio las cartas.   The player dealt the cards.
Ella dio gritos (saltos).   She shouted (jumped).
Debes dar(le) cuerda al reloj.   You must wind the watch.
Él le dio un tiro a Juan.   He shot John.
El reloj dio las cinco.   The clock struck five.
No le dé vueltas al asunto.   Don't beat around the bush.
Me da gusto.   I like it (it gives me pleasure).

Algunas veces se entiende un complemento directo indefinido:

Me dio que pensar.   It gave me something to think about.
El escándalo le dará que hablar al público.   The scandal will give the public something to talk about.

Usado reflexivamente, puede traducirse *happen* o *grow.*

Se dio el caso que él no volvió.   It happened that he didn't come back.
Se dan bien los tomates.   The tomatoes grow well.

b. Se emplea también como verbo intransitivo.

Dieron las cinco (Dio la una).   It struck five (one). Five (One) o'clock struck.
¿Qué le dio a tu hermano?   What got into your brother?
Me da lo mismo.   It's the same to me.

Él me dio a entender esto.   He $\begin{Bmatrix} \text{gave} \\ \text{led} \end{Bmatrix}$ me to understand this.

La puerta da a la calle.   The door opens on to the street.
El suéter dio de sí.   The sweater stretched.
¡Dale!   That's it! Go on! [*often disapproving*]

c. Seguido de *con* o *contra* se traduce *run into, find,* o *hit.*

Dimos con la chica en el centro.   We ran across (into) the girl downtown.
¿Diste con el artículo?   Did you come across the article?
Por no haber luz, di contra la pared.   Because there was no light, I hit (against) the wall.

d. Empleado con *en* significa *hit* (voluntariamente) o *persist in*:

El tirador dio en el blanco. The marksman hit the target.
Él me dio en la cabeza. He hit me on the head.
Ellos dieron en esta locura. They persisted in this madness.

e. Con *por* significa *considerar, juzgar*: **Lo doy por concluido**, *I consider it finished*; **Él se da por vencido**, *He considers himself beaten* (*He gives up*).

APLICACIÓN

Exprésense de otra manera las oraciones siguientes, empleando el verbo *dar*:

1. El niño saltó al ver la culebra.   2. Es un placer para mí verte otra vez.
3. Ocurre que él no quiere.   4. El maíz crece bien en los trópicos.   5. Ella me insinuó que él no vendría.   6. Sonaron las cinco de la tarde.   7. ¿Qué pasa con tu primo?   8. Al adversario le golpeó en la pierna.   9. La ventana mira al patio.
10. ¡Sigue [con tus tonterías]!   11. El estudiante llegó a tocar en el punto importante.   12. Encontré el papel por casualidad.   13. Ella se empeñó en ese proyecto absurdo.   14. Como el anciano no podía ver bien, tropezó contra la pared.   15. Me encontré con ella en el teatro.   16. Le considero culpable.

Verificación y repaso

CUESTIONARIO

1. ¿Es más corriente la sustantivación en inglés que en español?
2. ¿Qué pronombre suele emplearse en inglés como equivalente de la sustantivación española?
3. Además de la FS con adjetivo, ¿qué otro tipo de sustantivación es característico del español?
4. ¿Puede sustantivarse la FS con el artículo indefinido? Citen un ejemplo.
5. ¿Cuándo es necesario usar la forma sin apócope, *uno*, en la sustantivación?
6. ¿Es común la posposición del demostrativo?
7. ¿Cómo se emplean *ésta* y *ésa* en la correspondencia?
8. ¿Cómo se emplean las formas enfáticas del posesivo?

EJERCICIOS

A. Para expresar en español:

1. John's [pencil, friends]
2. the smiling one [woman]
3. one of mine [family members]
4. the former, the latter [project]
5. It's your fault.
6. It's his, not hers.

B. Explíquese la diferencia sintáctica o semántica entre:

1. (a) un experto de ladrón
   (b) el experto del ladrón
2. (a) Vi un desdichado.
   (b) Vi uno desdichado.
3. (a) ese escritor
   (b) el escritor ese

4. (a) Es mío.
   (b) Es el mío.
5. (a) de mi parte
   (b) de parte mía
6. (a) los de María
   (b) aquellos de María

C. Para expresar en español:

1. His foolish sister [use A + *de* + S] can't decide between those red shoes and the white ones.
2. The one [f.] that you see over there has devoted herself to her studies during these last months.
3. They led us to believe that ours [*nuestros familiares*] would receive a treatment different from that of his [people].
4. Did yours [*una blusa de mujer*] shrink as much as mine? No, mine stretched.
5. Sarmiento as well as Rosas lived in the nineteenth century; the former was a man of letters, the latter a base (*miserable*) dictator [use A + *de* + S].
6. Don't beat around the bush. Introduce me to the one [f.] who is standing on the stairs.
7. The ones [*libros*] I chose are to be sent at my expense. Who will pay for yours?
8. We won't (don't) give up. Your team has made a few goals, but ours has never been beaten.
9. We have these [*informes*] submitted; those others, although convincing, are giving us something to think about.
10. The poor passengers [A + *de* + S]! Those who were standing were clutching the handrail; the others were stretched out on the chairs.

Estudiantes de la Universidad de
México, Ciudad de México

Capítulo 7

Sección A

La frase adverbial y la frase adjetiva • Expresiones
suedoadverbiales • Expresiones indefinidas; *algo* y *nada* pronominales
• La combinación de expresiones comparativas y negativas

97
La frase adverbial y la frase adjetiva

a. La frase adverbial (FAdv) modifica directamente la FV, como ya se ha especificado en la Regla 4, §7. La FAdv responde a la pregunta ¿ *De qué manera?* Citamos a continuación unos ejemplos ilustrativos:

(1) **Nos trataron (muy) cortésmente.**   They treated us (very) courteously.
(2) **Él habla demasiado (tan) inocentemente.**   He speaks too (so) innocently.
(3) **Él se aproximó bastante (algo *o* casi) cautelosamente.**   He approached rather (somewhat *or* almost) cautiously.
(4) **Vinieron poco (*o* No vinieron nada) voluntariamente.**   They came only slightly (*or* not at all) voluntarily.

El adverbio típico se deriva añadiendo la terminación -*mente* al adjetivo. Esta terminación corresponde en la mayoría de los casos a -*ly* del inglés. Se consideran las formaciones en -*mente* como dos palabras prosódicamente separadas, de modo que el adjetivo original retiene el acento prosódico y el acento escrito —si lo hay— tal como se ve en (1) y en el adverbio de la primera parte de esta oración. Si el adjetivo tiene forma femenina en -*a*, e.g., (3) y (4), se añade -*mente* a ésta.

Además del adverbio, la FAdv lleva frecuentemente otro elemento, como *muy*, *bastante*, *nada*, etc., que sirve para indicar cantidad o extensión. Denominamos a éstos «términos cuantitativos» (Cuant).

b. Muchos adverbios retienen la forma sencilla del adjetivo sin -*mente*, sobre todo para dar una impresion de energía y énfasis.

Ellos hablaron alto y claro.   They spoke loud and clear.
No le hables recio (fuerte).   Don't raise your voice to him.
Los trataron muy duro.   They treated them very hard.
Él siempre juega limpio.   He always plays clean.
Vivieron felices (contentos).   They lived happy.
Vinieron rápido(s) (veloces).   They came quick (swiftly).

La concordancia con el sujeto es normal con *feliz, contento, veloz* y frecuente con *rápido.*

Con todo adverbio que no termine en -*mente*, otro adverbio en -*mente* puede servir de término cuantitativo.

170

Él juega absolutamente limpio.   He plays absolutely clean.

Los adjetivos *bueno* y *malo* toman respectivamente las formas adverbiales *bien* y *mal*: **Pedro se siente enteramente bien,**[1] *Peter feels entirely well.*

    c. Se puede emplear la FPrep para formar expresiones adverbiales. La construcción *con* + FS (derivada) es muy común.

con frecuencia   with frequency
con gran (mucha) frecuencia   with great frequency

con una frialdad pasmosa⎫
con pasmosa frialdad   ⎬with an astounding coldness

con (una) agilidad asombrosa⎫
con asombrosa agilidad   ⎬with an amazing agility

    También de uso frecuente es *de* + $\begin{cases}(una)\ manera\\(un)\ modo\end{cases}$ + A.

La mataron de un modo terrible.   They killed her in a terrible way.
Él lo hizo de (una) manera satisfactoria.   He did it in a satisfactory manner.

    Se emplean además casi todas las preposiciones comunes para formar expresiones adverbiales (y adjetivales). A veces se combinan con *lo* y el femenino abstractos; véanse §§101 y 103.

a ciegas blindly	**a la vista** in sight
a escondidas surreptitiously	**de mala gana** unwillingly
a menudo often	**de nuevo** again
a regañadientes grudgingly	**de oídas** by hearsay
a sabiendas knowingly	**de propósito** on purpose
a solas by oneself	**de rodillas** kneeling
al contado for cash	**en seguida**⎫
a lo norteamericano American-style	**en el acto** ⎬ right away
a lo moderno in the modern way	**en voz baja** in a low voice
a la ligera superficially	**sin dificultad** without difficulty
a la inglesa English-style	**sin querer** not on purpose

N.B. Algunas de estas expresiones aceptan las formas en *-mente* como Cuant: **Él lo hizo enteramente a sabiendas**, *He did it fully with prior knowledge*; **Vinieron absolutamente de mala gana**, *They came absolutely unwillingly*.

    d. Se emplean *adelante, abajo* y otras expresiones direccionales juntamente con un S para formar adverbios compuestos.

Seguimos camino adelante.   We continued $\begin{cases}\text{onward.}\\\text{along the road.}\end{cases}$

Él corrió calle abajo (arriba).   He ran down (up) the street.

---

[1] De alguna frecuencia, sobre todo en la conversación, son las formaciones adverbiales *buenamente* y *malamente*.

Prosiguieron cuesta arriba.   The proceeded up (the) hill.
Se encuentra muy tierra adentro.   It is found very [far] inland.
Navegaron aferradamente río arriba.   They sailed doggedly up (the) river.

   e. Pueden utilizarse los Cuant también como adverbios.

Vienen aquí mucho.   They come here a lot.
Él habla demasiado.[2]   He talks too much.
Él se aproximó casi bastante.   He approached almost enough.
Él no viene absolutamente nunca.   He absolutely doesn't come at all.
Uno se divierte algo.   One enjoys oneself somewhat.

   En una oración negativa, *casi* se coloca preferentemente ante la expresión negativa.

Él casi no trabaja. [*Menos común*: **Él no trabaja casi.**] He almost doesn't work.
No vino casi nadie *o* **Casi no vino nadie.** [*Menos común*: **No vino nadie casi.**]   Almost nobody came.

   Mucho, usado aisladamente, retiene la forma adjetiva, a distinción del inglés:

—**Él vino rápido, ¿no?**   "He came quick, didn't he?"
—**Sí, mucho.**   "Yes, very. (Yes, he *did*.)"

Mucho usado como adverbio o adjetivo solo tiene las formas intensificadas *muchísimo* y *tanto*, que corresponden respectivamente a *muy mucho y *tan mucho.

Han hecho muchísimo (tanto) por nosotros.   They have done very much (so much) for us.
Tienen muchísimos (tantos) libros.   They have a great many (so many) books.

   f. La aversión del español hacia la yuxtaposición de dos formas en *-mente* se extiende también a la coordinación de las expresiones adverbiales. En una serie de adverbios, sólo el último suele llevar la terminación adverbial; los otros llevan la terminación femenina. El inglés no sufre restricción análoga respecto a las formas en *-ly*.

Hablaron clara, rápida y enfáticamente.   They spoke clearly, rapidly, and emphatically.

Le pegaron cruel y despiadadamente.   They beat him cruelly and mercilessly.

   Se resume la FAdv como sigue:

   Regla 5   FAdv → (Cuant) $\begin{cases} \text{Adv} \\ \text{FPrep} \end{cases}$

   g. La frase adjetiva (FA) contiene muchos de los mismos elementos que hemos tratado en el caso de la FAdv, y en su formación muestra una gran analogía con ésta.

---

[2] Existen también las formas poco comunes *demasiadamente* y *bastantemente*.

(1) **La casa es demasiado grande.**[3]   The house is too large.
(2) **La pregunta es algo obvia.**   The question is somewhat obvious.
(3) **La chica está muy dormida.**   The girl is fast sleep.
(4) **El traje es muy del siglo XVIII.**   The dress is very [much] of the eighteenth century.
(5) **Las ruinas están casi enteramente cubiertas.**   The ruins are almost entirely covered.
(6) **Su padre está loco de rabia.**   Her father is wild with rage.

En (1)–(4) se emplea Cuant solo ante A o FPrep; en (5) el A va precedido de toda una FAdv. En (6) el A va modificado por una FPrep. Nótese que *muy* puede emplearse como Cuant directamente ante una FPrep o participio pasado como en (4)–(5).

Bastante y *demasiado* varían regularmente al emplearse como A.

Él hace demasiadas preguntas.   He asks too many questions.
¿Tienes bastantes libros?   Do you have enough books?

Se emplea *recién* ante V_{do}:

los recién llegados   the recent arrivals
la recién fallecida   the recently-deceased woman

La FA se resume así:

Regla 6   FA → (cuant) (Adv $\begin{Bmatrix} A \ (FPrep) \\ FPrep \end{Bmatrix}$

P R E G U N T A S

1. ¿Cuál es la función principal del adverbio?
2. ¿Qué sufijo se agrega en muchos casos a la forma femenina del adjetivo para formar el adverbio?
3. Citen algunos adjetivos que pueden emplearse como adverbios sin el sufijo *-mente*.
4. ¿Cuáles son otras maneras de formar expresiones adverbiales?
5. ¿Cuándo se usa *recién* por *reciente(mente)*?

A P L I C A C I Ó N

Expresen la oración de otra manera, empleando un adverbio en lugar del adjetivo:

MODELO: La prohibición fue terminante.   Fue terminantemente prohibido.

1. La redacción de este periódico es mala.
2. El examen del espécimen fue minucioso.

---

[3] En inglés *too* se emplea a menudo como sencillo equivalente de *very*. El angloparlante debe evitar el uso de *demasiado* como sinónimo de *muy*. *Demasiado* significa exceso relativo a algún propósito, idea, etc., más o menos precisas. En este caso, *para nuestra familia* (*sociedad*), por ejemplo.

3. El mejoramiento de los servicios médicos ha sido notable.
4. El tratamiento de los prisioneros por parte de los guardias era duro.[4]
5. La devolución de los otros fue voluntaria.

98
Expresiones seudoadverbiales

a. El español emplea corrientemente V_{do} en función adverbial. Derivamos su uso, sin embargo, de una oración de relativo parentética con *estar*:

Las mujeres, que estaban asustadas, ⇒ **Las mujeres, asustadas, gritaron.** ⇒
gritaron.
Las mujeres gritaron asustadas. The women shouted, frightened. (= The women shouted in fright.)
Llegaron desmayados de fatiga. They arrived fainting from weariness.

b. Muchas expresiones de naturaleza parecida a la del adverbio indican la actitud del hablante hacia la declaración entera. Por lo tanto, estas expresiones modifican no sólo la FV sino toda la oración. La derivación sintáctica de estas oraciones no se ha resuelto aún.

Naturalmente, él es muy inteligente. Naturally, he is very intelligent.

Además de las construcciones en *-mente*, estas expresiones incluyen una variedad de formas.

acaso ⎫
tal vez ⎬ perhaps
a la larga in the long run
a propósito by the way
modernamente in the modern period
por consiguiente consequently

por lo tanto therefore
por supuesto ⎫
desde luego ⎬ of course
sin embargo nevertheless
últimamente lately
en fin in short

A P L I C A C I Ó N

Sustituyan la expresión adverbial por otra, empleando una preposición + S, *de* (*una*) *manera* o (*un*) *modo* + A, u otra expresión estudiada:

1. El profesor preparó la lección cuidadosamente.
2. Repasé los documentos rápidamente.
3. El médico volvió inmediatamente.
4. El trabajo fue concluido satisfactoriamente.
5. El niño lo rompió impensadamente.

---

[4] Las expresiones de este tipo pueden mudarse fácilmente de posición: **Él lo hizo claramente (obviamente) a sabiendas,** *He did it clearly* (*obviously*) *on purpose,* etc.

99

Expresiones indefinidas; *algo* y *nada* pronominales

a. Hemos estudiado ya (véase §61) el uso del artículo definido y de los deter-minantes *otro, cierto, tal, mucho* y *poco* (§63), que pueden expresar una referencia o una cantidad indefinida. A continuación damos expresiones adicionales (**1**) de referencia indefinida, y (**2**) de cantidad indefinida:

(**1**) **Alguien viene.**   Someone is coming.

¿Ves algo a lo lejos?   Do you see something in the distance?

¿Me vas a contar algo bueno?   Are you going to tell me something good?

Mis lentes están en alguna parte.   My glasses are somewhere.

Él llega tarde $\begin{cases} \textbf{algunas veces.} \\ \textbf{a veces.} \end{cases}$ He arrives late sometimes.

N.B. *Jamás* (y a veces, *nunca*) empleada en una pregunta afirmativa, significa *ever*: **¿Has visto jamás tal cosa?**, *Have you ever seen such a thing?*

Se pueden emplear *alguna persona* y *alguna cosa* como sinónimos de *alguien* y *algo*, respectivamente. Existe una diferencia semántica entre *alguien* y *alguno* (referente a personas). *Alguno* se refiere a una persona de un grupo ya mencionado: **Entre mis amigos, alguno lo habrá notado,** *Among my friends, someone must have noticed it. Alguien*, en cambio, se refiere a una persona cualquiera.

Tal, empleado con el artículo indefinido, es sinónimo de *cierto* (empleado sin artículo): **una tal señora**, *a certain lady*. Para su uso con el artículo definido, véase §161.

N.B. Normalmente la *a* de persona no se omite con las expresiones indefinidas y negativas de número singular que se refieren a personas: *Busco a alguien, No conozco a nadie*, etc.

Semejante y *cualquiera* pueden posponerse al sustantivo para mayor énfasis. *Cualquiera* puede traducirse a veces *ordinary* o *vulgar*, cuando va pospuesto.

No he visto jamás cosa semejante.   I have never seen such a thing.

No quiero emplear un hombre cualquiera.   I don't want to employ just any man.

(**2**) **Le quedan unos cuantos defectos.**   It has a few defects left.

Son siete (poco) más o menos.   There are seven of them, more or less.

No se esperaba tamaña fuerza.   Such (great) strength was not expected.

Él hizo un esfuerzo tal, que rompió la cadena.   He made such an effort that he broke the chain.

Le tengo un cierto respeto.   I have a certain degree of respect for him.

N.B. Cuando *cierto* sigue al sustantivo, es sinónimo de *seguro*: **Ellos quieren una cosa cierta,** *They want a sure thing.*

b. Se emplea la FPrep con *de* para expresar el partitivo. (Véase §61c.) El tér-mino de preposición puede ser sustantivo, palabra sustantivada u oración de relativo reducida.

Ellos han tomado del vino.   They have drunk (some) of the wine.

Debe quedar de aquel coñac.   Some of that cognac must be left.

¿**Tiene el vestido algo de particular?**[5]   Does the dress have anything special about it?

El lugar no tiene nada $\begin{cases} \textbf{de caliente.} \\ \textbf{de calor.} \end{cases}$ The place is not at all hot.

Son piedras de las más finas.   They are gems of the finest (quality).

Quiero pan del bueno.   I want some of the good kind of bread.

Estos gastos son de más.   These expenses are superfluous.

La novela tiene un no sé qué de extraño.   The novel has something indefinably strange about it.

¡Qué de gente, qué de fatigas hubo para mí ese día!   How many people, how many tribulations there were for me that day!

c. Pueden usarse *algo* y *nada* como pronombres indefinidos o como Cuant. Compárense:

La novela es algo aburrido.   The novel is something (which is) boring.

La novela es algo aburrida.   The novel is $\begin{cases} \text{somewhat} \\ \text{rather} \end{cases}$ boring.

Su desgracia no es nada divertido.   His misfortune is nothing amusing.

Su desgracia no es nada divertida.   His misfortune is not at all amusing.

Se emplean *un tanto* y *algún tanto* como Cuant con la misma fuerza que *algo*: **La encuentro un tanto aburrida,** *I find it a bit boring.*

100
La combinación de expresiones comparativas y negativas

Quedan por mencionar unas cuantas expresiones adicionales de sentido negativo, además de las tratadas en §10(b), que se emplean en oraciones comparativas. Nótese la forma afirmativa del inglés:

Ella es más bonita que nunca.   She is prettier than ever.

Ellos comieron más que nadie.   They ate more than anybody.

Él corrió más que ninguno.   He ran more than any one of them.

Más que nada quiero la paz y la tranquilidad.   More than anything I want peace and tranquility.

APLICACIÓN

A. Cambien la oración, siguiendo los modelos de §99(b), para expresar el partitivo con *de*:

1. Quiero azúcar del tipo que es fino.

---

[5] Derivamos las FPrep sin artículo sustantivado del modo siguiente: *Esta situación tiene algo de lo que es absurdo* ⇒ *Esta situación tiene algo de absurdo.* (Véase la Sección B, en la que se trata de la expresión **lo que** = *what*.)

2. ¿Has probado este vino?
3. Busco unos zapatos que sean baratos.
4. ¿Tiene su manera de andar algo [que le parezca] raro?
5. El libro no contiene nada que sea escabroso.
6. Su presencia es innecesaria.

B. Para expresar en español:

1. Although he is somewhat thin, he eats more than anybody (else).
2. Perhaps more than anything (else), Sarmiento wanted to reform the educational system of his country.
3. He has an indefinable quality of attractiveness, but he is at times a bit boring.
4. Although he is sixty years old more or less, he is livelier than ever.
5. His books are not at all popular, but they contain ideas of the most advanced [kind].

Verificación y repaso

CUESTIONARIO

1. ¿Qué nombre damos al elemento que modifica la acción verbal?
2. Además de modificar la acción verbal, ¿qué otra función principal tienen las mismas formas adverbiales?
3. ¿Cómo pueden formarse otros giros adverbiales del mismo valor que A + -mente?
4. Citen algunas expresiones locativas que se emplean con S para designar movimiento con relación al S.
5. ¿Qué diferencia existe entre alguno, referente a persona, y alguien?
6. ¿Suele omitirse la a de persona en las expresiones indefinidas y negativas?
7. ¿Cómo puede traducirse cualquiera cuando va pospuesto al S?
8. Además de usarse como adverbio, ¿cómo pueden emplearse algo y nada?

EJERCICIOS

A. Sustituyan la expresión adverbial por otra, empleando una FPrep de (una) manera o (un) modo + A, u otra expresión estudiada:

1. Él luchó ciegamente contra el destino.
2. El gobierno prohibió la manifestación perentoriamente.
3. Ella dejó caer de propósito mi jarro favorito. .
4. Subieron lentamente la cuesta.
5. Se llevaron el dinero con pleno conocimiento.

B. Explíquese la diferencia entre:

1. (a) Alguien lo hizo.
   (b) Alguno lo hizo.

2. (a) Se sospecha de una tal señora.
   (b) Se sospecha de tal señora.
   (c) Se sospecha de la tal señora.

3. (a) Las mercancías deben de ser algo costoso.
   (b) Las mercancías deben de ser algo costosas.

4. (a) No admito a cualquier estudiante en mi clase.
   (b) No admito a un estudiante cualquiera en mi clase.

5. (a) Los resultados no fueron nada halagador.
   (b) Los resultados no fueron nada halagadores.

6. (a) ¿No lo han hecho jamás?
   (b) ¿Lo han hecho jamás?

C. Para expresar en español:

1. "The film was presented in an intelligent and convincing way, wasn't it?" "Yes, very."
2. He has very many friends, perhaps too many.
3. The thief ran down the stairs rapidly and noiselessly.
4. The newlyweds (recently married) lived happily, but at times they had a few disagreements.
5. General Urquiza was as patriotic (*tan patriota*) as Sarmiento, but they opposed each other vehemently.
6. I have a certain degree of sympathy for a group [express with At$_1$] which demonstrates such a great dedication.
7. Those English-style meals seem somewhat insipid to me.
8. She says she wants to live in the modern way, but she is really more conservative than any of them.
9. Although the others ran quick[ly] up the street, Henry followed them slowly and unwillingly.
10. He lost them [the keys] without wanting to, of course; he tried to keep (*mantener*) them in sight constantly.

Sección B

101
Los pronombres abstractos *ello* y *lo*

a. Estos pronombres no se refieren a cosa concreta, sino a ideas, situaciones o conceptos generales.[6] Llevan, por lo tanto, el rasgo característico [+ abstracto]. *Ello*, como pronombre sujeto, es de uso poco frecuente en la estructura superficial; después de preposición, es más común.

Ello es que no pueden. $\begin{cases}\text{The fact is they can't.} \\ \text{It's that they can't.}\end{cases}$

Estoy harto de ello. I'm fed up with it. [the circumstances or the situation]

N.B. En el primer ejemplo citado arriba, puede omitirse *ello*; su uso, sin embargo, da mayor énfasis a la expresión.

En las demás circunstancias el pronombre [+ abstracto] que representamos con *ello*, tiene la forma superficial *lo*, que se suple en el proceso transformativo Citamos la derivación de tipo fundamental:

*No sé ello —tú quieres ello ⇒ *No sé ello —ello tú quieres ⇒ No sé lo que quieres. I don't know what you want.

El inglés puede emplear el pronombre relativo compuesto *what* [= *that which*], *that*, o a veces omite el pronombre relativo.

Todo lo que él dice es mentira. Everything [*what] he says is a lie.
Algo (Nada) de lo que él dice tiene sentido. Something (Nothing) of what (*or* that) he says makes sense.

En las oraciones de relativo con *lo que* es normal eliminar el verbo repetido: **No puedo hacer lo que Juan**, *I can't do what John does*; **Yo quisiera tener lo que ellos**, *I would like to have what they have*.

---

[6] Estas formas suelen denominarse «neutros». Sin embargo, el neutro del latín puede referirse a cosas concretas. Las formas abstractas del español lo distinguen de otras lenguas bien conocidas.

Es común el uso de *lo que* para formar un giro interrogativo enfático:

¿Qué es lo que quiere ella?   What is it she wants?

Si la oración contiene la noción de cantidad, puede usarse el relativo compuesto *cuanto* en lugar de *lo que*.

Todo cuanto él dice es mentira.   Everything he says is a lie.
Cuanto tienen, se lo deben a él.   All (that) they have, they owe to him.

b. Cuando la oración de relativo con pronombre [+ abstracto] contiene un adjetivo, la eliminación de la parte de relativo forma un tipo de FS abstracta muy importante y característico del español. Se traduce de varias maneras, según las circunstancias.

lo que es abstracto ⇒ lo abstracto
$\begin{cases} \text{the abstract part} \\ \text{the abstract} \\ \text{what is abstract} \\ \text{the abstractness} \end{cases}$

A continuación, citamos ejemplos adicionales:

Lo malo es que no puede venir.   The bad part is he can't come.
El autor evita lo dulce, lo insípido, lo insulso.   The author avoids the sweet, the insipid, the dull (*or* what is sweet, insipid, dull).
Lo cortés no quita lo valiente.   Courteousness does not diminish valor.
Lo de Juan no merece comentarios.
$\begin{cases} \text{That matter concerning John} \\ \text{That affair of John's} \end{cases}$ deserves no comment.
Me he olvidado de lo de ayer.   I have forgotten about yesterday's matter.
Lo convenido fue otra cosa.   What was agreed upon was something else.

A veces hay competencia entre la FS formada de *lo* y la formada del artículo definido + A o la formada de un sustantivo abstracto afín.

Será verdad $\begin{cases} \textbf{lo contrario.} \\ \textbf{el contrario.} \end{cases}$ The opposite (contrary) is probably true.

En general, *el contrario* se refiere a un argumento, una posibilidad, etc., más bien concreta. *Lo contrario* implica algo más general; otros casos análogos son:

lo interior   what is inside (*as distinguished from what is outside*)
el interior   the inside, the interior
lo infinito   what is infinite
el infinito   infinity (*as a mathematical concept, for example*)
lo sutil   subtlety (*as a general quality*)
la sutileza   subtlety or keenness

También: **lo alto**, *what is high*; **el alto**, *the highlands, the top* (in geography); **lo hondo**, *the deep part*; **el hondo**, *the bottom*.

c. Se emplea *lo* como At$_d$ abstracto para resumir o sustituir el contenido de una frase u oración anterior. Corresponde muchas veces a *it* abstracto del inglés.

¿Que ella no quiere casarse con él? Lo comprendo.   So she doesn't want to marry him? I understand it.

A los otros se les concedió el derecho de llegar tarde, pero a mí no me lo permitieron.   The others were granted the right to come late, but I wasn't permitted to.

d. Al repetirse la cópula *ser* o *estar* en la misma oración o en oraciones estrechamente vinculadas, se emplea la forma abstracta *lo* para evitar la repetición de los elementos que acompañan la cópula original. Nótese que tal referencia es normal en español, mientras no es necesaria en inglés.

Ella es profesora, como lo es también su tía.   She is a teacher, as is her aunt.

Con más divulgación, los avances científicos dejarían de ser cosa misteriosa, como lo son ahora.   With more popularization, scientific advances would cease being a mysterious thing, as they now are.

—¿Estás cansado? —Sí, lo estoy.   "Are you tired?" "Yes, I am."

102
Los demostrativos abstractos: *esto, eso* y *aquello*

Estas formas, que corresponden a *éste, ése* y *aquél*, respectivamente, se refieren también a lo indefinido o abstracto.

¡Eso es lo que quiero!   That's what I want!
No hablamos de aquello.   We don't speak about that.
Esto, lo otro y lo de más allá.   This, that, and the other.

Se modifican también con oración de relativo, formando expresiones que alternan con *lo*, pero con mayor fuerza demostrativa:

Eso (o Lo) que quieres no me parece bien.   That thing (*or* What) you want doesn't seem right to me.
Esto (o Lo) que viene me trae inquieto.   This thing that (*or* What) is coming has me uneasy.

103
El femenino abstracto

Puede usarse la forma femenina con referencia abstracta en ciertas expresiones como las siguientes:

¡La ha hecho usted buena!   Now you've done it!
Las he tenido con él.   {I've had it out with him.
{I've had a time with him.

No vas a salir con $\begin{cases}\textbf{la tuya.}\\\textbf{lo tuyo.}\end{cases}$ You're not going to have your way (get away with it).

¿Conque ésas tenemos? So that's the way it is?

PREGUNTAS

1. ¿A qué se refieren los pronombres abstractos *ello* y *lo*?
2. ¿Qué forma asume el pronombre abstracto al usarse como complemento de verbo o como sustantivo modificado por una oración de relativo?
3. ¿Qué construcción española traduce el pronombre relativo compuesto del inglés *what*?
4. ¿Pueden modificarse con oración de relativo los demostrativos abstractos?
5. Citen un ejemplo del femenino abstracto.

APLICACIÓN

Sustituyan, en lugar de la expresión en cursiva, una expresión abstracta, haciendo los cambios necesarios.

1. *El hecho* es que no tiene dinero.
2. *El asunto* de los huelguistas es un verdadero lío.
3. *Mis asuntos* no se revelarán a nadie.
4. *La parte* más accesible de su corazón es su ternura hacia los niños.
5. En su obra el autor presenta a veces *las cosas* fantásticas y *las situaciones* grotescas.
6. ¡No puedes imaginar *la sordidez* del barrio aquel!

104
Los pronombres relativos *el que, el cual, quien*

Se emplea el pronombre relativo *que* en la mayoría de los casos para referirse tanto a personas como a cosas. En algunas circunstancias, sin embargo, el uso normal dicta la sustitución de los relativos *el que, el cual* o *quien*; en otros casos tal sustitución sólo sirve para dar mayor énfasis o para aclarar la referencia. *El que* y *el cual* varían la forma del artículo para concordar con el antecedente; *el cual* y *quien* tienen las formas del plural *los cuales* y *quienes*, respectivamente.

a. El uso de *el que, el cual* o *quien* es normal en los siguientes casos:

(1) Después de preposición, cuando el antecedente tiene el rasgo [+ animado].

¿Volviste a ver a la chica con $\begin{cases}\textbf{quien}\\\textbf{la que}\\\textbf{la cual}\end{cases}$ **fuiste al baile?** Did you see again that girl you went to the dance with?

El juez ante quien tengo que comparecer tiene fama de severo. The judge before whom I have to appear has the reputation of [being] severe.

Los hombres para los que trabajamos no nos pagaron. The men for whom we worked didn't pay us.

Las señoras, sin las cuales no podemos terminar, se han ausentado hoy. The ladies, without whom we cannot finish, are absent today.

N.B. A veces, con las preposiciones sencillas, *a, de, en* y *con*, se emplea *que* solo, aun cuando el antecedente tenga el rasgo [+ animado]: **El hombre en que deposi-tamos nuestra confianza...,** *The man in whom we placed our confidence . . .*; **La chica de que me hablaste...,** *The girl you spoke to me about . . .* Tal uso, sin embargo, suele considerarse como excepción a la norma literaria.

(2) Se emplean *el cual* y *el que* (pero no *quien*) con toda preposición que no sea *a, de, en* o *con* para referirse a antecedente con el rasgo [− animado].

Las ciudades por $\begin{Bmatrix} \text{las cuales} \\ \text{las que} \end{Bmatrix}$ **pasamos eran todas muy limpias.**[7] The cities through which we passed were all very clean.

La mesa sobre la cual ella colocó el aparato no es muy estable. The table on which she placed the machine is not very stable.

El biombo, detrás del cual nos escondíamos, cayó estrepitosamente. The screen, behind which we were hiding, came crashing down.

La ventana, a través de la que pensábamos mirar el desfile, está ocupada. The window, through which we intended watching the parade, is occupied.

(3) Cuando el relativo tiene como antecedente, no una palabra específica, sino toda la idea de la oración matriz, se emplean los relativos abstractos *lo cual* o *lo que.*

Él no ha venido todavía, lo $\begin{Bmatrix} \text{cual} \\ \text{que} \end{Bmatrix}$ **me trae inquieto.** He hasn't come yet, which (fact) makes me uneasy.

(4) Puede emplearse el relativo abstracto *lo que* en oraciones con adjetivo. En tal caso, la oración sufre una transformación que altera un poco la posición de los elementos:

*No sabes lo que son buenos. ⇒ No sabes lo buenos que son.** You don't know how good they are.

* ¡**No necesitas repetirme lo que es pérfida ella!** ⇒ ¡**No necesitas repetirme lo pérfida que es ella!** You needn't repeat to me how perfidious she is!

---

[7] A veces, se emplea la preposición *por* con *que*: **Los motivos por que vino...,** *The motives for which he came* . . . en lugar de **Los motivos por los cuales vino...** Usada de tal manera, el significado se aproxima tanto al de la conjunción de causa, *porque* (escrita como una sola palabra), que puede considerarse como simple variante de ésta. Además se encuentra *por* seguido de *que* en frases que no tienen sentido de causa: **La gran crisis por que atraviesa la humanidad...,** *The great crisis through which humanity is passing* . . . , p. ej. Tal uso no parece ser lo corriente, sin embargo.

Cuando el verbo de la oración subordinada lleva preposición, es corriente colocar la preposición ante todo el relativo compuesto *lo que* (*cual*): *Tú no sabes en lo que convinimos* (en lugar de... *lo en que*...), *No se imagina usted de lo que él se quejó* (en lugar de... *lo de que*...).

(5) Son corrientes las siguientes expresiones de cantidad de tipo exclamativo con el relativo *lo que*:

¡Lo de gente que había!
¡Lo que de gente había!   How many people there were!
= [**¡Cuánta gente había!**]

De modo análogo se emplea el femenino abstracto:

¡La de gente que vimos!   All the people we saw!

b. El uso de *el que*, *el cual* o *quien* es facultativo en los siguientes casos:

(1) Refiriéndose a antecedente con el rasgo [— animado], el uso de *que* sencillo después de las preposiciones *a*, *de*, *en* y *con* es lo más común. Sin embargo, el uso de *el cual* o *el que* es también muy frecuente, y sirve para hacer resaltar más el antecedente.

La firmeza con $\begin{cases} \textbf{que} \\ \textbf{la cual} \\ \textbf{la que} \end{cases}$ **él puso fin al asunto le ganó mucho respeto.**

The firmness with which he put an end to the matter earned him great respect.

El libro $\begin{cases} \textbf{de que} \\ \textbf{del cual} \\ \textbf{del que} \end{cases}$ **me hablaste ha desaparecido.**

The book you talked to me about has disappeared.

(2) Se emplean *que* y *quien* en las oraciones parentéticas para referirse a antecedente [+ animado]. Aunque la traducción inglesa no los distingue, *quien* hace resaltar más el antecedente. Nótese que al emplearse *que*, se omite la *a* de referencia personal.

Los actores, $\begin{cases} \textbf{que} \\ \textbf{quienes} \end{cases}$ **acaban de llegar, no podrán asistir.**

The actors, who have just arrived, won't be able to attend.

Mi tía, $\begin{cases} \textbf{que} \\ \textbf{a quien} \end{cases}$ **usted conoce, murió anoche.**

My aunt, whom you know, died last night.

N.B. *Quien* nunca se emplea en las oraciones especificativas. Se dice, por ejemplo, **El muchacho que vino anoche desapareció**, *The boy who came last night disappeared*, pero no *El muchacho quien vino...*

(3) Se emplean *el que* y *el cual* como relativos, sin preposición, para referirse a antecedente [± animado]. En tal uso, tienen un énfasis claramente deíctico, y se traducen frecuentemente con *the one(s) which* o *who*.

Los actores, los cuales acaban de llegar, no podrán asistir. The actors, the ones who have just arrived, won't be able to attend.

La película, la que vimos anoche, ha sido censurada. The film, the one we saw last night, has been censored.

(4) Cuando la parte anterior al relativo contiene una posible ambigüedad de referencia, se emplea *el que* (*cual*) para señalar más precisamente el antecedente.

El padre de mi novia, al que conocimos ayer, se fue sin avisar a nadie. The father of my fiancée, whom [the father] we met yesterday, went away without telling anyone.

El libro está lleno de fotografías en colores vivos, las cuales son realmente muy auténticas. The book is filled with photographs in lively colors, which [the photographs] are really very authentic.

105
El relativo posesivo *cuyo*

Cuyo(*-a*) se emplea como equivalente del inglés *whose.*

Esa chica, cuyas notas son muy bajas, tendrá que estudiar más. That girl, whose grades are very low, will have to study more.

Aquel señor, cuya hija ganó el premio, quedó encantado. That gentleman, whose daughter won the prize, was delighted.

N.B. El uso de *cuyo* pertenece más bien al estilo culto y literario. En el estilo popular, se busca frecuentemente otra manera de expresión. En la primera oración citada, p. ej., podría emplearse una sustitución como la siguiente: *Esa chica, que tiene notas muy bajas, tendrá que estudiar más.*

106
El que o quien con antecedente indeterminado y en las oraciones con ser

Se emplean *el que* o *quien* para indicar un antecedente indeterminado. Traducen el inglés *he who, the one who.* El uso de *quien* en estas oraciones es algún tanto arcaizante y se reserva más bien para los dichos tradicionales.

El que no trabaja no come. He who doesn't work, doesn't eat.

Los que vinieron después serán dispensados. Those who came later will be excused.

Quien calla otorga. He who is silent assents.

N.B. *El cual* no se emplea en este tipo de oración.

Nótense las siguientes versiones, (1)–(3), de la misma oración con *ser*:

(1) **El que lo hizo es Juan.** The one who did it is John.
(2) **Juan es el que lo hizo.** John is the one who did it.
(3) **Es Juan el que lo hizo.** It's John who did it.

El español siempre retiene el relativo compuesto, *el que* o *quien*, en la oración del tipo (3), mientras que en inglés, al comenzar la oración por *it*, se emplea el relativo sencillo. Otros ejemplos son:

Son los políticos los que tienen la culpa.   It's the politicians who are to blame.
Fue mi madre quien se lo dijo.   It was my mother who told him (so).

APLICACIÓN

A. Combínense las dos oraciones con el relativo *el cual(que)*, *lo cual(que)* o *cuyo*:

1. El túnel tenía dos metros de altura. Entraron por el túnel.

2. Éstos son los edificios. Detrás de los edificios se halla el parque.

3. El gerente ganó un viaje a Europa. Conociste a la hija del gerente ayer.

4. El enemigo ha aumentado el bombardeo. Esto nos inquieta.

B. Para expresar en español:

1. Do you remember the saying, the one that says: Tell me with whom you (*tú*) go (*andar*), and I will tell you who you are?
2. Although they traveled inland some distance, they couldn't find the ruins about (*sobre*) which they had read so much.
3. The novel is somewhat long, but you have no idea (*no tener idea*) of how interesting it is.
4. You can see how busy she is. Is there something urgent (of urgency) in your visit?
5. The (*Lo*) profundity of his thoughts is dissipated in the confusion (what is confused) and the intricacy (what is tangled) of his style.

107
Repaso de verbos: *echar, pegar, tocar*

De su sentido básico de *throw, throw out* (or *away*), *echar* da origen a muchas expresiones idiomáticas. Acompañado de sustantivo, expresa la acción relacionada con el sustantivo.

El niño la echó al correo.   The child mailed it.
Échame un poco de café.   Pour me a little coffee.
No te echo la culpa.   I don't blame you.
La planta echa raíces.   The plant is putting out roots.
Él echó un discurso.   He gave a speech.
Esta carne se echará a perder.   This meat will spoil.
El chico echa de menos a su mamá.[8]   The child misses his mother.

---

[8] En América se dice más bien *extrañar: El chico extraña a su mamá.*

Echo de ver que estás turbada. I notice you are upset.

Él se las echa (o la echa) de artista. He presumes to be (acts as if he were) an artist.

Pegar significa *adherir o aplicar una cosa a otra.* Significa además *dar golpes, contagiar,* etc.

Pegaron varios carteles en el muro. They put (pasted) several posters on the wall.

¿Pegaste el botón? Did you put (sew) on the button?

El ladrón le pegó un tiro (golpe). The thief took a shot (sock) at him.

¿Él te pegó el virus? Did he give you the virus?

Los manifestantes pegaron fuego al edificio. The demonstrators set fire to the building.

Del sentido primitivo de **tocar**, *estar en contacto con,* derivan varios usos figurados.

Ella toca el violín a maravilla. She plays the violin marvelously.

Ellos tocaron ligeramente en el asunto. They touched lightly upon the matter.

¿Nos toca a nosotros? Is it our turn?

Me toca saberlo. It is my interest (or obligation) to know it.

A P L I C A C I Ó N

Complétense las oraciones siguientes, empleando los verbos estudiados en esta sección:

1. Con tanta cerveza, ese hombre____(fut.) barriga. 2. Él estuvo tan furioso que le____fuerte. 3. Aunque ella es muy egoísta,____de caritativa. 4. ¿____ (*tú*, pret.) el timbre? Nadie acude. 5. En primavera los árboles____hojas. 6. El disidente hizo tanto ruido que le____(*ellos*) del teatro. 7. ¿Te____(yo) media copa de este vino? 8. Ella____(imp.) todos los recortes en un libro grande. 9. La orquesta ya no____valses. 10. El vino es delicado;____fácilmente. 11. ¡Qué lata! En vez de dar consejos, ese hombre____sermones. 12. Me____tratar con él porque tenemos intereses en común. 13. ¿____(*tú*, pret.) algo extraño en él cuando te visitó? 14. ¿Le____(pret.) al pobre el premio gordo de la lotería? 15. En la lucha el pugilista le____por el suelo. 16. Durante mi ausencia, ¿me____? 17. Anoche____(ellos) una película de pésimo gusto. 18. ¿Crees que los niños te____el sarampión?

Verificación y repaso

C U E S T I O N A R I O

1. ¿Cuándo es más común el uso de *ello*, como pronombre sujeto o después de preposición?

2. ¿Qué diferencia hay entre las expresiones *lo infinito* y *el infinito*?

3. ¿Qué diferencia notable hay en el uso del relativo *que* y los otros relativos, *el que(cual)*, etc.?
4. ¿Cuándo es obligatorio el uso de las formas largas del pronombre relativo?
5. ¿Qué transformación ocurre cuando la oración de relativo con... *lo que...* + A encierra la noción de cantidad o extensión?
6. ¿Qué formas del relativo se usan en oraciones sin antecedente específico?
7. ¿Qué diferencia notable hay entre el español y el inglés en el caso de frases como *It's John who did it*?
8. Además de *el que (cual)*, ¿qué otra forma del relativo puede usarse después de preposición para referirse a personas?

EJERCICIOS

A. Sustituyan, en lugar de la expresión en cursiva, una expresión abstracta, haciendo los cambios necesarios:

1. No me acuerdo de *aquella situación*.
2. El conferenciante sólo tocó en *la parte externa* de la revolución.
3. ¡No puedes imaginar *cuán desagradables* fueron!
4. *Esas cosas* que dices me han dado en qué pensar.
5. *Toda la situación* que describe es verdadera.
6. Él ha dicho *las mismas cosas* de mí.

B. Combínense las dos oraciones con el relativo *el cual (que)*, *lo cual (que)*, o *cuyo*:

1. Las emisoras han sido clausuradas.
   Se difundió la propaganda por las emisoras.

2. Los espectadores no eran nada simpáticos.
   Él tuvo que luchar delante de los espectadores.

3. El hombre ganó bastante dinero.
   El libro del hombre se hizo muy popular.

4. El profesor ha renunciado a sus privilegios.
   Esto nos ha impresionado mucho.

C. Para expresar en español:

1. In spite of what he says, he misses his old friends; I am convinced of it.
2. We notice you didn't finish the report, which (fact) is not in accord with what was discussed (*tratar*).
3. We don't blame you; one doesn't realize how difficult these problems are.
4. The *mariachis* play marvelously. Our orchestras can't do what they can.
5. It is the taxes that are bleeding us; our whole economy will become ruined.
6. What is stylized, what is trivial, what is artificial is only (*no... más que*) a mask behind which the author hides his true feelings.
7. By the way, when we went out to mail the letter, they had it out with us.
8. Frankly, it is my business to know about the men whose lives are in danger.
9. The speaker touched only lightly on those matters—which [fact] explains the ambiguousness [use *lo* + A] of the audience's reaction.
10. That matter he insists upon is of the most useless [sort].

Capítulo 8

Estudiantes de la universidad de Puerto Rico, San Juan

Sección A

La oración de relativo y los rasgos [+específico] y [−específico] • Las oraciones de tiempo y de lugar • El subjuntivo en la subordinación sustantiva

108

La oración de relativo y los rasgos [+ específico] y [− específico]

En §§60 y 61 observamos la ambigüedad de una oración como *La playa es un lugar de recreo* en cuanto a los rasgos [+ específico] y [− específico]. Cuando el sustantivo de que se trata va modificado por una oración de relativo, el verbo de la parte subordinada distingue estos rasgos por el uso respectivo del indicativo y del subjuntivo, a saber:

(1) a. **Pienso asistir a la universidad que da buenas notas.**
 b. **Pienso asistir a la universidad que dé buenas notas.**

 I plan to attend the university that gives good grades.

En (1)a, el hablante tiene ya conocimiento de la universidad que concede lo deseado y, por lo tanto, el verbo subordinado, por referirse a sustantivo [+ específico], se expresa con el indicativo. En (1)b, el hablante se refiere a cualquier universidad ([− específico]) que dé buenas notas, y por lo tanto, se expresa el verbo subordinado con el subjuntivo.

La misma diferenciación se aplica a los sustantivos precedidos del artículo indefinido:

(2) a. **El inspector busca a un fugitivo que tiene una larga cicatriz en la barba.**
 The inspector is looking for a [known] fugitive who has a long scar on his chin.

 b. **El inspector busca un fugitivo que tenga una larga cicatriz en la barba.**
 The inspector is looking for a fugitive [of the sort] who has a long scar on his chin.

Nótese que el rasgo [− específico] sirve para despersonalizar el sustantivo; por consiguiente *fugitivo* en (2)b no lleva la *a* de persona.

Si indicamos la oración matriz con O y la parte relativa subordinada con O', podemos esquematizar el proceso transformativo que convierte la estructura básica en oración que emplea el subjuntivo de la siguiente manera:

$$O_{con\ S[-especifico]} + O' \Rightarrow O + O'_{con\ V(subjuntivo)}$$

190

En la estructura transformada, el subjuntivo señala el carácter [— específico] del sustantivo modificado por la oración subordinada. El contraste entre [+ específico] y [— específico] se ve claramente en el caso de los sustantivos abstractos:

Lo que hacen es importante.   What they do [habitually]⎫
                                    What they are doing   ⎬ is important.

Lo que hagan es importante.   What(ever) they may do is important.

Aunque los rasgos [± específico] caracterizan el sustantivo empleado tanto con el artículo definido como con el indefinido, el rasgo [— específico] (y el subjuntivo) acompaña quizás más típicamente el artículo indefinido. A continuación citamos ejemplos adicionales del uso del subjuntivo para expresar el rasgo [— específico]:

Busco un actor que tenga una cara interesante.   I am looking for an actor who has an interesting face.

Ella quiere un color que no sea tan chillón.   She wants a color that is not so loud (clashing).

¿Has visto a alguien que pueda hacerlo?   Have you seen anyone who can do it?

Puedes hacer lo que te dé la gana.   You may do whatever you feel like.

¿Encontró usted a alguna persona que lo supiera?   Did you find someone who knew it?

La oración de relativo que modifica un sustantivo negativo se encuentra siempre en el subjuntivo ya que la negación implica una generalización —o sea, el rasgo [— específico].

No tengo idea que le sea útil a usted.   I don't have any idea which will be useful to you.

No hay nadie que haya hecho eso.   There is no one who has done that.

No vi nada que fuese tan malo.   I didn't see anything that was so bad.

Preguntas

1. En la pregunta, *¿Conoces a la chica que viene a la fiesta?*, ¿qué elementos forman la oración de relativo?

2. ¿Qué indica el uso del indicativo en la oración de relativo citada en la pregunta anterior?

3. ¿En qué tipo de oración de relativo que acabamos de estudiar se expresa más fácil y naturalmente en inglés la diferencia entre [+ específico] y [— específico]?

4. Si el verbo subordinado de la oración citada en la pregunta nº 1 se encontrara en el subjuntivo, ¿cómo pudiera indicarse el rasgo [— específico] en inglés?

5. ¿Qué indica la negación respecto de la naturaleza de la FS modificada por la oración de relativo?

Aplicación

Hágase las modificaciones necesarias para formar oraciones que expresen el rasgo [— específico]:

1. ¿Encontraste al señor que lo conocía?
2. No puedo aguantar al tipo [ese] que lo sabe todo.
3. El castigo que nos imponen no es justo.
4. Las opiniones que él expresó no serán de ningún interés.
5. Se hará lo que ellos indican.

109
Las oraciones de tiempo y de lugar

Las expresiones comunes de tiempo y lugar, *cuando* y *donde*, pueden analizarse del modo siguiente:

Él venía a la hora —Le ⇒ Él venía a la hora que ⇒ Él venía cuando le
necesitábamos a la   le necesitábamos.   necesitábamos.
hora.

Él llegó al lugar —In- ⇒ Él llegó al lugar que ⇒ Él llegó donde indica-
dicamos el lugar.   indicamos.   mos.

a. Pueden considerarse las oraciones de tiempo y de lugar como oraciones de relativo; obedecen, por lo tanto, a las mismas normas en cuanto a los rasgos [+ específico] y [— específico]: Si el tiempo y el lugar son conocidos o establecidos, llevan el rasgo [+ específico]; si son vagos, desconocidos o todavía inexistentes, llevan el rasgo [— específico]. El uso del subjuntivo varía de acuerdo con lo establecido en §108; compárense:

Cuando viene el tío, tienen una fiesta. When [Each time that] the uncle comes, they have a party. [*an occasion already experienced*]

Cuando venga el tío, tendrán una fiesta. When the uncle comes, they will have a party. [*an occasion still unknown*]

Querían trabajar donde había más facilidades. They wanted to work where there were more facilities. [*It is known there were facilities at the location.*]

Querían trabajar donde hubiera más facilidades. They wanted to work where there might be more facilities.

A continuación citamos más ejemplos que contrastan lo [+ específico] con lo [— específico]:

Así que
En cuanto⎰ **él lo vio, reaccionó fuertemente.**
As soon as he saw it, he reacted strongly.

Así que
En cuanto⎰ **él lo vea, reaccionará fuertemente.**
As soon as he sees it, he will react strongly.

Luego que
Tan pronto como⎰ **les hubimos dado el dinero, nos pidieron más.**
As soon as we had given them the money, they asked us for more.

Luego que
Tan pronto como } **les hubiéramos dado el dinero, nos habrían pedido más.**

As soon as we would have given them the money, they would have asked us for more.

En tanto
Mientras (que) } **el viejo vivió, no lo aprobó.**

As long as }
While } the old man lived, he didn't approve it.

El viejo dijo que { **en tanto**
{ **mientras (que)** } **viviera, no lo aprobaría.**

The old man said that { as long as }
{ while } he lived, he would not approve it.

Él suele hacerlo después (de) que se van. He is in the habit of doing it after they leave.

Hazlo después (de) que se vayan. Do it after they leave.

No lo creí hasta que él se murió. I didn't believe it until he died.

No sabremos la verdad hasta que él se muera. We won't know the truth until he dies.

N.B. *Antes* (*de*) *que* va seguido siempre del subjuntivo: **No lo creí antes que él se muriera**, *I didn't believe it before he died.*

b. En estas oraciones es muy frecuente el uso del infinitivo con *antes* (*de*) y *después* (*de*) en lugar de la construcción con verbo conjugado aun cuando el sujeto de la oración matriz y el de la subordinada no sean el mismo. En ciertos casos pueden emplearse *al* + V$_{\text{inf}}$ o V$_{\text{ndo}}$ solo.

Antes
Después } **de llegar él, yo me voy.** Before }
After } he arrives, I am going away.

Al llegar él, yo me voy. When }
As soon as } he arrives, I am going away.

Habiéndolo hecho, no lo veremos más. When (As soon as, After, etc.) he does it, we won't see him any more.

Estando las cosas tan alborotadas, no salgo de casa. While things are in such disorder, I'm not leaving the house.

De uso menos frecuente es la construcción con el participio pasado.

Hecho esto, se fueron. When they had done this (This done), they left.

Idos los huéspedes, ella se acostó. Once the guests had left, she went to bed.

Las relaciones de tiempo y lugar pueden expresarse con S + *que* o *cuando* y con S + *que* o *donde*, respectivamente.

Las veces que le vi, fue siempre muy cortés. The times that I saw him, he was always very courteous.

El día cuando lo vea yo, se lo diré en su cara. The day when I see him, I will tell him to his face.

Él va a señalar un lugar que sea apropiado. He is going to point out a place that is (will be) appropriate.

Conozco un sitio donde la vista es aun más impresionante. I know a place where the view is even more impressive.

Con *cuando* y *donde* es muy frecuente eliminar un verbo repetido, dejando que estas dos palabras funcionen como preposiciones.

Eso fue cuando la guerra civil [cuando fue la guerra civil]. That was at the time of the Civil War.

Me gustaría estar donde Juan. I would like to be where John is.

A P L I C A C I Ó N

A. Háganse las modificaciones necesarias para formar oraciones de rasgo [— específico]. (En algunos casos será necesario cambiar el verbo de la oración matriz del presente al futuro o del pasado al futuro hipotético.)

1. Cuando le veo doblar la esquina, me siento aliviada.
2. Prefieren trabajar donde ganan más dinero.
3. La hermana mayor cuida a los niños hasta que sus padres vuelven del trabajo.
4. Mientras los otros asistían al concierto, él trabajaba en casa.
5. En cuanto llega él, se quita la chaqueta y se pone a dictar cartas.

B. Exprésese la parte subordinada mediante V_{inf}, $al + V_{inf}$, V_{ndo} o V_{do}:

1. Antes de que él saliera, me lo contó todo.
2. Mientras ellos estén aquí, no se puede tocar el piano.
3. Así que lo hagan ellos, podremos continuar.
4. Luego que él haya llegado, le haremos la pregunta.
5. Cuando se hubieron apagado las llamas, los curiosos se alejaron.

110
El subjuntivo en la subordinación sustantiva

En toda oración de subordinación sustantiva (véase §34.), se usa el *indicativo* (1) si se expresa una afirmación o aserción, (2) si se piden informaciones o (3) si la oracion refleja el estilo indirecto.[1] Incluimos los tres casos bajo el rasgo semántico [— actitud], el cual indica una actitud neutral u objetiva hacia el contenido de la parte subordinada.

(1) **Veo que usted sabe poco del asunto.** I see you know little about the matter.

Creen que no hay peligro. They believe there is no danger.

Es cosa reconocida que ella es gran artista. It is well known that she is a great artist.

---

[1] El estilo indirecto es simplemente la repetición, en forma subordinada, de unas palabras o unos pensamientos expresados ya. Estilo directo: *Él dice «Puedo venir»*, o *Él pensó «Ella es tonta»*; estilo indirecto: *Él dice que puede venir*, o *Él pensó que ella era tonta*.

(2) ¿Sabes que él ha llegado?   Do you know (realize) he has arrived? [The speaker knows the fact.]

¿Te das cuenta de que él los odia?   Do you realize he hates them?

(3) Él dice que vienen hoy.   He says they are coming today.

El médico intimó que se había muerto.   The doctor hinted that he had died.

En todos los demás casos de subordinación sustantiva, o sea cuando la oración matriz se caracteriza por el rasgo [+ actitud], se emplea el subjuntivo en la oración subordinada. Se encuentra el subjuntivo típicamente cuando, en vez de la simple afirmación, se emite una opinión o se expresa una actitud (muchas veces de duda o negación) respecto de lo contenido en la oración subordinada. De modo semejante al que empleamos en §108 (la oración de relativo [− específico]) indicamos el proceso transformativo que coloca el subjuntivo en la oración subordinada como sigue:

$$O_{[+\text{actitud}]} + O' \Rightarrow O + O'_{\text{con } V_{\text{subjuntivo}}}$$

Aprobamos que ellos lo hayan hecho.   We approve of their having done it.

Ellos no creen que tú tengas razón.   They don't believe you're right.

Yo dudo que haya venido ella.   I doubt she has come.

¿Es posible que él lo hiciera?   Is it possible he did it?

Niego que fuesen ellos.   I deny that it was they.

Fue poco probable que él lo hubiese leído.   It was little likely that he had read it.

Conviene que se vayan.   It is better that they go away.

No digo que no puedan cumplirlo, sino que es muy difícil.   I don't say [i.e. I don't affirm] that they can't carry it out, but that it is very difficult.

En la subordinación sustantiva, siendo el mismo el sujeto de la oración matriz y el de la subordinada, el español emplea la subordinación con V_{inf} más frecuentemente que el inglés.

Él niega haberlo hecho.   ⎰He denies he has done it.
                              ⎱He denies having done it.

Dudamos verle antes de las ocho.   We doubt we will see him before eight.

En algunos casos los verbos empleados en la subordinación sustantiva permiten dos interpretaciones, [− actitud] o [+ actitud]; el uso del indicativo y el subjuntivo varía respectivamente según estas interpretaciones.

¿Crees que él vendrá?   Do you believe he will come? [*a request for an opinion*]

¿Crees que él venga?   Do you believe he will come? [*I don't.*]

No creo que él vendrá.   I don't believe he will come. [*a definite assertion*]

No creo que él venga.   I don't believe he will come. [*A doubt; I am not sure.*][2]

---

[2] El ejemplo con el indicativo con *creer* será en realidad una versión transformada de *Creo que él no viene*; por lo tanto, la negación pertenece a la parte subordinada, y la oración matriz conserva el rasgo [− actitud] en la estructura básica. En la oración con el subjuntivo, en cambio, la negación se refiere a la oración matriz, o sea, al hecho de creer. Es posible que semejante análisis pueda aplicarse a los ejemplos interrogativos que preceden: se trata de la parte de la oración que se ponga en duda —la creencia o lo que se cree; en el primer caso se emplea el subjuntivo, en el segundo, el indicativo.

¿Será verdad que lo descubrieron? Can it be true they discovered it? [*a request for an opinion*]

¿Será verdad que lo descubrieran? Can it be true they discovered it? [*It seems doubtful or unbelievable.*]

Esperamos que él vendrá. We expect that he will come.

Esperamos que él venga. We hope that he will come.

Elena no dijo que el chico era malo. Helen didn't say the boy was bad. [*reported speech of Helen*]

Elena no dijo que el chico fuese malo. Helen didn't say the boy was bad [*She did not mean to imply it.*]

Si la oración subordinada funciona como el sujeto de la matriz, se puede colocar en posición inicial. En tal caso es muy frecuente (aunque no necesario) anteponerle el artículo definido *el*.

El que lo descubrieran, ¿será verdad? That they discovered it, can it be true?

El que lo digamos, basta. (The fact) That we say it is enough.

Siendo tan frecuente el subjuntivo en este tipo de oración, el subjuntivo se encuentra muchas veces en posición inicial aun cuando de otro modo no se usaría.

(El) Que lo hayan hecho es obvio.⎫
Es obvio que lo han hecho. ⎭ It is obvious they've done it.

A P L I C A C I Ó N

A. Cambien las oraciones, empleando la expresión entre paréntesis en lugar de la oración matriz. (En todo caso se supone el rasgo [+ actitud].):

1. Es evidente que ella es lista. (Dudo)
2. Creo que ella ha dicho la verdad. (Es posible)
3. Es claro que él está enfermo. (Era poco probable)
4. Parece que él llegó tarde. (No es cierto)
5. Estamos seguros de que ella la ha leído. (Negaron)

B. Para expresar en español:

1. It seems very possible to me that we haven't seen the worst part of it.
2. Do you (really) believe he did it before having calculated the consequences?
3. As soon as the actors arrive, take them to a place where they can rest a while.
4. When he confessed it [do not use conjugated verb], he denied that they had done anything reprehensible.
5. It is inconceivable that the movement headed (*dirigido*) by Martí came to disaster (*llegar a fracasar*).

Verificación y repaso

C U E S T I O N A R I O

1. ¿Qué indica el uso del subjuntivo en la oración de relativo?

2. ¿Pueden considerarse las oraciones de tiempo y de lugar como oraciones de relativo? Expliquen su respuesta.

3. ¿Cuándo se usa el subjuntivo en las oraciones de tiempo y de lugar?

4. Además de las construcciones con verbo conjugado, ¿qué otras construcciones pueden usarse para expresar el tiempo?

5. ¿Qué indica el subjuntivo en la subordinación sustantiva?

6. ¿Cuándo se usa el infinitivo en la subordinación sustantiva?

EJERCICIOS

A. Explíquese la diferencia entre:

1. (a) En cuanto le vea, se lo diré.
   (b) En cuanto le veo, se lo digo.

2. (a) ¿Estás seguro (de) que vendrán?
   (b) ¿Estás seguro (de) que vengan?

3. (a) Sospechamos que vuelven.
   (b) Sospechamos que vuelvan.

4. (a) No creemos que es así.
   (b) No creemos que sea así.

5. (a) Notamos que tampoco tienen ellos mucho entusiasmo.
   (b) Tampoco notamos que ellos tengan mucho entusiasmo.

6. (a) Es probable que ella lo dijo.
   (b) Es probable que ella lo dijera.

7. (a) Basta que lo han hecho.
   (b) Basta que lo hayan hecho.

B. Usen la oración subordinada como elemento inicial, con y sin el artículo definido *el*:

1. Me parece imposible que el estudiante lo haya escrito.
2. Es muy justo que lo encarcelasen.
3. Es cosa reconocida que el chico es un tímido.

C. Para expresar en español:

1. Are there any trees in this area under which the troops may be hiding? 2. I haven't seen anything which indicates the contrary. 3. While they are here, we are going to visit the museum and the zoo. 4. While they were here [Do not use conjugated verb], there wasn't anybody who didn't come to see us. 5. When he comes [Do not use conjugated verb], he can do what(ever) he feels like. 6. What he wants is not frivolous or extravagant; I don't know a project that has been worked out with more care. 7. Although that was at the time of the last strike, I doubt that the situation has changed much. 8. That he believes whatever they tell him seems a bit naive. 9. That the performance will be tomorrow seems scarcely (*poco*) possible to me. 10. Before he left, we couldn't do anything that would have helped you.

Sección B

Las oraciones de causa • Las oraciones de propósito • El tiempo del verbo subordinado • Repaso de verbos: *tener* y *haber*

111
Las oraciones de causa

La oración subordinada de las oraciones de causa explica el motivo o causa del concepto existente en la FV de la oración matriz, respondiendo a la interrogación *¿por qué?* Las oraciones de causa abarcan una variedad de tipos sintácticos que hemos estudiado ya.

a. La expresión por excelencia que señala y especifica la noción de causa es la conjunción *porque*. Sin embargo, hay otras expresiones importantes de valor igual a *porque*. Entre ellas las más comunes son *ya que, puesto que* y *como*; compárense:

Cómpralo porque tienes el dinero (ya). Buy it because you have the money (now).

Ya que tienes el dinero, cómpralo. (*o* Cómpralo, ya que tienes el dinero.) Now that (Since) you have the money, buy it (*or* Buy it since you have the money.).

Debes aguantarlo porque no hay remedio. You must put up with it because there's nothing to be done about it.

Puesto que no hay remedio, debes aguantarlo. Since there's nothing to be done about it, you must put up with it.

No pienso comprar la pintura porque es muy mala. I don't intend buying the painting because it's very bad.

Como la pintura es muy mala, no pienso comprarla. As (Since) the painting is very bad, I don't intend buying it.

Nótese que *porque*, y expresiones afines, cuando indican causa, subordinan siempre una oración con el indicativo. Para el uso de *porque* en oraciones concesivas, (véase §117).

Se emplean *así es que, de modo que* o *conque* como sus equivalentes en inglés; compárense:

Él viene mañana porque tiene prisa. He is coming tomorrow because he is in a hurry.

Él tiene prisa; así es que viene mañana. He is in a hurry; so (therefore) he is coming tomorrow.

Te lo digo porque necesitas la información. I am telling you because you need the (bit of) information.

198

Necesitas la información; de modo que te lo digo. You need the information; so I am telling you.

No quiero que vayas porque es peligroso. I don't want you to go because it's dangerous.

Es peligroso; conque no quiero que vayas. It's dangerous; so I don't want you to go.

N.B. *Conque* y *de modo que* se emplean también en las interrogaciones: **¿Conque (De modo que) lo admitió él?**, *So, he admitted it?*

También puede expresarse la noción de causa mediante *por* + V_{inf}.

Él se acostó temprano por estar tan cansado. He went to bed early because of being so tired.

Yo estaba contento por ser tan popular la novela. I was glad because the novel was so popular.

No pude conseguir nada por haber llegado él antes. I couldn't achieve anything because of his having arrived beforehand.

Nótese que la oración subordinada con V_{inf} puede llevar su sujeto propio si éste es diferente del de la oración matriz.

Las mismas oraciones que acaban de citarse pueden expresarse también con V_{ndo}.

Estando tan cansado, él se acostó temprano. Being so tired, he went to bed early.

Siendo tan popular la novela, yo estaba contento. Because of the novel being so popular, I was happy.

Habiendo llegado él antes, no pude conseguir nada. Because of his having arrived beforehand, I couldn't achieve anything.

b. Si se emplea en la oración matriz un verbo que exprese emoción o estados afectivos, puede interpretarse la oración subordinada como el motivo o la causa de tal emoción. En este caso, ya no hace falta lo explícito de *porque*, y es muy común sustituir en su lugar *que* + subjuntivo.

Pablo se resiente de que no le hayas elogiado. Paul is resentful that you haven't praised him.

Me alegro (de) que usted haya tenido éxito. I am glad that you have been successful.

Él se enfurece de que le traten como niño. He is infuriated that they treat him as a child.

Ella está contenta (de) que nos quedásemos allí. She is happy we stayed there.

Si el sujeto de la matriz y el de la subordinada son la misma persona, se efectúa la subordinación con V_{inf}. En tal caso, el uso de la preposición *de*, facultativo en otras construcciones, es obligatorio.

Me alegro de estar aquí. I am happy $\begin{cases} \text{to be here.} \\ \text{that I am here.} \end{cases}$

Él se enfurece de no haber sido elegido.

He is infuriated $\begin{Bmatrix} \text{at not having been} \\ \text{that he wasn't} \end{Bmatrix}$ elected.

Él está contento de quedarse allí. He is happy $\begin{Bmatrix} \text{to stay} \\ \text{that he is staying} \end{Bmatrix}$ there.

Si la oración subordinada funciona como sujeto de la matriz, son típicas las FV que emplean el At, para indicar la persona que siente la emoción.

No nos gusta que él haya gastado tanto. We don't like it that he has spent so much.

El que ustedes volvieran a vernos me encanta. (The fact) That you saw us again delights me.

Le contenta que nos quedemos aquí. It makes him happy that we are staying here.

Si el complemento directo o indirecto de la matriz es igual al sujeto de la oración subordinada, se efectúa la subordinación con V_{inf}.

Nos gusta ir allí. We like to go there.

$\left. \begin{array}{l} \textbf{Me alegra verte.} \\ \textbf{El verte me alegra.} \end{array} \right\}$ $\left\{ \begin{array}{l} \text{It makes me happy to see you.} \\ \text{Seeing you makes me happy.} \end{array} \right.$

Una oración de causa puede subordinarse a un sustantivo solo. Tales oraciones se ajustan a la Regla 3 (§2), FPrep → prep FS, en la cual la FS puede ser una oración entera (de acuerdo con lo previsto en la Regla 2, §1). En las oraciones de causa la preposición subordinante es *de*, a menos que un verbo introduzca su complemento con otra. Nótese que el inglés no emplea preposición ante *that* + verbo conjugado.

El temor de que él lo haga, nos tiene inquietos. The fear that he will do it has us uneasy.

No hay peligro de que se pierdan. There is no danger that they will be lost.

Su objeción a que fuéramos, estaba bien fundada. His objection to our going was well founded.

c. No todas las expresiones citadas de emoción o estados emotivos empleadas en la oración matriz subordinan una oración de causa. Algunas de ellas ofrecen una interpretación variable; compárense:

(1) a. **Me alegro (de) que estés aquí.** I am happy you are here. [*Cause: Your being here has made me happy.*]

b. **Me alegro (de) que estás aquí.** I am happy you are here. [*I note you are here, and, incidentally, am glad.*]

(2) a. **Es lástima que lo hayan hecho.** It's too bad they have done it. [*Cause: Their doing it has caused an unfortunate situation.*]

b. **Es lástima que lo han hecho.** It's too bad they have done it. [*They have done it, unfortunately.*]

(3) a. El hecho de que él viniera a tiempo fue muy afortunado. The fact he came on time was very fortunate. [*His coming caused a fortunate situation.*]
b. El hecho de que él vino a tiempo fue muy afortunado. The fact he came on time was very fortunate. [*He came on time, and it was fortunate.*]

De acuerdo con el análisis general de la subordinación sustantiva presentada en §110, (1)a, (2)a y (3)a representan oraciones con el rasgo [+ actitud]; (1)b, (2)b y (3)b, ya que dan relativamente menos énfasis a la actitud del hablante, llevan el rasgo [− actitud]. Estas últimas se asemejan en muchos respectos a las expresiones seudoadverbiales tratadas en §98, **b.**

APLICACIÓN

A. Expresen las oraciones de otra manera, empleando, en lugar de la oración con *porque*, la subordinación con *que* más el subjuntivo, o, si el sujeto de la oración matriz y el de la subordinada son iguales, con el infinitivo:

1. Ella está contenta porque pasamos por su casa anoche.
2. Me alegro porque estoy aquí.
3. Estamos disgustados porque él no ha venido.
4. Se avergüenzan porque no tienen educación.
5. Es triste porque no hay remedio.

B. En (a), abajo, reemplácese la parte subordinada con una FS + preposición + oración subordinada, combinándolas luego con (b), según el modelo. (Si la oración contiene el rasgo [− actitud], o sea, expresa un hecho, empléese el indicativo.)

MODELO: (a) La idea es que él es un genio.   La idea de que él sea un genio
         (b) Eso no tiene justificación.   no tiene justificación.

1. (a) El hecho es que él puede llegar mañana.
  (b) Eso me asusta.
2. (a) La queja es que el profesor es severo.
  (b) Eso atemoriza a los alumnos.
3. (a) Él insistió en que fuéramos. (Usen *Su insistencia en que...*)
  (b) Eso fue intolerable.
4. (a) El hecho es que él lo hizo.
  (b) Eso se admite en todas partes.

C. Cambien la oración que expresa causa con V_{ndo} a una que exprese causa con *por* + V_{inf}:

1. Habiendo leído la novela antes, yo la conocía muy bien.
2. Estando tan débil, ella no puede trabajar mucho.
3. Siendo de temperamento tan desagradable, ella perdió la colocación.
4. Habiendo malgastado los fondos, tuvieron que pedir dinero al banco.
5. Teniendo mucha prisa, ella cometió muchos errores.

112
Las oraciones de propósito

Las oraciones subordinadas de propósito indican lo deseado por el hablante, el propósito o la finalidad que quiere lograr. Se emplea el subjuntivo siempre en la parte subordinada de estas oraciones.

a. La expresión subordinante de propósito más común es *para que*, aunque a veces se sustituye *a* por *para*. Equivalente de *para que*, pero de uso menos común, es *a fin de que*.

Él se pone de pie para que le veamos.   He is getting up so that we can see him (*or* for us to see him).

Tienes que desviarte para que el camión pueda pasar.   You have to turn aside so the truck can pass (*or* for the truck to pass).

Él nos lo permitió a fin de que pudiéramos salir más libremente.   He permitted it to us so that we could leave more freely.

Te lo propongo para que tengas más seguridad.   I suggest it to you so you can feel more secure.

¿Te animó él a que lo hicieras?   Did he encourage you to do it?

Esperamos a que él venga.   We are waiting for him to come.

Para que se usa con gran frecuencia después de mandato:

Ven para que te vea yo.   Come so I can see you.

Léaselo para que lo sepa.   Read it to him so he will know.

A veces se omite *para*, sobre todo en la lengua hablada, por considerarse super-fluo: *Ven que te vea yo.*

Con el tipo de expresión que utiliza *para*, si el sujeto de la oración matriz y el de la subordinada son la misma persona, se subordina con infinitivo.

Él se puso de pie para ver.   He stood up to see.

Ella abrió el libro para leerlo.   She opened the book to read it.

N.B. Con los verbos que indican movimiento, como *ir* o *venir*, se usa *a*, a menos que se quiera dar mucho énfasis al propósito: *Ven a (para) verlo.*

b. Además de su uso en oraciones de causa (§111), *de modo (manera) que* pueden usarse también como equivalentes de *para que* en oraciones de propósito; com-párense:

Le golpeé; de modo que él se cayó.   I struck him; [and] so he fell down.

Le golpeé de modo que él se cayera.   I struck him in such a way [i.e. with the inten-tion] that he fell down.

c. Conjuntamente con lo tratado en (**a**), hay que desarrollar aspectos adicionales de las oraciones de propósito. Compárense las siguientes oraciones:

(1) Juan dice que Alberto arregla eso.   John says that Albert is arranging that.

(2) Juan se lo dice a Alberto para que arregle eso. John tells (it to) Albert so he will arrange that.

(3) Juan le dice a Alberto que arregle eso. John tells Albert to arrange that.

Nótese que hay una distinción semántica entre (1) por un lado, y (2) y (3) por otro. En (1), *decir* lleva el rasgo [— actitud] por ser simplemente la relación de un hecho. En cambio, (2) y (3) encierran la noción de propósito; pero, además de eso, hay ciertas diferencias entre las dos. Desde el punto de vista sintáctico, en (2), según estudiamos ya, la subordinación se efectúa con preposición, y *decir* puede llevar complemento directo; en (3) la misma oración subordinada funciona como el complemento directo de *decir*, y se introduce con *que* solo. Semánticamente, además de la noción de propósito, (3) destaca también la idea de voluntad o autoridad.

En el caso de muchos verbos, el tipo de subordinación representado por (3) tiene dos patrones, que, de acuerdo con el contexto, pueden variar de significado semántico; compárense:

(4) a. Él les mandó que se fueran. He ordered them to go away. [He ordered them directly.]

    b. Él mandó que (ellos) se fueran. He ordered that they go away. [He may or may not have ordered them directly.]

En (4)a se indica el sujeto del verbo subordinado mediante complemento indirecto en la oración matriz[3]; en (4)b se expresa el sujeto del verbo subordinado dentro de la misma oración subordinada (aunque como en toda oración española, puede eliminarse el pronombre sujeto). Ejemplos adicionales son:

Él nos prohibió que saliéramos tan pronto. He forbade us to leave so soon.
Él prohibió que saliéramos tan pronto. He forbade our leaving so soon.

Le pedimos que nos diera el curso. We asked him to give us the course.
Pedimos que él nos diera el curso. We asked that he give us the course.

En ciertos contextos, el contraste semántico entre los dos patrones es apenas distinguible:

Te permito que salgas.⎫
Permito que salgas. ⎬ I permit you to leave.

Le hice a Pedro que pintara la casa.⎫
Hice que Pedro pintara la casa. ⎬ I had Peter paint the house.

En el caso de los verbos de propósito más voluntad o autoridad, que acabamos de tratar, existe también otro patrón — en el cual la subordinación se efectúa con infinitivo — que estudiaremos en §130.

Algunas expresiones verbales rigen sólo la subordinación del tipo (4)b, en el cual el sujeto del verbo subordinado se expresa dentro de la oración subordinada. Entre estos verbos se encuentran *querer* y *desear*.

---

[3] El complemento indirecto parece ser el modo preferido en español; no obstante, son muchos los hispanoparlantes que dicen: **La mandamos que lo hiciera**, *We ordered her to do it*, p. ej.

Queremos que él se vaya. We want him to go away.
Deseamos que él lo acabe primero.[4] We want him to finish it first.

N.B. En oraciones sencillas, sin embargo, *querer* admite complemento de persona con *para*, y *desear* con pronombre átono o *para*.

Quiero para usted un feliz aniversario. $\begin{cases} \text{I wish you a happy birthday.} \\ \text{I want a happy birthday for you.} \end{cases}$

Le deseo (o Deseo para usted) un feliz viaje. I wish you a happy trip.

Igualmente, las expresiones verbales que llevan preposición fija expresan el sujeto de la oración subordinada sólo en la parte subordinada.

Se cuidan de que tengamos lo mejor de todo. They take care that we have the best of everything.
Consintieron en que su hijo viera la película.

They consented $\begin{cases} \text{that their son should see} \\ \text{to their son's seeing} \end{cases}$ the film.

Él se opone a que vayamos con ellos. He opposes our going with them.
Él insiste en que estemos de vuelta temprano.

He insists $\begin{cases} \text{that we be} \\ \text{on our being} \end{cases}$ back early.

d. Al igual que *decir*, *insistir en* puede usarse alternativamente en oraciones con rasgo [− actitud] o en oraciones de propósito ([+ actitud]):

Juan insiste en que Alberto viene. John insists that Alberto is coming.
Juan insiste en que Alberto venga. John insists that Alberto come.

Participan de la misma alternación *sugerir* y *esperar*, entre otros.

113
El tiempo del verbo subordinado

Tanto en inglés como en español, los verbos de la oración matriz y la subordinada pueden ser del mismo tiempo o de tiempos distintos, como en los ejemplos siguientes:

Me alegro de que él venga. I am glad he is coming.
Me alegro de que él viniera. I am glad he came.
Parece raro que lo hayan hecho. It seems odd they've done it.
Él dijo que viene (venía). He said he is (was) coming.
Nunca se logró que los distintos pueblos marchen de acuerdo. There was never any success in getting the various nations to march together.

Como se ve en el último ejemplo citado, el inglés, a causa de la forma verbal subordinada (en este caso, V_{inf}), el tiempo del verbo subordinado queda muchas

---

[4] No es aceptable, por lo tanto, una construcción como *Le queremos que se vaya* o *Le deseamos que lo acabe primero*.

veces sin especificar. Tal ambigüedad temporal es común sobre todo en las oraciones de propósito. En cambio, en español, cuando la oración subordinada se introduce con *que*, se emplean los tiempos verbales de acuerdo con la situación particular.

Parecía raro que lo hicieran.   It seemed odd for them to do it. [*All action is past.*]
Parece raro que lo hagan.   It seems odd for them to do it. [*All action is present or future.*]
Mi padre me mandó que fuera allí.   My father ordered me to go there. [*I may or may not have gone.*]
Mi padre me mandó que vaya allí.   My father ordered me to go there. [*I have not yet gone (or the going is to be habitual).*]

Sugirieron que él lo hiciera para el día siguiente.

They suggested $\begin{Bmatrix} \text{he do} \\ \text{his doing} \end{Bmatrix}$ it by the next day. [*He may or may not have done it.*]

Sugirieron que él lo haga para el día siguiente.

They suggested $\begin{Bmatrix} \text{he do} \\ \text{his doing} \end{Bmatrix}$ it by the next day. [*The situation is still to be realized.*]

La lógica dicta en muchos casos las posibilidades de combinación de tiempos verbales. Es normal, por ejemplo: **Era posible que él llegara (hubiera llegado)**, *It was possible he arrived (had arrived)*; pero sería extraño: **Era posible que él llegue, *It was possible he is arriving*, tanto en español como en su equivalente inglés.

Al establecerse una hipótesis en la oración matriz con el uso del futuro hipotético, lo normal es el empleo del pasado en la subordinada:

Me alegraría que él viniera. $\begin{cases} \text{I would be happy for him to come.} \\ \text{I would be happy that he came.} \end{cases}$

Compárense las oraciones condicionales, §119, y las expresiones suavizadas, §128.

Puede emplearse el perfecto actual en la matriz con el valor de tiempo presente o del pasado:

Él ha querido que vengamos.   He has been wishing us to come.
Él ha querido que viniéramos.   He has wanted us to come. [All time is past.]

APLICACIÓN

Para expresar en español:

1. I want you to know that they prohibited our entering the building until now.
2. He suggests that we leave the rest for (*para*) when the others arrive.
3. They had him drive it [*el coche*] again [use *volver a*] so that they could observe it carefully.
4. It is possible that they (will) oppose our saying it publicly.
5. I don't say he is a careless person (*un descuidado*); however, I warned him that he should be more careful.

1. ¿Qué diferencias señalan *para que* y *que* en la subordinación de propósito?
2. En la subordinación de propósito con *que* solo, ¿qué dos patrones hemos estudiado en esta sección? ¿Cómo pueden distinguirse semánticamente?
3. En las siguientes oraciones inglesas: *I said for him to do it, I told him to do it, I insisted on his doing it, I insisted that he do it,* ¿cuáles son los elementos que corresponden a *que* de las respectivas traducciones españolas?
4. ¿Qué dos tipos de subordinación admiten *insistir, decir, sugerir,* etc.?
5. Si el verbo de la matriz está en el futuro hipotético, ¿qué tiempo del verbo se encuentra normalmente en la parte subordinada?

114
Repaso de verbos: *tener* y *haber*

Básicamente, el verbo *tener* significa *have or hold*; se usa también para expresar ciertos estados físicos o emocionales. Nótese el contraste con el inglés, que generalmente emplea el verbo *be* en estos casos. La construcción con *ser* o *estar*, si es posible en español, se refiere a cosas más bien que a personas. Se usa, además, el verbo *tener* en otras expresiones idiomáticas.

Tengo hambre (sueño, frío, calor, miedo, etc.). I am hungry (sleepy, cold, warm, afraid, etc.).
¿Cuántos años tienes? How old are you?
Tenemos veinte años. We are twenty years old.
Él tiene los ojos inflamados. His eyes are inflamed.
Ella tiene el pelo hecho un desastre. Her hair is (looks) a mess.
Su ausencia nos tiene preocupados. His absence has us worried.
No tengo por qué esconderlo. I have no reason to hide it.
Esas noticias no tienen gracia. That news is not funny.
El drama tiene lugar en España. The drama takes place in Spain.
El señor Gutiérrez tiene la palabra. Mr. Gutierrez has the floor.
Le tengo por un hombre rico. I consider him (take him to be) a rich man.
Él no tiene donde caerse muerto. He doesn't have a place to drop dead in. (*He is poor.*)
Lo tenemos presente. We have it in mind.
Eso no tiene que ver con el asunto. That doesn't have anything to do with the matter.

Además de usarse como verbo auxiliar para formar los tiempos compuestos, se emplea el verbo *haber* en varias expresiones idiomáticas:

¿Qué hay de nuevo? What's going on? (What's new?)
No hay de qué. Think nothing of it. (You're welcome.)
¡Habrá que oírle! You should just hear him!
No hay para que decírselo. There is no reason to tell him.

Aplicación

Exprésense las siguientes oraciones de otro modo, empleando los verbos *tener* o *haber*:

1. Su nariz estaba aplastada. 2. Él es de unos veinte años de edad. 3. No existe motivo para que él mienta (de dos maneras). 4. ¿Qué tal? 5. No existe motivo para darme las gracias. 6. Estamos pensando en ello. 7. Estas cosas nos traen inquietos. 8. Lo que él dijo no es nada divertido. 9. La historia ocurrió en Andalucía. 10. Su cara estaba destrozada. 11. ¡Se deberá oírlo para creerlo! 12. Sus asuntos no me atañen. 13. La considero una mujer de mucha entereza. 14. A las mujeres les toca hablar. 15. No está avergonzado de lo ocurrido.

Verificación y repaso

Cuestionario

1. En una oración de causa, si el verbo de la oración matriz no sugiere la noción de causa, ¿qué expresiones subordinantes se emplean en lugar de *que*?
2. ¿Qué explica la oración subordinada si se emplea en la oración matriz un verbo que exprese emoción?
3. ¿Cómo difiere la construcción de la oración al usarse *porque, ya que*, etc., por un lado, y *así es que, de modo que*, etc., por otro?
4. ¿Qué forma del verbo conjugado se usa en la oración subordinada de propósito?
5. ¿Cuál es la diferencia sintáctica importante entre las respectivas construcciones inglesa y española: **El alegato de que él fuera el responsable...** y *The allegation that he was the one responsible . . .*? ¿Cuál es el contraste semántico y sintáctico entre *La idea que él nos explicó es absurda* y *La idea de que él nos lo explicara es absurda*?
6. En las oraciones de propósito, ¿cómo difiere la construcción cuando el verbo matriz indica voluntad o autoridad y cuando no la indica?
7. ¿Qué dos valores tiene el perfecto actual al usarse en la oración matriz?
8. ¿Por qué debe el angloparlante prestar atención especial al tiempo del verbo subordinado? ¿Cuál es la diferencia entre: *Él sugirió que yo fuera/Él sugirió que yo vaya*?

Ejercicios

A. Exprésense de otro modo, sustituyendo la conjunción *porque* con *ya que, puesto que* o *como*:

1. No sabes nadar porque no has practicado bastante.
2. Es posible que él fracase porque es muy joven.
3. Ella enfermó nuevamente porque no siguió los consejos del médico.
4. Él no tiene donde caerse muerto porque ha perdido todo su dinero.
5. Sus comentarios no tienen gracia porque la situación está muy grave.

B. Repitan el ejercicio anterior, colocando *así es que, de modo que* o *conque* ante la oración matriz y eliminando la conjunción *porque*. (En este caso la oración matriz original no puede ir en posición inicial en la oración.)

C. Para expresar en español:

1. "What's new?" "[*¡Hombre!*] I'm glad you're back so soon. You should just see the mix up we have!"
2. She complains about not having been selected, but she has a very bad disposition.
3. I spoke to him yesterday; so he will have it finished by (*para*) today.
4. We applaud the fact that what is easy is not always the most popular.
5. Since she is so generous, she insisted that the party be in her house.
6. Come here so I can see it [*el rasguño*] better; you have no reason to hide it.
7. (The fact) That he hasn't come back yet disturbs me a little bit.
8. Since he is in such a hurry, we will have to propose their setting the schedule ahead.
9. That area of investigation having been exhausted, I suggested another to him so that we wouldn't lose more time.
10. Since the joke was not funny, they told him to leave it out (suppress it) in the next performance.

Sala de clase, Universidad de
México, Ciudad de México

Sección A

115
Las oraciones de modo

Las oraciones de modo expresan la manera de efectuarse la acción verbal, correspondiendo a la interrogación *¿cómo?* Se analiza un ejemplo típico de la manera
siguiente:

Juan lo hizo $\begin{Bmatrix} \text{del modo como} \\ \text{de la manera que} \end{Bmatrix}$ ⇒ **Juan lo hizo como quería su padre.**
quería su padre.

John did it in the $\begin{Bmatrix} \text{way} \\ \text{manner} \end{Bmatrix}$ that ⇒ John did it $\begin{Bmatrix} \text{as} \\ \text{how} \end{Bmatrix}$ his father wished.
his father wished.

Como se ve, puede considerarse la oración de modo como otra manifestación de la
oración de relativo, pues *como*, en las oraciones de modo, equivale a *del modo que*
(*como*), *de la manera que* (*como*) o *de la forma que* (*como*).

a. Como en toda subordinación relativa (§108), al referirse uno al sustantivo
manera (*modo, forma*), se usa el indicativo para señalar lo conocido o establecido
—o sea, el rasgo [+específico]— y el subjuntivo para expresar lo general o
indefinido —o sea, el rasgo [−específico]. Además de *como*, se emplean de manera
análoga *tal como* o *según*, para citar las expresiones más corrientes.[1] Puede observarse el contraste entre el uso del indicativo y del subjuntivo en las parejas
siguientes:

Él habló como convenía en aquellas circunstancias.   He spoke as was befitting
under those circumstances.
Él dijo que hablaría como conviniera en aquellas circunstancias.   He said he would
speak as would be fitting under those circumstances.
Lo acepto tal como está.   I accept it just as it is.
Lo acepto tal como esté.   I accept it however it may [*turn out to*] be.
Vengan ustedes o no, tal como se les antoja.   Come or not, however you feel about
it. [*The speaker assumes you already have a feeling about it.*]

---

[1] Puede emplearse *cual* en el lenguaje arcaizante o literario: **Él no lo hizo cual convenía,** *He
didn't do it as was befitting.*

210

Vengan ustedes o no, tal como se les antoje. Come or not, however you may feel about it.

Lo hacen según indica el profesor. They do it as (according to how) the professor indicates. [*The professor has indicated it.*]

Lo harán según indique el profesor. They will do it as the professor may indicate.

N.B. *Según,* como aparece en los dos últimos ejemplos, puede considerarse una forma abreviada de la expresión relativa, *según lo que,* la cual se emplea con frecuencia: **Según lo que me han dicho, Juan vendrá mañana,** *According to what they have told me, John will come tomorrow.*

b. Como si, *as if* (*though*), expresa siempre una situación irreal, y requiere el imperfecto o pluscuamperfecto de subjuntivo; compárense las oraciones condicionales, §119.

Trabajan como si fuesen locos. They work as if they were crazy.

Él se tragó el cocido como si no hubiera comido en tres días. He swallowed the stew as though he had not eaten in three days.

c. Se emplea *como* en el estilo indirecto después de preposición.

Él habló de como lo iba a hacer. He spoke of how he was going to do it.

El cronista escribió de como el rey traicionó a sus amigos. The chronicler wrote about how the king betrayed his friends.

Convinimos en como lo arreglaríamos. We agreed on how we would arrange it.

d. En general, sin embargo, se usa *como* sin preposición, pues no tiene la amplitud de referencia de *how*; en inglés, puede usarse *how* después de preposición en casos en que el español se serviría de otros medios de expresión.

He regulated his investments in accordance with how the stock market went up and down. **Él ajustaba sus inversiones según la bolsa subía y bajaba** (*o* **de acuerdo con las alzas y bajas de la bolsa**).

He doesn't worry about how he wears his tie. **No le preocupa como tiene la corbata.** [No se dice, p. ej.: **No se preocupa de como tiene la corbata.*]

e. Si *como* se refiere claramente a una pregunta indirecta o expresa una duda, retiene el acento.

No sé cómo lo voy a hacer. I don't know how I am going to do it.

No sé cómo hacerlo. [*o* **No sé hacerlo.**] I don't know how to do it.

No tengo idea de cómo lo quieres. I have no idea (of) how you want it.

En cuanto a cómo vas a conseguir esto, no te puedo ayudar. With reference to how you are going to do it, I can't help you.

f. Mencionamos ya (§50) el uso de V_{ndo} en las oraciones de modo, e.g.: **Ella lo alcanzó colocando varios libros uno encima del otro,** *She reached it (by) placing several books one on top of the other.*

116
El carácter comparativo de la oración de modo

Si la oración subordinada de modo lleva el mismo verbo que el de la matriz, se suele omitir éste, formándose una comparación entre dos sustantivos.

Ella quiere peinarse como María Luisa.

She wants to comb her hair $\begin{cases} \text{like Maria Luisa.} \\ \text{as Maria Luisa does.} \end{cases}$

Pedro va a fracasar como Enrique.   Peter is going to fail like Henry.

N.B. En los dichos tradicionales, sobre todo, se emplea *cual... tal* en vez de *como*: *El hijo es como el padre* = **Cual (es) el padre tal el hijo**, *As (is) the father, so is the son*.

Si la oración matriz tiene un adjetivo, adverbio, o sustantivo como término de comparación, conviene señalar la casi identidad entre la oración de modo y la oración comparativa, ya tratada en parte en §32:

Ellos corren rápidos como ustedes.   They run rapidly as you do.
Él no es médico como tú.   He isn't a doctor like you.

N.B. El sustantivo se emplea regularmente como término de comparación de las oraciones comparativas: **Él no es tan médico como tú**, *He is not so much a doctor as you*; **Elena es más artista que Luisa**, *Helen is more of an artist than Louise*. (Véase §154.)

Lo que distingue las oraciones de modo de las comparativas es la amplitud semántica de éstas para incluir la noción de extensión o cantidad, además de la cualidad. Véase también §133, en que se tratan las comparaciones con verbo subordinado que no se ha eliminado.

P R E G U N T A S

1. ¿Qué expresan las oraciones de modo?
2. ¿Qué equivalencias de *como* demuestran que la oración de modo es otra manifestación de la oración de relativo?
3. Además de *como*, ¿qué otras expresiones se emplean de manera análoga en las oraciones de modo?
4. ¿Qué expresa *como si*?
5. ¿Cuándo suele omitirse el verbo de la oración subordinada de modo?

A P L I C A C I Ó N

Cámbiense las siguientes oraciones de modo para señalar el rasgo [—específico]:

1. Haga usted sus inversiones según aconseja el especialista.
2. Toma la medicina tal como te la ha recetado el médico.
3. Él juró actuar de la forma como se esperaba en las circunstancias.
4. Él dijo que sólo podría juzgar el asunto de acuerdo con lo que había leído.
5. Según me manda el juez, tal haré.

117
Las oraciones concesivas con *aunque* y expresiones afines

Puede considerarse la oración concesiva una forma superficial que alterna con la coordinación adversativa con *pero*:

(1)a. **Él es inteligente, pero yo le detesto.** = **Aunque él es inteligente, yo le detesto.**

   b. **Ella sabe mucho, pero no sacará buena nota.** = **Aunque ella sabe mucho, no sacará buena nota.**

La versión con *aunque* sirve para destacar y realzar el contraste entre la condición (precedida de *aunque*) y lo que el hablante afirma, a pesar de tal condición. En (1)a y b el hablante concede la verdad de la condición; sin embargo, puede dudar de ella, como en:

(2)a. **Puede ser que él sea inteligente, pero yo le detesto.** = **Aunque él sea inteligente, yo le detesto.**

   b. **Puede ser que ella sepa mucho, pero no sacará buena nota.** = **Aunque ella sepa mucho, no sacará buena nota.**

Es decir, el primer elemento de la coordinación contiene la noción de posibilidad —o sea, el equivalente del verbo auxiliar *poder* en la estructura básica. En la versión concesiva con *aunque* puede expresarse esta misma suposición con el subjuntivo solo.[2]

a. La oración concesiva se introduce típicamente con *aunque*, pero *bien que*, *aun cuando* y *a pesar de que* son también de uso frecuente. En los siguientes ejemplos contrastamos las condiciones que el hablante concede como verdaderas con las que concede sólo como posibilidad.[3]

Aunque llora ella, yo no me conmuevo.   Although she is crying, I am not (will not be) moved.

Aunque llore ella, yo no me conmuevo.   Although she may cry, I will not be moved.

Bien que pasaron por aquí, no dejaron huella.   Although they passed by here, they left no trace.

Bien que pasasen por aquí, no dejarían huella.   Although they passed (should pass) by here, they wouldn't leave a trace.

Aun cuando tienen tiempo, no vendrán.   Even though they *do* have time, they won't come.

---

[2] Puede retenerse el verbo *poder*, desde luego, en la oración concesiva: *Aunque él pueda ser inteligente...*, que corresponde al ejemplo concesivo de (2)a. El indicativo de *poder* se encuentra también: *Aunque él puede ser inteligente...*, pero en este caso no significa simple posibilidad o duda, sino la concesión de un punto de vista, como en el inglés, *Although he probably IS intelligent....*

[3] En la Parte B, §119, al tratar de las oraciones condicionales hipotéticas e irreales, consideraremos además las oraciones concesivas dentro de este contexto.

Aun cuando tengan tiempo, no vendrán.   Even though they may have time, they won't come.

A pesar de que él devolvió el dinero, fue un crimen.   In spite of the fact that he returned the money, it was a crime.

A pesar de que él devolviera el dinero, sería un crimen.   In spite of the fact that he returned the money, it would be a crime.

N.B. Se emplea el futuro después de *aunque* (y expresiones afines) si se concibe el hecho futuro como cosa cierta: **Aunque será necesario permitir algunos aumentos, el gobierno dispone de los medios de contener el ritmo de la inflación,** *Although it will be necessary to allow some increases, the government has the means at its disposal to contain the rate of inflation.*

b. La concesión puede expresarse también con *aun* + V_{ndo} o *a pesar de* + V_{inf}.

Aun disponiendo del dinero, él no lo puede conseguir.   Even having the money available, he can't get it.

A pesar de ser muy linda, ella no ganará el concurso.   In spite of being very pretty. she won't win the contest.

c. Asimismo se indica la concesión con las fórmulas: $por \left(+ \begin{Bmatrix} más \\ muy \end{Bmatrix} \right) + \begin{Bmatrix} FA \\ FAdv \end{Bmatrix}$ + *que* y $por + \begin{Bmatrix} más \\ mucho \end{Bmatrix} \left(+ FS \right) + que.$

Por atrevidos que sean, no pueden conseguirlo.   However daring they may be, they can't achieve it.

Por mucho que diga él, los directores no se convencerán.   However much he says, the directors will not be convinced.

Por más dinero que ganaron, no vivieron felices.   For all the money they earned, they didn't live happily.

d. Se emplean algunos giros tradicionales para formar oraciones de carácter concesivo. En estas expresiones se encuentran todavía restos del futuro de subjuntivo.[4]

Sea lo que sea (*o* fuere), me quedo.   Be that as it may, I am staying.

Pase lo que pase, no mudaré de parecer.   Whatever may happen, I won't change my mind.

Venga lo que venga (*o* viniere), estamos preparados.   Come what may, we are prepared.

Creo en ellos, fuese como fuese la situación.   I believe in them, whatever the situation may have been.

Sea hoy o (sea) mañana, tendrá que pasar.   Be it today or tomorrow, it must happen.

---

[4] El futuro de subjuntivo puede formarse sustituyendo con *e* la *a* del imperfecto de subjuntivo en *-ra*: *hablare, viniere,* etc.

e. Puede usarse *porque* + subjuntivo con sentido concesivo. Se traducen estas construcciones muchas veces con el giro inglés *just because.*[5]

Porque seas niña, no es motivo de mostrarte mimada. (Just) Because you are (may be) a little girl is no reason to act spoiled.

No te enfades porque yo haya venido. Don't get angry (just) because I have come.

Pero:

No te enfades, porque yo he venido. Don't get angry, because I have come. (= Don't get angry; I have come.)

A P L I C A C I Ó N

A. Sustitúyanse las siguientes oraciones coordinadas con oraciones concesivas que afirmen la verdad de la condición, cambiándolas luego para dudar de la condición. Empléese la conjunción concesiva indicada:

1. Él tiene muchos amigos, pero ninguno le defenderá. (aunque)
2. Prepararon los detalles con cuidado, pero el proyecto fue mal concebido. (bien que)
3. Llegué a tiempo, pero no me dejaron entrar. (a pesar de que)
4. El chico es muy serio, pero no necesitamos otro empleado. (si bien)
5. Lo terminaron ayer, pero no podrán entregarlo a tiempo. (aun cuando)

B. Exprésense las siguientes oraciones concesivas con *aun* + V_{ndo} o *a pesar de* + V_{inf}:

1. Aunque tiene una contusión en la pierna, él podrá jugar mañana.
2. A pesar de que lo hayan hecho antes, no tienen bastante experiencia.
3. A pesar de que está localizado en la zona tropical, el centro del Brasil tiene un clima agradable.

118
Las oraciones de relativo indefinidas con el sufijo *-quiera*

Pueden formarse oraciones indefinidas de identidad, manera, tiempo, lugar, etc., añadiendo *-quiera* como sufijo a los pronombres relativos respectivos, lo cual hace resaltar lo indefinido de la referencia. Entre estas expresiones, *cualquiera* es de uso más general; tiene como forma plural *cualesquiera*.

Cualesquiera que fuesen sus motivos, el asunto salió mal. Whatever his motives may have been, the matter turned out badly.

Quienquiera que dijera tal, se arrepentirá de ello algún día. Whoever said such a thing will regret it some day.

---

[5] Pueden usarse también *ya que* y *puesto que* del mismo modo para formar oraciones concesivas, aunque tal uso parece algo infrecuente.

Dondequiera que vayas, mis pensamientos siempre te acompañarán. Wherever you may go, my thoughts will always accompany you.

Comoquiera que lo haga él, será un trabajo de valor. However he does it, it will be a worthwhile piece of work.

A P L I C A C I Ó N

A. Cambien las oraciones, empleando una expresión indefinida con el sufijo *-quiera* para hacer resaltar lo indefinido y haciendo las adiciones y eliminaciones necesarias:

1. No importa quienes sean sus antecedentes, ese hombre no tiene educación.
2. El que hiciere tal cosa recibirá el castigo merecido.
3. No importa el lugar en que lo encuentre usted, quiero hablar con él lo más pronto posible.
4. Lo haré de la manera que usted me ordene.

B. Para expresar en español:

1. Wherever he settled (*establecerse*), he would welcome us as if we were one of the family.
2. Just because you don't like them (*serle simpático a uno*), you cannot ignore their request, whatever their attitude may be. [Se traduce *ignore* con *desatender* o *desconocer*; *ignorar* = *not to know*.]
3. Be his motives good or bad, it doesn't matter to me how he achieves the result.
4. However intelligent he may be, I am astonished at how he mocks (*burlarse de*) the authorities.
5. Even though he wrote it [It is known he wrote it.], it is possible he regrets having done it.

Verificación y repaso

C U E S T I O N A R I O

1. ¿Qué tipo de subordinación se emplea en la oración de modo?
2. ¿Cuándo se usa el subjuntivo en la oración subordinada de modo?
3. ¿Se emplea el indicativo o el subjuntivo después de *como si*?
4. Si la oración matriz tiene un adjetivo, adverbio o sustantivo como término de comparación, ¿a qué tipo de oración se parece la oración de modo?
5. ¿Con qué tipo de oración se equipara la oración concesiva?
6. ¿Cuándo se usa el subjuntivo en las oraciones concesivas?
7. ¿En qué difieren: *Aunque tengan mucho dinero, no serán felices* y *Por mucho dinero que tengan, no serán felices*?
8. ¿Qué otras maneras hay de expresar la concesión?

E J E R C I C I O S

A. Cambien la FS que expresa modo a una FV correspondiente para formar una oración subordinada; explíquese el uso del subjuntivo o del indicativo:

Modelo: Él nos habló de su manera de hacerlo.   Él nos habló de como iba a hacerlo.

1. Haré el experimento según los consejos del profesor.
2. Nos aseguró de la manera suya de proteger nuestros intereses.
3. Él prometió llevarlo a cabo según mis órdenes.

B. Exprésense las siguientes oraciones concesivas con $por \left(+ \begin{Bmatrix} más \\ muy \end{Bmatrix} \right) + \begin{Bmatrix} FA \\ FAdv \end{Bmatrix}$
$+ \ que$ o $por + \begin{Bmatrix} más \\ mucho \end{Bmatrix} \left(+ \ FS \right) + que:$

1. Aunque sean muy valerosos, no pueden vencer a los invasores.
2. Aunque ella lo haga muy bien, no lo reconocerán.
3. Bien que tuvieron muchas dificultades, conservaron siempre su ecuanimidad.
4. Aunque yo lo repase mucho, encontrarán algo que no les guste.
5. Aunque traigan muchos regalos, no ganarán nuestra amistad.

C. Para expresar en español:

1. I haven't seen him since yesterday; so I don't know how we are going to proceed.
2. Storms can be foreseen according to the way the barometer may rise or fall.
3. Play the music just as you like, so you will be satisfied with the outcome.
4. He stood looking at me as though he had never seen me before.
5. The kidnapped [man] told us of how he had been kept for two days without eating.
6. Come what may, I am interested in how he solves this problem.
7. The manager is worried like you; he has taken charge of checking the balances.
8. Although he may have studied two years more, he is not so much an engineer as you.
9. Even though he admitted it [It is not known whether he admitted it.], I wouldn't like to believe he could be so cruel.
10. In spite of having suffered a great deal, he appears (*se le ve*) very cheerful.

Sección B

119
Las oraciones condicionales

Al igual que la oración concesiva, estudiada en la sección anterior, puede equipararse la oración condicional a la yuxtaposición de dos oraciones o proposiciones independientes: la condición, encabezada por *si*, expresa una posibilidad o una hipótesis; la conclusión —en vez de desmentir o contrariar la condición, como en el caso de la oración concesiva—, la sigue como consecuencia lógica. Ya que una condición puede o no puede parecer verosímil, la forma y el sentido de la oración condicional varían de acuerdo con el énfasis que el hablante quiera dar a la posibilidad de la no-verificación o a la negación de la condición. Según el criterio de la forma, se agrupan las oraciones condicionales en dos tipos principales.

a. Las condiciones reales. En las condiciones reales, el hablante no indica nada respecto del cumplimiento de la condición, y fija su atención en las consecuencias del cumplimiento de ésta; la posibilidad de la no-realización tiene poca importancia en sus procesos mentales. Si se refiere esta modalidad condicional al futuro o al momento de hablar, se expresa la condición con el presente de indicativo; se expresa la conclusión con el tiempo apropiado del indicativo (o con un mandato).

Si le veo, le saludo (saludaré). If I see him, I greet (will greet) him.
Si él está aquí, me verá. If he is here, he will see me.
Si él viene mañana, no me indicó tal cosa. If he is coming tomorrow, he didn't indicate such a thing to me.
Si ellos terminan el trabajo, avíseme Ud. inmediatamente. If they finish the work, advise me immediately.

En las oraciones concesivas, la alternancia «hecho real/posibilidad» es señalada por la alternancia «indicativo/subjuntivo», respectivamente. Ya que por definición la condición real encierra una posibilidad, dicho tipo de alternancia (de «indicativo/subjuntivo») no es necesario, y en las condiciones reales se emplea el indicativo para expresar la condición.[6] Más adelante, al considerar las condiciones hipotéticas e irreales, trataremos de las circunstancias que exigen el subjuntivo.

---

[6] Al referirse la condición al futuro, el español empleaba antiguamente el futuro de subjuntivo (véase la nota 4 de este capítulo). Tal uso es anticuado hoy.

Una condición real puede localizarse también en tiempo pasado; como en el caso de la condición real en tiempo presente, se expresa la conclusión con el tiempo que dicte la situación, a saber:

Si (Siempre que) yo le veía, le saludaba. If (Whenever) I saw him, I used to greet him.

Si él estuvo aquí, me vio. If he was here, he saw me.

Si él había estado allí, no admitió tal cosa. If he had been there, he didn't admit such a thing.

b. Las condiciones hipotéticas e irreales. Al referirse a una condición en el futuro o en el momento de hablar, el hablante puede indicar que tiene presente en sus procesos mentales el hecho de que la referida condición pueda no llegar a verificarse. De este modo, la condición hipotética resulta más problemática o dudosa que la condición real. Se señala esta modalidad condicional (que incluye también las oraciones concesivas) con el imperfecto de subjuntivo en la condición y el futuro hipotético en la conclusión. Nótese que el inglés puede expresar la condición con el pasado simple, con la forma enfática con *did* y, con menos ambigüedad, con *should*:

Si yo le $\begin{Bmatrix} \textbf{viera} \\ \textbf{viese} \end{Bmatrix}$**, le saludaría.**

If I $\begin{Bmatrix} \text{saw} \\ did \text{ see} \\ \text{should see} \end{Bmatrix}$ him, I would greet him.

Si esto $\begin{Bmatrix} \textbf{aconteciera} \\ \textbf{aconteciese} \end{Bmatrix}$**, sería un desastre.**

If this should happen, it would be a disaster.

Aunque $\begin{Bmatrix} \textbf{llorara} \\ \textbf{llorase} \end{Bmatrix}$ **ella, yo no me conmovería.**

Although she cried, I would not be moved.

Si él $\begin{Bmatrix} \textbf{tuviera} \\ \textbf{tuviese} \end{Bmatrix}$ **el dinero, podríamos ir todos.**

If he should have the money, we could all go. [*He probably does not have the money.*]

Nótese, sin embargo, que el uso del pasado simple en inglés es ambiguo, ya que puede indicar una hipótesis o una condición real en el pasado —aun cuando se emplee el futuro hipotético en la conclusión, a saber:

Si esto aconteció ayer, sería un desastre. If this happened yesterday, it would be a disaster.

Si lo estaban planeando la semana pasada, nos lo contarían. If they were planning it last week, they would tell us so.

Al referirse al momento de hablar, el hablante puede expresar una duda muy acentuada o hasta la negación total respecto de la verosimilitud de la condición.

Esta expresión de irrealidad sirve: (1) para especular sobre lo que pudiera verificarse en otras circunstancias y (2) para dar énfasis a la conclusión empleando una condición obviamente imposible o hasta absurda. Al referirse al momento de hablar, se emplean las mismas formas verbales en las condiciones irreales que en las hipotéticas.

(1) **Si él tuviese el dinero, podríamos ir todos.**   If he had the money, we could all go. [*But he does not have the money.*]

Si los automóviles no emitieran tantos hidrocarburos, la atmósfera estaría más limpia.   If automobiles did not emit so many hydrocarbons, the atmosphere would be cleaner. [*They do not emit less.*]

(2) **Si yo fuera usted, no lo haría.**   If I were you, I wouldn't do it. [*I am not you.*]

Aunque ella fuese un Einstein, no comprendería las oraciones condicionales.   Although she were an Einstein, she would not understand conditional sentences. [*She is not an Einstein.*]

Si se indica que una situación en el pasado fue hipotética o irreal, se emplea el pluscuamperfecto de subjuntivo en la condición y el antefuturo hipotético en la conclusion.

Si yo le $\begin{Bmatrix} \text{hubiera} \\ \text{hubiese} \end{Bmatrix}$ visto, le habría saludado.

If I had seen him, I would have greeted him.

Si él hubiera estado allí, no habría admitido tal cosa.   If he had been there, he wouldn't have admitted such a thing.

Aunque hubiese llorado ella, yo no me habría conmovido.   Although she might have cried, I would not have been moved.[7]

120
Variaciones en el patrón regular de las oraciones condicionales

a. Como ya indicamos (§43), puede emplearse el imperfecto de indicativo en lugar del futuro hipotético. Esta sustitución se verifica con frecuencia en las oraciones condicionales, sobre todo en el habla popular.

Si ellos se fuesen, quedábamos muy contentos.   If they went away, we would be very happy.

Si esto se verificara, era el acontecimiento del siglo.   If this should take place, it would be the happening of the century.

b. Es frecuente el empleo del imperfecto o del pluscuamperfecto de subjuntivo

---

[7] Como indica el profesor William E. Bull, en las págs. 102–3 de la obra citada en el prefacio, se explica el uso de las formas del pasado en las condiciones hipotéticas e irreales por situarse el hablante mentalmente en el futuro, contemplando el momento de hablar (el presente) como si fuera el pasado. Tal dislocación del eje normal· de orientación temporal sirve para alejar la condición del mundo objetivo. Analógicamente, se aplica el mismo argumento para explicar el uso del pluscuamperfecto para indicar el pasado.

en -*ra* (pero no en -*se*) en la conclusión en lugar del futuro hipotético o del ante-futuro hipotético. Esta sustitución es común sobre todo en México y otras regiones americanas.

Si él viniera acá, yo le diera el dinero.   If he came here, I would give him the book.
Si hubieran ido a verlo, hubieran quedado desilusionados.   If they had gone to see it, they would have been disillusioned.

c. En lugar del antefuturo hipotético, se emplea a veces el imperfecto o el presente simple de indicativo para expresar la conclusión de una manera más directa y enfática.

Si él lo hubiera dicho, yo no le perdonaba (perdono).[8]   If he had said it, I wouldn't have pardoned him.

Preguntas

1. ¿En qué tipos principales se dividen las oraciones condicionales?
2. ¿Qué formas verbales se emplean en condiciones reales que se refieren al presente o al futuro?
3. ¿Qué formas verbales se emplean en condiciones hipotéticas referentes al futuro?
4. ¿Qué formas verbales se emplean en condiciones irreales que se refieren al presente y al pasado?
5. ¿Qué formas del verbo pueden usarse en la conclusión de una oración condicional en lugar del futuro hipotético o del antefuturo hipotético?

Aplicación

Cámbiese la condición real a una condición hipotética o irreal (a) en tiempo presente o futuro y (b) en tiempo pasado:

1. Si sigo trabajando, podré ingresar en la universidad.
2. Si visitamos a mi tío, llevaremos las transparencias.
3. Si volvemos a México, sacaremos más fotografías.
4. Si vamos en el mismo autobús, nos divertiremos mucho.
5. Si llegan antes de las seis, iremos al centro a cenar.

121
Equivalentes de la oración condicional con *si*

a. Además de *si*, se puede emplear el subjuntivo con otras conjunciones para formar oraciones semánticamente iguales a las condiciones. Estas expresiones incluyen (*en*) *caso* (*de*) *que, con tal* (*de*) *que* y *dado que*.

---

[8] En el habla popular es común el uso del imperfecto de indicativo aun para expresar una condición irreal: **Si yo tenía el dinero, lo compraba (compraría),** *If I had the money, I would buy it.* Tal sustitución no es normal en el uso literario.

En caso de que él no haya venido para las ocho, saldremos de todos modos. In case he hasn't come by eight, we will leave in any event.

Le ayudaré con tal de que se adhiera a mis estipulaciones. I will help him provided he adheres to my stipulations.

Dado que fuese así, él no tendría otro remedio. Supposing it were so, he would have no other choice.

N.B. Se emplea *por si* (*acaso*) con el indicativo para indicar una posibilidad real y con el subjuntivo para indicar una condición hipotética o irreal: **Tocaré el timbre por si está alguien**, *I will ring the bell in case anyone is there*; **Ella limpió la casa por si alguien venía** (**viniera**), *She cleaned the house* (*just*) *in case anyone was coming* (*should come*). *Por si acaso* es de uso frecuente como equivalente de oración subordinada: **Él ha traído el revólver, por si acaso**, *He has brought the revolver, just in case.*

b. En vez de verbo conjugado, es muy frecuente emplear V_{ndo} para indicar una condición.

Hablando de ese modo, él no consigue nada. (By) Talking that way, he won't achieve anything.

Habiendo tenido más dinero, habrían comprado acciones adicionales. Having had more money, they would have bought additional shares.

c. Es especialmente común emplear *de* + V_{inf} (o *haber* + V_{do}) como equivalente de condición.

De hacerlo así, él no lo acabará nunca. If he does it that way, he will never finish it.

De haber venido, lo hubieran visto. If they had come, they would have seen it.

De haberlo sabido, habrían tomado otro camino. If they had known it, they would have taken another road.

Existen además expresiones adicionales con preposición + V_{inf}, como:

A ocurrir esto, nadie lo creería. If this should happen, nobody would believe it.

Con sólo verlo, me rompería a llorar. With just seeing it, I would burst out crying.

d. Otras expresiones de los tipos ya estudiados pueden interpretarse a veces como equivalentes de oraciones condicionales. Se presenta esta posibilidad sobre todo en las construcciones con *cuando* y *siempre que*.

Cuando le vea, se lo diré. If / When } I see him, I will tell him.

Siempre que nos ayudan, nos metemos en un lío. Whenever they help us, we get into a mess.

Siempre que nos ayuden, nos meteremos en un lío. If they ever help us, we will get into a mess.

Como ella sea descortés, la despido. In case she is discourteous, I will discharge her.

APLICACIÓN

A. Expresen las condiciones con (en) caso (de) que, con tal (de) que, dado que o por si:

1. Si él sigue mi consejo, asistirá a la reunión de mañana.
2. Si ella confía en mí, se casará conmigo.
3. Arrójeles usted unos centavos —si alguno logra cogerlos.
4. Si surgiese un problema nuevo, hablaríamos con el profesor.
5. Si hubiesen bajado el precio, habríamos comprado el coche.

B. Expresen las condiciones (a) con habiendo + V$_{do}$ y (b) con de + haber + V$_{do}$.

1. Si hubiesen venido a tiempo, habrían podido presenciar el acontecimiento.
2. Si usted hubiera tenido más cuidado, no habría caído en la trampa.
3. Con sólo oírlo, se me habrían crispado los nervios.
4. Si hubiesen venido sólo por las apariencias, no se hubieran quedado tanto tiempo.

122
Las condiciones negativas

Además de usarse no ante el verbo de la oración condicional, una condición negativa puede expresarse con a menos que o a no ser que (unless). En estas oraciones (a distinción de las condiciones reales con si) se emplea siempre el subjuntivo.

No puedo hacerlo a menos que me ayudes.   I can't do it unless you help me. [i.e., . . . if you don't help me.]
A menos que yo lo hubiera visto, no lo habría creído.   Unless I had seen it, I wouldn't have believed it.

123
El uso de *sin que*

Se emplea sin que como el equivalente de y ... no... o pero... no... Muchas veces las oraciones con sin que pueden tener el mismo valor que las oraciones condicionales o concesivas, sobre todo si una noción de posibilidad puede inferirse como condición. La parte subordinada con sin que lleva siempre el subjuntivo.

Podemos ir allí sin que nos vean.   We can go there without their seeing us.
Él no podría hacerlo sin que nosotros lo notásemos.   He couldn't do it without our noticing it.
Ella compró el vestido sin que su marido lo viera puesto.   She bought the dress without her husband's having seen it on.

Es importante notar aquí el contraste entre la subordinación española con verbo conjugado y la subordinación inglesa con V$_{ing}$.

Si el sujeto de las dos oraciones es la misma persona, se emplea sin + V$_{inf}$: **No podemos ir sin verlos**, We can't go without seeing them.

124
La subordinación sustantiva con *si*

a. Si una interrogación, a la que se responde con *si* o *no*, se subordina al verbo *preguntar* (o equivalente) para formar una pregunta indirecta, el verbo subordinado, por tratar del rasgo [—actitud], se emplea en la forma apropiada del indicativo.[9]

Él me preguntó si ella pudo (ha podido, podría) hacerlo. He asked me whether (if) she was able (has been able, would be able) to do it.
Dime si han llegado a tiempo. Tell me whether (if) they have arrived on time.

b. Al seguir a una expresión de duda, se emplea el indicativo para notar la existencia de dos posibilidades condicionadas por factores externos; se emplea el subjuntivo para señalar vacilación interior o mucha duda por parte del hablante:

No sé si puedo (pueda) hacerlo. I don't know whether (if) I can do it.
Dudo si él volverá (vuelva) muy pronto. I doubt whether (if) he will return very soon.

N.B. Aun sin la presencia de una oración matriz subordinante, se emplea *si* para expresar o reforzar una conjetura: **¿Si habrán venido?**, *I wonder if they have come.*

Aplicación

A. Para contestar afirmativamente, agregando una condición original introducida por *a menos que* y *a no ser que*:

MODELO: ¿Irá usted a clase mañana? Sí, a menos que me despierte tarde.

1. ¿Asistirá usted al concierto?
2. ¿Harás el viaje?
3. ¿Vendieron el automóvil?

B. Para expresar de otra manera, empleando *sin que*:

1. Él gasta mucho dinero, y nosotros no podemos impedírselo.
2. Murieron ahogados, y no pudimos hacer nada.
3. Ella lo hizo, pero yo no me di cuenta de ello.

C. Para expresar en español:

1. If he had carried off the merchandise, he could not have gone very far without the police catching him.
2. Unless he drove like a madman, he couldn't arrive there in four hours.
3. When I meet him in the street, I never know whether he will greet me or not.

---

[9] En el caso de otras preguntas, a las que no se responde con *si* o *no*, si la parte subordinada consta de infinitivo, se introduce con *qué* interrogativo: **Él me preguntó qué hacer,** *He asked me what to do.* Si la parte subordinada contiene un verbo conjugado, se emplea *qué* (o *lo que*): *Él me preguntó qué* (o *lo que*) *iba a hacer.* Se emplean las otras expresiones interrogativas —*cómo, cuándo, dónde*— igualmente con V$_{inf}$ o verbo conjugado.

125

Repaso de verbos: *parecer, convenir, caer*

Se emplea *parecer* principalmente para expresar un juicio sobre alguna persona o cosa. La forma *parecerse a* se refiere a la semejanza física. *Aparecer* significa presentarse físicamente una persona o cosa a los ojos del hablante. Para las interrogaciones con *parecer*, véase §139e.

¿Qué le parece a usted si vamos?   What do you say to our going?
¿Te parece bien que lo hagamos?   Does it seem to you a good idea for us to do it?
Al parecer
A lo que parece⎰**él es inocente.**   To all appearances (Apparently) he is innocent.
Lo hicieron por el bien parecer (por las apariencias).   They did it for the sake of (to save) appearances.
Enrique no es bien parecido.   Henry doesn't have a good appearance.
En la foto no se ve el parecido (la semejanza).   The likeness doesn't appear in the photo.
Juan se parece a su hermano.   John looks like his brother.
Ese tipo apareció de la nada.   That fellow appeared from nowhere.

Se emplea *convenir* impersonalmente para traducir el inglés *be better, had better* o *be fitting (suitable). Convenir en* se traduce *agree.*

¿Le conviene a usted que vayamos?   Does it suit you for us to go?
Te conviene más hacerlo de otro modo.   You had better do it another way.
Convinimos en reunirnos mañana.   We agreed to meet tomorrow.
¿Convenidos?   Are we agreed?

N.B. *Conveniente* traduce sólo raramente el inglés *convenient*; significa más bien *suitable*: **La casa parece conveniente,** *The house seems suitable. The house is convenient* puede traducirse **La casa está bien situada** o **La casa es cómoda.**

Caer significa *fall (down)*; se usa preferentemente en la forma reflexiva al referirse a personas con el significado de *fall down*; véanse §§81 y 84. Después de *por poco* se emplea en el presente con sentido pasado. (De manera análoga se emplean algunos verbos más, como *morirse* o *reírse*.) Entre los usos idiomáticos se destacan el de la localización en el tiempo o en el espacio y la expresión de la impresión que recibe uno de una persona o cosa.

Ella lo dejó caer en la cesta.   She dropped it into the basket.
Él se cayó de espaldas.   He fell on his back.
Por poco me caigo (muero, río).   I almost fell (died, laughed).
La puerta cae a la derecha.   The door is on the right.
¿Cuándo cae la fecha?   When does the date fall?
No me cae bien el tipo.   The fellow doesn't strike me well.
¡Ya caigo (en la cuenta)!   Now I see (catch on)!
La fruta está al caer.   The fruit is about to fall (*also used figuratively*).

APLICACIÓN

Complétense las oraciones siguientes, empleando los verbos y las expresiones estudiadas en esta sección:

1. ¿Qué tal le _____ los vecinos nuevos? 2. Al _____ el partido va a apoyar su candidatura. 3. El pobre Enrique es tan ingenuo que _____ en la trampa. 4. El asunto es muy delicado; _____ (fut. hipotético) hablar con él antes de la reunión. 5. Habiendo sido rodeados los rebeldes, _____ al _____. 6. Además de ser muy inteligente, la chica no es mal _____. 7. ¿Cuándo _____ el cumpleaños de Ana María? 8. La asustaron; de modo que _____ los platos al suelo. 9. Ya veo que por fin te _____ (pret.) en la cuenta. 10. ¿_____? ¿Nos reuniremos a las nueve? 11. Este documento tiene algún _____ con el verdadero, pero ha sido falsificado. 12. Ya que estás solo, me parece que un apartamento te sería más _____ que esta casa. 13. ¿De dónde _____ tantos manifestantes? 14. ¿Comó les _____ (pret.) la película? 15. Te has equivocado; la calle de Alcalá _____ por este lado. 16. No les interesa la ópera; asistieron por _____. 17. Les _____ devolver el dinero antes de que él descubra el robo. 18. El hijo no _____ en nada a su padre.

Verificación y repaso

CUESTIONARIO

1. ¿En qué difieren las oraciones condicionales de las concesivas?
2. ¿Cómo se distingue la condición real de la condición hipotética o irreal?
3. ¿Se usa el subjuntivo o el indicativo en las condiciones reales?
4. ¿Se usa el indicativo o el subjuntivo con las expresiones (en) caso (de) que, con tal (de) que y dado que?
5. ¿Qué otras construcciones pueden usarse para expresar una condición?
6. ¿Qué formas del verbo se emplean con a menos que o a no ser que?
7. ¿En qué difiere el uso de sin que de la subordinación correspondiente del inglés?
8. ¿Qué formas del verbo se emplean en las interrogaciones indirectas con si? ¿En las expresiones de duda subordinadas con si?

EJERCICIOS

A. Cámbiese la condición real a una condición irreal o hipotética (a) en tiempo presente y (b) en tiempo pasado:

1. Si se vende la casa, él tendrá que buscar otra.
2. Si a ella le caen bien los zapatos, comprará dos pares.
3. Se te caerán los estantes si no los aseguras mejor.
4. Si le conviene hacerlo, lo hará.
5. Le cogerán fácilmente si tiene parecido con la foto.

B. Expresen las condiciones con (en) caso (de) que, con tal (de) que, dado que o por si:

1. Si vienen temprano, estaremos preparados.
2. Si hicieses lo mismo, ¿no esperaras un poco de caridad?

3. Si hubiéramos podido encontrar más indicios, señalamos al culpable.
4. Yo haría lo mismo si fuera usted.
5. He dejado la puerta sin cerrar —si él vuelve antes.

C. Para expresar en español:

1. Although he may have some experience, he does it as though he were a beginner.
2. If the intruders entered through the rear door, they left no signs on the lock.
3. He would help his son to leave the country provided he had sufficient influence.
4. Shall I have them prepare (*hacer* + *que* + *subjunctive*) another report, just in case?
5. In case they want to present it that way, there is no reason (*motivo*) not to (*para no*) accept it.
6. Having attended all the sessions, he would be able to do it better than anybody.
7. If we hadn't heard it (use *de* + V$_{inf}$), we wouldn't have believed it. Ask the others whether they heard the same thing.
8. If John didn't have sufficient time, I doubt whether he has finished the examination.
9. Unless your friend has an even temperament, he must be very much annoyed at (*incomodado con*) what has happened.
10. If they had insisted [use *de* + V$_{inf}$] on what the president wanted, we could not have agreed on the project.

Vista de la biblioteca, Patzcuaro,
México

Sección A

Oraciones exhortativas y desiderativas • Equivalencias de
mandato • Expresiones suavizadas • Infinitivo subordinado a los
verbos de percepción • Infinitivo subordinado a ciertos verbos de
propósito • El uso de *que* para introducir las oraciones subordinadas
de causa y de modo

126
Oraciones exhortativas y desiderativas

La oración exhortativa expresa una sugerencia o una incitación a que se haga
alguna cosa.

a. En la 1ª persona del plural la expresión correspondiente en inglés comienza
por *let's*. Se emplea el presente de subjuntivo, colocándose los pronombres átonos
de acuerdo con las reglas para los mandatos.

Escribámosle esta noche. Let's write to him tonight.
Seámosles francos. Let's be frank with them.
No le pidamos nada. Let's not ask him for anything.
No nos sentemos a su mesa. Let's not sit at his table.

Se elimina la -*s* de la terminación -*mos* ante el pronombre *se* (por *le, les*) y
los verbos reflexivos eliminan la -*s* de la misma terminación cuando se les agrega
el pronombre *nos*.

Mandémoselo. Let's send it to him (her, etc.)
Sentémonos a su mesa. Let's sit at his table.
Divirtámonos a pesar de lo ocurrido. Let's have a good time despite what's
happened.

En las oraciones afirmativas se expresa la exhortación en el lenguaje diario
con *vamos a* + V$_{inf}$: **Vamos a visitarle esta noche**, *Let's (go) visit him tonight*.
Nótese que este giro debe interpretarse según el contexto:

Vamos allá. $\begin{cases} \text{Let's go there.} \\ \text{We're going there.} \end{cases}$

En las oraciones negativas, sin embargo, *no vamos* sólo puede usarse en expresiones de sentido futuro: **No vamos a visitarle**, *We are not going to visit him*. Para
la exhortación se exige el subjuntivo: **No vayamos allá**, *Let's not go there*.

b. Las exhortaciones de 3ª persona suelen precederse de *que*. Se las concibe como
la porción subordinada de una oración de propósito; de modo que los complementos
átonos son colocados delante del verbo.

Que no nos visite él ahora. Let him not visit us now.
Que lo hagan en seguida. Have (Let) them do it right away.

N.B. Ya que la palabra *let* en inglés puede indicar la exhortación o el permiso, deben distinguirse los dos tipos, aunque a veces se aproximan semánticamente. La exhortación inglesa suele abreviarse *let's*, reservándose *let us* para expresar el permiso.

Mamá, deja que lo hagamos. Mother, let us (allow us to) do it.
Hagámoslo. Let's do it.
Permítale Ud. que entre. Permit him to come in.
Que entre. Have (let) him come in.

c. Muchas veces estas oraciones tienen carácter más bien desiderativo, es decir, expresan un deseo general o vago. En ciertas frases hechas se omite *que*.

¡Que no se cumpla tal desastre! May such a disaster not come to pass!
(Que) En paz descanse. May he rest in peace.
¡Viva el presidente! Long live (Hurrah for) the President!
Baste que él lo haya dicho. Let it suffice that he has said it.
Conste que no busco el puesto. Let it be clear (a matter of record) that I do not seek the position.

d. Se emplea *ojalá* (*que*) con el subjuntivo en las expresiones desiderativas. El imperfecto de subjuntivo sugiere algo más hipotético o más alejado de la realidad que el presente. El pluscuamperfecto indica una situación irreal en el pasado.

¡Ojalá (que) él llegue a tiempo! $\begin{cases}\text{May he arrive}\\ \text{Oh, I hope he arrives}\end{cases}$ on time!
Ojalá él no lo sepa (haya sabido). I (only) hope he doesn't know it (hasn't found it out).
¡Ojalá que fuera así! $\begin{cases}\text{How I wish}\\ \text{Would that}\end{cases}$ it were so!
Ojalá yo hubiera conocido más gente allí. If only I had known more people there.

En la conversación *ojalá* puede usarse aisladamente como comentario:

—**Hará buen tiempo mañana.** "The weather will be good tomorrow."
—**Ojalá.** "I hope so."

N.B. Se emplean *¡quién!* + imperfecto o pluscuamperfecto de subjuntivo de manera desiderativa: **¡Quién supiera leerlo!**, *If only I could read it!*

e. *Acaso, tal vez* o *quizá(s)* se emplean con el indicativo o el subjuntivo. Con el subjuntivo expresan más duda o vacilación.

Acaso viene él. He's perhaps coming.
Quizás venga él. He's *perhaps* coming.
Tal vez lo haya hecho él. He's *perhaps* done it.

f. Se emplean las oraciones exhortativas o exclamativas con expresiones negativas.

No salga nadie.   Let nobody leave.
¡Nunca lo hubiera hecho yo!   I wish I had never done it!
No haberlo hecho, pues.   I (he, she, you, they) oughtn't to have done it, then.

127
Equivalencias de mandato

Se puede expresar el equivalente de mandato de varios modos. Observen los ejemplos siguientes:

¡A callar! ¡A correr!   Quiet! Run!
¡Callandito!   Hush!
Irás allí y le dirás que no venga.   You will go there and tell him not to come.

Preguntas

1. ¿Qué forma del verbo se emplea en las oraciones exhortativas de la primera persona del plural?
2. ¿Dónde se colocan los complementos átonos en las oraciones exhortativas de la primera persona?
3. ¿Cuándo se elimina la -*s* de la terminación -*mos*?
4. ¿Qué otra manera hay de expresar la exhortación en el lenguaje diario en las oraciones afirmativas?
5. Citen algunas expresiones que se emplean como equivalentes de mandato o de exhortación.

Aplicación

A. Para contestar dos veces, primero afirmativa y luego negativamente, según el modelo:

MODELO: ¿Escribimos la carta?   Sí, escribámosla.
No, no la escribamos.

1. ¿Devolvemos el dinero?
2. ¿Pagamos la cuenta?
3. ¿Nos levantamos ahora?
4. ¿Nos vestimos en seguida?
5. ¿Se lo preguntamos?

B. Exprésense las siguientes oraciones exhortativas o desiderativas con *ojalá* (*que*):

1. ¡Si yo supiera nadar!
2. ¡Que no tengan mala suerte!
3. Sería muy de desear que él no nos siguiera.
4. ¡Quién pudiera encontrarlo!
5. Espero que no lo haga él.
6. ¡Qué bueno si se lo permitiera mi padre!

128
Expresiones suavizadas

Para expresar un deseo o propósito con suavidad o cortesía se emplean típicamente *querer* en el pretérito de subjuntivo, *gustar, agradar* y *desear* en el futuro hipotético, y *deber, decir, poder* y otros verbos en las dos formas mencionadas.

Yo quisiera que él no fuese tan impaciente.
$\begin{Bmatrix} \text{I wish} \\ \text{I would like it if} \end{Bmatrix}$ he were not so impatient.

Les gustaría que usted les mostrara más cortesía. They would be pleased if you showed them more courtesy.

Debiera (Debería) decirse de una vez. It should be said once and for all.

Dijérase[1] (Diríase) que no es posible. One might say it is impossible.

Él pudiera (podría) venir mañana si Ud. quiere. He could come tomorrow if you wish.

Más te $\begin{Bmatrix} \text{valiera} \\ \text{convendría} \end{Bmatrix}$ **hacerlo.** It would be better for you to do it.

Asimismo se encuentra también el imperfecto de indicativo en las expresiones de cortesía, especialmente en las preguntas: **¿Qué deseaba usted?**, *What did you want, What would you like?*; **¿En qué podía ayudarle?**, *How may I help you?*

A P L I C A C I Ó N

Cambien las oraciones siguientes para expresarlas con suavidad o cortesía:

1. ¿Qué desea usted?
2. ¿Le gusta a usted que se haga así?
3. Puedes venir a las ocho.
4. Yo quiero recibir lo mismo que ellos.
5. Ustedes no deben insistir en su petición.

129
Infinitivo subordinado a los verbos de percepción

Los verbos de percepción visual y auditiva ofrecen un patrón sintáctico especial. Se resume en la transformación siguiente:

Veo que el médico viene. ⇒ Veo venir al médico.

Ejemplos adicionales son:

Los escuchamos cantar de vez en cuando. We listen to them sing from time to time.

Él oyó quejarse a los trabajadores. He heard the workers $\begin{Bmatrix} \text{complain.} \\ \text{complaining.} \end{Bmatrix}$

Nótese que cada verbo puede llevar los complementos que le correspondan.

---

[1] Véase el Apéndice, §171(d).

El español usa también, como variante estilística, un orden de palabras igual al del inglés: **Él vio a su amigo llegar**, *He saw his friend arrive*. Este patrón es más apropiado si el infinitivo subordinado lleva una frase que lo modifique:

Él vio a su amigo llegar con gran prisa.   He saw his friend arrive in great haste.

En otros casos la construcción descrita antes es la típica.

Si se quiere dar énfasis al aspecto imperfectivo, puede emplearse V_{ndo} en lugar del V_{inf}.

Las oigo cantando [a las muchachas].   I hear them singing [the girls].
Vi al hombre matándola.   I saw the man killing her.

Para otros ejemplos de la subordinación con infinitivo, véase el Apéndice, §172.

APLICACIÓN

A. Cambien las oraciones, empleando, en lugar del sustantivo, el infinitivo correspondiente, para formar oraciones de acuerdo con el modelo:

MODELO: Oyeron las canciones de las muchachas.   Las oyeron cantar.

1. Oímos la plática de los turistas.
2. Sentimos el paso de los soldados.
3. Él vio la llegada de la criada.
4. Escucharon el despegue de los aviones.
5. No queremos ver el desfile de los heridos.

B. Cambien otra vez las oraciones del ejercicio anterior para formar oraciones con V_{ndo}, según el modelo:

MODELO: Oyeron las canciones de las muchachas.   Las oyeron cantando.

130
Infinitivo subordinado a ciertos verbos de propósito

a. La misma transformación, tratada en el párrafo anterior, de oración subordinada en forma de infinitivo con sujeto distinto, se emplea cuando se encuentran en la oración matriz los verbos *mandar* (*ordenar, exigir*), *permitir* (*dejar*), *prohibir, impedir, aconsejar*. Se ven, pues, las dos posibilidades:

Él me mandó que fuera.⎫
Él me mandó ir.　　　　⎬   He ordered me to go.
　　　　　　　　　　　　⎭

Otros ejemplos son:

¿Me dejas pasar?   Will you let me go by?
¿Por qué la haces llorar?   Why do you make her cry?
No le prohibo fumar.   I do not prohibit his smoking.
Él no me aconsejó ir.   He did not advise me to go.

La construcción con infinitivo es quizás más común en el caso de *dejar, mandar* y *hacer*. Con *impedir* y *permitir* y quizás *prohibir* el infinitivo y la oración con subjuntivo son igualmente comunes. Con los otros verbos predomina la oración subordinada con el subjuntivo.

b. Igual alternancia se ve en el caso de ciertos verbos seguidos de *a*, como *ayudar, convencer, incitar, obligar, persuadir*, etc.

Le ayudo a hacerlo.
Le ayudo a que lo haga. } I am helping him (to) do it.
Él los obligó a rendirse.
Él los obligó a que se rindieran. } He obliged them to surrender.

c. Merecen atención especial los verbos *hacer* y *mandar* por traducir el giro importante del inglés *have* or *make someone* (or *something*) *do something*.

Los haré venir.   I'll have them come.

La mandaré visitar al médico.   I'll { have her / send her to } visit the doctor.

Él hizo saltar la tapa.   He made the lid pop off (He popped off the lid.).

d. Con los verbos de propósito o de percepción se elimina *se*, que indica Pro, al emplearse un infinitivo subordinado:

Él hizo que se lavara la ropa.   ⇒   ***Él hizo lavarse la ropa.**   ⇒   **Él hizo lavar la ropa.**[2]

Se traduce a menudo con la voz pasiva en inglés: *He had the clothes washed.* Sirvan de ejemplos adicionales:

Hago pintar la casa.   I am having the house painted.

Él mandó arreglarlo. (*o* **Él lo mandó arreglar.**)   He { ordered / had } it fixed.

Hagan limpiarlo con todo cuidado (*o* **Háganlo limpiar...**).   Have it cleaned with every care.

e. Con un número muy restringido de expresiones de propósito (y también de modo) se elimina la oración subordinada con *ser*, dando como resultado una construcción especial.

Nombraron a mi tío para que fuese gerente.   ⇒   **Nombraron gerente a mi tío.**

They named my uncle to be manager.   ⇒   They named my uncle manager.

Nótese la diferencia en el orden de palabras entre el español y el inglés en la versión transformada. Construcciones análogas son:

Eligieron presidente a Juan.   They elected John president.
Le llamo (considero) ladrón a ese muchacho.   I call (consider) that boy a thief.

---

[2] Para unos ejemplos adicionales de estas construcciones y otras afines, véase el Apéndice §172.

131
El uso de *que* para introducir las oraciones subordinadas de causa y de modo

Se ha visto ya (§112a) el uso de *que* en lugar de *para que* en oraciones de propósito. A veces ocurre una simplificación semejante en las oraciones de causa y de modo.

Ven que ya son las diez.   Come, as it is ten o'clock.

¿Dónde estás que no te veo?   Where are you that I don't see you?

Ella canta que da gusto.   She sings so it is a delight.

Que yo sepa, él no ha hecho nada malo.   So far as I know, he hasn't done anything bad.

No han hecho ningún progreso, que yo vea.   They haven't made any progress so far as I can see.

APLICACIÓN

A. Cambien las oraciones, empleando la subordinación de infinitivo en lugar de la de verbo conjugado:

1. Él mandó que llegaran a las nueve.
2. Te aconsejo que no lo hagas tan rápidamente.
3. La hice que lo escribiera de nuevo.
4. El ayuntamiento no permite que se pavimente la plaza.
5. Prohibieron que se subiese el piano.

B. Para expresar en español:

1. Let's write to them so that they [will] nominate Mr. Gonzalez [for] secretary.
2. Let nobody leave yet; I thought I heard him come in.
3. She suffers so it is a pity; let's do nothing that might bother her.
4. So far as I know, she hasn't left yet; have her come up.
5. Let it be clear that I will let him run (*dirigir*) the firm as he wishes.

Verificación y repaso

CUESTIONARIO

1. ¿Qué expresa la oración exhortativa?
2. ¿Cómo se expresan las exhortaciones de tercera persona?
3. ¿Qué formas verbales se emplean con *ojalá* (*que*)?
4. ¿Qué formas verbales se emplean con *acaso, tal vez* o *quizá(s)*?
5. ¿Cuáles son algunos verbos que se usan típicamente en las expresiones suavizadas?
6. ¿Qué patrón especial ofrecen los verbos de percepción?
7. ¿Qué forma del verbo puede usarse con los verbos de percepción para dar énfasis al aspecto imperfectivo?
8. ¿Por qué merecen atención especial los verbos *hacer* y *mandar*?

E J E R C I C I O S

A. Exprésense de otro modo las exhortaciones expresadas con *vamos*, empleando el presente de subjuntivo; cámbiense luego a la forma negativa:

1. Vamos a agregarlo al informe.
2. Vamos a quejarnos al director.
3. Vamos a pedírselos.
4. Vamos a dormirnos ahora.
5. Vamos a servírselo.

B. Completen la oración agregando una oración exhortativa, según el modelo:

MODELO: Si él quiere hacerlo, ———. Si él quiere hacerlo, que lo haga.

1. Si ellos desean volver, ———.
2. Si ella quiere ponérselo, ———.
3. Si él prefiere traerlo, ———.
4. Si él insiste en desafiarle, ———.
5. Si ella desea conducirlo, ———.

C. Para expresar en español:

1. He had the house cleaned for when she would return. 2. All night we listened to the trucks passing [by]; I hope it isn't repeated! 3. How I wish he would have the television fixed; I would like to see that program. 4. "He had a recreation room built, but it cost too much." "Then he oughtn't to have built it!" 5. Quiet! I want to hear him play the sonata. Let the others go away. 6. They ought to let them present the play, although it may be a little daring. 7. Perhaps you are right; let's not advise them to support the new project. 8. Where are my glasses, that I don't see them? 9. It would be better for me to wear contact lenses. 10. Could you finish the report by (*para*) tomorrow? I would like to present it to the director as soon as possible.

Sección B

132
Las expresiones comparativas y superlativas irregulares

Las expresiones comparativas y superlativas irregulares tienen formas heredadas
directamente del latín, y difieren, por lo tanto, del patrón regular con *más* o *menos*.
Contrastamos abajo las formas comparativas y las no-comparativas:

FORMA NO-COMPARATIVA	FORMA COMPARATIVA
grande *large*	(el) mayor *(the) larger, largest*
pequeño *small*	(el) menor *(the) smaller, smallest*
bueno *good*	(el) mejor *(the) better, best*
malo *bad*	(el) peor *(the) worse, worst*

a. *Mayor* y *menor* se refieren a la edad o a cualidades, más bien que a extensión
o tamaño. Para expresar tamaño se emplea *más* (*menos*) *grande*. En lugar de
mejor o *peor*, se oyen popularmente *más bueno* o *más malo*. Como se ha dicho antes,
el español no distingue entre dos y más de dos en la comparación.

Juan es más inteligente.   John is more intelligent.
Juan es el más inteligente (de los dos *o* de los tres).   John is the more intelligent (of
the two *or* the most intelligent of the three).
Este niño es mayor que aquél.   This child is older than that one.
Mi casa es más grande que la de usted.   My house is bigger than yours.
Ella es menor de edad, pero él es mayor de edad.   She is a minor, but he is of age.
Este novelista es mejor.   This novelist is better.
Él es más bueno que el pan.   He's a (real) old dear.

b. Se emplean *inferior* y *superior* como en inglés, con un patrón diferente del
de las otras formas comparativas: **Esta película es superior (inferior) a la que
vimos ayer**, *This film is superior (inferior) to the one we saw yesterday.*

Anterior y *posterior* corresponden respectivamente al inglés *previous* y *later.*

Los esfuerzos anteriores (posteriores) tuvieron mejor resultado.   The previous
(later) efforts had a better result.
Eso fue anterior (posterior) a lo demás.   That was previous (subsequent) to the
rest of it.

238

c. Se emplean *mejor* y *peor* también con función adverbial.

Es él el hombre mejor dotado.   He is the man most gifted.
Ella escribió peor que los otros.   She wrote worse than the others.

Mayormente se emplea como sinónimo de *principalmente* o *especialmente*.

133
La comparación en oraciones de verbo subordinado distinto

Estas oraciones ofrecen tres patrones, que se explican a continuación.

a. Compárense las siguientes combinaciones comparativas:

(1) Ella es [más] hábil.⎫
    Tú eres hábil.   ⎬   [comp] ⇒ Ella es más hábil que tú.
(2) Ella es [más] hábil. ⎫
    Tú crees que ella es hábil.⎬ [comp] ⇒ Ella es más hábil de lo que tú crees.

La oración representada por (1) es la sencilla comparación de desigualdad ya estudiada en §32, b. En (2), *lo* (de la forma transformada) se refiere a toda la idea comparada (en este caso, *Ella es hábil*), y, por lo tanto, puede omitirse la porción repetida de la oración subordinada. Se emplea *de lo que* cuando el punto de comparación es un adjetivo, como en (2), arriba, un adverbio o cualquier idea generalizada (aun si esta idea contiene un sustantivo).

Estuvieron más enfermos de lo que usted puede imaginar.   They were sicker than you can imagine.
Hemos hecho el viaje más rápidamente de lo que piensas.   We have made the trip more rapidly than you think.
La Argentina exportó más carne de lo que se esperaba.   Argentina exported more meat than was expected.

Pero:

La máquina funciona más rápidamente que usted puede pensar [*rápidamente*]. The machine functions more rapidly than you can think [*rapidly*].

b. Si el punto de comparación es un sustantivo específico (y no una idea generalizada) y la comparación se refiere a *cantidad*, se emplea la preposición *de* + artículo definido correspondiente + *que*.

Ella le puso más harina de la que indicaba la receta.   She put more flour in it than the recipe indicated.
La señora tomó más pastillas de las que necesitaba.   The woman took more pills than she needed.
Le rodean más cuidados de los que merece.   More cares surround him than he deserves.

c. Si el punto de comparación es un sustantivo, y uno se refiere a entidades o grupos distintos se emplea *que* + art. def. + *que.*

Estas pinturas son más bonitas que las que vimos anoche.   These paintings are prettier than the ones we saw last night.

N.B. Si se comparan directamente dos acciones verbales, es común emplear *que* como nexo entre ellas en lugar de *de lo que*: **Él gasta más que gana,** *He spends more than he earns*; **Ella grita más que canta,** *She shouts more than she sings.*

134
El subjuntivo en oraciones superlativas subordinadas

Modernamente, el español suele emplear el subjuntivo después de superlativo si se quiere dar énfasis a la construcción. Estas oraciones toman algo del carácter de la oración desiderativa; véase §126, c.

Es el libro más interesante que jamás haya leído yo.   It's the most interesting book I have ever read.
Fue un panorama de los más bellos que pudiera imaginarse.   It was a panorama of the most beautiful kind that could be imagined.

Pero:

Es el mejor plan que se nos ha presentado hasta el momento.   It's the best plan that has been presented to us up to the moment.

135
Otras expresiones de tipo comparativo

a. *Cuanto más... tanto más (menos)* implica una relación proporcional entre dos oraciones. *Cuanto* y *tanto* concuerdan con el sustantivo que modifican. Se puede eliminar *tanto*, ya que sólo sirve para énfasis.

Cuantos más libros leen, (tantas) más sandeces sueltan.   The more books they read, the more inane things they come out with.
Cuanto más llora ella, más se enfada su papá.   The more she cries, the more annoyed her father becomes.
Cuanto más dinero él tiene, menos gasta.   The more money he has, the less he spends.

En estas expresiones es frecuente emplear *mientras* en lugar de *cuanto*: **Mientras más trabajamos, menos adelantamos,** *The more we work, the less we get ahead.*

b. Tanto más (menos)... cuanto que traduce la expresión inglesa *all the more (less) . . . because.*

Su tarea es tanto más difícil cuanto que los otros se burlan de él.   His task is all the more difficult because the others make fun of him.

No quiero que mi hijo haga el viaje tanto más cuanto que es joven y sin experiencia. I don't want my son to take the trip all the more so because he is young and inexperienced.

c. *Cada vez más (menos)* indica el aumento (o la disminución) progresivo.

Ese hombre gana cada vez más dinero. That man earns more and more money. **El moribundo muestra cada vez menos vitalidad.** The dying man exhibits less and less vitality.

Es quizás menos típico el uso de *más y más*: **El convaleciente muestra más y más vitalidad,** *The convalescent shows more and more vitality.*

Preguntas

1. ¿Cuál de las dos formas comparativas, *mayor* o *más grande*, se prefiere para referirse a la edad o a cualidades?
2. ¿Qué patrón sintáctico se emplea después de *inferior* y *superior*?
3. En oraciones de verbo subordinado distinto, si el elemento comparado es un sustantivo y se comparan cantidades, ¿qué construcción se usa para introducir la oración subordinada?
4. ¿Qué forma del verbo suele emplearse después de las oraciones superlativas?

Aplicación

A. Combínense las oraciones, formando una oración de verbo subordinado distinto, como en el modelo:

MODELO: La comida es [más] cara.   La comida es más cara de lo que tú crees.
Tú crees que la comida es
cara.

1. Los animales son [más] inteligentes. Los humanos creen que los animales son inteligentes.
2. Ella está [más] agitada. Parece que ella está agitada.
3. Ella compró [más] cosas. Ella podía usar las cosas.
4. Se consigue el progreso [menos] rápidamente. Los políticos dicen que se consigue rápidamente.
5. Ellos ganaron [más] dinero. Ellos pueden gastar dinero.
6. Pero: Ellos ganan [más] dinero. Ellos gastan dinero.

B. Cámbiense, para expresar una relación proporcional entre las dos oraciones, empleando *cuanto más (menos)...* y *mientras más (menos)...*:

1. Lo estudio mucho, pero lo entiendo cada vez menos.
2. Trabajan cada vez menos, pero se quejan cada vez más de su situación.
3. A medida que crece la población mundial, más se complican los problemas económicos.
4. Trato mucho con ellos, pero los estimo cada vez menos.

136
El verbo impersonal

El verbo impersonal no tiene sujeto de persona. Se presentan dos tipos: los del tipo *llover, tronar,* etc. (véase §55), en que no hay sujeto gramatical; y los del tipo *parecer,* que llevan una oración subordinada como sujeto. Estos últimos pueden sufrir una transformación en la cual el verbo de la oración matriz concuerda, en la estructura transformada, con el sujeto de la oración subordinada. Esta transformación superficial no altera, sin embargo, su carácter básicamente impersonal.

Parece que estás triste. ⇒ Pareces estar triste. ⇒ Pareces triste.

Pueden usarse *poder* (cuando indica posibilidad y no capacidad) y *deber* (*de*) (cuando denota probabilidad y no obligación) como verbos impersonales: *Puede* (*Debe* [*de*]) *ser que estén* (*están*) *aquí.* ⇒ *Pueden* (*Deben* [*de*]) *estar aquí.* (Véase §51.) En algunas oraciones impersonales con *se,* se expresa el sujeto del verbo subordinado con el pronombre átono: **Se ve que estás triste.** ⇒ **Se te ve triste,** *You look sad.*[3]

Algunos verbos impersonales del primer grupo citado (del tipo de *llover*), como *amanecer* y *anochecer,* se emplean también como verbos personales —pero con un cambio de sentido.

Amaneció a las cinco.   Dawn came (Day broke) at five.
Anochece rápidamente en los trópicos.   Night falls rapidly in the tropics.
Amanecimos (Anochecimos) en Lisboa.   We were in Lisbon at daybreak (at nightfall).

137
Concordancia del verbo

La concordancia entre sujeto y verbo se presta a algunas dudas y vacilaciones.

a. En general, el verbo se usa en singular con los colectivos: *La gente se fue* o *El pueblo lo adora,* p. ej. Sin embargo, si el colectivo va modificado por una frase que haga resaltar lo plural, o si el verbo se encuentra alejado del sujeto, es frecuente el uso del plural.

Una multitud de ciudadanos enfurecidos invadieron (*o* invadió) el ayuntamiento.
   A multitude of infuriated citizens invaded the city hall.
Se acalmó la muchedumbre después de una larga plática con los líderes, y regresaron
   (*o* regresó) **a sus casas.**   The crowd calmed down after a long talk with the leaders, and returned to their homes.

---

[3] De modo semejante se emplea *resultar:* **Resulta que la comedia es aburrida** ⇒ **La comedia resulta ser aburrida** ⇒ **La comedia resulta aburrida,** *It turns out that the comedy is boring* (*The comedy turns out to be boring*). *Ocurrir* y *constar* efectúan la subordinación con *que* más verbo conjugado: **Ocurre que él no viene,** *It happens he is not coming. Importar* y *convenir,* como ciertos verbos de causa ya tratados en §§76 y 111, se siguen de verbo conjugado en el subjuntivo o se emplea el infinitivo, indicando el sujeto subordinado con complemento: **Importa que él venga** ⇒ **Le importa venir,** *It is important he come* (*It is important for him to come*).

b. Si uno de los elementos de la oración del tipo FS + *ser* + FS es plural, se tiende a usar el verbo en el plural.

Mi única esperanza son los hijos.   My only hope is the children.
Aquello son tonterías.   That is foolishness.

c. Si el sujeto compuesto se concibe como unidad, el verbo se emplea en el singular.

Le falta sal y pimienta.   It's lacking salt and pepper.

N.B. Si se incluyen los artículos, se destaca más el carácter de pluralidad: *El alza y la baja de su fortuna le han desilusionado.*

A distinción del inglés, el sujeto ligado con *o* o *ni* se concibe frecuentemente como entidad plural.

El ambiente o la apariencia le afectan profundamente.   The atmosphere or the appearance affects him deeply.
No son simpáticos ni él ni su hijo.   Neither he nor his son is pleasant.

d. El verbo subordinado de la oración de relativo puede concordar con el antecedente o con el pronombre relativo (es decir, con la 3ª persona). En el primer caso, parece que se da más énfasis o afectividad a la oración.

Soy yo el que lo hice (*o* hizo).   I am the one who did it.
Quiero hablarte a ti, la que has (*o* ha) **hecho esto.**   I want to talk to you (f.), the one who has done this.

e. El español difiere a veces del inglés en la selección de la persona del verbo, ya que el español no suele usar nada parecido a *it* o *there* como sujetos «vacíos».

—¿Quién llama?   —Soy yo.   "Who's there?"   "It's me (I)."
Somos seis esta noche.   There are six of us tonight.

Eres tú el que lo hizo (*o* hiciste). $\left\{\begin{array}{l}\text{It is you who did it.}\\\text{You are the one who did it.}\end{array}\right.$

A P L I C A C I Ó N

A. Complétense las oraciones con la forma apropiada del verbo entre paréntesis, explicando la selección de número y de persona:

1. El que habló ____ yo. (*ser*)
2. El electorado, que se restringe a los que saben leer, ____ mañana. (*votar*)
3. Este viaje ____ las vacaciones que necesito. (*ser*)
4. La ida y vuelta sólo ____ tres horas. (*durar*)
5. La entrada y la salida ____ mucha pompa y ceremonia. (*ocasionar*, pret.)
6. ¿Eres tú el que ____? (*rebelarse*, pret.)

B. Para expresar en español:

1. There were six of us who arrived late. We delayed more than we thought.

2. It seems more and more evident that we are the ones who have submitted the best design.
3. The majority of the strikers became quiet, but the most excited (*los más exaltados*) continued the hubbub.
4. So far as I can see, the students seem to have less and less interest in the matter.
5. She bought more clothes than she needed; all the more so because one lives informally at (*en*) (the) summer resorts.

138
Repaso de verbos: *hacer*

Además de los usos ya estudiados, como el de transcurso de tiempo o de fenómenos meteorológicos (§§52, 55, y 130c), se emplea el verbo *hacer* en numerosas expresiones idiomáticas en las cuales es típica su combinación con un sustantivo:

a. Frases hechas o idiomáticas con un sustantivo:

Yo mismo hago mis maletas.   I pack my own bags.
Le hicieron una trampa.   They played a trick on him.
Nadie le hizo caso.   Nobody paid attention to him.
Nadie hizo caso de sus sugerencias.   Nobody paid attention to his suggestions.
¡Buena la has hecho!   A fine mess you've made!
Hago los músculos al ejercicio.   I am accustoming my muscles to the exercise.

b. Con un sentido semejante a **llegar a ser** o **volverse** (*become*) (a veces se completa con *a* o *de*):

Enrique se hizo rico.   Henry became rich [*i.e., made himself*].
Ese chico está hecho todo un hombre.   That boy has become a full-grown man.
Nos hemos hecho ⎱
Estamos hechos ⎰ **a esta política oportunista.**
   We have grown used to these opportunistic politics.
¿Qué se ha hecho de tu amigo?   What has become of your friend?
El vino se ha hecho vinagre.   The wine has turned into vinegar.

c. En el sentido de *representar algo* o *hacer algo interinamente*; con cosas inanimadas tiene el significado de *servir de*:

Ella hizo el papel de Desdémona.   She played the role (part) of Desdemona.
He hecho de jardinero en estas semanas.   I have been acting as gardener these (past) weeks.
El cuarto hace de cocina y comedor.   The room serves as a kitchen and dining room.

d. Imaginar o fingir:

Te hacía yo ⎰**estudiando.**   I thought you were ⎰**studying.**
              ⎱**en México.**   ⎱**in Mexico.**

Se me hacía que estabas en otra parte. I imagined that you were somewhere else.
Ese señor se hace el sordo (el tonto). That man pretends to be deaf (a fool).
Él hace como que no lo quiere. He acts as if he doesn't want it.

APLICACIÓN

Exprésense de otra manera las siguientes oraciones, empleando el verbo *hacer*:

1. Trabajando mucho, podrás llegar a ser médico. 2. Yo imaginaba que estabas en Madrid. 3. La crisálida vino a ser mariposa. 4. Nadie tendrá en cuenta sus palabras. 5. Elena representó el papel de Rosaura en *La vida es sueño*. 6. Están acostumbrados a una vida de paz. 7. ¿Qué ha sido de Juan? 8. La criada no ha arreglado las camas. 9. El enfermo me pide que mande llamar al médico. 10. Le prepararon una trampa. 11. Como ella está enferma, yo he tomado el puesto de cocinera. 12. Ese hombre sólo finge ser el desentendido. 13. Yo me imaginaba que no volverías nunca. 14. ¡Esa muchacha se ha convertido en una real moza!

Verificación y repaso

CUESTIONARIO

1. ¿Qué usos especiales tienen las formas comparativas *mayor* y *menor*?
2. En oraciones de verbo subordinado distinto, ¿cuándo se emplea *de lo que* para introducir la oración subordinada?
3. ¿Con qué construcción se indica el aumento (o la disminución) progresivo?
4. ¿En qué difieren los dos tipos de verbos impersonales, los del tipo *llover* y los del tipo *parecer*?
5. ¿En que circunstancias pueden usarse *poder* y *deber* como verbos impersonales?
6. ¿Se usa en general el singular o el plural con los colectivos?
7. ¿Cuándo es frecuente el uso del plural con los colectivos?
8. ¿En qué caso notable difiere el español del inglés en la selección de la persona del verbo?

EJERCICIOS

A. Completen las oraciones con la forma comparativa del adjetivo o del adverbio:

1. Esta conferencia ha sido buena, pero la otra fue _____.
2. Este coche es grande, pero aquél es _____.
3. José tiene cinco años más que Pablo; éste es _____ que aquél.
4. Luisa tiene dos años menos que Ana; ésta es _____ que aquélla.
5. Juan toca mal, pero Ramón toca _____.
6. A mi hermano le interesa poco la música, pero a mí me interesa _____.

B. Contesten a las preguntas afirmativamente, empleando una expresión comparativa seguida de una oración subordinada de verbo distinto, como en el modelo:

MODELO: ¿Es mala la comida?   Sí, es peor de lo que yo creía.

1. ¿Es interesante la novela?
2. ¿Son irresponsables los políticos?
3. ¿Recibiste los artículos rápidamente?
4. ¿Ha pedido usted muchas cartas de recomendación?
5. ¿Es grande el apartamento?

C. Para expresar en español:

1. Although he is a minor, he has certain traits of maturity superior to those of his elders.   2. The more books of his I read, the more convinced I am that he is the greatest novelist Spain has produced.   3. The rain and water have prevented [sing. or pl.?] them from getting here on time.   4. Although Henry is bigger, Louis is older than he; but perhaps Henry is younger than we thought at first. 5. They obliged him to play the role of a comedy character, although it would have been better to give him another part.   6. Spain conquered more territories than she could govern effectively [use *eficazmente*; *efectivamente* means *in fact, as a matter of fact*].   7. The establishment of Spanish society in the New World was all the more difficult since the other European nations attacked her lines of communication constantly.   8. It seems that the older she gets the less attention she pays to her friends.   9. It was an experience of the most horrifying [kind] that I had ever imagined.   10. So you are the one who has been acting as nurse? The problem is more serious than we believed.

José Martí

Capítulo II

Sección A

Las expresiones interrogativas • Expresiones de precio y de comparación de unidades • Las dimensiones • Expresiones típicas de tiempo referentes al pasado, presente o futuro

139
Las expresiones interrogativas

Además de lo tratado en §9, es preciso hacer algunas observaciones más sobre las interrogaciones.

a. *¿Cual?* traduce el inglés *which?* o *what?* Su uso implica que se puede escoger o señalar entre varias posibilidades *específicas.* Se emplea *¿que?* cuando la selección trata de cosas en general o ideas generalizadas o para solicitar una definición; tiene como sinónimo *¿qué cosa?*

¿Cuál estudia usted, esta lección o ésa? Which are you studying, this lesson or that one?

¿Qué prefiere estudiar, la biología o la química? What do you prefer to study, biology or chemistry?

¿Cuáles son los ríos más importantes de México? $\left.\begin{array}{l}\text{What}\\\text{Which}\end{array}\right\}$ are the most important rivers of Mexico?

¿Qué son los ríos de México? What significance do the rivers of Mexico have?

¿Cuál es la capital de Bolivia? What is the capital of Bolivia [i.e., which city]?

b. Como adjetivo interrogativo, empleado directamente ante sustantivo, el uso literario prescribe *¿qué?*

¿Qué libro quiere usted? $\left.\begin{array}{l}\text{Which}\\\text{What}\end{array}\right\}$ book do you want?

Aunque algunos censuran el uso de *¿cuál?* como adjetivo en la lengua escrita, su uso es frecuentísimo en la conversación, sobre todo en América.

¿Se refiere usted a cuál señorita? $\left.\begin{array}{l}\text{What}\\\text{Which}\end{array}\right\}$ girl are you referring to?

¿Cuál libro? ¿El mío? Which book? Mine?

c. No hay adjetivo en español que corresponda a *whose?* del inglés.[1] Hay que usar el giro preposicional *¿de quién?*

---

[1] Existía antiguamente *¿cúyo?*, adjetivo interrogativo, que ya no es de uso corriente.

¿De quién es este saco? Whose $\begin{cases} \text{jacket is this?} \\ \text{is this jacket?} \end{cases}$

¿De quiénes son los libros? Whose (pl.) books are they?

d. *¿Qué tal?* tiene una variedad de usos, sobre todo en la conversación, difícilmente reducibles a una sola expresión inglesa. Se emplea como equivalente de *¿cómo?* y para solicitar una opinión.

$\left.\begin{array}{l} \textbf{¿Qué tal?} \\ \textbf{¿Qué tal estás?} \\ \textbf{¿Cómo estás?} \end{array}\right\}$ How are you?

¿Qué tal (es) el profesor? What's the professor like?

e. Son muy corrientes las interrogaciones con *parecer*.

¿Qué (Qué tal, Cómo) le parece la comida? What do you think of the meal?

¿Qué (Qué tal, Cómo) le parecen los actores? How do you like the actors?

N.B. Si se refiere uno a la manera de hacer o preparar algo, se emplea *¿cómo?*: *¿Cómo quiere el té? ¿Caliente o helado?*

f. Al lado de *¿dónde?* existen las formas facultativas *¿adónde?* y *¿en dónde?*

¿Adónde vas? Where are you going (to)?

¿En dónde se queda? Where is it?

N.B. También es frecuente el uso de *¿en qué parte?* como sinónimo de *¿(en) dónde?*: *¿En qué parte se encuentran los libros de francés?*

Véanse también las fechas (§56), y las secciones subsiguientes: los precios (§140), las dimensiones (§141), y la hora (§143).

140
Expresiones de precio y de comparación de unidades

Entre las muchas expresiones posibles, son de uso general las siguientes:

¿Cuál es el precio de la casa? What is the price of the house?

¿Cuánto piden por el coche? How much are they asking for the car?

¿Cuánto cuestan los zapatos? How much do the shoes cost?

¿A cómo (cuánto) se venden las patatas? What are (the) potatoes selling for?

¿A cómo (cuánto) está el arroz? What is the price of the rice?

El precio es (de) cincuenta mil dólares. The price is fifty thousand dollars.

Lo tasaron en dos mil. They appraised it at two thousand.

Compramos la casa por treinta mil. We bought the house for thirty thousand.

Nótese que la unidad de medida se expresa con el artículo definido (si no se usa *por*), a distinción del inglés:

Se vende $\begin{Bmatrix} \textbf{a} \\ \textbf{en} \end{Bmatrix}$ **trece pesos el kilo.** It sells $\begin{Bmatrix} \text{for} \\ \text{at} \end{Bmatrix}$ thirteen pesos a kilo.

El trabajador gana veinte pesos por hora.   The worker earns twenty pesos an hour.
Con las unidades de tiempo mayores que la hora existen tres patrones:

Le pagamos diez dólares
 diarios.
 al día.   We pay him ten dollars
 por día.

 daily.
 a day.
 per day.

Ganaron tantas pesetas
 semanales.
 a la semana.   They earned that many pesetas
 por semana.

 weekly.
 a week.
 per week.

También: *mensuales* (*por mes, al mes*) y *anuales* (*por año, al año*).
En otras aplicaciones de razón de medidas es típico el uso de *por*:

La bomba tiene una capacidad de diez metros cúbicos por hora.   The pump has a
capacity of ten cubic meters per hour.

P R E G U N T A S

1. ¿Qué indica el uso de la expresión interrogativa ¿*cuál?*
2. ¿Cuándo se emplea la expresión interrogativa ¿*qué?*
3. ¿Con qué expresión se traduce al español el término inglés *whose?*
4. ¿Cómo se emplea la expresión interrogativa ¿*qué tal?*
5. ¿Qué patrones se usan para expresar las unidades de tiempo mayores que la
   hora?

A P L I C A C I Ó N

A. Complétense las oraciones con una palabra interrogativa:

1. ¿——— es la ciudad más grande del Brasil?
2. ¿——— libros tienen mayor interés?
3. ¿——— son los libros que tienen mayor interés?
4. ¿A ——— chica se refiere usted?
5. ¿——— está tu mamá?
6. ¿——— van ustedes con tanta prisa?

B. Complétense las oraciones con una preposición (En algunos casos hay más de
   una posibilidad.):

1. El precio del coche es ——— cinco mil dólares.
2. ¿——— cómo está la cebolla?
3. El joyero tasó el anillo ——— cinco mil pesos.
4. Los trabajadores no ganan más que cuarenta pesetas ——— hora.
5. Él nos vendió el vino ——— diez pesos el litro.
6. Compraron la casa ——— veinte y ocho mil dólares.

141
Las dimensiones

La expresión de las dimensiones asume dos formas: el adjetivo sustantivado o una formación nominal con -ura: **el alto** o **la altura**, *the height*; **el largo** o **la largura**, *the length*; **el ancho** o **la anchura**, *the width*; **el hondo** o **la hondura**, *the depth*. Se emplea también el sufijo -or: **el grueso** o **el grosor**, *the thickness*. La FV correspondiente es una forma de *ser de* o *tener*, construcciones tratadas en §69.

¿Cómo (Qué [tal]) es de ancho? **¿Cuál es la anchura?**	How wide is it? What is the width?
La alfombra tiene dos **metros de largo (de** **largura).** **La alfombra tiene un** **largo (una largura)** **de dos metros.**	The rug has a length of two meters.
El edificio es de 200 **pies de alto (altura).** **El alto (altura) del edificio** **es (de) 200 pies.**	The building is 200 feet high. The height of the building is 200 feet.

Él tiene un terreno (de) 50 metros de ancho por 75 de largo.   He has a piece of property 50 meters wide by 75 long.

N.B. El hondo (así como **el fondo**) significa *bottom*: *Él se cayó al fondo del precipicio*; *el hondo* se refiere a algo menos preciso. Se emplea el plural, *los fondos* para referirse a la parte posterior de un edificio o a una cantidad de dinero.

Es además frecuente el uso del concepto abstracto con las expresiones de medida: **lo hondo**, *what is deep, the depths*; **a lo largo de**, *along*; **lo más alto**, *the highest part*; etc.

En muchos casos **tamaño** equivale al inglés *size*: **¿Cuál es el tamaño del edificio?**, *What is the size of the building?* Sin embargo, al referirse a las prendas de vestir se emplea *número* en español: **¿Cuál es el número de su zapato?** *What size is your shoe?*

142
Expresiones típicas de tiempo referentes al pasado, presente o futuro

a. Expresiones generales:

en aquella época **en aquellos tiempos**	at that time (in those times)

entonces (en aquel entonces)   then (in that far away time)
la primera (segunda) mitad del siglo [No se dice *la última mitad*.]   the first (last or second) half of the century

a principios (a mediados, a fines *o* **a últimos) del año (del siglo)**   at the beginning (middle, end) of the year (century)

b. Expresiones periódicas o de repetición:

¿Cuántas veces la leyeron?   How $\begin{Bmatrix} \text{many times} \\ \text{often} \end{Bmatrix}$ did they read it?

Lo leyeron una vez (muchas veces, por (la) primera vez).   They read it once (many times, for the first time).

Rieron y lloraron a la vez.   They laughed and cried at the same time.

Lo leyeron $\begin{Bmatrix} \textbf{otra vez.} \\ \textbf{de nuevo.} \\ \textbf{nuevamente.} \end{Bmatrix}$ They read it again.

Volvieron a leerlo.

$\left. \begin{array}{l} \textbf{de vez en cuando} \\ \textbf{de cuando en cuando} \\ \textbf{de tarde en tarde} \\ \textbf{de día en día} \end{array} \right\}$ $\begin{cases} \text{from time to time} \\ \text{now and then} \end{cases}$

Él solía venir cada dos días (*o* **un día sí y otro no).**   He used to come every other day.

    c. Expresiones de tiempo consecutivo. **Siguiente** o **próximo,** *following* o *next,* se colocan delante o después del sustantivo: *el siguiente día, la próxima semana, el año siguiente,* etc. Se emplea a veces *a*: **al otro día = al día siguiente,** *on the next day.* También:

el día antes (después)   the day before (after)
los próximos quince días   the next fortnight
Estudié y luego almorcé.   I studied, and then I had lunch.

N.B. Nótese el contraste entre **entonces** y **luego,** *then.* **Entonces** significa *en aquella época* o *en ese caso*; **luego** indica que una acción sigue a otra. *Pues* no tiene significado necesariamente temporal, siendo el equivalente de *en ese caso* o *ya que.*

Vendré, pues (*o* **entonces), a las nueve.**   I will come, then, at nine.
Pues bien, no lo haré.   All right then, I won't do it.
Yo no vine, pues él no me telefoneó.   I didn't come, for he didn't telephone me.

    d. Referencias al tiempo desde el punto de vista del hablante.
en lo que va de año (siglo)   thus (so) far in the year (century)
el mes $\begin{cases} \textbf{que viene} \\ \textbf{venidero}^2 \\ \textbf{entrante} \end{cases}$ the coming (next) month
el día ocho del corriente (presente)   the eighth of this month
mañana, *o más enfáticamente,* **el día de mañana**   tomorrow

---

² *Venidero* es expresión más bien literaria.

Hoy en día (Hoy día) las costumbres son diferentes de las de antaño.
Nowadays⎞
Today ⎭ customs are different from those of yesteryear.

la semana pasada   last week
de hoy (aquí) en ocho   a week from today (now)
de hoy (aquí) en adelante   from today (now) on
ayer (mañana) por la tarde   yesterday (tomorrow) afternoon
hoy por la mañana   this morning
mañana por la mañana   tomorrow morning
anoche, esta noche   last night, tonight
anteayer, anteanoche   the day before yesterday, the night before last
pasado mañana   the day after tomorrow

Puede interpretarse *ya* como equivalente de *ahora*, o como traducción del inglés *already*, según el contexto. Usada con el futuro se traduce *later* o *soon*; **ya no, ya . . . no** significan *no longer, not . . . any more (any longer)*.

Ya (Ahora) lo observamos.   We're watching it now.
Han llegado ya.   They have ⎧already arrived.
                                 ⎩arrived now.
Ya se lo haré (*o* **Se lo haré después**).   I'll do it for you later (afterward).
Ella no lo recuerda ya.   She doesn't remember it any longer.

   e. Las divisiones del día se expresan con las preposiciones *por* y *de*. Con esta última, se refiere uno típicamente a una acción acostumbrada o habitual.

De día estaban ocupados.   In the daytime they were busy.
Por la tarde estaré ocupada.   In the afternoon I will be busy.

N.B. Se emplea *en* frecuentemente en lugar de *por*, aunque algunos gramáticos rechazan su uso: *en (por) la mañana*, etc.

   f. Se expresa la duración de tiempo con los sustantivos *tiempo* y *rato* usados sin preposición o con *por*. Con el mismo efecto se emplea *durante*.

Quedaron largo tiempo mirando el paisaje.   They remained a long time looking at the landscape.
Estuviste escribiendo (por) mucho tiempo.   You were writing (for) a long time.
Él estuvo aquí un rato.   He was here a while.
Al poco rato, salí.   After a little while, I left.
Durante su estadía, él estuvo enfermo.   During his stay he was sick.

APLICACIÓN

A. Exprésense de cuatro maneras (con *ser de*, *tener*, adjetivo sustantivado, sustantivo en -*ura*) las dimensiones del tanque en metros. Hágase primero una pregunta relativa a cada dimensión.

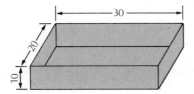

B. Para expresar en español:

1. I am glad that the period doesn't expire until the end of next month.
2. Then you don't want him to do it before he returns toward the middle of the month?
3. So far this year we haven't seen a play which can compare with the one we saw yesterday afternoon.
4. I will arrange the matter so that from today on he will only have to come every other day.
5. As soon as he completes the report, let's make an appointment to review it the following day.

Verificación y repaso

CUESTIONARIO

1. ¿Cómo se emplean las expresiones interrogativas *¿cuál?* y *¿qué?*
2. Como adjetivo, ¿cuál de las dos expresiones se prefiere en el uso literario?
3. ¿Cuáles son algunas expresiones que se usan para pedir el precio de alguna cosa?
4. ¿Qué dos construcciones son típicas para expresar las dimensiones?
5. Al referirse a las prendas de vestir, ¿qué palabra española se emplea como equivalente de la inglesa *size*?
6. Explíquense las diferencias en el significado de *entonces, luego* y *pues*; en el de *ya* y *ahora*.
7. Expliquen el significado de *el hondo, lo hondo, el fondo* y *los fondos*.
8. ¿Qué construcciones se emplean para expresar la duración de tiempo?

EJERCICIOS

A. Cambien las oraciones, empleando un adjetivo de una sola palabra en lugar de la expresión en cursiva:

1. Le pagaron cinco dólares *por día*.
2. Él nos daba mil pesos *a la semana*.
3. Los profesores de esa escuela no ganan tantos pesos *al mes*.
4. Le concedieron dos mil pesos *al año* como recompensa.

B. Cambien las oraciones, empleando *tener* y el adjetivo (sustantivado) en lugar de *ser* y el sustantivo con sufijo:

1. El vidrio es de un grosor de tres milímetros.
2. La anchura de la mesa es de tres pies.
3. La fachada es de veinte metros de largura.
4. La altura de la torre es de 150 metros.
5. El barranco es de una hondura de medio kilómetro.

C. Para expresar en español:

1. After they have left [use infinitive], I would like to examine the house from time to time.
2. During the last half of the century Spain gradually lost the hegemony she had enjoyed before that time.
3. If you checked it (*el saldo*) at the beginning of the year, I doubt it will be necessary (*hacer falta*) to do it again.
4. Well then, if he worked [use V_{ndo}] in the nighttime, he would have to sleep in the daytime and get up at nightfall.
5. Since we can't do anything [about it] before the day after tomorrow, have him (let him) come back again later.
6. Yesterday morning they brought me a rug nine feet by twelve without knowing the size I wanted.
7. I will send for the doctor tomorrow morning so that we can talk for a while.
8. He said he would not let them go unless they were back before midnight.
9. There has been a delay in (*Se ha tardado en*) delivering the merchandise, but you will have it without fail a week from today.
10. We already know that at the end of the year they will consent to our doing it.

Sección B

La hora del día y expresiones afines • Los numerales • Los numerales
fraccionarios • Expresiones indefinidas de cantidad • La intensificación
de la FS • Repaso de verbos: *tratar, cumplir, constar*

143
La hora del día y expresiones afines

Se expresa la hora con el plural del artículo definido de forma femenina, a excepción de *la una*, con la cual se usa el singular.

¿Qué hora es?   What time is it?
Son las dos y diez.   It is two ten.
Son las cuatro con (*o* y) tres minutos.   It is three minutes after four.
Es la una y media (cuarto).   It is half-past (a quarter after) one.
Eran las seis y pico.   It was a little after six.

Después de la media hora se expresa la porción restante hasta la hora siguiente con *ser* y *menos* o con *faltar* y *para*.

Son las dos menos quince.   It is one forty-five.
Faltan quince para las dos.   It is fifteen before two.

At, referente a la hora, se traduce con **a**. Se emplea *de* para especificar la parte del día con la hora.

Él llegará a las seis en punto.   He will arrive exactly at six.
Vinieron a medianoche.   They came at midnight.
Nos reunimos a mediodía.   We met at noon.
Llegamos a las seis y media de la tarde (noche).   We arrived at six thirty in the afternoon (evening).
Él no volvió hasta la una de la madrugada.   He didn't return until one o'clock in the (early) morning.
Salimos a las diez y pico de la mañana.   We left at a little after ten in the morning.

Aunque normalmente se emplea el artículo definido con la hora, se omite, a veces, al indicar un intervalo determinado.

Se reunían entre cuatro y seis de la tarde.   They would meet between four and six in the afternoon.
Estamos abiertos de diez a mediodía.   We are open from ten to noon.

Se indica una aproximación a la hora de varias maneras: con *a eso de, cerca de, como a, (poco) más o menos,* o *hacia.*

256

Ella vino $\begin{cases} \textbf{a eso de} \\ \textbf{cerca de} \end{cases}$ **las cinco.** She came $\begin{cases} \text{about} \\ \text{around} \end{cases}$ five.

Ellos terminaron como a las tres (*o* **a las tres poco más o menos**). They finished about three.

Volvieron hacia las cuatro. They returned around four.

144
Los numerales

Véase el Apéndice §173, donde consta una lista de los numerales cardinales y ordinales. Conviene señalar además lo siguiente:

a. Los numerales compuestos de 16 a 30 tienen dos formas:

$\begin{rcases} \textbf{dieciséis} \\ \textbf{diez y seis} \end{rcases}$ **libros** sixteen books

$\begin{rcases} \textbf{veintitrés} \\ \textbf{veinte y tres} \end{rcases}$ **años** twenty-three years

b. Los compuestos de *uno* suelen concordar con el género del nombre.[3]

veintiún hombres twenty-one men
treinta y una mujeres thirty-one women

c. Se emplea *y* normalmente sólo con los numerales (o la porción del numeral compuesto) inferiores a *ciento*.

ciento una pesetas a hundred and one pesetas
trescientos sesenta y cinco días three hundred and sixty-five days
dos mil quinientos noventa y seis two thousand five hundred and ninety-six

d. A distinción del inglés, no se antepone el artículo a *ciento* ni a *mil*.[4] *Ciento*, además, tiene la forma apocopada *cien*, que se usa ante todo sustantivo (pero no ante otro numeral inferior a *cien*; véase **c**, arriba). Aunque no todos los gramáticos recomiendan tal uso, la forma apocopada parece generalizarse cada vez más.

cien páginas a hundred pages
mil veinte dólares one thousand and twenty dollars
la página ciento (cien) page one hundred
No vale ciento (cien). It isn't worth a hundred.
al cien(to) por cien(to) at one hundred per cent

e. Los múltiples de *ciento* colocados ante sustantivo concuerdan con éste; después de sustantivo la concordancia vacila.

---

[3] Es muy frecuente (y aun admisible según algunos gramáticos) decir: *veintiún pesetas, ciento un* cosas, etc., considerándose estos numerales como invariables (igual que los numerales no compuestos de *uno*).

[4] Sin embargo, es necesario usar el artículo ante *mil* en *cien mil* y sus múltiples para distinguir entre *ciento un mil* (101.000) y *cien mil* (100.000), por ejemplo.

quinientas tres páginas   five hundred and three pages

la página $\begin{Bmatrix}\textbf{setecientas}\\\textbf{setecientos}\end{Bmatrix}$ **once**   page seven hundred and eleven

f. Con *millón* y *billón* se usa el artículo indefinido y *de* antes del sustantivo enumerado.

un millón de coches   a million cars
un billón de bolívares   a trillion bolivares[5]

g. *Ambos* (*-as*) es el equivalente algo más literario de *los* (*las*) *dos*, y se emplea como adjetivo con sustantivo plural, sin artículo: **ambas mujeres**, *both* (*of the*) *women*[6] (pero nunca **ambos Pedro y Juan*). Se emplea también como pronombre en frases apositivas: *Ambos, Pedro y Juan, fueron al centro.*

h. Los numerales ordinales no son comunes después de *décimo.* Para designar papas y monarcas a partir de *décimo,* se emplean los numerales cardinales. Se colocan los ordinales antes o después de sustantivo, o de número cardinal, sin regla fija.

Felipe segundo, Carlos tercero   Philip the Second, Charles the Third
Pío trece, Luis quince   Pius the Thirteenth, Louis the Fifteenth

Pero:
la edición vigésimo segunda *o* **la edición veinte y dos**   the twenty-second edition

el segundo capítulo
el capítulo segundo $\Big\}$ the second chapter

las cien primeras páginas
las primeras cien páginas $\Big\}$ the first one hundred pages

145
Los numerales fraccionarios[7]

Se forman los numerales fraccionarios como en inglés, pero debe notarse la forma -especial *tercio,* equivalente a *third.* A partir de *décimo,* se agrega el sufijo *-avo* al cardinal. En este compuesto es frecuente la pérdida de la última vocal del cardinal.

dos tercios, un cuarto, cinco octavos   two thirds, one fourth, five eighths
cuatro trezavos (*o* **treceavos**)   four thirteenths
tres veintavos (*o* **veinteavos**)   three twentieths

Existen las formas especiales: *centésimo, milésimo,* y *millonésimo. Medio* (*-a*) se emplea como expresión de cantidad con los contables, sin artículo indefinido: **media cuchara,** *a half spoonful*; **medio siglo,** *a half century,* etc. El sustantivo

---

[5] En español (como en la enumeración británica) se usa *mil millones* para corresponder a *one billion* del inglés americano.
[6] Como en el caso de *todo* (pág. 101, nota 6), el angloparlante debe evitar el uso de *de* con *ambos.*
[7] Para una lista general de los numerales fraccionarios, véase el Apéndice, **173.**

mitad se emplea con los contables o los no-contables: **la mitad de la pera**, *half of the pear*; **la mitad del agua**, *half of the water;* etc.

En el lenguaje común y corriente es frecuente emplear la palabra *parte* en las expresiones fraccionarias: *dos terceras partes del trabajo, la duodécima parte de la suma,* etc.

Preguntas

1. ¿Cuáles son algunas construcciones que se usan para expresar la hora en español?
2. ¿Cuáles son algunas construcciones que se emplean para indicar una aproximación a la hora?
3. ¿Qué numerales tienen dos formas en español?
4. ¿Entre qué numerales suele usarse la conjunción *y*?
5. ¿En qué circunstancias vacila la concordancia de los múltiples de *ciento*?
6. ¿Se colocan los ordinales antes o después del sustantivo?

Aplicación

Léanse las expresiones siguientes. (En el caso de la hora, cámbiese el sistema de 24 horas al de 12 horas, especificando si es mañana, tarde, etc. Pasada la media hora, exprésense de dos maneras los minutos que faltan para la hora siguiente.):

1. 1065 pesetas
2. el año 1000
3. a las 13:45
4. Faltan 3/4 de hora.
5. 13/32 de pulgada
6. Luis XII
7. 1/3 (de dos maneras)
8. a las 20:25
9. 1.050.190 dólares
10. 101 sillas
11. 1/100 de segundo
12. 0,5 de milímetro
13. 1/2 kilómetro
14. la 6ª sección
15. el 25%

146
Expresiones indefinidas de cantidad

Existen gran número de expresiones de cantidad imprecisas o hiperbólicas. Citamos como típicas:

El precio será de unos treinta dólares.   The price is probably about thirty dollars.

Viajamos $\begin{cases} \textbf{como} \\ \textbf{cosa de} \\ \textbf{cerca de} \end{cases}$ **tres horas.**   We travelled for around three hours.

No importa gran cosa.   It doesn't matter a great deal.

La mayoría (La mayor parte) de la población lo aprueba.   The majority of the population approves it.

Tengo la mar de cosas que hacer.   I have a thousand things to do.

Ella tiene una barbaridad de dinero.   She has an awful lot of money.

Es una miseria de propina.   It's a miserable little tip.

Se volvió medio loca.   She went half(way) crazy.

N.B. Se coloca *otros* antes o después de *muchos*, aunque se considera un poco más elegante la colocación ante dicha palabra: *Él nos contó, además, otros muchos* (o *muchos otros*) *particulares.*

147
La intensificación de la FS

a. Se emplean *mismo, hasta* y *aun* como expresiones de intensidad.

Los españoles mismos⎫
Los mismos españoles⎭ **no se dan cuenta de eso.**

  The Spaniards themselves⎫
  Even the Spaniards   ⎭ don't realize that.

La misma idea⎫ **me da asco.**   The very idea revolts me.
La idea misma⎭

Hasta⎫ **los profesores reclaman lo suyo.**   Even the professors are demanding what
Aun ⎭ is theirs.

N.B. Si **mismo** lleva la traducción *the same*, suele anteponerse al sustantivo, pero la interpretación en cada caso depende del contexto de la oración inglesa: **Las mismas personas asisten siempre**, *The same people always attend.*

b. Aunque **propio** lleva por lo general la traducción (*one's*) *own*, puede usarse como equivalente de *mismo, hasta* o *aun.*

Tengo mis propios motivos.   I have my own reasons.

Los propios chicos se ríen de él.   Even the children laugh at him.

c. *Aun* puede combinarse con las otras expresiones de intensidad para reforzarlas: *Aun* $\begin{Bmatrix} la\ misma \\ la\ propia \end{Bmatrix}$ *mamá no le entiende. Todavía* se usa como *aun* en las comparaciones: *Esta novedad es* $\begin{Bmatrix} todavía \\ aun \end{Bmatrix}$ *más interesante que la otra.*

N.B. En otros casos, como equivalente de **todavía**, (*yet* o *still*), *aún* toma la forma enfática y lleva acento escrito: **¿Estás allí aún?** o **¿Aún estás allí?**, *Are you still there?*

d. Notablemente en México se emplea *mero* como término de intensidad: **en la mera esquina**, *right on the corner, on the corner itself.*

e. **Mismo** y **propio** siguen a los pronombres con el sentido de *-self; hasta* y *aun* se anteponen.

Ella $\begin{Bmatrix} \textbf{misma} \\ \textbf{propia} \end{Bmatrix}$ **no lo sabe.**   She herself doesn't know it.

Aun   ⎫ **ellos pueden asistir.**   Even they can attend.
Hasta⎭

N.B. Puede emplearse *mismo* con sentido reflexivo o recíproco: **Hablaron consigo mismos**, *They spoke among themselves.* Véase §27 y también (**g**) abajo.

f. *Ni* y *siquiera* pueden usarse aisladamente o juntos para dar énfasis a la negación.

No quiero ni verlo. I don't even want to see it.
No he cambiado siquiera dos palabras con él. I have not even exchanged two words with him.
Ni siquiera los directores están al tanto. Not even the directors are aware (informed) of it.

g. Se refuerza el reflexivo recíproco (véase §27) con *uno... otro*, usados con o sin el artículo definido.

Se miraron largamente (el) uno a (al) otro. They looked at each other for a long time. [*Two persons*]
Podemos ayudarnos (los) unos a (los) otros. We can help one another. [*More than two persons*]

APLICACIÓN

A. Cambien las oraciones, expresando la intensificación con *mismo*:

1. Hasta el pelo se me erizó.
2. La propia madre no la reconoció.
3. Aun las naranjas estaban podridas.
4. Él estaba parado en la mera esquina cuando lo vi.
5. Ni siquiera los chicos se engañan con sus palabras.

B. Para expresar en español:

1. They insisted on our meeting with them at exactly ten-thirty in the morning.
2. Although he may have his own point of view about (*sobre*) that, I can't fulfill all the duties by myself (*yo solo*).
3. He acted as if it didn't much matter to him, for he even seemed halfway distracted during the interview.
4. According to what he promised us, the price will still be about one hundred dollars.
5. At that time even the wealthy suffered from the same lack of hygienic conditions.

148
Repaso de verbos: *tratar, cumplir, constar*

Básicamente, **tratar** se traduce *treat*. Se refiere también al uso de los pronombres de 2ª persona al dirigirse a una persona. **Tratar de** se traduce *deal with*, o, ante V_{inf}, *try to*. Como verbo reflexivo se emplea en construcciones impersonales, y significa *be a question (matter) of*.

Me trataron como uno de los suyos. . They treated me as one of the family.
Él se enojó cuando le traté de *tú*. He was annoyed when I used *tú* with him.
La novela trata de su vida. The novel deals with his life.
Trataron de hacerlo bien. They tried to do it well.
No se trata de aquello. It is not a question of that.

Cumplir significa *realizar una cosa* o *alcanzar cierta edad*. *Cumplir con* significa *hacer uno lo que debe.*

Él cumplió los diez años de su sentencia. He fulfilled the ten years of his sentence.
Él no cumplió la promesa de su juventud. He did not fulfill the promise of his youth.
Hoy cumplió veinte años. Today is his twentieth birthday.
No cumplieron con nosotros. They didn't fulfill their obligation to us.

Constar tiene dos significados: *ser manifiesta* o *clara una cosa*, y, con *de*, *estar compuesto(-a)*, de diferentes partes.

Conste que no apruebo. Let it be clear I don't approve.
Consta en el catálogo. It is stated (listed) in the catalog.
El informe consta de tres partes. The report consists of three parts.

APLICACIÓN

Complétense las oraciones siguientes empleando los verbos estudiados en esta sección:

1. Aunque somos amigos, le ____ de *usted*. 2. Estos detalles no ____ (pres.) en el archivo. 3. Es claro que ese hombre no ha ____ con su deber. 4. Cada lección ____ de tres partes. 5. Aún no se ____ (pret.) el plazo. 6. No se ____ (pres.) de leerla, sino de comprenderla. 7. Ellos ____ (pret.) de encontrar una solución. 8. No querían ir; asistieron sólo por ____. 9. Anteayer ella ____ los sesenta. 10. El abogado quiso hacer ____ que su cliente no estaba presente. 11. Esta lección ____ de las expresiones numéricas. 12. Esos padres ____ (pres.) mal a los hijos.

Verificación y repaso

CUESTIONARIO

1. Al expresar la hora, ¿qué construcciones pueden usarse para indicar la porción restante después de la media hora?
2. ¿Qué numerales suelen concordar con el género del sustantivo?
3. ¿Cuándo es necesario usar el artículo ante mil?
4. ¿Después de qué numeral es poco común el empleo de los numerales ordinales?
5. ¿Cómo se forman los numerales fraccionarios?
6. Citen algunas expresiones de cantidad imprecisas o hiperbólicas.

7. ¿Cuáles son algunos términos que se emplean en la intensificación de la FS?
8. ¿Cómo puede reforzarse el reflexivo recíproco?

EJERCICIOS

A. Léanse las expresiones siguientes; en el caso de la hora, cámbiese el sistema de 24 horas al de 12 horas, especificando si es mañana, tarde, etc.; pasada la media hora exprésense de dos maneras los minutos que faltan para la hora siguiente:

1. a las 11:15
2. a la 1:30
3. 200.565.775
4. a las 16:20
5. Alfonso VII
6. 503 páginas
7. 715 pesos

8. a las 20:50
9. 21 libros
10. 1.000.000 K² (kilómetros cuadrados)
11. 50
12. la 5ª edición

B. Formulen preguntas, empleando expresiones interrogativas, para las cuales las siguientes oraciones puedan servir de contestaciones:

1. Leí la lección tres veces.
2. El profesor llegó a las tres en punto.
3. Estarán abiertas entre cuatro y siete de la tarde.
4. Ambas fueron al centro.
5. El precio será de unos veinte dólares.
6. Me refiero a la más alta.
7. Estos lentes serán del profesor.
8. El espectáculo me pareció magnífico.

C. Para expresar en español:

1. The night before last the doctor came at midnight, and he didn't leave until around one.
2. We are still waiting for him (a que él) to arrive; he agreed to come about nine o'clock in the morning.
3. Even though his relatives treat him well [It is known they treat him well.], they are in constant disagreement with one another.
4. We cannot blame them all; it is a matter of only half of the people.
5. The quotation is found (constar) on page two hundred and fifty-five, fourth paragraph, third line.
6. The first sixty pages of both of the editions are the same; then, beginning with (a partir de) the fifth chapter, variations are seen.
7. However much they may quarrel with one another, they have their own way of settling these matters.
8. Whatever may happen, not even the war could prevent (impedir) his carrying out (fulfilling) what was agreed.
9. Whoever (El que) told you that did not know the situation; it is even more serious than we thought.
10. Let it be clear that not even half of the employees themselves were aware of it.

Jorge Luis Borges

Capítulo 12

"Yo, que me figuraba el Paraíso / Bajo la especie de una biblioteca."

"I, who represented Paradise to myself / As a kind of library."

Sección A

149
Plurales especiales

Además de lo expuesto en §§13(b) y 14, la formación del plural ofrece las siguientes peculiaridades:

a. Modernamente los nombres más comunes terminados en -*á*, -*é*, -*ó* acentuadas tienden a formar el plural con -*s*; los terminados en -*ú* acentuada ofrecen más vacilación.

cafés cafes	**papás** fathers, dads
dominós dominoes	**pies** feet
mamás mothers, moms	**sofás** sofas
	tes teas

Pero: **bambúes** o **bambús**, *bamboos*; **tabúes** o **tabús**, *taboos*; **tisúes** o **tisús**, *tissues*; también, **bajaes**, *pashas*.

b. Los nombres y adjetivos terminados en -*í* suelen llevar la terminación -*es*.

alhelíes stocks (a flower)   **carmesíes** crimson (pl.)

Pero: **bisturís** o **bisturíes**, *scalpels*; **esquís** o **esquíes**, *skis*.

c. Para formar el plural de las vocales del alfabeto, se añade -*es*. Las consonantes de dos o más de dos sílabas añaden -*s*; las consonantes monosilábicas vacilan. Toda letra del alfabeto es de género femenino.

las aes the *a*'s	**las jotas** the *j*'s
las íes the *i*'s	**las bes** o **bees** the *b*'s

d. Los sustantivos de más de una sílaba terminados en -*it*, -*is*, -*es* inacentuadas, y los apellidos terminados en -*ez* no cambian en el plural.

una crisis a crisis	**unas crisis**
el paréntesis the parenthesis	**los paréntesis**
este déficit this deficit	**estos déficit**
el lunes the Monday	**estos lunes**
	los Fernández

266

N.B. Hay vacilación en el caso de los apellidos acabados en vocal inacentuada: *los Castro* y *los Castros*.

d. En un grupo muy restringido se adelanta el acento prosódico en el plural.

ese régimen	that regime, diet	**esos regímenes**
el carácter	the character	**los caracteres**
un espécimen	a specimen	**unos especímenes**

150
El verbo derivado de sustantivo

En la derivación verbal más sencilla, y quizás más típica, se agrega la terminación del infinitivo a sustantivo: de **alfombra** (*carpet*), se deriva **alfombrar** (*to carpet*); de **cruz** (*cross*), se deriva **cruzar** (*to cross*). Es también muy frecuente formar el verbo con otras adiciones: de **cuchillo** (*knife*), se deriva **acuchillar** (*to knife*); de **botella** (*bottle*), **embotellar** (*to bottle*).

Dos sufijos activos en el lenguaje actual son *-ear* e *-izar*: **telefonear**, *to telephone*; **guerrear**, *to fight*; **cristalizar**, *to cristalize*; **americanizar**, *to Americanize*, etc.

151
El sustantivo derivado de verbo

a. La sustantivación más sencilla, que se denomina de «nombre posverbal», consiste en la simple agregación de *-a*, *-e*, *-o* a la raíz verbal.

apostar	to bet	**la apuesta**	the bet
cargar	to load	**la carga**	the cargo, charge (electrical, of a gun, etc.)
		el cargo	the loading, charge (obligation)
cruzar	to cross	**el cruce**	the crossing
trocar	to exchange	**el trueque**	the bartering, exchange
tutear	to use *tú*	**el tuteo**	using *tú* with a person

b. Los sufijos *-ado*, *-ada*, *-ido*, *-ida*. Formas semejantes o iguales a las del participio pasado, además de indicar el aspecto perfectivo del verbo (propio del participio pasado), pueden realzar también el proceso verbal, o sea, el aspecto imperfectivo de la acción: **Su llegada pasó inadvertida**, *His arrival passed unnoticed*; frente a **Su llegada fue lenta y dificultosa**, *His arriving was slow and laborious*. (Compárense §§89 y 90.) La terminación *-ido* se refiere frecuentemente a ruidos.

arrancar	to tear off, to start (of a train, etc.)	**la arrancada** (*o* **el arranque**)	the starting off, taking off
bajar	to go down	**la bajada**	the descent
planchar	to iron	**el planchado**	the ironing (the act of and what has been ironed)
batir	to beat	**el batido**	the beating, batter (of eggs, flour, "milk shake")
sacudir	to shake up, out	**la sacudida**	the shaking up, out; electric shock

subir to go up	**la subida** the ascent
aullar to howl	**el aullido** (*o* **aúllo**) the howling
chillar to screech	**el chillido** the screeching, squeaking

c. *-ador*, *-edor*, *-idor*, indican el agente de la acción: **hablador**, *talker*, *always talking*; **trabajador**, *worker*, *hard-working*; **bebedor**, *drinker*, etc. Muchas veces hay falta de correspondencia entre *-dor* del español y *-er* (*-or*) del inglés debida en gran parte al hecho de que el sufijo español parece indicar una acción típica. Puede traducirse *-er* (*-or*) del inglés frecuentemente con una oración de relativo o con otro sufijo: *the preparer of the meal*, **el que prepara la comida**; *the signers of the document*, **los firmantes del documento.**

d. El sufijo *-mento*, *-miento* ofrece alguna coincidencia con el inglés en **armamento**, *armament* o **encantamiento**, *enchantment*, pero tal coincidencia no es lo general.

apartar separate	**apartamiento** separating, apartment
	apartamento apartment
alumbrar light	**alumbramiento** lighting; childbirth
casar marry	**casamiento** marriage, marrying

e. *-anza*, *-ancia* coinciden bastante con el inglés.

concordar agree	**concordancia** agreement, concordance
criar rear	**crianza** upbringing
enseñar teach	**enseñanza** teaching, education
tolerar tolerate	**tolerancia** tolerance, toleration

f. La coincidencia entre el español y el inglés es casi general en el caso del sufijo *-ción*, *-sión* (y *-tión* en *digestión*). Conviene, pues, sólo señalar unas cuantas diferencias de detalle:

(i) Formas en *-ión* en español que no tienen equivalente morfológico en inglés: **adivinación**, *guessing, soothsaying*; **agrupación**, *grouping*; **canción**, *song*.

(ii) Formas en *-tion* del inglés que tienen otra equivalencia morfológica en español: **donativo**, *donation*; **en movimiento**, *in motion*.

(iii) A veces el español posee dos formas equivalentes a *-tion* del inglés: **disimulo** o **disimulación**, *dissimulation*; **preparativo** o **preparación**, *preparation*. Noten el contraste, por ejemplo, entre **los preparativos de viaje**, *the preparations (getting ready) for the trip* y **una buena preparación académica**, *a good academic preparation (background)*.

(iv) Sentido o uso un poco diferente en cada lengua: **reunión**, *meeting* (también *reunion*); *vacaciones* e *informaciones* se usan preferentemente en el plural.

PREGUNTAS

1. ¿Cómo forman el plural los nombres más comunes terminados en *-á*, *-é*, *-ó* acentuadas?

2. ¿Cómo forman el plural los nombres terminados en *-ú* acentuada?

3. ¿Qué sustantivos tienen la misma forma en el singular y en el plural?
4. ¿Cómo se forman los «nombres posverbales»?
5. ¿Qué aspectos del verbo pueden indicar los sufijos *-ado, -ada, -ido, -ida*?
6. ¿Cómo difiere el uso del sufijo *-dor* del español del sufijo *-er(-or)* del inglés?

A P L I C A C I Ó N

Exprésense de otra manera, empleando un sustantivo posverbal o derivado en lugar del infinitivo:

1. Probar su honradez le costó bastante tiempo.
2. Un solo chillar de la puerta los delató.
3. El llamar de la policía fue inesperado.
4. El salir suyo fue muy abrupto.
5. Tardaron mucho en preparar la comida.
6. Hoy día el tutear ha llegado a ser corriente en todas las generaciones.

152
El infinitivo

a. El V_{inf} es la versión sustantivada de cualquier verbo. Usado solo expresa el concepto verbal abstracto, pero también puede ir acompañado de sujeto y de complemento verbal.

bailar, dance, dancing   **¿Bailar yo?** I (Me) dance?   **bailarlo,** to dance it

N.B. El V_{inf} solo precedido de preposición se traduce con V_{ing} del inglés: **en hacerlo,** *in doing it*; **después de hacerlo,** *after doing it*, etc. Si se incluye el sujeto, con frecuencia aparece el V_{inf} en inglés: **para hacerlo él,** *for his doing it* o *for him to do it*, según el contexto de la oración subordinada.

b. El artículo *el* puede acompañar el V_{inf} con frecuencia según criterios difíciles de precisar. Su empleo, en todo caso, sirve para destacar el carácter de sustantivo del V_{inf}.

(1) Se usa frecuentemente cuando el V_{inf} funciona como el primer elemento de una oración con *ser*. El artículo es obligatorio si el V_{inf} va modificado por un adjetivo.

(El) Leerlo sería de desear.	To read it	
Sería de desear leerlo.	Reading it	would be desirable.
(El) Haberlo oído fue necesario.	It was necessary to have heard it.	
Fue necesario haberlo oído.		
El charlar constante es molesto.	(The) Constant talking is annoying.	
(El) Charlar constantemente es molesto.	Talking constantly is annoying.	

N.B. En ciertas expresiones hechas se omite regularmente el artículo: **Ver es creer,** *Seeing is believing*; **Querer es poder,** *To want is to be able.*

(2) El uso del artículo es todavía más frecuente, y en algunos casos, hasta obligatorio, cuando el V_{inf} precede a verbo transitivo o intransitivo.

El arrepentirse llega tarde.   The regretting comes (too) late.
El repetirlo me da asco.⎫
Me da asco repetirlo.   ⎬   It revolts me to repeat it.
El escribir se aprende (se enseña) difícilmente.   Writing is learned (taught) with difficulty.
Se aprende (Se enseña) a escribir difícilmente.   One learns (One is taught) to write with difficulty.

(3) No se emplea el artículo después de los verbos auxiliares (inclusive *querer*) ni con los verbos que expresan movimiento. (Véanse §§48 y 58.) Sin embargo, puede usarse cuando el V_{inf} sirve de complemento de ciertos verbos que no suelen regir V_{inf} subordinado.

Evitaron (el) reconocerme.   They avoided recognizing me.
No le perdono (el) haberlo hecho.   I do not pardon him for having done it.

(4) El artículo es obligatorio cuando el V_{inf} va seguido del genitivo o de oración de relativo.

Es agradable el murmurar de las fuentes.   The murmuring of the fountains is pleasant.
Oyeron el lamentar de dos pastores.   They heard two shepherds lamenting.

PERO:

Oyeron lamentar a dos pastores.   They heard the lamenting two shepherds.
Es penoso el vivir mío.⎫
(El) Vivir yo es penoso.⎬   My living is painful.
Es mejor olvidarse del existir que ha costado tanto.   It is better to forget the existence which has cost so dearly.

(5) Precedido de otro determinante, el V_{inf} toma claramente las características de sustantivo.

Fue un correr de pánico.   It was a running of panic.
Me acuerdo de su continuo fumar.   I remember his continuous smoking.

(6) Algunos infinitivos han dado origen a sustantivos y hasta aceptan el plural en -*es*: **el andar**, *manner of walking*; **los cantares**, *songs* (poetic); **el parecer**, *opinion*; **los poderes**, *powers*; **el saber**, *knowledge*, etc.

153
La modificación de sustantivo para formar una nueva expresión sustantiva

a. Son muchísimos los sufijos no verbales. Entre ellos se pueden mencionar:

(1) -*ada*, -*ado* significa una cantidad o un grupo relacionado con el sustantivo

original. También, -ada, como -azo, significa un golpe en que interviene el sustantivo referido.

cuchara spoon	**cucharada** spoonful
mano hand	**manada** handful
profesor professor	**profesorado** faculty
cuchillo knife	$\left.\begin{array}{l}\textbf{cuchillada}\\ \textbf{cuchillazo}\end{array}\right\}$ stab or slash
puño fist	$\left.\begin{array}{l}\textbf{puñada}\\ \textbf{puñetazo}\end{array}\right\}$ blow with the fist
	puñado handful, fistful

(2) -ero se cuenta entre los sufijos más usados del español. Al aplicarse a cosas tiene una variedad de empleos; con personas indica el oficio o empleo asociado con el sustantivo.

azúcar sugar	**azucarero** sugar bowl
grano grain	**granero** granary
vaca cow	**vaquero** cowboy

b. Los nombres compuestos se forman típicamente de la raíz verbal más sustantivo, pero son posibles otras muchas combinaciones.

el **abrelatas**, *the can opener*

el **sacacorchos** (**tirabuzón**), *the corkscrew*

el **mapamundi**, *the world map*

el **aguardiente**, *the brandy*

el **portavoz**, *the spokesman*

el **lavamanos**, *the washstand*

el **sabelotodo**, *the know-it-all*

la **bocacalle**, *the intersection*

el **paraguas**, *the umbrella*

el **parachoques**, *the bumper*

c. Los nombres de animales que tienen la misma forma para ambos sexos (los nombres epicenos) pueden diferenciarse empleando *macho* o *hembra*.

$\left.\begin{array}{l}\textbf{el macho del elefante}\\ \textbf{el elefante macho}\end{array}\right\}$ the male (bull) elephant

$\left.\begin{array}{l}\textbf{la hembra del gorila}\\ \textbf{el gorila hembra}\end{array}\right\}$ the female gorilla

N.B. Refiriéndose a personas, se usa *varón*: **el peso medio del varón**, *the average weight of males.*

A P L I C A C I Ó N

A. Complétense las oraciones con el artículo definido, si parece apropiado:

1. Desde esta distancia, se le conoce en____andar.
2. ____ir y venir en esta oficina no tiene fin.
3. Nosotros no tenemos máquina de____lavar.
4. El acabó por____hacerlo él mismo.
5. ____experimentarlo vale más que cien libros.

B. Para expresar en español:

1. A famous Spanish essayist has declared that it is not a question of Americanizing the European, but rather of Europeanizing the American.
2. It is not possible that taking advantage [two ways] of this opportunity could cause any difficulty whatsoever.
3. He be the new president? His upbringing and academic background have disposed him to a more peaceful way of living.
4. The government spokesman responded to their complaints with a surprising simplicity and integrity.
5. If you requested the delivery of a car directly from the factory, it would arrive with the bumpers, the windshield wipers, and the other accessories unmounted (without mounting).

Verificación y repaso

CUESTIONARIO

1. ¿Cómo se forma el plural de los nombres terminados en *í* acentuada?
2. ¿Cuál es el plural de *carácter*? ¿De *espécimen*?
3. ¿Cuál es una manera típica de formar un verbo a base de un sustantivo?
4. ¿Qué sufijos indican el agente de la acción?
5. ¿Qué forma verbal es la versión sustantivada de cualquier verbo?
6. ¿De qué puede ir acompañado el infinitivo?
7. ¿Cuáles son algunos significados del sufijo *-ada*?
8. ¿Cómo se diferencian los nombres de animales que tienen la misma forma para ambos sexos?

EJERCICIOS

A. Cambien las oraciones, empleando un verbo solo en lugar de la expresión en cursiva:

1. Me *hicieron amenazas*.
2. Tendremos que *poner fecha* a la carta.
3. Ella *aplicó jabón* a la ropa.
4. Él *puso* los libros *en un paquete*.
5. A estas ancianas les gusta *contar chismes*.
6. Enrique y yo ya nos *tratamos de tú*.

B. Exprésense de otra manera, empleando un sustantivo posverbal o derivado en lugar del infinitivo:

1. El bajar fue demasiado rápido.
2. El conocer bien la materia no es fácil.
3. El establecer escuelas es una de las responsabilidades del estado.
4. Su tardar constante ya no es tolerable.
5. El subir al puerto fue muy arriesgado.

C. Para expresar en español:

1. The washing, the ironing, and the cleaning are too much for (*para*) one maid alone.
2. It is doubtful he is a good worker, although as a talker and drinker he has no equal.
3. It is very possible that the writer (*autor*) of this paper has not even enjoyed a (the) primary education (teaching).
4. My living among the Moroccans was nothing more than a series of daily crises.
5. Because of the rapid disappearing of social distinctions in some countries the crossing of races foreseen by Vasconcelos will no doubt be realized earlier than is commonly believed.
6. They are looking for someone who can help them with the preparation for (*de*) the move.
7. He believes that the Amazon region has an economic potential greater than is supposed.
8. It is undeniable that the dissenters may not agree with him.
9. You ought to improve your handwriting so that one can distinguish the *u's* from the *n's*.
10. The deaf-mute made a motion as if he wished to indicate his assent.

Seccion B

La adjetivación • Formación de adjetivos • Los diminutivos y
aumentativos • *Para* y *por* • El uso de dos preposiciones en la misma
frase • Traducciones españolas de los verbos ingleses *become* o *get*
• Expresiones correlativas especiales • Expresiones de referencia
• Orden de elementos de la oración • Repaso de verbos: *dejar, quitar,*
sacar

154
La adjetivación

a. Se ha expuesto ya (§69a) el uso del sustantivo sin *de* como adjetivo. Tal uso,
que se realiza también después de cópula, se denomina la «adjetivación». Nótese
que los colores expresados con plantas, frutas o minerales suelen concordar sólo
en número. Sirvan de ejemplos:

Han comprado un camión Ford.   They have bought a Ford truck.
Javier es tan niño (caballero).   Javier is such a child (gentleman).
Estás muy filósofo hoy.   You're very much a philosopher today.
Se le conoce por su traje siglo XIX.   He is recognized by his nineteenth-century
dress.
Ella lleva un vestido (de color) naranja.   She is wearing an orange dress.
Le fascinan sus ojos violetas.   Her violet eyes fascinate him.

N.B. Si se entiende «típico de», se puede emplear la fórmula $a + lo + \begin{Bmatrix} FS \\ FA \end{Bmatrix}$:

un ensayo a lo siglo XVIII, *an eighteenth-century-type essay*; **un utilitarismo a lo**
norteamericano, *a utilitarianism of the North American type*. También es frecuente
la fórmula $a + la + A$: **Vestían a la española**, *They dressed in Spanish style*; **una**
comida a la francesa, *a French-type dinner*.

155
Formación de adjetivos

a. Los compuestos principales son $A + A$: **anglosajón**, *Anglo-Saxon*; **hispano-**
americano, *Hispanic American* y $S + A$: **ojinegro**, *black-eyed*; **pelirrojo**, *red-haired*;
verdinegro, *dark green*, aunque el último tipo de formación no es de gran frecuencia.

b. Se cuenta *-oso* entre los sufijos más corrientes en la formación adjetival.

cariño	affection	**cariñoso**	affectionate
espanto	fright	**espantoso**	frightful
orgullo	pride	**orgulloso**	proud

c. El sufijo *-ista*, común en la formación de sustantivos, como en **artista**, *artist*, **violinista**, *violinist*,[1] etc., se añade a los adjetivos para formar otros adjetivos empleados a su vez indistintamente como sustantivos. Nótese sobre todo, que la alternancia inglesa entre sustantivo y adjetivo de tipo *naturalist-naturalistic*, no es frecuente en español.

una novela realista   a realistic novel
un tipo oportunista   an opportunistic fellow
una política nacionalista   a nationalist(ic) policy

Nótense, sin embargo: *artístico* (A); *ateísta* (S y A) (de menos uso que *ateo*, S y A), *ateístico* (A); *futbolista* (S), *futbolístico* (A); *humanista* (S y A), *humanístico* (A): *lingüista* (S), *lingüística* (S), *lingüístico* (A), etc.

N.B. En la formación adverbial se emplea el sufijo adjetival *-ístico*: **realísticamente**, *realistically*.

156
Los diminutivos y aumentativos

a. El diminutivo indica una versión pequeña de algo o una actitud de cariño. Las terminaciones principales son *-ito* (*-cito* o *-ecito*), *-illo* (*-cillo* o *-ecillo*), *-uelo* (*-zuelo* o *-ezuelo*), *-ín*. Son mucho más comunes los dos primeros. La terminación *-uelo* puede expresar desprecio.

Juanito, Juanín   Johnny
Anita   Annie, Annette
Paquito, Paquita   Frankie (m. y f.)
cucharadita   little spoonful, teaspoonful
chiquito, chiquitín, chiquitillo[2]   (very) tiny
juntito, cerquita   nice and close, quite close
riachuelo   rivulet
pintorzuelo   wretched (little) artist

b. Las formas más usadas del aumentativo son *-ón* (*-ona*), *-ote* (*-ota*), *-acho* (o *-ucho*). Su empleo no es tan frecuente como el del diminutivo.[3] Las terminaciones *-ote*, *-acho* (y *-aco*), *-ucho* tienen con frecuencia una significación despreciativa.

silla	chair	**sillón**	armchair
soltera	unmarried woman	**solterona**	old maid
palabra	word	**palabrota**	swear word
feo	ugly	**feote (-a)**	good and ugly
cuarto	room	**cuartucho**	miserable room

---

[1] Referentes a ciertas ocupaciones de índole técnica, con frecuencia la terminación española *-ólogo* corresponde al inglés *-ist*: **antropólogo**, *anthropologist*; **geólogo**, *geologist*, etc.
[2] Se verifica la duplicación del diminutivo también en **poquitito** y **poquitín**, *just a little*, *a wee bit*.
[3] Es interesante notar que se usa *-ón* en ciertos casos con valor de diminutivo: **rata**, *rat*; **ratón**, *mouse*; **planta**, *plant*. **plantón**, *shoot*. Cambia también el género.

rico rich	⎰**ricacho** ⎱ ⎱**ricachón**⎰	very rich, well-heeled, "filthy" rich
papel paper	**papelucho**	contemptible writing

c. Otro aumentativo que merece atención especial es el llamado «superlativo absoluto» que lleva la terminación -*ísimo*. Usado con adjetivo, intensifica el sentido de éste, produciendo el efecto de un *muy* enfático.

grandísimo   extremely large
blanquísimo   absolutely white
utilísimo   very useful

N.B. Los adjetivos en -*ble* asumen la forma latina -*bil*- al agregárseles -*ísimo*: **terribilísimo**, *extremely terrible*; **culpabilísimo**, *very guilty*, etc. Existen unas cuantas formas latinas adicionales: **misérrimo**, *exceedingly miserable*; **paupérrimo** (o, más común, **pobrísimo**), *very poor*. Las expresiones temporales, locativas y adverbiales se modifican a veces con -*ísimo*: **prontísimo**, *very soon*; **cerquísima**, *very near*; **lentísimamente**, *very slowly*.

P R E G U N T A S

1. ¿Cómo se denomina el uso del sustantivo como adjetivo?
2. En cuanto a los colores expresados con plantas, frutas o minerales, ¿qué debe notarse respecto de la concordancia?
3. ¿Cuáles son algunos sufijos empleados corrientemente en la formación adjetival?
4. ¿Cuáles son algunos sufijos que se emplean en la formación de los diminutivos?
5. ¿Qué terminaciones se emplean para expresar desprecio?
6. ¿Qué terminación lleva el «superlativo absoluto»?

A P L I C A C I Ó N

Expliquen el significado de las siguientes palabras, relacionándolas con el sustantivo o adjetivo del cual derivan:

1. cigarrillo	5. pueblecito	9. casona
2. cosilla	6. riachuelo	10. palabrota
3. golpecito	7. hombrón	11. ricachón
4. jovencito	8. librote	12. sillón

157
Para y por

En muchos casos estas dos preposiciones tienen funciones sintácticas y semánticas claramente diferenciables; en algunos casos su empleo parece ligado arbitrariamente a ciertas expresiones. En términos generales *por* hace referencia a la causa o el motivo de una acción o de una situación. *Para* mira hacia el resultado o la destinación, de modo que se equipara a veces con *a*. Se pueden representar esquemáticamente:

$$\text{CAUSA} \longleftarrow \textbf{por} \longrightarrow\!\!|\!\!\longrightarrow \textbf{para} \longrightarrow \text{RESULTADO}$$

a. Dentro del cuadro expuesto arriba, se presentan los siguientes contrastes:

Ella lo hizo por su madre.   She did it for her mother. [*because of her*]
Ella lo hizo para su madre.   She did it for her mother. [*for her benefit*]

Él trajo las cosas por ti.   He brought the things because of you *or* in your place.
Él trajo las cosas para ti.   He brought the things for you. [*to be given to you*]

La casa fue construida por mi padre.   The house was built by my father.
La casa fue construida para mi padre.   The house was built for my father.

Él ganó dinero por tener influencia política.   He made money because of having
   political influence.
Él ganó dinero para tener influencia política.   He made money in order to have
   political influence.

Estoy por salir.   I'm for leaving. [*in favor of it*]
Estoy para salir.   I'm about to leave.

La criada salió por pan.   The maid went out for bread. [*because it is needed*]
Él salió para el casino.   He left for the casino. [*destination*]

¿Por qué lo quieres?   Why do you want it?
¿Para qué lo quieres?   For what purpose do you want it?

A veces el matiz semántico es apenas distinguible:

Lo hacemos por sosegarlos.   We do it to calm them. [*necessity or desire on our
   part*]
Lo hacemos para sosegarlos.   We do it to calm them. [*purpose*]

Se ve la misma aproximación semántica en algunas oraciones subordinadas;
compárense:

Por que no me critiquen, lo hago de antemano.   So they won't criticize me, I'll do
   it beforehand. [*possible cause for action*]
Para que no me critiquen, lo hago de antemano.   So they won't criticize me, I'll do
   it beforehand. [*purpose*]

b. Expresiones no-contrastables con *por*:

La casa está (queda) por concluir.   The house is yet to be finished.
Estoy (Voto) por el otro candidato.   I am (voting) for the other candidate.
Él preguntó por ti.   He asked for (about) you.
Enviaré por mi dinero.   I will send for my money.
Dimos una vuelta por la ciudad.   We took a walk around the city.
Pasen ustedes por aquí.   Go through here (this way).
El ladrón entró por la ventana.   The thief entered through the window.
Condujeron el coche a 150 kilómetros por hora.   They drove the car at 150 kilo-
   meters an hour.
Le damos poco por su trabajo.   We give him little for his work.
¿(Por) Cuánto tiempo quedan?   How long are they staying?
Por ejemplo. ¡Por Dios!   For example.   For heaven's sake!

N.B. Un empleo importante de *por* es el de indicar una localización general o im-precisa.

No lo he visto aquí.   I haven't seen it here.
No lo he visto por aquí.   I haven't seen it around here.
Lo que ella siente por dentro no es igual a lo que manifiesta por fuera.   What she feels on the inside is not the same as what she shows on the outside.

    c. Expresiones no-contrastables con *para*:

Usted habla muy bien para un extranjero.   You speak very well for a foreigner.
Los dulces son para mañana.   The candy is for tomorrow.
Lo tendremos hecho para pasado mañana.   We will have it done by the day after tomorrow.
No estoy para bromas.   I am in no mood for jokes.

158
El uso de dos preposiciones en la misma frase

    a. Se emplean dos preposiciones en ciertas frases hechas.

Había dos hombres de a caballo.   There were two men on horseback.
No tengo billete de (a) cinco.   I don't have a bill for five (pesos, dollars, etc.).
Varios hombres estuvieron de por medio.   Several men intervened [in it].
Sus padres son muy buenos para conmigo.   His parents are very good to me.

    b. Se emplean libremente para expresar ciertos movimientos.

La autopista pasa por encima de la ciudad.   The superhighway passes above the city.
La bala salió de entre las dos rocas.   The bullet came out from between the two rocks.

Aplicación

A. Explíquese la diferencia entre:

1. (a) Haré el trabajo por ella.
   (b) Haré el trabajo para ella.
2. (a) Compramos el coche por ti.
   (b) Compramos el coche para ti.
3. (a) Estamos por marcharnos.

   (b) Estamos para marcharnos.
4. (a) El edificio fue vendido por mi padre.
   (b) El edificio fue vendido para mi padre.

B. Complétense las oraciones con *para* o *por*:

  1. El joven murió ____ su patria.
  2. ____ ser presidente es muy joven.
  3. ____ ser presidente recibe todas las quejas.
  4. Esta tarea todavía está ____ hacer.

5. Estoy___hacer la tarea lo más pronto posible.
6. Yo estaba___hacer la tarea cuando me interrumpieron.
7. ¿Quiere usted enviar___Antonio?
8. Estoy seguro de que estarán de vuelta___el mediodía.
9. Le tomaban en todas partes___español.
10. Dale las gracias a Juan___todo.

159
Traducciones españolas de los verbos ingleses *become* o *get*

La traducción de *become* o *get* ofrece problemas especiales puesto que el español no posee expresiones de tal extensión semántica.

a. El hispanoparlante puede aproximarse al sentido de *become* o *get* mediante el uso de ciertos recursos gramaticales:

(1) El uso de *ser* o *estar* en el pretérito, sobre todo en expresiones de tiempo, que son normalmente de tipo descriptivo o imperfectivo.

Cuando estuvo enfermo, Juan se retiró.   When he got sick, John retired.
Así que él fue médico, todos querían consejos gratuitos.   As soon as he became a doctor, everyone wanted free advice.

(2) La intransitivización de ciertos verbos con *se*; véase §83(d).

Se contaminaron los lagos.   The lakes became polluted.
El cielo se oscurece.   The sky is getting dark.
La sala se enfrió.   The room got cold.

(3) Ciertos verbos de naturaleza intransitiva o impersonal.

Ella palideció.   She became pale.
Ambos envejecieron (enfermaron) rápidamente.   Both got old (sick) rapidly.
Oscurecía poco a poco.   It got dark little by little.

(4) Los verbos de sujeto [+ animado] usados reflexivamente.

Los dos se enriquecieron.   The two got rich.
No pudimos menos de impacientarnos (enfadarnos, cansarnos, etc.).   We couldn't help becoming impatient (annoyed, tired, etc.).
Ella se durmió a la una.   She got to sleep at one.

N.B. Con ciertos verbos el uso parece variar libremente entre (3) y (4), arriba: **Después, (me) mejoré mucho,** *Afterwards I got much better*; **Los otros (se) despertaron por fin,** *The others finally got awake.*

b. Pueden utilizarse también ciertos medios léxicos o ciertas expresiones idiomáticas para traducir *become* o *get*.

(1) Refiriéndose a personas, se emplea *llegar a ser* con sustantivo o adjetivo en el sentido de alcanzar una meta después de una serie de acontecimientos.

Él llegó a ser presidente.   He became president.
Mi hermana llegó a ser rica.   My sister got rich.

(2) Se emplea *hacerse* con sustantivo (y, a veces, con adjetivo) en el sentido de alcanzar una meta por el propio esfuerzo (frecuentemente por haber seguido una carrera). Con sujeto [− animado] significa *transformarse*.

Él se hizo abogado.   He became a lawyer.
Se hicieron multimillonarios.   They became multimillionaires.
El vino, expuesto al aire, se hace vinagre.   Wine, exposed to air, becomes vinegar.

N.B. Se emplea *hacerse* impersonalmente en las siguientes expresiones: **Se hace tarde**, *It's getting late*; **Se hace oscuro (nublado**, etc.), *It's getting dark (cloudy*, etc.).

Véase también el Repaso de verbos, §138(b), para otras expresiones con *hacer* que traducen *become*.

(3) El giro ¿**Qué** + **ser** + **de**? traduce el inglés *What* + *become* + *of*?

¿**Qué ha sido de** (= ¿**Qué se ha hecho de) tus amigos?**   What has become of your friends?

(4) *Ponerse* va seguido de adjetivo para indicar el estado físico o de ánimo de personas o el estado de cosas.

Ella se puso pálida (furiosa, enferma, etc.).   She became pale (furious, sick, etc.).
Él se puso de pie.   He got to his feet (got up).
El agua (cielo) se puso clara(-o).   The water (sky) became clear.

(5) *Volverse* seguido de sustantivo o de adjetivo sugiere un proceso o cambio natural, como *hacerse*. Con adjetivo puede indicar, a veces, un cambio radical.

El agua se vuelve vapor a 100° C.   Water becomes (turns into) steam at 100° C.
El vino se volvió ácido.   The wine got sour.
Ella se volvió loca.   She became (went) crazy.

(6) *Convertirse en* y *transformarse en* son equivalentes un poco más literarios de *volverse* o *hacerse*.

El sofá se convierte (se transforma) en cama.   The couch becomes a bed.

(7) Puede emplearse *ir* + V$_{ndo}$ con muchas de las expresiones citadas como equivalente de la forma progresiva de *get* o *become*.

Van impacientándose.   They are getting impatient.
Va oscureciendo.   It is (gradually) getting dark.
Él va haciéndose rico.   He is getting richer and richer.

(8) A veces se emplea el verbo *devenir* para indicar la idea abstracta de *llegar a ser*. El uso de *devenir* se restringe más bien a los escritos de índole filosófica, y el infinitivo se emplea típicamente como sustantivo.

Debe enseñarse la historia no como una serie de acontecimientos inconexos, sino como el registro de un devenir constante.	History should be taught not as a series of unconnected happenings, but as the record of a constant becoming.

160
Expresiones correlativas especiales

Además de las expresiones estudiadas en §46, existen otros términos correlativos especiales. Citamos los siguientes:

Él aboga ya (ora) por una causa, ya (ora) por otra.	He defends now one cause, now another.
Sea por descuido o (sea) a propósito, no lo perdono.	Whether it be from carelessness or on purpose, I do not excuse it.

161
Expresiones de referencia

Además de lo referido en §99, citamos las siguientes expresiones de referencia:

el $\begin{Bmatrix} \textbf{dicho} \\ \textbf{tal} \end{Bmatrix}$ **señor Martínez**   the aforesaid Mr. Martinez

los referidos planes   the aforementioned plans

$\begin{matrix} \textbf{respecto al (del)} \\ \textbf{en cuanto al} \end{matrix} \Bigg\}$ **libro**   with $\begin{Bmatrix} \text{respect} \\ \text{regard} \end{Bmatrix}$ to the book

$\begin{matrix} \textbf{en lo que se refiere} \\ \textbf{en lo tocante} \end{matrix} \Bigg\}$ **al viaje**   as far as the trip is concerned.

162
Orden de elementos de la oración

En español la libertad respecto a la colocación de elementos de la oración es tal que el asunto no se reduce fácilmente a reglas. Nos limitamos, pues, a dos o tres observaciones que se agregan a lo expuesto en páginas anteriores.

    a. En una interrogación, si es corta la FS o FA que forma parte de la FV con *ser* o *estar*, se pospone la FS, sujeto, a toda la FV.

¿Fue ingeniero su papá?   Was your father an engineer?
¿Es nuevo el coche?   Is the car new?
¿Está triste tu hermana?   Is your sister sad?

    De acuerdo con lo dicho arriba, compárense las dos oraciones: **¿Es casado tu hermano?**, *Is your brother married?*, frente a **¿Es su hermano casado?**, *Is it your married brother?*

b. Normalmente, en los tiempos compuestos no se separan *estar* + V$_{ndo}$ ni *haber* + V$_{do}$, a menos que el auxiliar sea de forma larga.

¿No ha venido él todavía?   Hasn't he come yet?
¡Ojalá hubiesen venido ellos! *o* **¡Ojalá hubiesen ellos venido!**   Had they only come!

c. En una oración subordinada, si la FS es más larga que la FV, tiende a colocarse aquélla como último elemento: **No saldré hasta que vengan aquí todos sus parientes y amigos**, *I will not leave until all his relatives and friends come here.*

d. En una oración de relativo conviene posponer el sujeto de la matriz para que venga inmediatamente ante *que* —lo cual permite un orden de palabras que no es usual en inglés: **Se han ido ya los hombres que conociste ayer**, *The men have already gone that you met yesterday*, o mejor, *The men you met yesterday have already gone.*

A P L I C A C I Ó N

A. Complétense las oraciones con expresiones que traduzcan el giro inglés *become*:

1. La oruga——en mariposa.
2. Mi hermano——(pret.) presidente de la compañía.
3. ¿Qué——(perf. actual) de Juanito?
4. Mi esposa piensa——profesora.
5. Él casi——loco al saber la noticia.
6. Todos mis compañeros——(perf. actual) riquísimos.
7. ¡No——tú roja por eso!
8. Al oírlo, ella——(pret.) muy nerviosa.

B. Para expresar en español:

1. The very rich little girl (*niñita*) is a tiny bit capricious with respect to her companions (f.).
2. The aforementioned philosophy is not only fatalistic but is completely pessimistic at the same time.
3. I finished the novel you mentioned yesterday [colóquese la expresión temporal inmediatamente después del verbo de la oración matriz]; it is pure nineteenth-century romanticism.
4. "Was the man old who asked for us this morning?" "Yes, and he said he would pass by here again."
5. Now the right, now the left have attempted to establish a dictatorship.

163
Repaso de verbos: *dejar, quitar, sacar*

Dejar lleva dos significados principales: *permitir* y *abandonar* (o *salir de una situación*). De ahí, derivan varios usos adicionales:

Ella le dejó plantado. She left him in the lurch.

Ese hombre ha dejado varias cosas por hacer. That man has left several things to be done.

El estudiante dejó de hacer la tarea. The student failed to do (*or* stopped doing) the task.

No pudimos dejar de admirarlo. We couldn't help but admire it.

Dejé caer el plato. I dropped the plate (let the plate fall).

El alcalde dejó caer que no quería ser nombrado. The mayor hinted (dropped the suggestion) that he didn't want to be nominated.

¡Déjate de rodeos! Come to the point!

¡Deja! Stop it! Leave it alone!

Quitar puede significar a veces lo mismo que *dejar*, pero más típicamente se traduce *take off* or *away*.

¡Quítate de ahí! Get away from there!

Quitaron de $\begin{Bmatrix} \text{en} \\ \text{por} \end{Bmatrix}$ medio a los mendigos. They got the beggars out of the way.

El pueblo quiere quitar(se) de encima a ese tirano. The people want to get rid of that tyrant.

¡Quita allá! Go on! (You're fooling me.)

Me quitaron la bolsa. They took away my purse.

Sacar. De su sentido básico, *take out* o *get out* (*extract*), se ha ensanchado mucho su campo semántico.

No saques el brazo por la ventana. Don't put your arm out of the window.

No sacas nada con enojarte. You won't get (achieve) anything by getting angry.

La secretaria sacó dos copias (unas notas). The secretary made two copies (took some notes).

De aquel discurso no saqué nada en limpio. I didn't get anything concrete out of that speech.

Sacan adelante el negocio con mucha habilidad. They are carrying the deal forward very cleverly.

APLICACIÓN

Complétense las oraciones siguientes, empleando los verbos estudiados en esta sección:

1. Su papá le____una herencia considerable. 2. Él no es muy sensato; se____ llevar por cualquier idea del momento. 3. Ellos____el local lo más pronto posible. [dos posibilidades] 4. ____allá; no me tomes el pelo. 5. Mi hermano ____(pret.) dos entradas para esta noche. 6. ¡Esa niña mal educada me____ (pret.) la lengua! 7. Los____(pret.) atónitos con su actitud agresiva. 8. ____ me hacerlo, mamá. 9. La secretaria____todo esto sin hacer. 10. Él se____ (pret.) la chaqueta por el calor. 11. En la clase no____una sola nota. 12. ¡____ de ahí; es un cable de alta tensión! 13. Con la prensa se____(pres.) el aceite de las aceitunas. 14. Puedes____los platos; hemos terminado ya. 15. De todas

estas palabras altisonantes no he____nada en limpio. 16. El trabajo del estudiante no está bien presentado;____mucho que desear. 17. Me temo que el
abogado me haya____mucho dinero. 18. Se hace tarde; podemos____la cosa
para mañana.

Verificación y repaso

CUESTIONARIO

1. ¿Qué se entiende por el término, la «adjetivación»?
2. Además de expresar una versión pequeña de algo, ¿qué puede indicar el diminutivo?
3. ¿Cuáles son algunas terminaciones que se emplean en la formación de los
   aumentativos?
4. En términos generales, ¿cómo se distinguen las preposiciones *por* y *para*?
5. ¿En qué casos pueden usarse dos preposiciones en la misma frase?
6. ¿Cuáles son algunas expresiones que traducen el giro inglés *become*?
7. En la pregunta con *ser* o *estar*, ¿cuál es el orden preferible de los elementos
   sintácticos?
8. En una oración subordinada, ¿cuándo suele colocarse la FS como último elemento?

EJERCICIOS

A. Agréguese el sufijo *-ísimo*:

1. noble	3. popular	5. cerca
2. feliz	4. antiguo (la *g* se cambia en *q*)	6. ricamente

B. Complétense las oraciones con *para* o *por*:

1. ¿____quién es este boleto?
2. Creo que lo compraron____mí.
3. ¿Cuánto pagaste____esa chaqueta?
4. ¿Es cierto que comemos____vivir?
5. ¿____qué sirven los amigos?
6. Yo no sé por qué se preocupa usted tanto____Juan.
7. Mi marido salió____las entradas.
8. Yo no estoy____rodeos; dígamelo usted derecho.
9. El avión volaba____Acapulco cuando ocurrió el accidente.
10. Anduvieron____el barrio mirando las casuchas.

C. Para expresar en español:

1. (The) Franco-German rivalry, (the) imperialistic ambitions, and (the) Prussian-type militarism made the First World War almost inevitable.
2. Were the end-of-the-century tendencies in (*de*) the novelistic production (*la
   novelística*) of Blasco Ibáñez naturalistic or idealistic?

3. This impressionistic painter is widely (*muy*) known [úsese la voz pasiva con *ser*] for his brilliant yellow and orange oils in the (*a lo*) van Gogh [style].

4. What advantage is gained (*se saca*) by studying the contents of that scribbler's novels?

5. We got very enthusiastic about his work; he did very well for a beginner.

6. Although a number of (*unos cuantos*) details still remained to be resolved, they left for Europe on the twenty-ninth of this month.

7. It is getting late, and the others are getting impatient.

8. She must be about to arrive at (*en*) any moment; I am sure she will be here by eight.

9. With respect to our egotistical acquaintance, he became a politician in the capital.

10. When the airplane passed (*pasó por*) underneath the bridge, she became *very* pale.

EJERCICIOS DE REDACCIÓN

TEMA I

Simón Bolívar

Entre los grandes héroes de las guerras de la independencia en Hispanoamérica se destaca la brillante figura de Simón Bolívar. Por su devoción apasionada por América y, sobre todo, por sus ideas sobre la solidaridad entre las antiguas[1] colonias hispanoamericanas, es imprescindible comenzar por él al intentar[2] una breve reseña de la obra de los pensadores más importantes del mundo hispánico moderno.

Como ha sucedido[3] muchas veces en la historia de la humanidad, las ideas y proyectos de Bolívar no tuvieron un desenlace feliz. A pesar de las extraordinarias aptitudes desplegadas, su brillantez intellectual y su genio militar, Bolívar no pudo llevar a cabo[4] los dos proyectos que fueron la ilusión de toda su vida: la formación, entre el istmo de Panamá y el Ecuador, de una sola nación, próspera y democrática, y la unión de la mayoría de los países americanos en una liga parecida a la de las antiguas ciudades griegas. La visión genial[5] y los planes de Bolívar fracasaron ante las realidades sociológicas y económicas de los pueblos hispanoamericanos.

Simón Bolívar nació en Caracas, Venezuela, en 1783. Hijo de padres ricos, fue educado y se casó en España. Volvió a Caracas, con su joven esposa, en 1802. Dos factores contribuyeron, sin duda, a determinar la trayectoria fatal[6] de la vida de Bolívar: el hecho de ser criollo, y la muerte de su joven esposa, a los diez meses de casados.[7]

Como ocurre todavía en algunas regiones de Hispanoamérica, la sociedad colonial constaba de dos mundos distintos.[8] Por un lado existía la sociedad española y la

---

[1] antiguas, de otros tiempos. (Delante del sustantivo tiene a menudo el sentido citado; pero unas líneas más abajo tiene su sentido ordinario de «viejo».) [2] intentar, tratar de hacer, emprender. [3] ha sucedido, ha ocurrido. [4] llevar a cabo, realizar. [5] genial, propia de un hombre de talento extraordinario. (Se usa también con el significado de «agradable» o «divertido».) [6] fatal, irrevocable. (Son también frecuentes los significados de «desgraciado» o «que causa la muerte».) [7] a los . . . casados, diez meses después de haberse casado. [8] distintos, diferentes. (Es menos frecuente el significado de «claro».)

criolla, europea o europeizante,[9] que leía y viajaba, que comerciaba con el exterior,[10] y que se encontraba, en general, a la altura de[11] la época. Por el otro se hallaba la enorme masa de las clases bajas, compuesta de indios y mestizos. Aunque el criollo representaba una clase de cierta cultura y posición económica, no gozaba de los privilegios de los españoles peninsulares y esta falta de igualdad causaba disensiones y resentimientos.

La muerte de su esposa, según él mismo escribe, le movió a iniciar su carrera política. Profundamente afligido, hizo un segundo viaje a Europa, donde sus estudios y sus contactos con los intelectuales de la época le convencieron de la necesidad de la liberación de su país natal.[12]

En 1810 Bolívar volvió a Venezuela para tomar parte en la rebelión de la colonia contra la dominación española. El momento parecía propicio. Los ejércitos de Napoleón habían ocupado la península. Al desaparecer la autoridad de los reyes españoles, se proclamó la independencia de Venezuela, que se convirtió en una república.

Los españoles volvieron a conquistar[13] el país y Bolívar tuvo que huir; pero se aprovechó de las lecciones aprendidas en el fracaso de esta primera tentativa para redactar sus primeros escritos políticos. En su «Manifiesto de Cartagena» analiza las causas del desastre. Lo interesante es que las críticas que hace podrían aplicarse hoy a los programas políticos de muchos gobiernos de Hispanoamérica. Censura la inacción de los gobernantes, la tendencia poco realista de idealizar a los hombres, la ineptitud financiera y, en general, la incapacidad de ajustarse a las realidades sociales y políticas.

En 1813 entró otra vez en Caracas, donde recibió el título de el Libertador. Después de nuevos[14] reveses militares sufridos en Venezuela, fue obligado a retirarse a la isla de Jamaica. Producto de su estancia allí es su famosa «Carta de Jamaica», de 1815, en la cual explica las causas de sus derrotas y expone las medidas necesarias para realizar la liberación de Venezuela y de Nueva Granada. Después de criticar la poca preparación política de sus compatriotas, propone la fundación de un gobierno centralizado para los países citados. Mostrando su admiración por la Gran Bretaña, declara que un sistema parlamentario, parecido al británico, sería el más apropiado para los dos países.

Con el auxilio de los llaneros,[15] que ya no apoyan los ejércitos españoles, Bolívar logra establecerse[16] en la ciudad de Angostura (hoy Ciudad Bolívar). Después de otros reveses desesperantes, emprende la hazaña sobrehumana de atravesar el helado páramo andino, que culmina en la victoria de Boyacá. Al volver el héroe a Angostura, el congreso de la ciudad forma, en 1819, la república de la Gran Colombia, con Bolívar como presidente.

---

[9] europeizante, inclinada a la cultura y a las costumbres europeas.   [10] el exterior, los países extranjeros.   [11] a la altura de, al corriente de.   [12] natal, nativo, perteneciente al país en que uno ha nacido.   [13] volvieron a conquistar, conquistaron otra vez.   [14] nuevos, otros. (Delante del sustantivo suele tener el sentido citado; detrás del sustantivo tiene su sentido ordinario de «recién hecho o adquirido».)   [15] los llaneros: habitantes de Los Llanos, extensas llanuras de Venezuela, que alcanzan hasta la parte oriental de Colombia. (Uno de los tipos más representativos de la nacionalidad venezolana.)   [16] logra establecerse, consigue establecerse.

EJERCICIOS

A. Contesten por escrito a las preguntas siguientes:

1. ¿De qué gran figura trata la lectura de hoy?   2. ¿Qué dos proyectos fueron la ilusión de toda su vida?   3. ¿Ante qué fracasaron los planes de Bolívar?   4. ¿Qué dos factores contribuyeron a determinar la trayectoria fatal de la vida de Bolívar? 5. ¿Por qué volvió Bolívar a Venezuela en 1810?   6. ¿Qué cambios políticos habían ocurrido en España y en Venezuela?   7. ¿Qué analiza Bolívar en su «Manifiesto de Cartagena»?   8. ¿Qué censura Bolívar?   9. ¿Qué trata de explicar Bolívar en su «Carta de Jamaica»?   10. ¿Qué tipo de gobierno le parece el más apropiado para Venezuela y Nueva Granada?   11. ¿Qué hazaña emprende después de establecerse en Angostura?   12. ¿Qué república se forma en 1819?

B. Traduzcan al español las frases siguientes, tratando de imitar las construcciones y fraseología del texto:

1. We are beginning our study with Bolivar because of the interest of his ideas concerning Spanish American solidarity.   2. Can one say that Bolivar's plans had a successful outcome? Certainly not.   3. Despite his military genius and his intellectual brilliance, he was unable to unite the former Spanish colonies in one prosperous and democratic nation.   4. The fact that he was a criollo is no doubt a factor that we must consider. 5. The criollos did not have the privileges of the peninsular Spaniards, but they enjoyed a certain economic position, and they were certainly abreast of the times.   6. The death of his young wife, a few months after their marriage, prompted Bolivar to commence his political career.   7. On returning to Venezuela from Europe in 1810, he took part in the revolt against the Spanish rule.   8. When the Spanish succeeded in reconquering the country, he was forced to flee to Cartagena, where he drafted his famous "Manifesto of Cartagena."   9. In it Bolivar condemns both the financial incompetence of the government and its incapacity to face social and political realities.   10. After suffering several military setbacks in Venezuela, he withdrew to the Island of Jamaica. 11. I suppose that you are familiar with his "Letter from Jamaica," in which he proposed a parliamentary form of government, similar to the British one, for Venezuela and Nueva Granada.   12. After the victory at Boyaca, the Republic of Gran Colombia was founded, with Bolivar as President.

TEMA II

Simón Bolívar (*continuación*)

En los discursos parlamentarios pronunciados[17] en Angostura, Bolívar desarrolla los conceptos discutidos en sus escritos anteriores. Algunas oraciones de uno de sus discursos más famosos darán idea de la prosa vehemente y romántica del Libertador:

«La reunión[18] de la Nueva Granada y Venezuela en un grande Estado ha sido el voto uniforme de los pueblos y Gobiernos de estas Repúblicas. La suerte de la guerra ha verificado[19] este enlace tan anhelado por todos los colombianos; de hecho estamos incorporados. Estos pueblos hermanos ya os han confiado sus intereses, sus derechos, sus destinos. Al contemplar la reunión de esta inmensa comarca, mi alma se remonta a[20] la eminencia que exige la perspectiva colosal, que ofrece un cuadro tan asombroso. Volando por entre las próximas edades, mi imaginación se fija en los siglos futuros, y observando desde allá, con admiración y pasmo, la prosperidad, el esplendor, la vida que ha recibido esta vasta región, me siento arrebatado y me parece que ya la veo en el corazón del universo, extendiéndose sobre sus dilatadas costas, entre esos océanos, que la naturaleza había separado, y que nuestra Patria reúne con prolongados y anchurosos canales. Ya la veo servir de lazo, de centro, de emporio a la familia humana; ya la veo enviando a todos los recintos de la tierra los tesoros que abrigan sus montañas de plata y de oro; ya la veo distribuyendo por sus divinas plantas la salud y la vida a los hombres dolientes del antiguo universo; ya la veo comunicando sus preciosos secretos a los sabios que ignoran cuán superior es la suma de las luces,[21] a la suma de las riquezas, que le ha prodigado la naturaleza. Ya la veo, sentada sobre el Trono de la Libertad, empuñando el cetro de la Justicia, coronada por la Gloria, mostrar al mundo antiguo la majestad del mundo moderno.» (Del «Discurso de Angostura», del 15 de febrero de 1819.)

En otros discursos reitera su convicción de que la constitución de un país debe ajustarse al terreno, a la raza, al clima y a las costumbres. Aunque cree profundamente en la libertad del individuo, se da cuenta de[22] la importancia de la estabilidad, y para asegurarla propone el establecimiento de un senado hereditario. En los discursos parlamentarios se llega, sin duda, a la cumbre del pensamiento político de Bolívar. Sus bases se encuentran, desde luego, en los principios e ideales de la ilustración[23] y de la Revolución francesa: el humanismo, el relativismo, el liberalismo.

---

[17] pronunciados, dados. [18] reunión, agrupación. (Significa también «grupo o junta de personas».) [19] ha verificado, ha efectuado. (Es más frecuente el significado de «comprobar».) [20] se remonta a, se eleva a. [21] las luces, la ilustración, la cultura. [22] se da cuenta de, llega a comprender. [23] la ilustración: Es el nombre que se da al movimiento cultural que se desarrolló en Europa en el siglo XVIII.

En 1822 Bolívar celebra[24] en Guayaquil la enigmática entrevista con San Martín, que había derrotado a los españoles en el sur del continente. Por razones desconocidas, San Martín se retira de la lucha.

En 1824 Bolívar derrota a los españoles en la batalla de Junín, y en diciembre del mismo año Sucre pone fin a la dominación española en América con la victoria de Ayacucho.

Terminadas las campañas militares,[25] Bolívar emprende la organización del gobierno del Perú. En 1825 pasa al Alto Perú, donde forma otra nación independiente, que recibe el nombre de Bolivia, en honor del Libertador. En la constitución que Bolívar redacta para este país, en 1826, se observan varios cambios en su pensamiento. Parece olvidarse de lo que había dicho anteriormente sobre la incapacidad política de los hispanoamericanos, y extiende notablemente el sufragio. En lugar de un senado vitalicio, propone ahora que la presidencia sea vitalicia y que el presidente tenga el derecho de nombrar a su sucesor. Comienzan a aparecer claras tendencias hacia conceptos autocráticos y demagógicos en algunas de sus ideas políticas.

Al desaparecer la resistencia española, todo el prestigio y la autoridad del Libertador no bastan para contrarrestar las tendencias dispersivas y separatistas que no tardan en aparecer en los inmensos territorios libertados. Las controversias llegan a tal punto que Bolívar tiene que renunciar[26] la presidencia de la Gran Colombia. Amargado y desilusionado, parte para Cartagena, pensando salir del país. Al poco tiempo —el 17 de diciembre de 1830— muere en la quinta de un amigo, cerca de Santa Marta, víctima de la tuberculosis y también, sin duda, del abatimiento espiritual ante el fracaso de los ideales por los cuales había luchado tan generosa y enérgicamente.

EJERCICIOS

A. Contesten por escrito a las preguntas siguientes:

1. ¿Qué desarrolla Bolívar en los discursos parlamentarios que pronuncia en Angostura? 2. ¿Qué rasgos pueden observarse en la prosa de Bolívar? 3. ¿Qué dos naciones se reunieron para formar la república de la Gran Colombia? 4. ¿Qué enviará a todos los recintos de la tierra la república que acaban de establecer? 5. Según Bolívar, ¿a qué debe ajustarse la constitución de un país? 6. ¿Dónde pueden encontrarse las bases de las ideas políticas de Bolívar? 7. ¿Qué famosa entrevista se celebró en Guayaquil en 1822? 8. ¿Qué gran victoria puso fin a la dominación española en América? 9. ¿Qué cambios en el pensamiento de Bolívar pueden observarse en la constitución que redacta para Bolivia? 10. Terminadas las campañas militares, ¿qué tendencias políticas comienzan a aparecer? 11. ¿Qué se ve obligado a hacer Bolívar? 12. ¿Dónde murió Bolívar?

---

[24] celebra, realiza. (Tiene este significado con los sustantivos entrevista o reunión; en otros casos significa «alabar», «exaltar».) [25] Terminadas las campañas militares, Después de terminarse las campañas militares. [26] renunciar la presidencia: Puede decirse también, renunciar a la presidencia.

B. Traduzcan al español las frases siguientes, tratando de imitar las construcciones y fraseología del texto:

1. In the speech he delivered at Angostura Bolivar declared that in his imagination he saw the new nation seated on the throne of Liberty, holding the scepter of Justice. 2. He could see it in the center of the universe, stretching from one ocean to the other. 3. He understood clearly the need for stability, and to insure it he proposed the establishment of a hereditary senate. 4. Are you asking where one can find the bases of his political thought? 5. You should have looked for them among the ideals of the Enlightenment and of the French Revolution. 6. Spanish rule in America ended in 1824, after the victory of Sucre at Ayacucho. 7. Several changes in the political ideas of Bolivar can be observed in the constitution which he drafted for Upper Peru in 1826. 8. Suffrage was extended considerably, and a lifetime presidency was proposed. 9. Bolivar also believed that the president should have the right to name his successor. 10. Because of political controversies, Bolivar was forced to resign from the presidency of Gran Colombia. 11. For how many years had Bolivar been fighting for his ideals when he decided to give up the struggle? 12. He died, embittered and disillusioned, in the home of a friend, as he was attempting to leave the country.

TEMA III

Domingo Faustino Sarmiento

Aunque Sarmiento no participó en la lucha por la independencia argentina, heredó directamente los ideales y los entusiasmos que la motivaron. Nació en 1811, un año después del comienzo de la heroica lucha de San Martín contra el poderío español en el antiguo Virreinato de la Plata.

Su pueblo natal fue San Juan, una pequeña ciudad provincial en la región fronteriza con Chile. Por dificultades económicas tuvo que interrumpir sus estudios después de la enseñanza primaria. Más tarde pudo continuarlos bajo la dirección de dos tíos suyos, clérigos ambos. La lectura era una de sus aficiones predilectas, y gracias a ella consiguió educarse a sí mismo de un modo notable.

En los primeros años de la independencia argentina asolaba el país una guerra civil entre los federalistas, que abogaban por[27] la autonomía de las provincias, y los unitarios, que preferían un gobierno fuertemente centralizado en Buenos Aires. De muchacho,[28] Sarmiento fue federalista, siguiendo la tradición conservadora de su familia. Cuando era un joven de dieciocho años, acertó a pasar[29] por San Juan

---

[27] abogaban por, defendían (por escrito o de palabra).   [28] De muchacho, Cuando era muchacho.
[29] acertó a pasar, pasó por casualidad.

el famoso guerrillero y caudillo federalista, Facundo Quiroga. La impresión que recibió Sarmiento fue tan desfavorable —veía a la patria hundida en la barbarie y la ignorancia— que desde aquel momento se pasó al[30] bando unitario. Luchó en este partido político durante el resto de su vida.

Por sus actividades políticas tuvo que huir de San Juan en 1831. Buscó asilo en Chile, donde trabajó en diversos oficios: fue maestro de escuela, tendero y hasta minero, si bien su magnífica salud apenas pudo soportar este último tipo de trabajo.

Después de la muerte de Quiroga, en 1835, Sarmiento volvió a San Juan. Pero en 1840 se vio obligado a huir otra vez a Chile. En este país comienza definitivamente su vida de educador, de político y de escritor. Fundó la primera escuela normal en la América del Sur y propuso un nuevo método de enseñanza de la lectura, empleando el silabeo en vez del deletreo, en uso hasta entonces.

En 1845 empezó a publicar su obra más conocida, *Facundo, o civilización y barbarie*. El propósito inmediato del libro era atacar el gobierno de Juan Manuel Ortiz de Rosas, que desde 1829 ejercía una sangrienta dictadura en la Argentina. En su libro Sarmiento considera a Rosas como el resultado lógico y natural de las tendencias encarnadas en el gaucho Facundo Quiroga, es decir,[31] la ignorancia, la crueldad, la barbarie. Para explicar el origen de un fenómeno como Facundo, comienza con una descripción del paisaje y de las condiciones físicas de la pampa.

Como prosista, el estilo de Sarmiento es admirable, si bien es muy del siglo XIX —con sus oraciones extensas y la abundancia de adjetivos. Pueden notarse estos rasgos en el siguiente trozo, en que se describen la pampa y sus habitantes.

«...El mal que aqueja a la República Argentina es la extensión; el desierto la rodea por todas partes y se le insinúa en las entrañas; la soledad, el despoblado sin una habitación humana, son por lo general los límites incuestionables entre unas y otras provincias. Allí la inmensidad por todas partes; inmensa la llanura, inmensos los bosques, inmensos los ríos, el horizonte siempre incierto, siempre confundiéndose con la tierra entre celajes y vapores tenues que no dejan en la lejana perspectiva señalar el punto en que el mundo acaba y principia el cielo. Al sur y al norte acéchanla[32] los salvajes, que aguardan las noches de luna para caer, cual[33] enjambre de hienas, sobre los ganados que pacen en los campos y en las indefensas poblaciones. En la solitaria caravana de carretas que atraviesa pesadamente las pampas, y que se detiene a reposar por momentos, la tripulación, reunida en torno del escaso fuego, vuelve maquinalmente la vista hacia el sur, al más ligero susurro del viento que agita las hierbas secas, para hundir sus miradas en las tinieblas profundas de la noche, en busca de los bultos siniestros de la horda salvaje que puede de un momento a otro sorprenderla desapercibida. Si el oído no escucha rumor alguno, si la vista no alcanza a calar el velo obscuro que cubre la callada soledad, vuelve sus miradas, para tranquilizarse del todo, a las orejas de algún caballo que está inmediato al fogón, para observar si están inmóviles y negligentemente inclinadas hacia atrás.[34]»

---

[30] se pasó al, se mudó al. [31] es decir, esto es. [32] acéchanla=la acechan. [33] cual, como.
[34] Domingo F. Sarmiento, *Facundo* (Buenos Aires: Editorial Losada, S.A., 1938) pp. 27–28.

Ejercicios

A. Busquen en la lectura de esta lección las frases que correspondan a las siguientes:

1. the struggle for Argentine independence.   2. He was born in 1811.   3. the former Viceroyalty of La Plata.   4. the region bordering on Chile.   5. because of economic difficulties.   6. two uncles of his, both of them clergymen.   7. (He) succeeded in educating himself.   8. who (pl.) supported the autonomy of the provinces.   9. As a boy, Sarmiento was a Federalist.   10. there happened to pass through San Juan the famous guerrilla fighter.   11. The impression Sarmiento received was so unfavorable. 12. (He) went over to the Unitarian party.   13. He sought asylum in Chile.   14. In 1840 he was (saw himself) obliged to flee again.   15. who since 1829 had exercised a bloody dictatorship.   16. These traits can be observed.   17. the ailment that afflicts Argentina.   18. and steals into its viscera (i.e., inmost part).   19. always becoming confused with the land.   20. like a swarm of hyenas.   21. gathered about the meager fire.   22. if the sight is not able to penetrate.   23. to reassure themselves completely. 24. some horse that is close to the fire.

B. Escriban un breve resumen, de unas 200 palabras, de la lectura de esta lección.

TEMA IV

Domingo Faustino Sarmiento (continuación)

Después de describir la pampa y sus habitantes, Sarmiento pasa a analizar la vida y la actuación[35] política y militar de Facundo. Termina su obra relacionando el modo de ser[36] y las creencias del detestado caudillo con la dictadura de Rosas. Se dice que el mismo Rosas declaró, al leer el libro: «Es de lo mejor que se ha escrito contra mí.»

Conocido ya como escritor e intelectual, le ofreció el gobierno de Chile la oportunidad de hacer un viaje extenso con el propósito de estudiar los sistemas pedagógicos en Europa y en los Estados Unidos. De sus andanzas por varios países ha dejado recuerdos preciosos en su libro, *Viajes por Europa, África y América*, publicado en 1849, e incluido después en la colección titulada *Mi vida*, que ha sido la fuente principal de los datos que se presentan en esta lección.

De interés especial para el lector norteamericano es su entusiasmo por la obra y las ideas del famoso educador Horace Mann, a quien visitó en el pueblecito de Newton, cerca de Boston. Además de la afinidad de conceptos filosóficos y pedagógicos, hay en la vida de los dos hombres un paralelismo sorprendente: su formación juvenil fue muy semejante, como también lo fue la índole de las contribuciones que ambos hicieron a sus respectivos países. En las líneas que siguen Sarmiento describe su entrevista con el educador norteamericano:

---

[35] actuación, acciones.   [36] modo de ser, carácter.

«El principal objeto de mi viaje era vér a Mr. Horace Mann, el secretario del *Board* de Educación, el gran reformador de la educación primaria, viajero como yo en busca de métodos y sistemas por Europa y hombre que al fondo inagotable de bondad y de filantropía reunía en sus actos y sus escritos una rara prudencia y un profundo saber. Vivía fuera de Boston, y hube de tomar[37] el ferrocarril para dirigirme a Newton East, pequeña aldea de su residencia. Pasamos largas horas de conferencias en dos días consecutivos. Contóme[38] sus tribulaciones y las dificultades con que su grande obra había tenido que luchar, por las preocupaciones populares sobre educación, y los celos locales y de secta, y la mezquindad democrática que deslucía las mejores instituciones.[39]»

En 1851 ocurrió la sublevación del general Urquiza contra Rosas, y Sarmiento emprendió el viaje de regreso a su patria para tomar parte en el movimiento tan ansiado por él. Por desavenencias de tipo personal la colaboración de los dos hombres —igualmente patriotas e idealistas— se hizo[40] imposible, y Sarmiento se vio forzado a ausentarse una vez más del país.

En 1855 Sarmiento volvió a Buenos Aires, donde reanudó su vida pública. Adquiría cada vez más[41] renombre y prestigio por sus escritos y su actuación política. En 1864, siendo presidente de la república el general Mitre, fue nombrado ministro plenipotenciario en los Estados Unidos. Estando en este país, fue elegido presidente de la República Argentina. Volvió a su país en un momento crítico; tuvo que encararse con grupos rebeldes. Pero dominados los elementos facciosos,[42] por fin pudo dedicarse a la gran labor de su vida, es decir, al mejoramiento de la vida argentina.

Entre muchas mejoras que podrían mencionarse, llevó a cabo una reforma completa del sistema educativo de su país. Los problemas más difíciles —como ocurre en todas partes— eran los de índole administrativa. Por su perseverancia y por la fuerza de su voluntad logró vencer la indiferencia, la inercia y los intereses particulares que estorbaban el progreso cívico.

Su actuación en pro de[43] la educación nos ayuda a comprender la grandeza de Sarmiento. Nunca fue doctrinario ni fanático en sus ideas. Tenía una visión amplia y liberal de los asuntos públicos; pero es importante añadir que su visión estaba firmemente anclada en la realidad. Demostraba tener esa innata facultad de todo verdadero rector de gentes, de saber elaborar proyectos viables para obtener los resultados deseados. Figura Sarmiento entre los hombres que más han contribuido al desarrollo de su país. Gracias, en gran parte, a reformas iniciadas por él, el progreso y la riqueza de la Argentina llegaron muy pronto a ser la envidia del resto de la América hispana.

E J E R C I C I O S

A. Escriban preguntas para las siguientes contestaciones:

1. Sarmiento relaciona el modo de ser y las creencias de Facundo con la dictadura de

---

[37] hube de tomar, tuve que tomar.   [38] Contóme=Me contó.   [39] Domingo F. Sarmiento, *Mi vida*, I (Buenos Aires: Angel Estrada y Cía, S.A., 1938), p. 157.   [40] se hizo, llegó a ser.   [41] cada vez más, más y más.   [42]dominados . . . facciosos, después de haber sido dominados los elementos facciosos.   [43] en pro de, en favor de.

Rosas.   2. Rosas declaró: «Es de lo mejor que se ha escrito contra mí».   3. Le ofreció el gobierno de Chile la oportunidad de hacer un viaje extenso con el propósito de estudiar los sistemas pedagógicos en Europa y en los Estados Unidos.   4. Ha dejado recuerdos preciosos de sus andanzas por varios países en su libro, *Viajes por Europa, África y América.*   5. Su entusiasmo por la obra y las ideas de Horace Mann es de interés especial para el lector norteamericano.   6. Le visitó en su residencia en Newton, cerca de Boston.   7. Le contó Mann sus tribulaciones y las dificultades con que su gran obra había tenido que luchar.   8. Volvió a su país para tomar parte en la sublevación del general Urquiza contra Rosas.   9. La colaboración de los dos hombres se hizo imposible por desavenencias de tipo personal.   10. Fue nombrado ministro plenipotenciario en los Estados Unidos.   11. Recibió la noticia de que había sido elegido presidente de la República Argentina.   12. Llevó a cabo una reforma completa del sistema educativo de su país.

B. Traduzcan al español las frases siguientes, tratando de imitar las construcciones y fraseología del texto:

1. After analyzing the life and political and military actions of Facundo, Sarmiento attempts to relate his character and beliefs to the dictatorship of Rosas.   2. What work by Sarmiento has been the principal source of the information presented in this lesson? 3. The early education of Sarmiento was quite similar to that of Horace Mann; the parallelism of their lives is extraordinary.   4. The principal objective of his trip was to have an interview with the North American educator.   5. Like Sarmiento, he had traveled extensively in Europe with the purpose of studying the educational systems. 6. He related to Sarmiento the difficulties he had had to overcome because of popular prejudices and local jealousy.   7. Because of disagreements of a personal nature, the great patriot was forced to absent himself once more from his country.   8. After his return in 1855, he won more and more renown and prestige through his writings and his political actions.   9. Once the rebel groups had been subdued, he was able to devote himself to the improvement of Argentine life.   10. In his work in favor of education, he was never doctrinaire or fanatic.   11. He had the innate faculty of every real leader of knowing how to develop viable projects so as to obtain the desired results. 12. Thanks to his perseverance and will power he succeeded in initiating many reforms and in overcoming the inertia and special interests that hampered civic progress.

TEMA V

José Martí

La vida y obra de José Martí, «apóstol de la independencia cubana», sorprenden al lector moderno por sus dimensiones de universalidad y actualidad. Luchó y sacrificó su vida no sólo por la independencia de su patria, sino también por la dignidad y libertad de todos los hombres. Por añadidura,[44] fue uno de los precursores del modernismo en la poesía, orador eximio, y uno de los mejores prosistas de su época.

Nació en 1853, en hogar humilde. Siendo estudiante, ya estaba convencido de la necesidad de la emancipación de su patria. A los dieciséis años fue condenado a presidio y trabajos forzados en las canteras por sus actividades revolucionarias. En 1870 la pena fue conmutada por la de deportación a España. Pasó tres años en este país, continuando sus estudios de derecho y letras, y también sus actividades de conspirador. Proclamada en España la república en 1873, Martí logró trasladarse a Francia, luego a Inglaterra y después a México, ganándose la vida como periodista. Más tarde pasó a Guatemala, donde enseñó en la Universidad.

En Cuba la guerra que había comenzado en 1868 con el «Grito de Yara»[45] terminó en 1878 con el llamado «Convenio del Zanjón», sin que los cubanos pudieran realizar su anhelo de independencia. Firmado el pacto, Martí regresó a la isla, pero en 1879 las autoridades españolas lo mandaron otra vez a España. Logró huir a Francia, de donde pasó a los Estados Unidos. A mediados de 1880 fracasaron los intentos de sublevar la población de Cuba, y Martí se vio forzado a trasladarse a Caracas. Desde Venezuela regresó a los Estados Unidos. Comenzó entonces el período más activo de su vida. Se puso a trabajar fervorosamente en organizar a los emigrados cubanos para la nueva guerra de emancipación, mientras se ganaba la vida trabajando en una casa de comercio, traduciendo libros y entregado a una intensa labor de periodista.

En 1892 Martí fundó el Partido Revolucionario Cubano. Una tentativa de desembarco en Cuba fracasó, pero se preparó otra expedición. En Santo Domingo Martí se reunió al general Máximo Gómez y redactó el manifiesto de Montecristi, en que expuso los principios éticos, sociales y políticos del Partido.

Por fin los expedicionarios desembarcaron en Cuba. Martí murió en la acción de Dos Ríos, el 19 de mayo de 1895, combatiendo valerosamente con las fuerzas españolas. Tres años más tarde el gobierno de los Estados Unidos declaró la guerra a España, proclamando al mismo tiempo el derecho de Cuba a su independencia.

Fijándonos en su copiosa labor de periodista, es importante observar que es uno de los hispanoamericanos que mejor han sabido interpretar la vida norteamericana para el pueblo hispanoamericano. En su hermoso artículo sobre Emerson, del cual

---

[44] Por añadidura, Además.   [45] el «Grito de Yara»: Los esfuerzos de Cuba por lograr su independencia duraron casi todo el siglo XIX. Las primeras tentativas revolucionarias fueron sofocadas. En 1868 Carlos Manuel de Céspedes lanzó el «Grito de Yara» e inició la lucha armada, que duró diez años, asolando el país.

citamos algunas líneas, se destacan su insaciable curiosidad intelectual y su afán de ahondar en la intimidad de los personajes que describe:

«Era de niño tímido y delgado, y parecía a los que le miraban águila joven, pino joven. Y luego fue sereno, amable y radiante, y los niños y los hombres se detenían a verle pasar. Era su paso firme, de aquel que sabe adónde ha de ir; su cuerpo alto y endeble, como esos árboles cuya copa mecen aires puros. El rostro era enjuto, cual de[46] hombre hecho a[47] abstraerse, y a ansiar salir de sí. Ladera de montaña parecía su frente. Su nariz era como la de las aves que vuelan por cumbres. Y sus ojos, cautivadores, como de aquel que está lleno de amor, y tranquilos, como de aquel que ha visto lo que no se ve. No era posible verle sin desear besar su frente.... Se venía[48] de verle como de ver un monumento vivo, o un ser sumo. Hay de esos hombres montañosos, que dejan, ante sí y detrás de sí, llana la tierra. Él no era familiar, pero era tierno, porque era la suya imperial familia cuyos miembros habían de ser todos emperadores...[49]»

Ejercicios

A. Escriban oraciones completas y originales empleando las frases siguientes como elemento inicial:

1. En lugar de abandonar sus ideales . . .
2. Fijándome primero en sus actividades revolucionarias . . .
3. Además de trabajar en una casa de comercio . . .
4. No sólo traducía libros sino que . . .
5. Por fin lograron . . .
6. En este artículo se destaca . . .
7. No pudo realizar su anhelo de . . .
8. ¿En qué discurso abogaba por . . .?
9. Era un hombre hecho a . . .
10. Acertó a pasar . . .

B. Traduzcan al español las frases siguientes, tratando de imitar las construcciones y fraseología del texto:

1. The independence of Cuba was the principal objective of his life; but today the universality and modernity of his ideas also interest us. 2. The term, "apostle of Cuban independence", seems to be too limited in the case of Martí. 3. Why did the Spanish authorities condemn Martí to prison and to forced labor in the quarries? 4. How was he able to leave Spain and go to France, England, and then Mexico? 5. The war of 1868, which lasted ten years and devastated the country, ended with the "Pact of Zanjón." 6. After the pact was signed, Martí returned to Cuba for a short period and continued conspiring on behalf of the revolution. 7. After the failure of another attempt to incite to revolt the Cuban people, Martí sought asylum in Caracas. 8. In New York he earned his living by working in a store, translating books, and writing newspaper articles. 9. In the Manifesto of Montecristi he explained the moral, social, and political principles of the Party. 10. Because of his insatiable intellectual

---

[46] cual de, como de.   [47] hecho a, acostumbrado a.   [48] Se venía, Uno venía.   [49] José Martí, *Páginas selectas* (Buenos Aires: Angel Estrada y Cía, S.A., 1939), p. 74.

curiosity, his articles are full of facts and ideas about the most diverse subjects. 11. In his article on Emerson, the images seem Biblical in their simplicity. 12. He said that Emerson's eyes were captivating, as of one who was full of love, and calm, as of one who had seen the invisible.

TEMA VI

José Martí (*continuación*)

La violenta conmoción espiritual del siglo XIX trajo consigo el florecimiento de la oratoria política: la elocuencia fue instrumento imprescindible para la contienda de ideas. Los oradores no buscaban estilo sobrio y objetivo, sino períodos largos, sonoros, patéticos, abundantes en evocaciones históricas e imágenes deslumbradoras. Más que como escritor, Martí fue estimado como orador por sus contemporáneos. Como ejemplo de sus procedimientos oratorios puede citarse la arrebatada exhortación patriótica de su discurso sobre el poeta cubano José María de Heredia:

«¿Y la América libre, y toda Europa coronándose con la libertad, y Grecia misma resucitando, y Cuba, tan bella como Grecia, tendida así entre hierros, mancha del mundo, presidio rodeado de agua, rémora de América? Si entre los cubanos vivos no hay tropa bastante para el honor, ¿qué hacen en la playa los caracoles, que no llaman a guerra a los indios muertos? ¿Qué hacen las palmas, que gimen estériles, en vez de mandar? ¿Qué hacen los montes, que no se juntan falda contra falda, y cierran el paso a los que persiguen a los héroes? En tierra peleará, mientras haya un palmo de tierra, y cuando no lo haya, todavía peleará, de pie en la mar.[50]»

Su dominio del idioma y la admirable sencillez de su prosa —como también la nobleza de sus ideas— se notan especialmente en sus cartas y en sus escritos políticos. Pueden servir de muestra algunos párrafos del Manifiesto de Montecristi:

«El Partido Revolucionario Cubano a Cuba:

La revolución de independencia iniciada en Yara después de preparación gloriosa y cruenta,[51] ha entrado en Cuba en un nuevo período de guerra, en virtud de orden y acuerdos del Partido Revolucionario en el extranjero y en la Isla, y de la ejemplar congregación, en él, de todos los elementos consagrados al saneamiento y emancipación del país, para bien de América y del mundo; y los representantes electos de la revolución que hoy se confirma reconocen y acatan[52] su deber ... de repetir ante la patria —que no se ha de ensangrentar sin razón, ni sin justa esperanza de triunfo— los propósitos precisos, hijos del juicio y ajenos a la venganza, con que se ha compuesto y llegará a su victoria racional la guerra inextinguible que hoy lleva

---

[50] José Martí, *Páginas selectas*, pp. 8–9. El discurso lo pronunció Martí en Nueva York, el 30 de noviembre de 1889. [51] cruenta, sangrienta. [52] acatan, respetan.

a los combates, en conmovedora y prudente democracia, los elementos todos de la sociedad de Cuba.

La guerra no es, en el concepto sereno de los que aún hoy la representan, y de la revolución pública y responsable que los eligió, el insano triunfo de un partido cubano sobre otro o la humillación siquiera de un grupo equivocado de cubanos; sino la demostración solemne de la voluntad de un país harto[53] probado en la guerra anterior para lanzarse a la ligera[54] en un conflicto sólo terminable por la victoria o el sepulcro, sin causas bastante profundas para sobreponerse a las cobardías humanas y sus varios disfraces, y sin determinación tan respetable, por ir firmada por la muerte, que debe imponer silencio a aquellos cubanos menos venturosos que no se sienten poseídos de igual fe en las capacidades de su pueblo ni de valor igual con que emanciparlo de su servidumbre...

La guerra no es contra el español, que, en el seguro[55] de sus hijos y en el acatamiento a la patria que se ganen, podrá gozar, respetado y aun amado, de la libertad,[56] que sólo arrollará a los que le salgan, imprevisores, al camino. Ni del desorden ajeno a la moderación probada del espíritu de Cuba, será cuna[57] la guerra; ni de la tiranía. Los que la fomentaron, y pueden aún llevar su voz,[58] declaran en nombre de ella ante la patria su limpieza de todo odio, su indulgencia fraternal para con los cubanos tímidos o equivocados, su radical respeto al decoro del hombre, nervio del combate y cimiento de la república, su certidumbre de la aptitud de la guerra para ordenarse de modo que contenga la redención que la inspira, la relación en que un pueblo debe vivir con los demás, y la realidad que la guerra es, y su terminante voluntad de respetar, y hacer que se respete, al español neutral y honrado, en la guerra y después de ella, y de ser piadosa con el arrepentimiento, e inflexible sólo con el vicio, el crimen y la inhumanidad...»[59]

EJERCICIOS

A. Busquen en la lectura de esta lección las frases que correspondan a las siguientes:

1. eloquence was an indispensable instrument.   2. historical recollections and dazzling images.   3. (he) was esteemed as an orator.   4. Cuba, as beautiful as Greece.   5. (Cuba) prostrate, as it is, in chains, a stain on the world.   6. (they) moan fruitlessly, instead of giving orders.   7. (they) block the way of those who are pursuing the heroes. 8. as long as there is a handbreadth of land.   9. and when there isn't any.   10. by virtue of an order and resolutions of the Revolutionary Party.   11. the elements devoted to the cleansing and liberation of the country.   12. for the welfare of America. 13. (they) acknowledge and honor their obligation.   14. which is not to be bloodied without cause.   15. the exact aims, the fruits of (prudent) judgment.   16. who even today represent it.   17. a country excessively tested in the previous war.   18. since it is signed by death.   19. in the sanctuary of their families (*lit.* children).   20. those who may go forth . . . to oppose her.   21. those who can speak on its behalf.   22. their fundamental respect for the dignity of man.   23. to be directed in such a way that it

---

[53] harto, sobradamente.   [54] a la ligera, ligeramente, sin reflexión.   [55] seguro, lugar libre de todo peligro.   [56] de la libertad: completa la frase iniciada por «podrá gozar», sin relación directa con los participios «respetado» y «amado», usados aquí como adjetivos.   [57] cuna, origen.   [58] llevar su voz, hablar en su nombre.   [59] José Martí, *Páginas selectas*, pp. 264–266.

will contain.   24. their definite desire to respect and have respected the neutral and honorable Spaniard.

B. Escriban un breve resumen, de unas 200 palabras, de la lectura de esta lección.

TEMA VII

José Enrique Rodó

El modernismo —el movimiento literario que hacia fines del siglo XIX contribuyó, junto con los escritores de la generación del '98,[60] a la renovación de las letras hispánicas a ambos lados del Atlántico— alcanzó su mayor desarrollo en Hispanoamérica. El poeta nicaragüense Rubén Darío es el maestro reconocido de la poesía modernista, y el pensador y ensayista uruguayo, José Enrique Rodó es considerado como el más grande de los prosistas del movimiento.

La unidad intelectual y moral de Hispanoamérica— que empezaba a sentir la influencia del utilitarismo norteamericano— fue el tema constante del pensamiento de Rodó. Su ejemplo y sus ideas influyeron profundamente en la formación de la juventud hispanoamericana de su época.

Rodó nació en Montevideo el 15 de julio de 1871, hijo de padre español y madre uruguaya. Ingresó muy joven en la Universidad de su ciudad natal, pero abandonó sus estudios universitarios para fundar, con unos cuantos amigos suyos, la *Revista Nacional de Literatura y Ciencias Sociales* (1895–97). Los trabajos críticos que publicó en esta revista le dieron a conocer[61] entre los intelectuales hispanoamericanos. En 1898 fue nombrado profesor de literatura en la Universidad de Montevideo y en 1900, director interino de la Biblioteca Nacional. Su fama como crítico creció con la publicación, en 1899, de su estudio sobre Rubén Darío. En 1900 apareció su ensayo *Ariel*, que fue aclamado como la bandera de una causa y ejerció una influencia decisiva en el pensamiento hispanoamericano de aquellos años.

En *Ariel* Rodó se dirige a la juventud de Hispanoamérica para aconsejarle que rechace el materialismo del Calibán[62] del Norte y que acepte como guía el genio de Ariel (símbolo del idealismo y de la inteligencia). Utiliza el simbolismo de *La Tempestad* de Shakespeare para exponer su visión de lo que deben ser los valores de Hispanoamérica frente a la amenaza de la influencia norteamericana. El ensayo presenta la forma de un discurso en que un maestro se despide de sus discípulos. Los párrafos iniciales son:

---

[60] la generación del '98: nombre que se ha dado al grupo de escritores españoles que, en vista de los desastres coloniales, se dedicaron a trabajar por la reconstrucción de España.   [61] le dieron a conocer, llamaron la atención sobre él.   [62] En la comedia de Shakespeare, Próspero es el duque de Milán, Ariel, un espíritu fantástico que le sirve, y Calibán, un esclavo monstruoso educado por Próspero.

«Aquella tarde, el viejo y venerado maestro, a quien solían llamar Próspero,[63] por alusión al sabio mago de *La Tempestad* shakesperiana, se despedía de sus jóvenes discípulos, pasado un año de tareas, congregándolos una vez más a su alrededor.

Ya habían llegado ellos a la amplia sala de estudio, en la que un gusto delicado y severo esmerábase[64] por todas partes en honrar la noble presencia de los libros, fieles compañeros de Próspero. Dominaba en la sala —como numen de su ambiente sereno— un bronce primoroso, que figuraba al Ariel de *La Tempestad.* Junto a este bronce se sentaba habitualmente el maestro, y por ello le llamaban con el nombre del mago a quien sirve y favorece en el drama el fantástico personaje que había interpretado el escultor. Quizá en su enseñanza y su carácter había, para el nombre, una razón y un sentido más profundos.

Ariel, genio del aire, representa, en el simbolismo de la obra de Shakespeare, la parte noble y alada del espíritu; Ariel es el imperio de la razón y el sentimiento sobre los bajos estímulos de la irracionalidad; es el entusiasmo generoso, el móvil alto y desinteresado en la acción, la espiritualidad de la cultura, la vivacidad y la gracia de la inteligencia, el término ideal a que asciende la selección humana, rectificando en el hombre superior los tenaces vestigios de Calibán, símbolo de sensualidad y de torpeza, con el cincel perseverante de la vida....

Próspero acarició, meditando, la frente de la estatua; dispuso luego al grupo juvenil en torno suyo, y con su firme voz —voz magistral . . . —comenzó a decir, frente a una atención afectuosa:

Junto a la estatua que habéis visto presidir, cada tarde, nuestros coloquios de amigos, en los que he procurado despojar a la enseñanza de toda ingrata austeridad, voy a hablaros de nuevo, para que sea nuestra despedida como el sello estampado en un convenio de sentimientos y de ideas.»[65]

Ejercicios

A. Escriban oraciones originales que amplíen, completen o expliquen las siguientes:

1. El modernismo fue el movimiento literario que hacia fines del siglo XIX contribuyó a la renovación de las letras hispánicas a ambos lados del Atlántico.   2. El ensayista uruguayo José Enrique Rodó es considerado como el más grande prosista del modernismo.   3. El tema constante de las obras de Rodó fue la unidad intelectual y moral de Hispanoamérica.   4. Publicó sus primeros trabajos críticos en la *Revista Nacional de Literatura y Ciencias Sociales.*   5. Su ensayo *Ariel* fue aclamado como la bandera de una causa.   6. Le aconseja que acepte como guía el genio de Ariel, rechazando el materialismo de Calibán.   7. El ensayo presenta la forma de un discurso en que un maestro se despide de sus discípulos.   8. Le llamaban Próspero por alusión al sabio mago de *La Tempestad,* de Shakespeare.   9. Se sentaba el maestro habitualmente junto al bronce que figuraba al Ariel de *La Tempestad.*   10. Ariel representa, en el simbolismo de la obra de Shakespeare, la parte noble y alada del espíritu.   11. Sí, representa el imperio de la razón y el sentimiento sobre los bajos estímulos de la irracionalidad.   12. Les va a hablar de nuevo para que su despedida sea como el sello estampado en un convenio de sentimientos y de ideas.

---

[63] *Ibid*   [64] esmerábase = se esmeraba.   [65] José Enrique Rodó, *Ariel,* in *Spanish for Secondary Schools,* 3d Level (Boston: D. C. Heath and Co., 1965) p. 250.

B. Traduzcan al español las frases siguientes, tratando de imitar las construcciones y fraseología del texto:

1. José Enrique Rodó represents in the prose of *modernismo* what Rubén Darío represents in the poetry of the movement.   2. It was the aforesaid Mr. Rodó who attracted the attention of the youth of Spanish America with his essay *Ariel*.   3. He must have found his university studies somewhat boring, since he abandoned them to found, with several friends, a literary review.   4. At the age of twenty-seven he was appointed professor of literature at the University of Montevideo, and in 1910 acting director of the National Library.   5. In his essay, Rodó invites the young people of Spanish America to accept as their guide the genius of Ariel, the symbol of intelligence and idealism.   6. Prospero, the Duke of Milan, and Ariel, a fantastic spirit, are two of the principal characters in Shakespeare's comedy, *The Tempest*.   7. Because of the symbolism of the character of Ariel, Rodó used that name as the title of this essay.   8. For a similar reason, the students were accustomed to call their revered teacher Próspero.   9. A finely-wrought bronze statue occupied the leading place in the large study hall, which the teacher had adorned with the noble presence of books.   10. Perhaps in his teaching and character there were a more profound reason and meaning for the name they had given him.   11. Ariel represents the apex to which human selection ascends, rectifying in the superior man the stubborn vestiges of Caliban.   12. Every afternoon the statue had presided over their friendly conversations, in which he had endeavored to divest his teaching of all disagreeable austerity.

TEMA VIII

José Enrique Rodó (continuación)

Después de la introducción que hemos citado, Rodó hace un largo estudio del sentido humano del destino del individuo. La fórmula a que llega es una síntesis de la tradición igualitaria del cristianismo y la aristocrática de la Grecia clásica. Sobre esta base, pasa a analizar la civilización norteamericana, que, a pesar de muchas características admirables, encuentra deficiente, por representar la moderna «barbarie utilitaria». Las citas siguientes son importantes, porque reflejan ideas que todavía son comunes en Hispanoamérica.

«Obra titánica, por la enorme tensión de voluntad que representa y por sus triunfos inauditos en todas las esferas del engrandecimiento material, es indudable que aquella civilización produce en su conjunto una singular impresión de insuficiencia y de vacío . . . Huérfano de[66] tradiciones muy hondas que lo orienten, ese pueblo no ha sabido sustituir la idealidad inspiradora del pasado con una alta y desinteresada concepción del porvenir. Vive para la realidad inmediata del presente, y por ello subordina toda su actividad al egoísmo del bienestar personal y colectivo.

---

[66] Huérfano de, falto de.

En el ambiente de la democracia de América, el espíritu de vulgaridad no halla ante sí relieves inaccesibles para su fuerza de ascensión, y se extiende y propaga como sobre la llaneza de una pampa infinita . . . La idealidad de lo hermoso no apasiona al descendiente de los austeros puritanos. Tampoco le apasiona la idealidad de lo verdadero. Menosprecia todo ejercicio del pensamiento que prescinda de una inmediata finalidad por vano e infecundo. No le lleva a la ciencia un desinteresado anhelo de verdad, ni se ha manifestado ningún caso capaz de amarla por sí misma. La investigación no es para él sino el antecedente de la aplicación utilitaria.

Sus gloriosos empeños por difundir los beneficios de la educación popular están inspirados en el noble propósito de comunicar los elementos fundamentales del saber al mayor número; pero no nos revelan que al mismo tiempo que de ese acrecentamiento extensivo de la educación, se preocupe de seleccionarla y elevarla, para auxiliar el esfuerzo de las superioridades que ambicionen erguirse sobre la general mediocridad.[67] Así, el resultado de su porfiada guerra a la ignorancia ha sido la semicultura universal y una profunda languidez de la alta cultura....

Inútil sería tender a convencerles de que, aunque la contribución que han llevado a los progresos de la libertad y de la utilidad haya sido, indudablemente, cuantiosa, y aunque debiera atribuírsele en justicia la significación de una obra universal, de una obra humana, ella[68] es insuficiente para hacer transmudarse, en dirección al nuevo Capitolio, el eje del mundo...

Esperemos que el espíritu de aquel titánico organismo social, que ha sido hasta hoy voluntad y utilidad solamente, sea también algún día inteligencia, sentimiento, idealidad. Esperemos que, de la enorme fragua, surgirá, en último resultado, el ejemplar humano, generoso, armónico, selecto . . . Pero no le busquemos ni en la realidad presente de aquel pueblo, ni en la perspectiva de sus evoluciones inmediatas...»[69]

En 1901 Rodó abandonó la cátedra para dedicarse a la política. Fue elegido diputado en 1902 y 1908. En 1905 se vio envuelto en una polémica suscitada por las orientaciones anticlericales del gobierno. En los artículos que escribió acerca del asunto y que recogió en su libro, *Liberalismo y jacobinismo* (1907), muestra su tolerancia y su sentido humano de la vida.

En 1909 publicó *Motivos de Proteo* y cuatro años más tarde *El mirador de Próspero*. En las dos obras amplía y desarrolla ideas y pensamientos que había expuesto en *Ariel*.

En 1910 participó, en calidad de[70] embajador del Uruguay, en los actos conmemorativos del Primer Centenario de la Independencia de Chile. Poco después, por desavenencias con el presidente Batlle,[71] decidió retirarse de la política. Fue redactor del *Diario de la Plata* de 1912 a 1914. En 1916 emprendió un viaje a

---

[67] Sería fácil rebatir esta afirmación: casi todas las universidades tienen becas para ayudar a los estudiantes más capacitados. [68] ella: se refiere a *la contribución*. [69] José Enrique Rodó, *Ariel*, pp. 253–254, *passim*. [70] en calidad de, como. [71] Batlle: José Batlle y Ordóñez, famoso político uruguayo (1854–1929), presidente de la república del Uruguay de 1903 a 1907 y de 1911 a 1919.

Europa, como corresponsal de las revistas *Caras y Caretas* y *Plus Ultra*, de Buenos Aires. Murió en Palermo, de un ataque de tifus, el primero de mayo de 1917. Obras póstumas son *El camino de Paros, Nuevos motivos de Proteo* y *Los últimos motivos de Proteo*. La primera describe su viaje por Europa; las otras continúan sus meditaciones sobre la sociedad hispanoamericana y la personalidad humana en general.

EJERCICIOS

A. Escriban oraciones completas y originales empleando los modismos y frases siguientes:

a pesar de	frente a
dar a conocer	influir en
en calidad de	lo verdadero
en justicia	preocuparse de
en su conjunto	prescindir de
esmerarse en	verse envuelto, -a, en

B. Traduzcan al español las frases siguientes, tratando de imitar las construcciones y fraseología del texto:

1. Before he analyzes the culture of North America, Rodó examines the two great historical traditions of the western world: that of ancient Greece, and the Christian one. 2. In studying our society, he points out both the advantages and the dangers of democracy. 3. Although he admires many aspects of our civilization, he does not recommend that Spanish America accept it as a model. 4. Lacking deep traditions that may orient it, our nation, according to the Uruguayan thinker, has not been able to develop a lofty and generous concept of the future. 5. Rodó is convinced that in the United States we live for the immediate reality of the present, subordinating all our activities to the egoism of personal and collective well-being. 6. Is it true that we scorn as fruitless every exercise of the mind that does not have an immediate purpose? 7. It is necessary to upgrade education and support the efforts of superior students who have the ambition to rise above the general mediocrity. 8. Since the contribution the United States has made to the progress of liberty and of material growth has been considerable, he insists that it should deservedly be considered a work of universal significance. 9. He hopes that some day the spirit of the titanic organism will be intelligence, feeling, and idealism. 10. Let us North Americans also hope that from this great forge there will emerge, as its final product, the noble, harmonious, and select human model. 11. In the articles which he collected in his book entitled *Liberalism and Jacobinism*, he again defends tolerance, idealism, and the human meaning of life, as opposed to dogmatism. 12. Having abandoned his political activities because he was opposed to the theories of Batlle, he devoted the last years of his life to the preparation of philosophical and literary works.

TEMA IX

Alfonso Reyes

Al acercarnos a la época contemporánea, hay que recordar, entre los de muchos escritores eminentes, el nombre del poeta y ensayista mexicano Alfonso Reyes. La producción literaria de Reyes es variadísima, tanto en verso como en prosa. Erudito de sólida formación humanística, se distinguió también como crítico literario de extraordinaria cultura y sensibilidad. Gracias a su carrera diplomática llegó a conocer íntimamente muchos países. Como afirma su amigo Jorge Luis Borges, en una poesía dedicada a su memoria,

> Supo bien aquel arte que ninguno
> Supo del todo, ni Simbad ni Ulises,
> Que es pasar de un país a otros países
> Y estar íntegramente en cada uno.

Alfonso Reyes nació en Monterrey (Nuevo León) en 1889. Al terminar la carrera de Leyes en 1913, escogió la profesión diplomática. Gracias a ella pudo pasar diez años —desde 1914 hasta 1924— en España. Se incorporó en seguida a la vida intelectual española y llegó a adquirir un conocimiento profundo del país, tanto de sus hombres como de su cultura. Fue colaborador del Centro de Estudios Históricos[72] de Madrid durante cinco años y contribuyó numerosos artículos a las publicaciones más prestigiosas de la época, como el periódico *El Sol*, de Madrid, y la *Revista de Occidente*.[73]

Después de su estancia en España, Reyes fue ministro de su país en Suiza y Francia, embajador en Buenos Aires y Río de Janeiro, y jefe de la delegación de México en la U.N.E.S.C.O. En 1940 fue uno de los fundadores del Colegio de México, centro de cultura que ha tenido una influencia profunda en el desarrollo intelectual del país. En 1945 obtuvo el Premio Nacional de Literatura y en 1954 el Premio Ávila Camacho. Por sus actividades en favor de la educación y de la cooperación internacional ha sido considerado como uno de los representantes más destacados de la intelectualidad hispanoamericana. Murió en México en 1959.

Como ensayista le interesaban igualmente los temas sociales y los históricos y literarios, si bien sus temas predilectos eran la historia de América y la posición de Hispanoamérica en el mundo actual. Su versatilidad era asombrosa: defendía apasionadamente los estudios clásicos y se entusiasmaba ante los más audaces

---

[72] Centro . . . Históricos: famosa institución dedicada a la investigación histórica y literaria. Fue fundada en 1910, bajo la dirección del eminente filólogo e historiador, D. Ramón Menéndez Pidal (1869–1969). Reorganizada después de la guerra civil, las secciones del antiguo Centro fueron distribuidas entre varios «Institutos» nuevos.   [73] *Revista de Occidente*: eminente revista (1923–36), de carácter intelectual, fundada por el filósofo y ensayista José Ortega y Gasset (1883–1955).

movimientos de vanguardia en el arte y la literatura. Era casticista y cosmopolita al mismo tiempo.

Entre sus obras en prosa sobresale el hermoso ensayo *Visión de Anáhuac* (1917), en que Reyes evoca la civilización del imperio azteca a la llegada de los españoles. Las siguientes líneas forman parte de la descripción de la ciudad de México:

«Dos lagunas ocupan casi todo el valle: la una salada, la otra dulce. Sus aguas se mezclan con ritmos de marea, en el estrecho formado por las sierras circundantes y un espinazo de montañas que parte del centro. En mitad de la laguna salada se asienta la metrópoli como una inmensa flor de piedra, comunicada a tierra firme por cuatro puertas y tres calzadas, anchas, de dos lanzas jinetas.[74] En cada una de las cuatro puertas, un ministro grava[75] las mercancías. Agrúpanse los edificios en masas cúbicas; la piedra está llena de labores, de grecas. Las casas de los señores tienen vergeles en los pisos altos y bajos, y un terrado donde pudieran correr cañas hasta treinta hombres a caballo. Las calles resultan cortadas, a trechos, por canales. Sobre los canales saltan unos puentes, unas vigas de madera labrada capaces de diez caballeros. Bajo los puentes se deslizan las piraguas llenas de fruta. El pueblo va y viene por la orilla de los canales, comprando el agua dulce que ha de beber: pasan de unos brazos a otros las rojas vasijas. Vagan por los lugares públicos personas trabajadoras y maestros de oficio, esperando quien los alquile por sus jornales....

El pueblo se atavía con brillo, porque está a la vista de un grande emperador. Van y vienen las túnicas de algodón rojas, doradas, recamadas,[76] negras y blancas, con ruedas de plumas superpuestas o figuras pintadas. Las caras morenas tienen una impavidez sonriente, todas en el gesto de agradar. Tiemblan en la oreja o la nariz las arracadas[77] pesadas, y en las gargantas los collaretes de ocho hilos, piedras de colores, cascabeles y pinjantes[78] de oro. Sobre los cabellos, negros y lacios, se mecen las plumas al andar...».[79]

Ejercicios

A. Contesten por escrito a las preguntas siguientes:

1. ¿En qué géneros literarios se distinguió Alfonso Reyes? 2. Gracias a su carrera diplomática, ¿qué llegó a conocer íntimamente? 3. Al llegar a España en 1914, ¿a qué se incorporó en seguida? 4. ¿A qué publicaciones contribuyó artículos? 5. Después de su estancia en España, ¿qué cargos importantes ocupó? 6. ¿Qué actividades de Reyes influyeron en el desarrollo intelectual de su país? 7. ¿Cuáles eran los temas predilectos de sus ensayos? 8. ¿Por qué puede decirse que su versatilidad era asombrosa? 9. ¿Qué ensayo de Reyes sobresale entre sus obras en prosa? 10. ¿Dónde está asentada la metrópoli? 11. Describan las casas de los señores. 12. Describan las túnicas y los adornos que llevan los indios.

---

[74] lanza jineta, lanza corta que se usó como insignia de los capitanes de infantería. [75] grava, impone impuestos sobre. [76] recamadas, bordadas. [77] arracadas, aretes. [78] pinjantes, adornos colgantes. [79] Alfonso Reyes, *Obras completas*, II (México, D. F.: Fondo de Cultura Económica, 1956), pp. 18–19.

B. Escriban una carta, de unas 200 palabras, a algún miembro de su familia, sobre un tema relacionado con la lectura de esta lección. Pueden utilizar las fórmulas siguientes:

Los Altos, California
20 de enero de 19...

Querida mamá (hermana):
  ¡No podrás imaginarte lo interesante que es México!...

Un abrazo de tu hijo (hermano)

TEMA X

Alfonso Reyes (continuación)

En una serie de trabajos Reyes trata del tema de la posición de Hispanoamérica en el mundo. En ellos expone una política utópica para las Américas, basada en la concordia intercontinental y en un sentido social y democrático de la cultura. Los párrafos siguientes, tomados de su ensayo «Un mundo organizado», reflejan este aspecto de su obra.

«La obra de la cultura consiste en salvaguardar, trasmitir y hacer correr con igual facilidad por todos los pueblos las conquistas del hombre, materiales o espirituales; consiste en redondear y canalizar la tierra para la mejor circulación del bien humano. Por eso la cultura es, en esencia, coordinación cooperativa: lo mismo los puentes y túneles, las carreteras, los medios de locomoción, que la repartición y distribución de los frutos económicos o intelectuales. La captación de la tierra por el hombre dista mucho de ser completa. El ideal no se ha realizado, acaso porque nunca se logró que los distintos pueblos marchen de acuerdo....

Como, además de la mejor distribución del bien general —aspecto positivo—, hay que evitar la guerra —aspecto negativo—, será indispensable montar una máquina de derecho internacional que sume todos los principios conquistados y establezca los tres recursos sucesivos de la conciliación, el arbitraje y la justicia internacional propiamente dicha. ...

No dejemos que la desesperanza nos invada, porque entonces habrá llegado la hora de entregar nuestra morada mortal a la dirección de otro animal mejor dotado. No permitamos que el porvenir quede entregado a la desesperación y a la violencia, fuerzas negativas que pronto acabarían con los hombres...

En esta reconstrucción del mundo, incumbe a nuestras Américas un papel importante. Y esto, no sólo porque Europa, nuestra venerable y común maestra, saldrá de la guerra como un soldado herido, necesitado de auxilios y vendajes en tanto que vuelve a recobrar la salud, mientras que nosotros vamos saliendo de la guerra mucho menos maltrechos. Hay algo más: para la reconstrucción del mundo, que ha de operarse sobre una base de entendimiento internacional, nuestras Américas cuentan con la ventaja de su propia tradición, tradición que las ha avezado en una visión internacional de las cosas...

En efecto: todas nuestras trayectorias confluyen en esta dirección de internacionalismo. Nuestros pueblos son hijos de mezclas raciales y nacionales diversas, y han probado por sí mismos la posibilidad de fundir en su crisol[80] varios elementos....

Añádase a esto que en el Nuevo Mundo llevamos más de medio siglo de cooperación panamericana, ya sea mediante organismos oficiales o institucionales, ya por el efecto natural de la vecindad entre nuestras respectivas naciones. Aun antes de que existieran entre las cancillerías pactos especiales como los de estos últimos años, los agravios a cualquier país del Continente han repercutido de modo espontáneo, y como reacción de la naturaleza, en los demás países. . . . La solidaridad latente no es, pues, argumento político de oportunidad, sino un hecho real y de siempre.

Por último, la misma circunstancia negativa de que hayamos sido mucho tiempo pueblos de cultura colonial o importada nos adiestró para buscar fuera de nuestras fronteras los elementos indispensables a nuestra representación del mundo, sin que hayamos perdido esta agilidad, como las viejas culturas europeas y autárquicas a quienes fue dable recluirse dentro de su muralla china. El americano medio conoce a Europa mucho mejor que el europeo medio a nuestras Américas. Cuando salimos de nuestras patrias, los americanos somos menos extranjeros que el europeo en tierra ajena.

Todas estas circunstancias nos capacitan para el entendimiento internacional, tarea que muy pronto será nuestra incumbencia histórica y la de nuestros hijos, a quienes tenemos que legar un mundo mejor.»[81]

E J E R C I C I O S

A. Busquen en la lectura de esta lección las frases que correspondan a las siguientes:

1. (he) deals with the theme.   2. (he) expounds a Utopian policy for the Americas.
3. (it) consists in safeguarding, transmitting and circulating.   4. the best distribution (circulation) of human welfare.   5. For that reason.   6. bridges and tunnels . . . as well as the allotment and distribution of economic and intellectual products.   7. (it) is far from being complete.   8. it was never possible to get the different nations to act in unison.   9. It will be indispensable to set up a mechanism of international law.

---

[80] crisol, vaso que sirve para fundir alguna materia.   [81] Alfonso Reyes, *Obras completas*, IX (México, D. F.: Fondo de Cultura Económica, 1960), pp. 330–334, *passim*.

10. Let us not allow despair to invade us.   11. an important role pertains to our Americas.   12. a wounded soldier, in need of assistance.   13. we are gradually emerging from the war.   14. that must be carried out upon a basis.   15. (they) count on the advantage.   16. which has accustomed them to an international view.   17. the possibility of fusing various elements in their crucible.   18. One should (Let one) add to this the fact that.   19. either through official organisms or through the natural effect. 20. Even before special agreements existed.   21. (they) have produced a reaction in the other countries.   22. without our having lost this agility.   23. for whom it was feasible to shut themselves up.   24. The average American.

B. Escriban un breve resumen, de unas 200 palabras, de la lectura de esta lección.

TEMA XI

Jorge Luis Borges

La literatura hispanoamericana de nuestro siglo presenta una larga lista de figuras distinguidas. Entre ellas se destaca el argentino Jorge Luis Borges, que es considerado como uno de los escritores más brillantes de nuestro tiempo. Aunque su producción no es extensa, se ha distinguido en la poesía, el ensayo, la narración y la crítica literaria.

Borges nació en Buenos Aires en 1899. Estudió en Suiza durante la primera guerra mundial y vivió después en Inglaterra y en España. Regresó a Buenos Aires en 1921, dándose a conocer entre los escritores vanguardistas. Inició su obra poética en 1923 con un libro de poesías ultraístas,[82] *Fervor de Buenos Aires.* Abandonó el ultraísmo en sus obras poéticas posteriores, pero continuó ganando la estimación de los literatos tanto por sus poesías como por sus ensayos y sus artículos de crítica literaria.

Una nueva etapa en la carrera literaria de Borges comenzó en 1935 con la publicación de su colección de cuentos, *Historia universal de la infamia.* Con esta obra, y con otras posteriores, como *Ficciones* (1944) y *El aleph* (1949), su fama como cuentista quedó asegurada.

Además de contribuir artículos a los periódicos de Buenos Aires y dar conferencias sobre temas literarios, Borges había sido bibliotecario de una biblioteca en las afueras de la capital. Durante la dictadura de Perón fue destituido de su puesto, pero al caer la dictadura fue nombrado Director de la Biblioteca Nacional.

Las últimas publicaciones de Borges son breves. *El hacedor* (1960), por ejemplo, es una pequeña miscelánea, con unos treinta poemas y algunas narraciones cortas, en forma de parábolas.

---

[82] ultraístas: se aplica la denominación de ultraístas al grupo de poetas jóvenes que, después de la primera guerra mundial, rechazaron el modernismo, buscando la expresión estética en estilo depurado y desnudo.

La originalidad y una exquisita sensibilidad caracterizan la obra literaria de Borges, la cual manifiesta constantemente la vasta cultura, la curiosidad intelectual y las aficiones filosóficas y metafísicas de su autor. En sus cuentos su imaginación se prolonga en tramas fantásticas e ingeniosas. Algunas de las ideas que forman las bases de su arte y que se repiten en casi todas sus obras son: el mundo como misterio en que se combinan la fantasía, el sueño y la realidad; la noción de que la conciencia es la que crea la realidad; el eterno retorno de los hombres y de las cosas, y la idea de que los hombres son un solo hombre.

El breve artículo siguiente, que forma parte de su miscelánea *El hacedor*, puede servir de ejemplo del tipo de problema literario e intelectual que le ha interesado a Borges. La conclusión también es típica. En la última conjetura, «ajena al orbe español,» Borges da rienda suelta a su imaginación, asombrando al lector con detalles inesperados relacionados con sus preocupaciones metafísicas y con su concepto cíclico del tiempo.

Un problema

Imaginemos que en Toledo se descubre un papel con un texto arábigo y que los paleógrafos lo declaran de puño y letra[83] de aquel Cide Hamete Benengeli de quien Cervantes derivó el Don Quijote.[84] En el texto leemos que el héroe (que, como es fama, recorría los caminos de España, armado de espada y de lanza, y desafiaba por cualquier motivo a cualquiera) descubre, al cabo de uno de sus muchos combates, que ha dado muerte a un hombre. En este punto cesa el fragmento; el problema es adivinar, o conjeturar, cómo reacciona Don Quijote.

Que yo sepa, hay tres contestaciones posibles. La primera es de índole negativa; nada especial ocurre, porque en el mundo alucinatorio de Don Quijote la muerte no es menos común que la magia y haber matado a un hombre no tiene por qué perturbar a quien se bate, o cree batirse, con endriagos[85] y encantadores. La segunda es patética. Don Quijote no logró jamás olvidar que era una proyección de Alonso Quijano, lector de historias fabulosas; ver la muerte, comprender que un sueño lo ha llevado a la culpa de Caín, lo despierta de su consentida locura acaso para siempre. La tercera es quizá la más verosímil. Muerto aquel hombre, Don Quijote no puede admitir que el acto tremendo es obra de un delirio; la realidad del efecto le hace presuponer una pareja realidad de la causa y Don Quijote no saldrá nunca de su locura.

Queda otra conjetura, que es ajena al orbe español y aun al orbe del Occidente y requiere un ámbito más antiguo, más complejo y más fatigado. Don Quijote —que ya no es Don Quijote sino un rey de los ciclos del Indostán— intuye ante el cadáver del enemigo que matar y engendrar son actos divinos o mágicos que notoriamente trascienden la condición humana. Sabe que el muerto es ilusorio como lo son la espada sangrienta que le pesa en la mano y él mismo y toda su vida pretérita y los vastos dioses y el universo.[86]

---

[83] de puño y letra, de la misma mano.   [84] En el capítulo IX de su novela, Cervantes inventa la ficción de que había hallado el manuscrito del *Quijote*, y que su verdadero autor era el historiador arábigo, Cide Hamete Benengeli.   [85] endriagos, monstruos fabulosos.   [86] Jorge Luis Borges, *El hacedor* (Buenos Aires: Emecé Editores, S.A., 1960), pp. 29–30.

E J E R C I C I O S

A. Escriban preguntas sobre puntos sugeridos por las siguientes observaciones:

1. El escritor argentino Jorge Luis Borges se ha distinguido en la poesía, el ensayo, la narración y la crítica literaria.   2. Su primera obra poética muestra tendencias ultraístas.   3. Su fama como cuentista comienza en 1935, con la publicación de *Historia universal de la infamia*.   4. Fue nombrado Director de la Biblioteca Nacional al caer la dictadura de Perón.   5. Algunas de las ideas que se repiten en sus cuentos son la noción de que la conciencia es la que crea la realidad y la del eterno retorno de los hombres y de las cosas.   6. Puede servir de ejemplo del tipo de problema literario e intelectual que le ha interesado a Borges.   7. Los paleógrafos declaran que un texto descubierto en Toledo es de puño y letra del historiador arábigo Cide Hamete Benengeli.   8. El texto revela que Don Quijote ha dado muerte a un hombre.   9. El problema es adivinar, o conjeturar, cómo reacciona Don Quijote.   10. Nada ocurre, porque en el mundo alucinatorio de Don Quijote la muerte de un hombre no tiene por qué perturbar a quien cree batirse con endriagos y encantadores.   11. La muerte lo despierta de su consentida locura acaso para siempre.   12. Por la realidad del efecto, Don Quijote no puede admitir que el acto tremendo es obra de un delirio, y no saldrá nunca de su locura.

B. Escríbase una composición, de unas doscientas cincuenta palabras, sobre uno de los temas siguientes:

1. Observaciones sobre las conjeturas que propone Borges acerca de la reacción de Don Quijote.   2. Temas y puntos de vista de Borges reflejados en el artículo «Un problema».
3. Composición libre sobre un tema relacionado con la lectura de esta lección.

TEMA XII

Jorge Luis Borges (*continuación*)

Se han tomado los párrafos siguientes de uno de los cuentos más famosos de Borges, «Funes el memorioso». Aunque la acción del cuento sucede en el mundo real, el tema es un problema intelectual: el desarrollo extraordinario, de resultas de un accidente, de la memoria de Ireneo Funes, hijo de una planchadora del pueblo en que está veraneando el narrador. Por tener que volver urgentemente a Buenos Aires, el narrador se ha dirigido a la casa de Ireneo para recoger unos libros que le había prestado hacía unos días, entre ellos un tomo de la *Naturalis historia* de Plinio.[87] Sin maestro que le ayudara, Ireneo había aprendido en pocos días a leer

---

[87] Plinio: naturalista romano, que pereció durante la erupción del Vesubio en el año 79; su *Naturalis historia* (Historia natural), en 37 libros, es una especie de enciclopedia de las ciencias en la antigüedad.

el latín; hasta había aprendido de memoria extensas partes de la obra de Plinio y estaba recitando algunas frases latinas al entrar en su cuarto el narrador.

«Sin el menor cambio de voz, Ireneo me dijo que pasara. Estaba en el catre, fumando. Me parece que no le vi la cara hasta el alba; creo rememorar el ascua[88] momentánea del cigarrillo. La pieza olía vagamente a humedad. Me senté; repetí la historia del telegrama y de la enfermedad de mi padre.

Arribo, ahora, al más difícil punto de mi relato. Éste (bueno es que ya lo sepa el lector) no tiene otro argumento que ese diálogo de hace ya medio siglo. No trataré de reproducir sus palabras, irrecuperables ahora. Prefiero resumir con veracidad las muchas cosas que me dijo Ireneo. El estilo indirecto es remoto y débil; yo sé que sacrifico la eficacia de mi relato; que mis lectores se imaginen los entrecortados[86] períodos que me abrumaron esa noche.

Ireneo empezó por enumerar, en latín y español, los casos de memoria prodigiosa registrados por la *Naturalis historia*: Ciro, rey de los persas, que sabía llamar por su nombre a todos los soldados de sus ejércitos; Mitrídates Eupator,[90] que administraba la justicia en los 22 idiomas de su imperio; Simónides,[91] inventor de la mnemotecnia,[92] Metrodoro,[93] que profesaba el arte de repetir con fidelidad lo escuchado una sola vez. Con evidente buena fe se maravilló de que tales casos maravillaran. Me dijo que antes de esa tarde lluviosa en que lo volteó el azulejo,[94] él había sido lo que son todos los cristianos: un ciego, un sordo, un abombado,[95] un desmemoriado. (Traté de recordarle su percepción exacta del tiempo, su memoria de nombres propios; no me hizo caso.) Diez y nueve años había vivido como quien sueña: miraba sin ver, oía sin oír, se olvidaba de todo, de casi todo. Al caer, perdió el conocimiento; cuando lo recobró, el presente era casi intolerable de tan rico y tan nítido,[96] y también las memorias más antiguas y más triviales. Poco después averiguó que estaba tullido. El hecho apenas le interesó. Razonó (sintió) que la inmovilidad era un precio mínimo. Ahora su percepción y su memoria eran infalibles.

Nosotros, de un vistazo, percibimos tres copas en una mesa; Funes, todos los vástagos[97] y racimos y frutos que comprende una parra. Sabía las formas de las nubes australes del amanecer del treinta de abril de mil ochocientos ochenta y dos y podía compararlas en el recuerdo con las vetas de un libro en pasta española[98] que sólo había mirado una vez y con las líneas de la espuma que un remo levantó en el Río Negro la víspera de la acción del Quebracho.[99] Esos recuerdos no eran simples; cada imagen visual estaba ligada a sensaciones musculares, térmicas, etc. Podía reconstruir todos los sueños, todos los entresueños.[1] Dos o tres veces había

---

[88] ascua, pedazo de cualquier materia que arde sin llama. [89] entrecortados, interrumpidos de tiempo en tiempo. [90] Mitrídates Eupator: rey del Ponto (Asia Menor), célebre por sus luchas contra los romanos (123–63 a. de J. C.). [91] Simónides (de Ceos): poeta lírico griego; murió hacia 468 a. de J.C. [92] mnemotecnia, arte de fomentar la memoria. [93] Metrodoro: filósofo y pintor de Caria (Asia Menor), del siglo II a. de J. C. [94] azulejo, Amer. azulado; dícese del caballo de color blanco azulado. [95] abombado, Amer. atolondrado, atontado. [96] de tan rico = por ser tan rico, a causa de ser tan rico. [97] vástagos, brotes, renuevos. [98] pasta española: encuadernación de los libros que se hace de cartones cubiertos con pieles bruñidas y por lo común jaspeadas. [99] el Quebracho: nombre de la batalla en que las tropas del gobierno de Montevideo derrotaron a los rebeldes uruguayos en 1886. [1] los entresueños, los momentos en que uno está medio dormido.

reconstruido un día entero; no había dudado nunca, pero cada reconstrucción había requerido un día entero. Me dijo: *Más recuerdos tengo yo solo que los que habrán tenido todos los hombres desde que el mundo es mundo.* Y también: *Mis sueños son como la vigilia*[2] *de ustedes.* Y también, hacia el alba: *Mi memoria, señor, es como vaciadero de basuras.* Una circunferencia en un pizarrón, un triángulo rectángulo, un rombo, son formas que podemos intuir plenamente; lo mismo le pasaba a Ireneo con las aborrascadas[3] crines de un potro, con una punta de ganado en una cuchilla,[4] con el fuego cambiante . . . No sé cuántas estrellas veía en el cielo.

Esas cosas me dijo; ni entonces ni después las he puesto en duda. En aquel tiempo no había cinematógrafos ni fonógrafos; es, sin embargo, inverosímil[5] y hasta increíble que nadie hiciera un experimento con Funes. Lo cierto es que vivimos postergando[6] todo lo postergable; tal vez todos sabemos profundamente que somos inmortales y que tarde o temprano todo hombre hará todas las cosas y sabrá todo.»[7]

EJERCICIOS

A. Escriban oraciones completas y originales empleando los modismos y frases siguientes:

a lo norteamericano	maravillarse de que
dar rienda suelta	parece inverosímil que
dejar caer	por cualquier motivo
de resultas de	por tener que
de un vistazo	que yo sepa
lo cierto es que	tratar de

B. Preparen un diálogo de unas treinta líneas sobre uno de los temas siguientes:

1. Funes y el narrador discuten los casos de memoria prodigiosa registrados por Plinio en la *Naturalis historia.* 2. Contestando a preguntas del narrador, Funes reconstruye cinco minutos del día en que conoció al narrador por primera vez. 3. Funes discute con el narrador los experimentos que un eminente psicólogo ha emprendido para evaluar su prodigiosa memoria.

---

[2] la vigilia, el estar despierto. [3] aborrascadas, desordenadas, revueltas. [4] cuchilla, Amer. loma, cumbre de la sierra. [5] inverosímil, improbable. [6] postergando, dejando para más tarde. [7] Jorge Luis Borges, *Ficciones* (Buenos Aires: Emecé Editores, 1956), pp. 115–127.

APÉNDICES

APÉNDICE A

164
Verbos regulares (sin cambio de raíz)

Formas simples

INFINITIVOS

| hablar | vender | vivir |

GERUNDIOS

| hablando | vendiendo | viviendo |

INDICATIVO

PRESENTE

hablo	vendo	vivo
hablas	vendes	vives
habla	vende	vive
hablamos	vendemos	vivimos
habláis	vendéis	vivís
hablan	venden	viven

PRETÉRITO IMPERFECTO

hablaba	vendía	vivía
hablabas	vendías	vivías
hablaba	vendía	vivía
hablábamos	vendíamos	vivíamos
hablabais	vendíais	vivíais
hablaban	vendían	vivían

PRETÉRITO PERFECTO ABSOLUTO

hablé	vendí	viví
hablaste	vendiste	viviste
habló	vendió	vivió
hablamos	vendimos	vivimos
hablasteis	vendisteis	vivisteis
hablaron	vendieron	vivieron

IMPERATIVO

habla	vende	vive
hablad	vended	vivid

SUBJUNTIVO

PRESENTE

hable	venda	viva
hables	vendas	vivas
hable	venda	viva
hablemos	vendamos	vivamos
habléis	vendáis	viváis
hablen	vendan	vivan

FUTURO

hablare	vendiere	viviere
hablares	vendieres	vivieres
hablare	vendiere	viviere
habláremos	vendiéremos	viviéremos
hablareis	vendiereis	viviereis
hablaren	vendieren	vivieren

PRETÉRITO IMPERFECTO, -ra

hablara	vendiera	viviera
hablaras	vendieras	vivieras
hablara	vendiera	viviera
habláramos	vendiéramos	viviéramos
hablarais	vendierais	vivierais
hablaran	vendieran	vivieran

PRETÉRITO IMPERFECTO, -se

hablase	vendiese	viviese
hablases	vendieses	vivieses
hablase	vendiese	viviese
hablásemos	vendiésemos	viviésemos
hablaseis	vendieseis	vivieseis
hablasen	vendiesen	viviesen

Formas derivadas y compuestas

INFINITIVOS

haber hablado **haber vendido** **haber vivido**

GERUNDIOS

habiendo hablado **habiendo vendido** **habiendo vivido**

INDICATIVO

FUTURO

hablaré	venderé	viviré
hablarás	venderás	vivirás
hablará	venderá	vivirá
hablaremos	venderemos	viviremos
hablaréis	venderéis	viviréis
hablarán	venderán	vivirán

FUTURO HIPOTÉTICO (o CONDICIONAL)

hablaría	vendería	viviría
hablarías	venderías	vivirías
hablaría	vendería	viviría
hablaríamos	venderíamos	viviríamos
hablaríais	venderíais	viviríais
hablarían	venderían	vivirían

PRETÉRITO PERFECTO ACTUAL

he hablado	he vendido	he vivido
has hablado	has vendido	has vivido
ha hablado	ha vendido	ha vivido
hemos hablado	hemos vendido	hemos vivido
habéis hablado	habéis vendido	habéis vivido
han hablado	han vendido	han vivido

PLUSCUAMPERFECTO

había hablado	había vendido	había vivido
habías hablado	habías vendido	habías vivido
había hablado	había vendido	había vivido
habíamos hablado	habíamos vendido	habíamos vivido
habíais hablado	habíais vendido	habíais vivido
habían hablado	habían vendido	habían vivido

ANTEPRETÉRITO

hube (hubiste, etc.) hablado
hube (hubiste, etc.) vendido
hube (hubiste, etc.) vivido

ANTEFUTURO

habré (habrás, etc.) hablado
habré (habrás, etc.) vendido
habré (habrás, etc.) vivido

ANTEFUTURO HIPOTÉTICO

habría (habrías, etc.) hablado
habría (habrías, etc.) vendido
habría (habrías, etc.) vivido

SUBJUNTIVO

PRETÉRITO PERFECTO

haya (hayas, etc.) hablado
haya (hayas, etc.) vendido
haya (hayas, etc.) vivido

PLUSCUAMPERFECTO, -ra

hubiera (hubieras, etc.) hablado
hubiera (hubieras, etc.) vendido
hubiera (hubieras, etc.) vivido

ANTEFUTURO

hubiere (hubieres, etc.) hablado
hubiere (hubieres, etc.) vendido
hubiere (hubieres, etc.) vivido

PLUSCUAMPERFECTO, -se

hubiese (hubieses, etc.) hablado
hubiese (hubieses, etc.) vendido
hubiese (hubieses, etc.) vivido

165
Verbos que cambian de raíz

(Tipo *pensar-volver*)

pensar *think*

PRES. IND.	pienso, piensas, piensa, pensamos, pensáis, piensan
PRES. SUBJ.	piense, pienses, piense, pensemos, penséis, piensen
IMPERATIVO	piensa, pensad

volver *(re)turn*

PRES. IND.	vuelvo, vuelves, vuelve, volvemos, volvéis, vuelven
PRES. SUBJ.	vuelva, vuelvas, vuelva, volvamos, volváis, vuelvan
IMPERATIVO	vuelve, volved

(Tipo *sentir-dormir*)

sentir *feel*

PRES. IND.	siento, sientes, siente, sentimos, sentís, sienten
PRES. SUBJ.	sienta, sientas, sienta, sintamos, sintáis, sientan
IMPERATIVO	siente, sentid
GERUNDIO	sintiendo
PRETÉRITO	sentí, sentiste, sintió, sentimos, sentisteis, sintieron
IMP. SUBJ.	(-ra) sintiera, etc.; (-se) sintiese, etc.

dormir *sleep*

PRES. IND.	duermo, duermes, duerme, dormimos, dormís, duermen
PRES. SUBJ.	duerma, duermas, duerma, durmamos, durmáis, duerman
IMPERATIVO	duerme, dormid

GERUNDIO	durmiendo
PRETÉRITO	dormí, dormiste, durmió, dormimos, dormisteis, durmieron
IMP. SUBJ.	(-ra) durmiera, etc.; (-se) durmiese, etc.

(Tipo *pedir*)

pedir   *ask for*

PRES. IND.	pido, pides, pide, pedimos, pedís, piden
PRES. SUBJ.	pida, pidas, pida, pidamos, pidáis, pidan
IMPERATIVO	pide, pedid
GERUNDIO	pidiendo
PRETÉRITO	pedí, pediste, pidió, pedimos, pedisteis, pidieron
IMP. SUBJ.	(-ra) pidiera, etc.; (-se) pidiese, etc.

Al formarse un diptongo con el cambio de raíz, la ortografía española no tolera *ie-* ni *ue-* iniciales. Se ajusta la ortografía como sigue:

errar   *err*

PRES. IND.	yerro, yerras, yerra, erramos, erráis, yerran
PRES. SUBJ.	yerre, yerres, yerre, erremos, erréis, yerren
IMPERATIVO	yerra, errad

oler   *smell*

PRES. IND.	huelo, hueles, huele, olemos, oléis, huelen
PRES. SUBJ.	huela, huelas, huela, olamos, oláis, huelan
IMPERATIVO	huele, oled

166
Otros subtipos

Algunos verbos terminados en *-iar* acentúan la *i* del singular y la 3ª persona plural del presente.

enviar   *send*

PRES. IND.	envío, envías, envía, enviamos, enviáis, envían
PRES. SUBJ.	envíe, envíes, envíe, enviemos, enviéis, envíen
IMPERATIVO	envía, enviad

Pero: Compárense las formas de *cambiar*, p. ej.: *cambio, cambias, cambia,* etc.

Otros del mismo tipo que **enviar:**

ampliar	desafiar	enfriar	guiar
ansiar	desconfiar	espiar	vaciar
criar	desviar	fiar	variar

Los verbos terminados en *-uar* (menos *-guar*) acentúan regularmente la *u* del singular y la 3ª persona plural del presente.

continuar *continue*

PRES. IND. continúo, continúas, continúa, continuamos, continuáis, continúan
PRES. SUBJ. continúe, continúes, continúe, continuemos, continuéis, continúen
IMPERATIVO continúa, continuad

Los verbos cuya raíz termina en *ll* o *ñ* asimilan la *i* de los diptongos *ie* y *io*.

reñir *scold, quarrel*

GERUNDIO riñendo
PRETÉRITO reñí, reñiste, riñó, reñimos, reñisteis, riñeron
IMP. SUBJ. (-ra) riñera, etc.; (-se) riñese, etc.

N.B. Todo verbo en *-eñir* es del tipo *pedir* (i).

167
Verbos irregulares

(Citamos, en el caso del verbo irregular, las *formas básicas*, que incluyen el infinitivo, el gerundio, el participio pasado, la 1ª persona del presente de indicativo, y la 1ª persona del pretérito, en este orden.)

andar *walk, go*

FORMAS BÁS. andar, andando, andado, ando, anduve

asir *seize*

FORMAS BÁS. asir, asiendo, asido, asgo, así
PRES. IND. asgo, ases, ase, asimos, asís, asen
PRES. SUBJ. asga, asgas, etc.

caber *be contained in, fit*

FORMAS BÁS. caber, cabiendo, cabido, quepo, cupe
PRES. IND. quepo, cabes, cabe, cabemos, cabéis, caben
PRES. SUBJ. quepa, quepas, etc.
FUTURO cabré, etc.

caer *fall*

FORMAS BÁS. caer, cayendo, caído, caigo, caí
PRES. IND. caigo, caes, cae, caemos, caéis, caen
PRES. SUBJ. caiga, caigas, etc.
PRETÉRITO caí, caíste, cayó, caímos, caísteis, cayeron
IMP. SUBJ. cayera, etc.; cayese, etc.

conducir *conduct*

FORMAS BÁS. conducir, conduciendo, conducido, conduzco, conduje
PRES. IND. conduzco, conduces, conduce, conducimos, conducís, conducen

PRES. SUBJ.	conduzca, conduzcas, etc.
PRETÉRITO	conduje, condujiste, condujo, condujimos, condujisteis, condujeron
IMP. SUBJ.	condujera, etc.; condujese, etc.

dar *give*

FORMAS BÁS.	dar, dando, dado, doy, di
PRES. IND.	doy, das, da, damos, dais, dan
PRES. SUBJ.	dé, des, dé, demos, deis, den
IMP. SUBJ.	diera, etc.; diese, etc.

decir *say, tell*

FORMAS BÁS.	decir, diciendo, dicho, digo, dije
PRES. IND.	digo, dices, dice, decimos, decís, dicen
PRES. SUBJ.	diga, digas, etc.
IMPERATIVO	di, decid
PRETÉRITO	dije, dijiste, dijo, dijimos, dijisteis, dijeron
IMP. SUBJ.	dijera, etc.; dijese, etc.
FUTURO	diré, etc.

estar *be*

FORMAS BÁS.	estar, estando, estado, estoy, estuve
PRES. IND.	estoy, estás, está, estamos, estáis, están
PRES. SUBJ.	esté, estés, esté, estemos, estéis, estén
IMPERATIVO	está, estad

haber *have* (impers. *be*)

FORMAS BÁS.	haber, habiendo, habido, he, hube
PRES. IND.	he, has, ha (*impers.* hay), hemos, habéis, han
PRES. SUBJ.	haya, hayas, etc.
FUTURO	habré, etc.

hacer *do, make*

FORMAS BÁS.	hacer, haciendo, hecho, hago, hice
PRES. IND.	hago, haces, hace, hacemos, hacéis, hacen
PRES. SUBJ.	haga, hagas, etc.
IMPERATIVO	haz, haced
PRETÉRITO	hice, hiciste, hizo, hicimos, hicisteis, hicieron
FUTURO	haré, etc.

ir *go*

FORMAS BÁS.	ir, yendo, ido, voy, fui
PRES. IND.	voy, vas, va, vamos, vais, van
PRES. SUBJ.	vaya, vayas, etc.
IMPERATIVO	ve, id
IMP. IND.	iba, ibas, etc.
PRETÉRITO	fui, fuiste, fue, fuimos, fuisteis, fueron
IMP. SUBJ.	fuera, etc.; fuese, etc.

jugar   *play* (a game)

FORMAS BÁS.	jugar, jugando, jugado, juego, jugué
PRES. IND.	juego, juegas, juega, jugamos, jugáis, juegan
PRES. SUBJ.	juegue, juegues, etc.
IMPERATIVO	juega, jugad
PRETÉRITO	jugué, jugaste, jugó, jugamos, jugasteis, jugaron

oír   *hear*

FORMAS BÁS.	oír, oyendo, oído, oigo, oí
PRES. IND.	oigo, oyes, oye, oímos, oís, oyen
PRES. SUBJ.	oiga, oigas, etc.
IMPERATIVO	oye, oíd
PRETÉRITO	oí, oíste, oyó, oímos, oísteis, oyeron
IMP. SUBJ.	oyera, etc.; oyese, etc.

placer   (impers.) *please*

FORMAS BÁS.	placer, placiendo, placido, place (3ª pers.), plugo (o plació)
PRES. SUBJ.	plega, plegue o plazca

poder   *be able, can*

FORMAS BÁS.	poder, pudiendo, podido, puedo, pude
PRES. IND.	puedo, puedes, puede, podemos, podéis, pueden
PRES. SUBJ.	pueda, puedas, etc.
FUTURO	podré, etc.

poner   *put, place*

FORMAS BÁS.	poner, poniendo, puesto, pongo, puse
PRES. IND.	pongo, pones, pone, ponemos, ponéis, ponen
PRES. SUBJ.	ponga, pongas, etc.
IMPERATIVO	pon, poned
FUTURO	pondré, etc.

querer   *wish, want*

FORMAS BÁS.	querer, queriendo, querido, quiero, quise
PRES. IND.	quiero, quieres, quiere, queremos, queréis, quieren
PRES. SUBJ.	quiera, quieras, etc.
IMPERATIVO	quiere, quered
FUTURO	querré, etc.

saber   *know*

FORMAS BÁS.	saber, sabiendo, sabido, sé, supe
PRES. IND.	sé, sabes, sabe, sabemos, sabéis, saben
PRES. SUBJ.	sepa, sepas, etc.
FUTURO	sabré, etc.

salir *go out*

FORMAS BÁS.	salir, saliendo, salido, salgo, salí
PRES. IND.	salgo, sales, sale, salimos, salís, salen
PRES. SUBJ.	salga, salgas, etc.
IMPERATIVO	sal, salid
FUTURO	saldré, etc.

ser *be*

FORMAS BÁS.	ser, siendo, sido, soy, fui
PRES. IND.	soy, eres, es, somos, sois, son
PRES. SUBJ.	sea, seas, etc.
IMPERATIVO	sé, sed
IMP. IND.	era, eras, era, éramos, erais, eran
PRETÉRITO	fui, fuiste, fue, fuimos, fuisteis, fueron
IMP. SUBJ.	fuera, etc.; fuese, etc.

tener *have*

FORMAS BÁS.	tener, teniendo, tenido, tengo, tuve
PRES. IND.	tengo, tienes, tiene, tenemos, tenéis, tienen
PRES. SUBJ.	tenga, tengas, etc.
IMPERATIVO	ten, tened
FUTURO	tendré, etc.

traer *bring*

FORMAS BÁS.	traer, trayendo, traído, traigo, traje
PRES. IND.	traigo, traes, trae, traemos, traéis, traen
PRES. SUBJ.	traiga, traigas, etc.
PRETÉRITO	traje, trajiste, trajo, trajimos, trajisteis, trajeron
IMP. SUBJ.	trajera, etc.; trajese, etc.

valer *be worth*

FORMAS BÁS.	valer, valiendo, valido, valgo, valí
PRES. IND.	valgo, vales, vale, valemos, valéis, valen
PRES. SUBJ.	valga, valgas, etc.
IMPERATIVO	val, valed
FUTURO	valdré, etc.

venir *come*

FORMAS BÁS.	venir, viniendo, venido, vengo, vine
PRES. IND.	vengo, vienes, viene, venimos, venís, vienen
PRES. SUBJ.	venga, vengas, etc.
IMPERATIVO	ven, venid
FUTURO	vendré, etc.

ver *see*

FORMAS BÁS.	ver, viendo, visto, veo, vi
PRES. IND.	veo, ves, ve, vemos, veis, ven

PRES. SUBJ.   vea, veas, etc.
IMP. IND.   veía, veías, veía, veíamos, veíais, veían

yacer   lie, rest

FORMAS BÁS.   yacer, yaciendo, yacido, yazco (yazgo o yago), yací
PRES. IND.   yazco (yazgo, yago), yaces, yace, yacemos, yacéis, yacen
PRES. SUBJ.   yazca, yazcas, etc.; yazga, yazgas, etc.; yaga, yagas, etc.
IMPERATIVO   yaz (o yace), yaced

168
Régimen del verbo

Verbos comunes cuyo régimen (el uso o la omisión de preposición) difiere del inglés cuando les sigue un complemento de sustantivo:

acercarse a   *approach*
acordarse (ue) de   *remember*
agradecer   *be thankful for*
aguardar   *wait for*
apostar (ue) a   *bet (that)*
aprovechar   *take advantage of*
buscar   *look for*
cambiar de (tren, etc.)   *change*
carecer de   *lack*
cuidar (de)   *care for, take care of*
cumplir con   *fulfill*
disfrutar de   *enjoy (a thing)*
entrar en   *enter*
escuchar   *listen to*
fijarse en   *notice*
gozar de   *enjoy*

influir en   *influence*
jugar(ue) a   *play (a game)*
mirar   *look at*
oponerse a   *oppose*
pagar a   *pay (a person)*
pagar   *pay for (a thing)*
pedir (i)   *ask for (a thing)*
preocuparse con (por)   *be preoccupied with*
renunciar a   *renounce, give up*
reparar en   *notice, observe*
resistir a   *resist*
salir de   *leave*
tirar de   *pull*
tratar (acerca) de   *deal with, concern*

Verbos seguidos directamente de infinitivo

aconsejar   *advise*
advertir (ie, i)   *warn*
afirmar   *declare, affirm*
ansiar   *be anxious*
asegurar   *assure, declare*
bastar   *be enough*
celebrar   *rejoice, be glad*
confesar (ie)   *confess*
conseguir (i)   *succeed in (doing)*
convenir (ie)   *be suitable (impersonal)*
creer   *believe, think*
deber   *ought, must*
decidir   *decide*
declarar   *declare*
dejar   *let, permit*

descuidar   *neglect*
desear   *desire*
determinar   *determine*
dignarse   *deign*
dudar   *doubt, hesitate*
elegir (i)   *choose*
encargar   *order, entrust*
esperar   *hope*
evitar   *avoid*
figurarse   *imagine*
fingir   *pretend, feign*
gustar   *please, like*
hacer   *make, cause, have*
imaginarse   *imagine*
impedir (i)   *prevent*

importar *matter*
intentar *attempt*
jurar *swear*
lograr *succeed in, manage*
mandar *cause, have, order*
merecer *deserve*
mirar *watch*
necesitar *need*
negar(ie) *deny*
ocurrirse (impersonal) *occur (to one)*
ofrecer *offer*
oír *hear*
olvidar *forget*
ordenar *order*
parecer *seem*
pensar (ie) *intend*
permitir *permit*
pesar *grieve* (impersonal)
poder *can, be able*
preferir (ie, i) *prefer*
pretender *claim*

procurar *try*
prohibir *forbid*
prometer *promise*
proponer(se) *propose*
querer *want, wish*
reconocer *admit, acknowledge*
recordar (ue) *remember*
rehusar *refuse*
repugnar *find repugnant*
resolver (ue) *resolve*
rogar (ue) *beg, ask, request*
saber *know (how)*
sentir (ie, i) *be sorry, regret*
servirse (i) *please*
soler (ue) *be in the habit of, used to*
sostener *maintain*
suplicar *beg*
temer *fear*
tocar (impersonal) *be one's turn*
valer más (impersonal) *be better*
ver *see*

Verbos seguidos de preposición (ante infinitivo y en muchos casos ante sustantivo)

abandonarse a *give oneself up to*
acabar de *finish, have just;* — con
  finish, exhaust; — por *end by*
acertar (ie) a *chance to, manage to;
  succeed in*
acordarse (ue) de *remember*
acostumbrarse a *be accustomed, get used
  to*
aguardar a *wait for, or until*
alegrarse de *be glad to*
alejarse de *go away from*
amenazar con *threaten to, or with*
animar a *encourage to;* —se a *make up
  one's mind to*
aprender a *learn to*
apresurarse a *hasten to, hurry to*
apurarse por *worry about*
arrepentirse (ie, i) de *repent of, be sorry
  for*
arriesgarse a *risk*
asomarse a *appear at, look out of*
asombrarse de *be astonished at*
aspirar a *aspire to*
asustarse de *be frightened at*
atreverse a *dare*
autorizar a *or* para *authorize to*

avenirse a *agree to, consent to*
aventurarse a *venture*
avergonzarse (ue) de *be ashamed of*
ayudar a *help to, aid to*
bastar para *or* a *be sufficient to;* — con
  have enough with
burlarse de *make fun of*
cansarse de *grow tired of*
carecer de *lack*
casarse con *marry*
cesar de *cease to, stop*
comenzar (ie) a *commence to*
complacerse en *take pleasure in*
comprometerse a *obligate oneself to*
concluir de *finish;* — por (or V_{ndo})
  end by
condenar a *condemn to*
confiar en *trust*
conformarse a *conform to*
consagrarse a *devote oneself to*
consentir (ie, i) en *consent to*
consistir en *consist of*
contar (ue) con *count on, rely on*
contentarse con *content oneself with*
contribuir a *contribute to*
convenir en *agree to*

convertirse (ie, i) en   *become*
convidar a *or* para   *invite to*
cuidar de   *take care of* (*to*)
dar a   *open on, face*; — con   *come upon*;
  — en   *persist in*
decidirse a   *make up one's mind to*;
  — por   *decide on*
dedicarse a   *devote oneself to*
dejar   *let, allow, permit*; — de   *stop,*
  fail to
desafiar a   *dare to, challenge to*
despedirse (i) de   *take leave of*
destinar a *or* para   *destine to, assign to*
desvivirse por   *do one's utmost to*
determinarse a   *make up one's mind to*
disculparse de   *excuse oneself for*
disfrutar de   *enjoy* (*a thing*)
disponerse a   *get ready to*
divertirse (ie, i) en *or* con (*or* V_{ndo})   *amuse*
  oneself by
dudar de   *doubt*; — en   *hesitate to*
echarse a   *begin to*
empeñarse en   *insist on*
empezar (ie) a   *begin to*
enamorarse de   *to fall in love with*
encargarse de   *undertake to, take charge*
  of
encontrarse (ue) con   *find, meet with,*
  come upon
enseñar a   *teach* (*how*) *to*
enterarse de   *find out about*
entrar en   *enter*; — a   *enter, enter on*
entretenerse en, con (*or* V_{ndo})   *entertain*
  oneself by or with
enviar a   *send to*
equivaler a   *be equivalent to*
esforzarse (ue) a, para, por *or* en   *strive to*
esmerarse en   *take pains in*
esperar   *hope, expect, wait*; — a   *wait*
  for or until
estar para   *be about to*; — por   *be in*
  favor of, be inclined to
exponerse a   *expose oneself to*
extrañarse de   *be surprised at* (*to*)
faltar a   *be absent from, fail to* (*do*)
felicitarse de   *congratulate oneself on*
fijarse en   *notice*
gozar de   *enjoy*; —se en, con (*or* V_{ndo})
  enjoy
guardarse de   *take care not to*

gustar de   *be fond of*
haber de   *have to, be going to*; — que
  (*impersonal*)   *be necessary*
hacer por   *try to*; estar hecho a   *be*
  accustomed to
hartarse de   *have one's fill of*
huir de   *flee from, avoid*
impacientarse por   *grow impatient for* (*to*)
incitar a   *incite to*
inclinarse a   *be inclined to*
incomodarse con   *be annoyed at*; — por
  put oneself out to
inducir a   *induce to*
insistir en   *insist on*
inspirar a   *inspire to*
instar a *or* para   *urge to*
ir a   *go to*; —se de   *leave*
jactarse de   *boast of*
limitarse a   *limit oneself to*
llegar a   *come to, go so far as to*; *chance to*
luchar por *or* para   *struggle for* (*to*)
maravillarse de   *marvel at*
marcharse de   *leave*
meterse a   *take up*; — en   *become*
  involved in; — con   *provoke* (*a person*)
molestarse en   *take the trouble to*
morirse (ue, u) por   *be dying for* (*to*)
negarse (ie) a   *refuse*
obligar a   *oblige to*
obstinarse en   *persist in*
ocuparse de   *pay attention to, mind*; — en
  busy oneself at
ofrecerse a   *offer to, promise to*
olvidarse de   *forget to*
oponerse a   *be opposed to, oppose*
optar por   *choose* (*to*)
parar de   *stop, cease*; —se a   *stop to*;
  —se en   *stop at, bother to*
parecerse a   *resemble*
pasar a   *proceed to, pass on to*
pensar(ie) de   *think of* (*have an opinion*
  concerning); — en   *think of,* (*have in*
  mind)
persistir en   *persist in*
persuadirse a   *persuade oneself to*; estar
  persuadido de   *be convinced of*
ponerse a   *set oneself to, begin to*
preciarse de   *boast of*
prepararse a *or* para   *prepare oneself to*
prescindir de   *do without, neglect*

prestarse a *lend oneself to*
principiar a *begin to*
probar (ue) a *try to*
quedar en *agree to*; — por *remain to be*;
 —se a *or* para *remain to*
quejarse de *complain of*
rabiar por *be crazy about (to)*
rebajarse a *stoop to*
recrearse en (*or* V_{ndo}) *amuse oneself by*
reducirse a *bring oneself to*
renunciar a *renounce, give up*
resignarse a *resign oneself to*
resistirse a *resist, refuse to*
resolverse (ue) a *resolve to*
retirarse a *retire, withdraw*
reventar (ie) por *be bursting to*
romper a *begin (suddenly) to*; — con
 break off relations with
sentarse (ie) a *or* para *sit down to*
separarse de *leave*

servir (i) de *act as*; — para *be of use for*;
 —se de *use*
soñar (ue) con *dream of*
sorprenderse de *be surprised to*
subir a *go up to, climb, get on*
tardar en *take long to*
terminar por (*or* V_{ndo}) *end by*; — de
 finish
tornar a *return to*; (*do*) *again*
trabajar por *or* para *work to, strive to*;
 — en *work at*
tratar de *try to*; *address as*; —se de *be
 a question of*
tropezar (ie) con *come upon*
vacilar en *hesitate to*
valerse de *avail oneself of*
venir a *come to, amount to*
ver de *see to, look to, try to*
volver (ue) a *return to*; (*do*) *again*

169
Algunos adjetivos comunes cuya traducción al inglés puede variar según se emplee *ser* o *estar*

	Con *ser*	Con *estar*
aburrido	boring	bored
alto	tall, high	tall (for one's age), high (location)
ancho	broad, wide	too broad, wide
bajo	low, short	too low, short; low (loc.)
bueno	good, kind	in good health; tasty
callado	silent (taciturn)	silent, quiet
cansado	tiresome	tired
casado	married person	married
ciego	blind person	blinded
débil	weakling	weak, weakly
delicado	delicate	in delicate health
despierto	wide-awake, clever	awake
distraído	absent-minded	inattentive, confused
divertido	amusing	amused
estrecho	narrow	too narrow
grande	large, great	too large
imposible	impossible	unendurable
inquieto	restless	worried
interesado	mercenary	interested
joven	young	look, act young
justo	just, fair	exact, fitting
listo	clever	ready
maduro	mature	ripe

malo	bad, evil	sick, bad condition
nuevo	new, another	brand new
pequeño	small	too small
rico	rich person	tasty, feel rich
sano	healthful	healthy
verde	green (color)	green (unripe)
viejo	old	look, feel old
vivo	lively	alive

170
Sustantivos masculinos de origen griego terminados en -a

el axioma	el enigma	el planeta
el clima	el epigrama	el poema
el cometa	el fantasma	el poeta
el diafragma	el idioma	el problema
el diagrama	el lema	el programa
el dilema	el mapa	el síntoma
el diploma	el melodrama	el sistema
el drama	el panorama	el telegrama
		el teorema

N.B. Los sustantivos de origen griego terminados en -ia o -ía son femeninos: *la democracia, la teoría*, etc.

APÉNDICE **B**

171
Datos adicionales sobre el orden de los pronombres átonos

a. Dentro del orden especificado en §§26, 27, 30, 81, 82b para los pronombres átonos (At): At_r, At_i, At_d (esto es, el reflexivo, el complemento indirecto, el complemento directo), existe siempre la posibilidad de dos At_i. En este caso se puede emplear la regla del orden de los pronombres átonos:

$$At_{II} \quad At_I \quad At_{III}$$

en la cual el número romano se refiere a la persona. Algunos ejemplos son:

1. **Me le arruinaron la vida a mi hijo.**   They ruined my son's life for me.
2. **Él te me escribió la carta.**   He wrote the letter to me for you.
3. **¿Te les mandaron la nota?**   Did they send the note to them for you?

Además de las traducciones indicadas arriba, en el caso de los números 2 y 3, son posibles también las traducciones: *They wrote the letter to you for me* y *Did they send the note to you for them?*, respectivamente. Las diferentes interpretaciones se rigen por factores individuales y regionales, y es difícil establecer una regla fija en este respecto. Sin embargo, puede resolverse cualquier ambigüedad empleando el pronombre tónico en la expresión de beneficio (e.g., en el caso del número 2: *Él te escribió la carta para mí* o *Él me escribió la carta para ti*).

No son desconocidas las FV de tres At, sobre todo combinados con *se*. *Se* debe preceder siempre a los demás At.

Se me le perdió a mi hijo.   My son got ruined on me.
Aunque a mi padre se le robó la herencia, a mí no se me la robará.   Although my father's inheritance was stolen from him, it will not be stolen from me.

b. Existen también ambigüedades en ciertas combinaciones de At_i y At_d. Para muchos hispanoparlantes, la serie At_{II}, At_I puede tener dos significados:

Te me recomendaron.   { They recommended me to you. / They recommended you to me.

Se ha mencionado ya en §82(b) que cuando el At$_d$ es de la 1ª o de la 2ª persona, se recomienda la expresión del complemento indirecto con el pronombre tónico (*Me recomendaron a ti* o *Te recomendaron a mí*), no sólo porque evita la ambigüedad, sino también porque es aceptable a todo hispanoparlante.

c. El reflexivo presenta una situación un poco distinta ya que hay dos reglas que deben tenerse en cuenta: los pronombres deben seguir el orden por persona expuesto en (a), arriba, pero al mismo tiempo, el At$_r$ debe ser el primer elemento. Como consecuencia, no es aceptable, por lo menos para la mayoría de los hispanoparlantes, el orden ***Me te recomiendo**, *I recommend myself to you*, porque las combinaciones reflexivas *me te, *nos te, etc., contradicen el orden At$_{II}$, At$_I$. Debe decirse *Me recomiendo a ti*. En cambio, **¿Te me recomiendas?**, *Are you recommending yourself to me?*, es perfectamente correcto y claro; sin embargo, lo es también la forma recomendada en §82(b), *¿Te recomiendas a mí?*

d. Como variación estilística, a veces se coloca el pronombre átono al final de verbo conjugado en una oración no-imperativa. Tal inversión es más corriente al principio de la oración o después de pausa, y se restringe en los más casos al lenguaje literario.

Complácese en estudiarlo en los ratos de ocio. He takes pleasure in studying it in times of leisure.

Dígolo porque es la verdad. I say it because it is the truth.

Habráse visto aquello. You should have seen that.

Heme aquí. Behold me here.

172
El pronombre átono y la frase verbal de dos verbos

La colocación y la interpretación del pronombre átono (At) en la FV compuesta de verbo conjugado (V) e infinitivo (V$_{inf}$) se prestan a bastante variación. La variación no se debe sólo a la naturaleza del verbo sino también a diferencias regionales o individuales. No obstante, se pueden establecer ciertas generalizaciones que sirven en quizás la mayoría de los casos. Como norma general, el At se coloca con el V o V$_{inf}$ a que pertenece semánticamente. Esta norma sufre algunas modificaciones o transformaciones de acuerdo con lo expuesto a continuación:

a. Un solo At en la FV.

(1) Como ya mencionamos en §26, con los verbos de tipo auxiliar y otros verbos, como *querer*, *saber* y los verbos de movimiento, que con gran frecuencia rigen un V$_{inf}$ subordinado, el At puede colocarse ante el V sin cambio de sentido, e.g.:

Debo leerlo.⎫
Lo debo leer.⎭ I must read it.

En este grupo se incluyen también verbos como *acabar de*, *acertar a*, *alcanzar*, *buscar*, *desear*, *esperar*, *intentar*, *lograr*, *llegar a*, *preferir*, *pretender*, *tratar de*.

(2) Con otros verbos hay que distinguir entre el uso del At$_i$ (complemento indirecto) y del At$_d$ (complemento directo). El At$_i$ debe acompañar el verbo al que está ligado semánticamente. Si el At$_i$ puede asociarse tanto con el V como con el V$_{inf}$, la oración puede resultar ambigua en algunos casos.

Convinieron en escribirle.
*Le convinieron en escribir.⎫ They agreed to write to him.

Él niega haberme traído los papeles.   He denies having brought me the papers.
Él me niega haber traído los papeles.   He denies to me that he has brought the papers.

Basta leerle el libro.   It is enough to read the book to him.[1]
Le basta leer el libro.   It is enough for him to read the book.

Él fingió hacerle eso.   He pretended to do that to (for) him.
Él le fingió hacer eso.   He pretended to him to do that *or* He pretended to do that to (for) him.[2]

Hice pintarles la casa.   I had the house painted for them.
Les hice pintar la casa.   I had them paint the house *or* I had the house painted for them.[3]

Mandé darle el dinero.   I ordered the money given to him.
Le mandé dar el dinero.   I ordered him to give the money *or* I ordered the money given to him.

Oí dispararles el fusil.   I heard the rifle fired at them.
Les (Los) oí disparar el fusil.   I heard them fire the rifle.

Con la mayor parte de los verbos que acabamos de citar, el At$_d$ puede colocarse libremente ante el V o después del V$_{inf}$ sin cambio de sentido.

Convinieron en hacerlo.
Lo convinieron en hacer.⎫ They agreed to do it.
Él fingió hacerlo.
Él lo fingió hacer.⎫ He pretended to do it.
Basta hacerlo.
Lo basta hacer.⎫ It is sufficient to do it.
Hice pintarla.
La hice pintar.⎫ I had it painted.

(3) La construcción impersonal con *se* (que indica la intransitivización o la presencia de Pro en la estructura básica) merece mención aparte. Con los verbos tratados en (1), es decir, los de tipo auxiliar, *querer*, etc., puede colocarse *se* ante el V o después del V$_{inf}$ sin cambio de sentido. Sin embargo, estas construcciones se prestan a ambigüedades si no se especifica el agente mediante el pronombre sujeto.

Se debe levantar.
Debe levantarse.⎫ It must be raised *or* He must get up.

Con otros verbos, *se* antepuesto al V tiene un sentido impersonal en la mayoría de los casos; al posponerse al V$_{inf}$, suele interpretarse con sentido reflexivo.

Se evita hacer eso.   One avoids doing that.
Evita hacerse eso.   He avoids doing that to himself.

---

[1] No se indican todas las traducciones de *le* o *se*. Al traducirse *to him*, se entiende también *to her, to you*, etc.
[2] Si el verbo matriz acepta *que* + V subordinado, se puede evitar la ambigüedad usando dicha construcción, a saber: *Él le fingió que hizo eso* o *Él fingió que le hizo eso.*
[3] Con *hacer* y *mandar* es frecuente el uso de *que* + V subordinado: **Hice que pintaran la casa,** *I had them paint the house*; **Hice que se les pintara la casa,** *I had the house painted for them.*

b. Dos At en la FV

(1) Con los verbos de tipo auxiliar y los otros mencionados en (a) (1), los pronombres átonos se colocan juntos ante el V o después del V_{inf} sin cambio de sentido. Cuando se encuentra el pronombre *se* combinado con un verbo de la 3ª persona, puede interpretarse como reflexivo o como complemento indirecto.

Él suele explicármelo. ⎫
Él me lo suele explicar. ⎬ He usually explains it to me.
***Él me suele explicarlo.** ⎭

Él buscó solucionárselo. ⎫
Él se lo buscó solucionar. ⎬ He sought to solve it for him (*or* for himself).
***Él le buscó solucionarlo.** ⎭

(2) Con la gran mayoría de los verbos reflexivos, el At_r precede al V, y el At_d se agrega al V_{inf}.

Nos avergonzamos de pedirlo. We are ashamed to ask for it.
Él se detuvo a verlo. He stopped to see it.

(3) Los verbos de percepción visual y auditiva y los verbos especiales de propósito como *mandar, hacer, prohibir*, etc., mencionados en §§129 y 130 ofrecen una variación semántica bastante regular según la colocación de los pronombres átonos.

La oí cantarlo. I heard her sing it.
Se lo oí cantar. I heard her sing it *or* I heard it sung to her.
Oí cantárselo. I heard it sung to her.

Le hice hacerlo. I had him do it.
Se lo hice hacer. I had him do it *or* I had it done to him.
Hice hacérselo. I had it done to him.

173
Los numerales

a. Los numerales cardinales

0	cero	**27**	veintisiete *o* veinte y siete
1	uno, -a	**29**	veintinueve *o* veinte y nueve
2	dos	**30**	treinta
3	tres	**31**	treinta y uno, -a
4	cuatro	**32**	treinta y dos
5	cinco	**33**	treinta y tres
6	seis	**40**	cuarenta
7	siete	**41**	cuarenta y uno, -a
8	ocho	**42**	cuarenta y dos
9	nueve	**50**	cincuenta
10	diez	**60**	sesenta
11	once	**70**	setenta
12	doce	**80**	ochenta
13	trece	**90**	noventa
14	catorce	**100**	ciento *o* cien
15	quince	**101**	ciento uno, -a
16	dieciséis *o* diez y seis	**102**	ciento dos
17	diecisiete *o* diez y siete	**103**	ciento tres
18	dieciocho *o* diez y ocho	**200**	doscientos, -as
19	diecinueve *o* diez y nueve	**201**	doscientos uno, doscientas una
20	veinte	**202**	doscientos, -as dos
21	veintiuno, -a *o* veinte y uno, -a	**300**	trescientos, -as
22	veintidós *o* veinte y dos	**400**	cuatrocientos, -as
23	veintitrés *o* veinte y tres	**500**	quinientos, -as
24	veinticuatro *o* veinte y cuatro	**600**	seiscientos, -as
25	veinticinco *o* veinte y cinco	**700**	setecientos, -as
26	veintiséis *o* veinte y seis	**800**	ochocientos, -as

900	novecientos, -as	**101.000**	ciento un mil
1000	mil	**200.000**	doscientos, -as mil
1001	mil uno, -a	**1.000.000**	un millón (de)
2000	dos mil	**2.101.000**	dos millones ciento un mil
10.000	diez mil	**1.000.000.000**	mil millones (de)
100.000	cien mil	**1.000.000.000.000**	un billón (de)

N.B. Se escriben las cifras entre 999 y 10.000 también con punto: 2.500 o 2500. En lugar del punto para separar los grupos de mil, se emplea también un espacio: 25 000 000 o 25.000.000.

b. Los numerales ordinales

1º, 1ª	primero, -a	**17º, 17ª**	décimo séptimo, -a
2º, 2ª	segundo, -a	**18º, 18ª**	décimo octavo, -a
3º, 3ª	tercero, -a	**19º, 19ª**	décimo noveno, -a; décimo nono, -a
4º, 4ª	cuarto, -a	**20º, 20ª**	vigésimo, -a
5º, 5ª	quinto, -a	**21º, 21ª**	vigésimo primero, -a
6º, 6ª	sexto, -a	**30º, 30ª**	trigésimo, -a
7º, 7ª	séptimo, -a	**40º, 40ª**	cuadragésimo, -a
8º, 8ª	octavo, -a	**50º, 50ª**	quincuagésimo, -a
9º, 9ª	noveno, -a; nono, -a	**60º, 60ª**	sexagésimo, -a
10º, 10ª	décimo, -a	**70º, 70ª**	septuagésimo, -a
11º, 11ª	undécimo, -a; onceno, -a	**80º, 80ª**	octogésimo, -a
12º, 12ª	duodécimo, -a	**90º, 90ª**	nonagésimo, -a
13º, 13ª	décimo tercero, -a	**100º, 100ª**	centésimo, -a
14º, 14ª	décimo cuarto, -a	**1000º, 1000ª**	milésimo, -a
15º, 15ª	décimo quinto, -a	**1.000.000º, -ª**	millonésimo, -a
16º, 16ª	décimo sexto, -a		

N.B. En la identificación de los siglos se emplea la enumeración cardinal con letra romana: *el siglo II a. (de) J.C.* (*el siglo dos antes de Jesucristo, el siglo XX* (*el siglo veinte*); pero *el año 68 d. (de) J.C.* (*el año sesenta y ocho después de Jesucristo*). Como excepción, en la lengua hablada se suele decir «el siglo primero».

c. Los numerales fraccionarios

1/2	(un) medio, una mitad
1/3	un tercio, una tercera parte
1/4	un cuarto, una cuarta parte
1/5	un quinto, una quinta parte
1/6	un sexto, una sexta parte
2/7	dos séptimos, dos séptimas partes
3/8	tres octavos, tres octavas partes
4/9	cuatro novenos, cuatro novenas partes
1/10	un décimo, una décima parte
1/11	un onzavo, un once-avo, una undécima parte
5/12	cinco dozavos, cinco doce-avos, cinco duodécimas partes
3/20	tres veintavos, tres veinte-avos, tres vigésimas partes
6,5	seis y (*o* con) cinco décimos
0,45	cuarenta y cinco centésimos
0,001	un milésimo

0,0002   dos diezmilésimos
0,00001   un cienmilésimo
0,000001   un millonésimo

N.B. Con sustantivo se emplean los numerales fraccionarios de la siguiente manera: *6 1/2 pesetas (seis pesetas y media); 3/4 de hora (tres cuartos de hora).*

GLOSARIO

la adjetivación *adjectivization*:   used in this analysis to refer to the employment of a noun as an adjective.

el afijo *affix*:   a particle attached either at the beginning or end of a word or lexical element.

el agente *agent*:   the person or object carrying out or effecting a verbal action. The agent may or may not be the grammatical subject of a sentence; see *pasivización*.

la ambigüedad *ambiguity*:   the situation which exists when a surface or intermediate structure has more than one meaning. An ambiguous surface structure with two meanings is attributable to two different basic structures; see *estructura básica* and *superficial*.

apocopado, -a *apocopated*:   having undergone apocopation: see *apócope*.

la apócope *apocopation*:   shortening by dropping a final syllable, for example: *buen*, instead of *bueno*, before a masculine singular noun, or *recién*, instead of *reciente*, before a past participle.

la aposición *apposition*:   the use of a noun phrase or clause directly after another noun phrase which has the same reference, as in **Eusebio, mi tío materno**, *Eusebio, my maternal uncle*; or **Bogotá, que es la capital de Colombia**, *Bogota, which is the capital of Colombia*. When two noun phrases are in apposition, as in the first example, the second noun phrase is derived from a parenthetical relative clause, in this case, *Eusebio, que es mi tío materno*.

apositivo, -a *appositive, appositional*:   referring to an expression used in apposition with another; see *aposición*.

el aspecto *aspect*:   the point of view expressed or intended with regard to verbal actions as to whether such actions are considered to be perfective (expressing a completed or single action), as in: **Él lo hizo**, *He did it* (*once*); or imperfective (expressing an incomplete or repetitive action), as in: **Él lo hacía**, *He was doing it* (*used to do it*). Although many more aspectual categories are employed in grammatical studies, this analysis contrasts only the Spanish manifestations of the perfective and imperfective, independently of tense.

átono, -a *atonic*:   referring to a sentence element which is unstressed.

colectivo, -a *collective*: referring to a singular expression which implies a group, as in: **la mayoría,** *the majority.*

el complemento *direct* or *indirect object* (of a verb): respectively, *complemento directo* or *complemento indirecto.* The usage of *complemento* in this text is more restricted than that of the term *complement* in English grammatical terminology.

la coordinación *coordination*: the process of conjoining sentences with such elements as *and, but,* etc. The independent status of the conjoined sentence is maintained. Coordinate conjoining is distinguished from subordination, in which one sentence is subordinate to or dependent upon another; see *subordinación.*

deíctico, -a *deictic*: referring to an expression which points out or points to something. Deixis may involve the indication of something not previously mentioned or assumed in the context of discourse.

el determinante *determiner*: an element, such as an article, demonstrative, or possessive which specifies the reference of a noun. The definite determiner indicates a specific object or individual, as in **el libro,** *the book* or **este chico,** *this boy*; or a general class, as in **La mente humana es complicadísima,** *The human mind is very complicated.* The indefinite determiner is most typically employed in Spanish to specify a single one of a class, as in **un libro,** *a book*, but by extension it may refer to an entire class: **Una mente humana es complicadísima,** *A human mind is very complicated.*

especificativo, -a *restrictive*: referring to a modifying phrase or clause which identifies or restricts in an essential way the noun to which it refers, as in **Los objetos que son blancos reflejan más luz,** *Objects which are white reflect more light.* A restrictive phrase or clause is contrasted with a parenthetical one; see *parentético.*

la estructura básica *basic structure*: the most fundamental organization of a sentence. The basic structure may or may not resemble the final spoken or written version of the sentence, designated as the 'surface structure'; see *estructura superficial.* The basic structure is modified by a series of transformations which are necessary to convert it into a surface structure; see *transformación.* For practical reasons, the basic structure is usually presented in very abbreviated form, and only those elements are included which have a direct bearing on the matter under discussion. In this text basic structures are normally represented as modified surface structures. The proper representation of basic structures, however, would be much more abstract.

la estructura superficial *surface structure*: the arrangement and form of sentence elements in normal speech or writing.

la estructura transformada *transformed structure, transform,* or *transformation*: a rearrangement, including the deletion, addition, or combination of elements of the basic structure (See *estructura básica.*), or of a previous transformation, to render it more like, or the same as, the surface structure; see *estructura superficial.* Two surface structures having the same basic structure are said to be transformationally related.

la frase adjetiva (FA) *adjective phrase*: a phrase in which the principal element is an adjective. The adjective may or may not be accompanied by quantifiers such as **muy,** *very*; **algo,** *somewhat,* etc.

la frase adverbial (FAdv) *adverbial phrase*: a phrase in which the principal element is an adverb. The adverb may be accompanied by quantifiers, as in the case of the adjective phrase; see *frase adjetiva*.

la frase con preposición (FPrep) *prepositional phrase*: a phrase composed of a preposition followed by a noun phrase, such as **en el parque**, *in the park*. The prepositional phrase expresses such notions as location, time, and direction.

la frase sustantiva (FS) *noun phrase*: a phrase in which a noun is the central element, as in **la última noche de su vida, que no ha de olvidarse,** *the last night of his life, which is not to be forgotten,* where *noche* is the central or head noun, modified by all the remaining elements of the phrase, including the relative clause.

la frase verbal (FV) *verb phrase*: a phrase in which a verb is the central element, as in **Él le dio el libro a ella,** *He gave the book to her,* where all elements except *Él* form part of the verb phrase, headed by *dio*.

generativo, -a *generative*: The distinctive property of a grammar which claims to specify the rules for the development of a sentence from its most primitive form, or basic structure, to its final form, or surface structure. Strictly speaking these include rules which specify basic structures, transformational rules, which develop surface structures, and phonological rules.

el genitivo *(the) genitive (case)*: the grammatical case expressing a relationship, usually of possession or origin, between two nouns, as in **la casa de mi tío,** *my uncle's house* or **Él es de Los Ángeles,** *He is from Los Angeles.* Possession expressed by *tener* is considered to be a surface alternative to the genitive: *la casa que él tiene = la casa de él.*

gerundio (V_{ndo}) *present participle*: a verbal form employed in Spanish in two principal ways: (a) Used in combination with the verb *estar* (and a few other verbs of similar meaning) it emphasizes the ongoing and immediate nature of a verbal action, as in **Él está (estaba) gritando,** *He is (was) shouting*; (b) it is also used as a form indicating subordination, as in **Volviendo a casa, él vio el accidente,** *(As, While he was) Returning home, he saw the accident.*

la intransitivización *intransitivization*: the use of a typically transitive verb as an intransitive one, as in *She irons the shirt* (transitive) as opposed to *The shirt irons easily* (intransitive). Very frequently Spanish employs *se* to intransitivize verbs, but, as in English, many verbs are normally intransitive by nature; see *intransitivo*. In distinction to English, relatively few Spanish verbs may be employed either way, at least with no surface indication or modification.

intransitivo, -a *intransitive*: a verb not accompanied by a direct object, as in **Él corre rápidamente,** *He runs rapidly.* For purposes of classification a verb may be considered as belonging to the intransitive group even though it occasionally, but not typically, is accompanied by a noun phrase, as in **Él ha corrido el mundo entero,** *He has travelled the entire world.* Note, however, that in the latter example the noun phrase may be construed not as a direct object but equivalent to a prepositional phrase expressing distance or extent, i.e., **por el mundo entero,** *throughout (over) the entire world.*

la morfología *morphology*: the study of how the basic meaningful elements of a language may be modified in form, as, for example, when a verb is conjugated or a noun pluralized.

la oración de relativo   *relative clause*:   a sentence embedded into or subordinated to another sentence by the process of relativization; see *relativización*. By extension, *la oración de relativo* may also refer to the whole sentence which contains a relative clause; the different portions of the complex sentence may be differentiated by reference to *la oración matriz* and *la oración* (o *parte*) *subordinada*. A relative clause may be either restrictive or nonrestrictive; see *especificativo* and *parentético*.

la oración matriz   *matrix sentence*:   the sentence in which another sentence is embedded or to which another sentence is subordinated.

la oración subordinada   *subordinate clause* or *sentence*:   a sentence which has been subordinated to another; see *subordinación*.

ortográfico, -a   *orthographic*:   referring to spelling.

parentético, -a   *parenthetical* or *nonrestrictive*:   referring to a modifying phrase or clause which is not essential to the identification of the expression it modifies, as in **La luna, que es un satélite estéril, no ha de sustentar la vida,** *The moon, which is a barren satellite, cannot be expected to sustain life.* The parenthetical phrase in turn is ultimately derived from the conjoining of two coordinate sentences; see *coordinación*. The parenthetical expression is distinguished from the nonrestrictive; see *especificativo*. The term **explicativo** is also used.

la pasivización   *passivization*:   the process of transforming a sentence so that the direct object of the verb becomes the surface subject of a construction with *ser* (o *estar*) + past participle, as in **Los guardias hirieron al ladrón** ⇒ **El ladrón fue herido por los guardias,** *The policemen wounded the thief* ⇒ *The thief was wounded by the policemen.* The agent of the sentence, which is the subject of the sentence before passivization, is expressed by *por* in the passive transform. See also *Pro*.

Pro   *Pro*:   an indeterminate, animate or inanimate agent assumed to be present in the basic structure of some Spanish sentences, but which may not be present in the surface structure. In the passive sentence, *The boy was killed*, for example, it must be assumed that someone did the killing, although an agent is not expressed. The passive sentence may then be derived from the active basic structure: *Pro killed the boy*; see *pasivización*. In some cases, *se* is considered to be the surface representation of Pro in, for example: *Se hirió al muchacho.*

prosódico, -a   *prosodic*:   having to do with pitch and stress.

rasgos (semántico-sintácticos)   *(semantic) features*:   those elements other than purely syntactic components (i.e., noun, noun phrase, verb, adjective, etc.) included in the basic structure to explain the derivation of a well-formed sentence. It would be impossible, for example, to explain the proper surface derivation of Spanish pronouns without including such features as singular and plural, masculine and feminine, first and second person, animate and inanimate, abstract and concrete, etc. The features are shown in abbreviated form enclosed within brackets with a '+' or '−' to show, respectively, the presence or absence of the quality referred to: [+sing] [−sing], [+masc] [−masc], etc.

el radical (o **la raíz**)   *radical* (or *root*):   the portion (here usually referring to verbs) of a lexical item which is fundamental and to which endings or other elements may be added. For example, the root of *hablar* is *habl-*, to which *-a-* is added to show the conjugation type, and *-r* is added to indicate the infinitive.

la relativización *relativization*: the process of embedding one sentence into another by the elimination of a noun of identical reference and the substitution of a relative pronoun (which in English is often deleted) in its place, as in **El libro —mencionaste el libro— no está en la biblioteca** ⇒ **El libro que mencionaste no está en la biblioteca**, *The book—you mentioned the book—is not in the library* ⇒ *The book (that) you mentioned is not in the library*.

la semántica *semantics*: the study of meaning; the elements of meaning of a lexical item or group of lexical items.

la sintaxis *syntax*: the structuring and arrangement of words and other meaningful elements into phrases and sentences.

la subordinación *subordination*: the syntactic subordination of one or more sentences to another to form a larger, complex sentence. The two principal subordinating processes are relativization and nominal subordination; see *relativización* and *subordinación sustantiva*. Subordination is often contrasted with coordination; see *coordinación*.

la subordinación sustantiva *nominal subordination*: the type of subordination in which the subordinate sentence functions in the place of a noun. The subordinate sentence may therefore function as subject of a sentence: *That he is going is surprising*; as direct object: *He said that he was going*; and as object of a preposition: *I am surprised at his going. His going* is derived from the basic structure, *He goes*. The subordinate verb may take the form of a conjugated verb (introduced by *que*), an infinitive, or a *gerundio* (V_{ndo}).

la sustantivación *nominalization*: the use of another part of speech (usually an article or verb) as a noun: **los pobres**, *the poor*; **su andar**, *his walking*, for example.

el término de preposición *object of a preposition*: see *frase con preposición*.

tónico, -a *tonic*: referring to a sentence element which is stressed.

la transformación *transformation*: the transformational process or the form an expression takes as the result of that process; see *estructura transformada*.

VOCABULARIOS

ESPAÑOL-INGLÉS

The following types of words have been omitted from this vocabulary: (a) articles; (b) subject and object pronouns; (c) possessive adjectives and pronouns; (d) demonstrative adjectives and pronouns; (e) cardinal numbers under one hundred; (f) adverbs ending in -*mente* when the corresponding adjective is listed; (g) verb forms other than the infinitive except some past participles with special meanings when used as adjectives; (h) identical or easily recognizable cognates; (i) well-known proper and geographical names; (j) common diminutives and superlatives unless they have a special meaning; (k) a few simple words of high frequency.

Abbreviations used:

adj.	adjective	*irr.*	irregular
adv.	adverb	*m.*	masculine
Am.	Americanism	*Mex.*	Mexicanism
anat.	anatomy	*neol.*	neologism
coll.	colloquial	*obj.*	object
comp.	comparative	*part.*	participle
conj.	conjunction	*pl.*	plural
f.	feminine	*p. p.*	past participle
fig.	figurative	*prep.*	preposition
Gal.	Gallicism	*pres.*	present
gram.	grammatical	*pret.*	preterit
impers.	impersonal	*pron.*	pronoun
indef.	indefinite	*reflex.*	reflexive
indir.	indirect	*sing.*	singular
inf.	infinitive	*subj.*	subjunctive
intrans.	intransitive	*trans.*	transitive

A

a   to, at, in, on, from, by, with, *etc.*
  a base de   on the basis of, based on
  a causa de   because of, on account of
  a diferencia de   unlike
  a distinción de   unlike
  a eso de   at about (*time*)
  a este respecto   with respect to this
  a excepción de   except
  a la altura de   abreast of
  a la cabeza de   at the head of
  a la vez   at the same time
  a lo lejos   in the distance

349

a lo mejor maybe, perhaps
a medida que as, according as
a menos que *conj.* unless
a menudo often
a no ser que *conj.* unless
a partir de beginning with
a pesar de (que) in spite of (the fact that)
a primera vista at first sight (glance)
a saber namely, to wit
a tiempo in *or* on time
a veces at times
al alcance de within reach of
al corriente de abreast of
al final de at the end of
al lado de beside
abajo below; downstairs
más abajo below, farther down
abandonar to give up, abandon
abarcar to include, take in
el abatimiento depression
el abogado lawyer
abogar por to defend, support (*by argument*)
abombado, -a (*Am.*) dazed; harebrained
aborrascado, -a stormy; disorderly, entangled
el abrazo embrace, hug
abreviar to abbreviate, shorten
la abreviatura abbreviation
abrigar to shelter, hold
abrir to open
abrumar to overwhelm
abrupto, -a abrupt, sudden
abstraerse to become absorbed in thought
el abuelo grandfather; *pl.* grandparents
la abundancia abundance
aburrido, -a boring
aburrirse to be bored
acabar to finish; *reflex.* to be finished, be over, (with *indir. obj.*) be, *or* run, out of
acabar con + *obj.* to put an end to
acabar de + *inf.* to have just + *p. p.*
acabar por + *inf.* to finish by + *pres. part.*
se (nos) ha acabado (el pan) (we) have run out of (bread)
acariciar to caress, touch lightly

acarrear to convey
acaso perhaps
el acatamiento respect, submission
acatar to respect, honor
la acción action; battle
acechar to spy on
el aceite oil, olive oil
la aceituna olive
el acento accent
la acentuación accentuation
acentuado, -a accented, stressed
la acepción meaning
aceptar to accept
acerca de about, concerning
acercarse a to approach
acertar (ie) to hit upon, guess right
acertar a + *inf.* to happen to + *inf.*
aclamar to acclaim
aclarar to clarify, make clear
acoger to receive
el acompañamiento accompaniment
acompañar to accompany
aconsejar to advise
acontecer to happen, occur
el acontecimiento happening, event
acordarse (ue) de to remember
acostar (ue) to put to bed; *reflex.* go to bed
acostumbrado, -a accustomed, customary
acostumbrar to accustom
acostumbrarse a to be or become accustomed to
la acotación annotation, marginal note
acotaciones escénicas stage directions
el acrecentamiento increase
el acta (*f.*) record, certificate; *pl.* minutes, records
la actitud attitude
la actividad activity
el acto act, action; ceremony
la actriz actress
la actuación conduct, actions, performance
actual present, present-day
la actualidad present time; relevance to the present
actuar to act, operate, perform
acudir to go *or* come (*in response to a call*), appear
el acuerdo agreement; resolution

de acuerdo in agreement, in unison
de acuerdo con in accord with, according to
el **acusativo** accusative case
adelantar to advance, move ahead
adelante ahead
más adelante farther on
además besides
además de in addition to
adherir (ir, i) to adhere, stick
la **adición** addition
adicional additional
adiestrar to teach, train
adivinar to guess
la **adjetivación** adjectivization (See Glosario)
adjetivo, -a adjectival
administrar to administer
la **admiración** admiration; astonishment
admitir to admit
adoptar to adopt
adorar to adore, love
el **adorno** ornament
adquirir (irr.) to acquire
adusto, -a dour, severe
el **adversario** adversary, opponent
advertir (ie, i) to notice; point out; warn of
el **afán** zeal, eagerness, solicitude
afectar to affect
la **afectividad** affectivity, feeling
afectivo, -a affective (*pertaining to emotional reactions*)
el **afecto** affection
afectuoso, -a affectionate
la **afición** inclination, interest
el **afijo** affix (See Glosario)
afín like, similar; related
la **afinidad** resemblance, relationship
la **afirmación** assertion, (affirmative) statement
afirmar to affirm, state
afligido, -a distressed
aflojar to loosen
las **afueras** outskirts, suburbs
agarrar to seize, grasp
el **agente** agent (See Glosario); policeman
la **agilidad** agility, skill
agitado, -a agitated, excited, upset
agitar to shake, move, stir
agotado, -a exhausted
agradable pleasant

agradar to please
agradecer to be grateful for, thank for
agradecido, -a grateful
la **agramaticalidad** ungrammatical status
el **agravio** offense
agregar to add
la **agrupación** bringing together, amalgamation, union
agrupar to group, cluster
aguantar to put up with, stand
aguardar to await
el **águila** (*f.*) eagle
ahí there
ahogar to drown
ahondar to penetrate
ahora now
¡**Ahora es ella**! Now we've had it!
el **aire** air; breeze, wind
aisladamente separately, singly, in isolation
aislado, -a isolated, separate, single
ajeno, -a alien, of another, of others
ajeno, -a de foreign to, free from
ajustar to adjust
el **ala** (*f.*) wing
alabar to praise, extol
alado, -a winged; (*fig.*) lofty, sublime
el **alba** (*f.*) dawn
el **alcance** reach
al alcance de within reach of
alcanzar to reach
alcanzar a + *inf.* to manage to + *inf.*, be able to + *inf.*
la **aldea** village
alegrar to gladden; *reflex.* be glad *or* happy
alegre happy, joyful
alejado, -a distant
el **alejamiento** aloofness
alejar to move away (*trans.*), remove; *reflex.* remove oneself, move away (*intrans.*)
alemán, -ana (*also noun*) German
Alemania Germany
el **aleph** aleph (*first letter of the Hebrew alphabet*)
el **alfabeto** alphabet
la **algarada** hullabaloo, fuss

algo *pron.* something; *adv.* somewhat, rather

el algodón cotton

alguien someone, somebody

algún *used for* **alguno** *before m. sing. nouns*

alguno, -a *adj. and pron.* some, any, someone; (*after noun*) any; *pl.* some, several, a few

    alguno, -a que otro, -a some, a few

aliado, -a (**a** *or* **con**) allied (to *or* with)

los alicates pliers

aligerar to lighten

la alimentación food, meals; nutrition

aliviar to relieve

el alma (*f.*) soul, spirit; mind

alquilar to hire

alrededor: a su alrededor about him

la alternancia alternation

alternar to alternate

alternativo, -a alternate

altisonante high-flown, high-sounding

alto, -a high, tall; lofty; higher, upper

    la alta cultura higher culture

la altura height

    a la altura de abreast of

alucinatorio, -a hallucinatory

aludido, -a referred to

aludir to allude, refer

la alusión allusion

el alza (*f.*) advance, rise (*in price*)

allá there (*often after verbs of motion*)

allí there (*distant*)

el ama (*f.*) mistress of the house

    ama de llaves housekeeper

amable kindly, affable, nice

amanecer to dawn; arrive *or* appear at daybreak

el amanecer dawn

amar to love

amargado, -a embittered

amarillo, -a yellow

la ambición ambition

ambicionar to aspire to, desire ambitiously

el ambiente atmosphere, environment

la ambigüedad ambiguity (See Glosario)

ambiguo, -a ambiguous

el ámbito area, environment

ambos, -as both

la amenaza threat

amenazar to threaten

América America

    la América del Sur South America

americano, -a American

la amistad friendship

ampliar to amplify, expand

amplio, -a broad, large, extensive, spacious

la amplitud extent, amplitude, breadth

amueblado, -a furnished

Anáhuac *Indian name of the Valley of Mexico*

el análisis analysis

analítico, -a analytical

analizar to analyze

la analogía analogy

analógicamente analogically

análogo, -a analogous

anarquista (*also noun*) anarchist

anciano, -a old

anclado, -a anchored

ancho, -a wide

el ancho, la anchura width

anchuroso, -a broad, spacious

Andalucía Andalusia

la andanza travel, trip; experience

andar to go, walk, go about, go on; (*before adj. or p. p.*) be

    andar + *pres. part.* to go around *or* be + *pres. part.*

el andar walk, step

andino, -a Andean, of the Andes

angloparlante English-speaking

Angostura *city in eastern Venezuela, on the Orinoco River, now Ciudad Bolívar*

anhelado, -a longed for

el anhelo vehement desire

el anillo ring

animado, -a animate

el ánimo courage, spirit

    tomar ánimo to take heart

anoche last night

anochecer to grow dark; be *or* reach (somewhere) at nightfall

la anomalía anomaly

ansiar to desire eagerly

ante before, in front of, in the face of, in the presence of

anteayer day before yesterday
el antecedente antecedent,
  predecessor; *pl.* forbears,
  background
anteponer a to place before
anterior preceding, previous
antiaéreo, -a antiaircraft
antiguamente formerly, in ancient
  times
antiguo, -a ancient, old; former
añadidura: por añadidura in
  addition, what is more
añadir to add
apaciguar to calm down, appease
apagar to put out; *reflex.* go out,
  die out
el aparador sideboard, buffet
aparecer to appear
la aparición appearance
la apariencia appearance
  por las apariencias for the sake
  of appearances, to keep up
  appearances
apartado, -a removed, remote,
  distant
apartado paragraph, section
apasionado, -a passionate, intense,
  impassioned
apasionar to impassion, inspire
  great interest
el apellido surname, family name
apenas scarcely
el apéndice appendix
aplastar to smash, crush
aplicar to apply
apocopado, -a shortened,
  apocopated (See Glosario)
la apócope apocopation (See
  Glosario)
la aposición apposition (See
  Glosario)
apositivo, -a appositive, appositional (See Glosario)
el apóstol apostle
apoyar to support
aprender to learn
  aprender de memoria to
  memorize
apresurarse a + *inf.* to hasten to
  + *inf.*
aprobar (ue) to approve
apropiado, -a appropriate,
  suitable
aprovecharse de to take advantage
  of, make good use of

aproximado, -a approximate
aproximarse a to approach
la aptitud ability, aptitude
aquejar to ail, afflict
aquí here
  por aquí here, this way
arábigo, -a Arabic
el arbitraje arbitration
el árbol tree
arcaizante archaistic
el archivo archive, file
arder to burn
el arete earring
argentino, -a Argentine
el argumento argument, plot
el arma (*f.*) arm, weapon
armado, -a armed
el armario closet
armónico, -a harmonious, well-
  balanced
la arquitectura architecture
la arracada earring
arrastrar to drag
arrebatado, -a carried away;
  impassioned
arrebatar to carry away, enrapture
arreglar to arrange, fix
el arrepentimiento repentance
arrepentirse (ie, i) to repent
arriba above; upstairs
arribar a (*Gal.*) to arrive at, come
  to
arriesgado, -a dangerous
arrojar to throw
arrollar to sweep away, destroy
el arroz rice
la artesanía arts and crafts
el artículo article
el (la) artista artist
la asamblea assembly
ascender (ie) to ascend
la ascensión ascent
el ascua (*f.*) red-hot coal, red-hot
  tip
asegurar to assure, insure; fasten
asemejarse a to be similar to,
  resemble
asentarse (ie) to be situated
el asentimiento assent, agreement
asesinar to assassinate, murder
así so, thus, this (that) way
  así como just as, as well as
  así es que so, therefore
  así que *conj.* as soon as
el asilo asylum, refuge

asimismo likewise
asistir a to attend
asociado, -a con associated with
asolar (ue) to devastate, ravage
asomar to appear, become
  visible
asombrar to astonish, surprise
asombroso, -a amazing, marvelous
el **aspecto** aspect (See Glosario)
aspectual aspectual, of or
  pertaining to aspect
el **asterisco** asterisk
astur Asturian
asturiano, -a Asturian
asumir to assume, take on
el **asunto** affair; subject, matter
asustar to frighten
atacar to attack
atañer to concern
atardecer to draw towards
  evening
ataviarse to adorn oneself, deck
  oneself out
atemorizar to frighten
la **atención** attention; kindness
atenuar to attenuate, tone down
aterrizar to land
el **atleta** athlete
atolondrado, -a flighty, harebrained
el **átomo** atom
atónito, -a astounded
átono, -a atonic, unaccented,
  unstressed (See Glosario)
atontado, -a foolish, stupid
atraer to attract
atrás backward, back; past
atravesar (ie) to cross; pierce
atrayente attractive
atreverse a to dare to
el **atrevimiento** daring, boldness
atribuir to attribute
audaz bold, daring
auditivo, -a auditory
el **auditorio** audience
aumentar to increase
aumentativo, -a augmentative
  (having a suffix form indicating
  increased size or force)
el **aumento** increase
aun, aún even, still, yet
  aun cuando even though
aunque although
la **ausencia** absence
ausentarse to absent oneself

la **austeridad** austerity
austral austral, southern
autárquico, -a autarkic, self-
  sufficient
la **autoridad** authority
auxiliar to aid, help; adj. auxiliary
el **auxilio** help, assistance
avanzado, -a advanced
el **ave** (f.) bird
la **avenida** avenue
aventajar to surpass, be ahead (of)
  by
avergonzar (ue) to shame; reflex.
  be ashamed
averiguar to ascertain, find out
la **aversión** aversion, dislike
avezar a to accustom to
**Avila Camacho: Manuel Avila
  Camacho** (1897–1955), president
  of Mexico from 1940 to 1946
el **avión** airplane
Ayacucho city and department in
  central Peru
ayer yesterday
ayudar to aid, help
el **ayuntamiento** city hall
azteca Aztec
el or la **azúcar** sugar
azul blue
azulado, -a bluish
azulejo, -a (Am.) bluish
el **azulejo** (Am.) horse of a bluish
  white color

B

bailar to dance
el **baile** dance
la **baja** fall (in price)
la **bajada** descent
bajar (intrans.) to come or go
  down (downstairs); (trans.)
  bring or take down, lower
bajo, -a low, lower
bajo prep. under
balear Balearic
el **banco** bank
la **bandera** banner, flag
el **bando** band, party
el **baño** bath, bathing
barato, -a cheap
la **barbaridad** barbarity, coll. "awful
  lot"
la **barbarie** barbarity, barbarism
barcelonés, -esa from or of
  Barcelona

el barco ship, boat
el barranco gorge, ravine
la barriga abdomen, belly
el barrio district (*of a city*)
el barullo noise, confusion
basar to base
la base basis
  a base de on the basis of, based on
básico, -a basic
bastante *adj.* enough, sufficient; *adv.* quite, quite a bit, rather
  bastante tiempo some time, quite a long time
bastar to be enough, suffice
la basura rubbish, garbage
la batalla battle
batirse con to fight
beber to drink
la bebida drink, beverage
la beca scholarship
bello, -a beautiful
el beneficio benefit
besar to kiss
la biblioteca library
el bibliotecario librarian
bien well
  bien que *conj.* although
  más bien rather
  si bien *conj.* although
el bien good, welfare
el bienestar well-being, welfare
binario, -a binary
blanco, -a white
el blanco white (color)
  en blanco blank
bloquear to block, blockade
el boleto (*Am.*) ticket
la bolsa purse; stock market
el bolsillo pocket
el bombardeo bombardment
el bombero fireman
la bondad goodness, kindness
bordado, -a embroidered
bordear to border, line
el bosque forest
la bota boot
Boyacá *department in northern Colombia*
brasileño, -a Brazilian
breve brief, short
el brillante diamond
la brillantez brilliance
el brillo brilliance, splendor
británico, -a British

la broma jest, joke
  a broma in jest
el bronce bronze, brass; bronze figure
el brote bud, shoot
bruñido, -a burnished
el bulto form (*object not clearly discerned*)
burlón, -ona scoffing, jesting
la busca search
  en busca de in search of
buscar to look for, seek (See §57)

C

el caballo horse
el cabello hair
la cabeza head
  a la cabeza de at the head of
el cabo end
  llevar a cabo to carry out
cacarear to cackle
cada each, every
  cada vez + *comp.* more and more
el cadáver corpse, dead body
caer to fall; be located (See §125)
  caer bien (*of a person*) to look well, make a good impression
  caerle (a uno) el premio gordo to win the first prize
  caer sobre to fall upon, attack
el café coffee, cup of coffee
Caín Cain
la caja box, safe, cashier's office
el cajón drawer
calar to penetrate
la calidad quality, nature
  en calidad de in the capacity of
calificar to qualify
el calor heat, warmth
caluroso, -a warm, hot
la calzada causeway
calzarse to put on (*shoes, gloves, etc.*)
callado, -a silent, quiet
callar(se) to keep silent
la calle street
cambiante changing, as it changes
cambiar to change, exchange
  cambiar de parecer (opinión) to change one's mind
  cambiar de tipo to change (its) type
  cambiarse en to change into, be changed into

el cambio change
    en cambio on the other hand
el camino road, way
    salir(le) al camino (a uno) to go
      forth to oppose (someone)
la camisa shirt
la campaña campaign
el campeón champion
el campeonato championship
el campesino peasant, farmer, farm
    worker
el campo field; country
    canalizar to construct canals in
la cancillería chancellery
la candidatura candidacy
    cansado, -a weary, tired; tiresome
    cansarse to become tired
      cansarse en + *inf.* to grow
        weary in
el (la) cantante singer
el cante *Andalusian folk singing*
    el cante flamenco *Andalusian*
      gypsy singing
la cantera quarry
la cantidad quantity, amount
la caña cane, reed
    correr cañas to joust with reed
      spears
la capacidad capacity, capability
    capacitado, -a qualified
    capacitar to qualify
    capaz capable, able to contain *or*
      hold
la capital capital (*city*)
el Capitolio Capitolium (*in Rome*)
el capítulo chapter
la captación conquest, subjugation
la cara face
Caracas *capital of the Republic of*
    Venezuela
el caracol conch-shell (*used as a*
    horn)
el carácter (*pl.* **caracteres**) character,
    nature; character (*in a*
    literary work)
la característica characteristic,
    feature
    característico, -a characteristic,
      typical
    caracterizar to characterize
    caraqueño, -a from *or* of Caracas
    carecer de to lack
la careta mask
el cargador (*Am.*) porter
    cargar to load; charge

el cargo office, position
    estar a cargo de to be in charge
      of
la caridad charity
la caries caries
    caritativo, -a charitable
Carlos Charles
    carnívoro, -a carnivorous
la carrera race; career
la carreta wagon
la carretera highway
la carta letter
Cartagena *seaport on the*
    Caribbean, in northern
    Colombia
el cartón cardboard
la casa house, home
    casa de comercio commercial
      establishment, store
    casa de huéspedes boarding
      house
    en casa at home
    (salir) de casa (to leave) home
    (venir) a casa (to come) home
    casado, -a married
    casar to marry, marry off; *reflex.*
      get married, marry (*intrans.*)
el cascabel small bell
    casi almost
el caso case
    en todo caso at all events,
      anyway
    hacer(le) caso a (uno) to pay
      attention to (a person)
    los más casos most cases
la casona large house
el (la) casticista purist (*in regard to*
    the integrity of one's own
    culture)
el castigo punishment
la casualidad chance, coincidence
    por casualidad by chance
la casucha wretched little house,
    miserable hut
la cátedra professorial chair
la categoría category
el catre cot
el caudillo leader
la causa cause
    a causa de because of, on
      account of
el (la) causante originator
    causar to cause
    cautivador, -ora captivating
el cazador hunter

la cebolla onion
el celaje skylight; *pl.* colored clouds
celebrar to praise; celebrate; hold
(*a meeting*)
célebre famous, noted
el celo zeal, rivalry; *pl.* jealousy,
suspicions
cenar to take (eat) supper
censurar to censure, condemn
el centavo cent
el centenario centennial
centésimo, -a hundredth
centralizar to centralize
el centro center
ir al centro to go downtown
cerca de *prep.* near, close to
cercano, -a near, nearby, close by
la ceremonia ceremony
cerrar (ie) to close
cerrar el paso to block the way
la certidumbre certainty
la cerveza beer
César Caesar
cesar to end, stop
el cetro scepter
Cía = Compañía Company
cíclico, -a cyclical
el ciclo cycle
ciego, -a blind
el cielo sky, heaven
la ciencia science
cierto, -a (a) certain; true
lo cierto the truth
la cifra cipher, number
el cigarrillo cigarette
el cigarro cigar; (*in some regions*)
cigarette
el cimiento foundation
el cincel chisel
el cine movie(s)
el cinematógrafo movie camera;
moving picture; movie theatre
la cinta ribbon
el circo circus
circundante surrounding
la circunferencia circumference
la circunstancia circumstance
Ciro Cyrus
la cita citation, quotation; appointment
citar to cite, quote
la ciudad city
Ciudad Bolívar *city in eastern
Venezuela on the Orinoco
River, formerly Angostura*

el ciudadano citizen
civilizado, -a civilized
la claridad clarity, clearness
claro, -a clear, distinct
clásico, -a classic, classical
clasificar to classify
clausurar to close (*by official
action*); end a session
el clérigo clergyman
el cliente client, customer
el clima climate
la cobardía cowardice
el cocido Spanish boiled dinner
(*stew of boiled meat and
vegetables*)
la cocinera cook
el coche car
coger to grasp, seize; catch, pick
up (See §64)
el cohete rocket
coincidir to coincide
el colaborador collaborator
coleccionar to collect
colectivo, -a collective (See
Glosario)
el colega colleague
el colegio school, college
colgante hanging
colgar (ue) to hang
la colina hill
la colocación placing, placement;
job, position
colocar to place, put (in); take on
(*in a position*) (See §71)
colombiano, -a Colombian
Colón Columbus
el coloquio conversation, talk
el collarete necklace
la coma comma
la comarca region
combatir (con, contra) to fight
(against)
combinar to combine
comentar to comment, explain
el comentario comment, commentary
comenzar (ie) (a + *inf.*) to
commence (to), begin (to)
comenzar por to begin with (by)
comerciar to trade
el comercio trade, commerce
casa de comercio commercial
establishment, store
cometer to commit
cometer un error to make a
mistake

el **comienzo** beginning
como as, like; since
¿cómo? how? what?
la **comodidad** convenience, comfort
el **compañero** companion
la **compañía** company
la **comparación** comparison
comparar to compare
comparecer to appear
compartir to share
el (la) **compatriota** compatriot,
  fellow citizen
la **competencia** competition, rivalry
complacer to please
  complacerse (en) to take pleasure
  (in)
complejo, -a complex, complicated
complementador, -ora comple-
  menting
complementar to complement,
  complete
el **complemento** complement, object
  (See Glosario)
  complemento directo direct
  object
  complemento indirecto indirect
  object
completar to complete
completo, -a complete
complicar to complicate
componer to arrange; make up
  componerse de to be made
  up of
comprar to buy
comprender to understand;
  contain, include
comprobar (ue) to verify
compuesto, -a compound
  compuesto, -a de composed of
el **compuesto** (*gram.*) compound
común common
  en común in common
  por lo común in general,
  generally
comunicar to communicate
con with, in the case of
  con frecuencia frequently
  con relación a with (in) relation
  to
  con tal (de) que provided that
  para con toward
concebir (i, i) to conceive
conceder to grant, give
el **concepto** concept
la **concesión** concession

la **conciencia** conscience; consciousness
el **concierto** concert
la **conciliación** conciliation
concluir to conclude, finish
la **concordancia** agreement
concordar (ue) (con) to agree
  (with)
la **concordia** concord, harmony
condenar to condemn, sentence
el **condimento** condiment, seasoning
conducir to lead, conduct, direct;
  (*car*) drive; *reflex.* act, behave
  (See §64)
la **conducta** conduct
la **conferencia** lecture
el **conferenciante**, (*Am.*) el **conferencista** speaker, lecturer
confesar (ie) to confess,
  acknowledge
la **confianza** confidence
  ser de confianza to be trust-
  worthy
confiar to entrust
  confiar en to trust in, rely on
confluir to join, converge
conforme in agreement
confundir to confuse
la **congregación** assembling, union
congregar to assemble
el **congreso** congress, assembly
la **conjetura** conjecture
conjeturar to conjecture, surmise
conjugar to conjugate
la **conjunción** conjunction, connect-
  ing word
el **conjunto** whole, entirety
la **conmoción** commotion, upheaval
conmovedor, -ora moving
conmover (ue) to move
  (*emotionally*)
conmutar to commute
conocer to know, be *or* become
  acquainted with, meet (See
  §47)
  dar a conocer to make known
conocido, -a known, widely known
el **conocimiento** knowledge, understanding; consciousness
conque so, so then
la **conquista** conquest; advance,
  acquisition
conquistar to conquer, gain, win
consagrarse to dedicate oneself,
  devote oneself

la **consecuencia** consequence
  a consecuencia de because of
conseguir (i, i) to get, obtain
  conseguir + *inf.* to succeed in +
  pres. part.
el **consejo** advice, piece of advice
consentido, -a permitted,
  tolerated; willful
consentir (ie, i) to consent
conservador, -ora conservative
conservar to retain, preserve
considerar to consider
consigo with itself (himself, herself,
  etc.)
consiguiente: por consiguiente
  consequently, therefore
consistir en to consist in (of)
la **consonante** consonant
constantemente constantly
constar to be clear; be recorded
  (See §148)
  constar de to consist of, be
  made up of
  hacer constar to record
constituir to constitute, form
consultar to consult
consumir to consume
contable countable
contagiar to infect, spread by
  contagion
contaminar to contaminate,
  pollute
contar (ue) to tell, relate; count
  contar con to count on
contemplar to contemplate, view,
  consider
contemporáneo, -a contemporary
contener to contain, comprise
el **contenido** content
contento, -a happy
la **contestación** answer, reply
contestar to answer
el **contexto** context
la **contienda** dispute, conflict
la **continuación** continuation
  a continuación next, immediately following
continuar to continue
contra against
contradecir to contradict
contrario, -a contrary
  por lo contrario on the contrary
contrarrestar to check, resist
contrastar to contrast
contratar to engage, take on

contribuir to contribute
la **contusión** bruise, contusion
convencer to convince
convenido, -a agreed upon
la **conveniencia** convenience, suit-
  ability
el **convenio** pact, agreement,
  covenant
convenir to be proper *or*
  appropriate (See §125)
  convenir en to agree to *or* on
convertir (ie, i) to change,
  transform
  convertirse en to be changed
  into, become
convincente convincing
la **coordinación** coordination (See
  Glosario)
la **copa** goblet; (tree)top
copioso, -a copious
la **cópula** copula, linking verb
el **corazón** heart; center
el **corchete** bracket, brace
coronar to crown
corregir (i, i) to correct
correr to run
  correr cañas to joust with reed
  spears
  hacer correr to circulate
la **correspondencia** correspondence,
  relation
corresponder to correspond
correspondiente corresponding
el **corresponsal** (newspaper)
  correspondent
corriente current, common, usual
cortar to cut, interrupt
cortés courteous, polite
la **cortesía** courtesy
corto, -a short
la **cosa** thing
la **cosecha** crop, harvest, harvesting
la **cosilla** small thing, trifle
el (la) **cosmopolita** cosmopolite
la **costa** coast
costar (ue) to cost
costoso, -a costly
la **costumbre** custom
crear to create
crecer to grow
creciente increasing
la **creencia** belief
creer to believe, think
crespo, -a curly
creyente believer, believing

la criada (*female*) servant
la criatura creature
la crin mane
criollo, -a Creole (*applied to a person of Spanish parentage, but born in America*)
la crisálida pupa, chrysalis
crisparse to twitch
   crispársele a uno los nervios to be irritated
el criterio criterion
la crítica criticism
criticar to criticize
crítico, -a critical
el crítico critic
la crueldad cruelty
cruento, -a bloody
cuadrado, -a square
el cuadro picture; (imposing) sight; table, chart
cual as, like
la cualidad quality
cualquier(a) *adj.* any, any what-(so)ever
cualquiera *pron.* anybody, anyone
   ser un (una) cualquiera to be a nobody (a person of no account)
cuán how
cuando when
   de vez en cuando from time to time
cuantioso, -a copious, considerable
cuanto, -a all that, as much (as);
   cuantos, -as as many (as)
   en cuanto as soon as
   en cuanto a in regard to, with respect to
   unos cuantos, unas cuantas several, a few
¿cuánto, -a (-os, -as)? how much (many)?
¡cuánto + verb! how!
cuarto, -a fourth
el cuarto room
   cuarto de dormir bedroom
cuatrocientos, -as four hundred
cubano, -a Cuban
cubierto, -a covered
cubrir to cover
la cuchilla (*Am.*) hill, ridge
la cuenta account, bill
   caer en la cuenta to catch on
   darse cuenta (de) to realize
   tener en cuenta to bear in mind, take into account

el (la) cuentista short story writer
el cuento story, short story, narrative
la cuerda string, rope
el cuerpo body; build
la cuesta hill, slope
la cuestión matter, problem, question (*for argument or dispute*)
el cuidado care
   tener cuidado to be careful
cuidadoso, -a careful
cuidar to take care of
la culebra snake
culminar to culminate
   culminar en to reach a climax with
la culpa guilt, crime
culpable guilty
el (la) culpable guilty person
cultivar to cultivate
la cumbre peak
el cumpleaños birthday
el cumplimiento fulfilment, completion, performance
cumplir to fulfill, accomplish (See §148)
   por cumplir as a matter of form
la cuna cradle; source
cursiva: en cursiva in italics
el curso course

CH

la chaqueta jacket
charlar to chat
la chica (little) girl
el chico (little) boy
chillar to screech, squeak; (*as noun*) creak(ing)
el chillido screeching, squeaking
chino, -a Chinese
chismear to gossip
el chofer, chófer chauffeur

D

dable feasible, possible
la dalia dahlia
dañarse to harm oneself
el daño harm, damage
dar to give, deliver (*a speech*) (See §96)
   dar a conocer to make known
   dar a entender to insinuate
   dar gusto to give pleasure, be pleasing
   dar muerte a to kill

dar rienda suelta to give free rein

darse a conocer to make oneself known

darse cuenta de to realize, understand fully

Darío: Rubén Darío (1867–1916) *Nicaraguan modernist poet*

el **dato** datum, fact; *pl.* data

de of, on, in, at, from, by, about, concerning; as; (*after a superlative*) in; (*before numerals*) than

de acuerdo in agreement, in unison

de acuerdo con in accord with, according to

de memoria by memory, by heart

de nuevo again

de otra manera (otro modo) otherwise

de propósito on purpose

de resultas de as a result of

de tiempo en tiempo at intervals

de un vistazo at a glance

de vez en cuando from time to time

deber to owe; must, ought to, should

deber de + *inf.* must, probably + *verb*

el **deber** duty, obligation

debidamente duly, properly

debido, -a proper

como es debido as is right and proper

débil weak

decidir to decide

decir to say, tell

es decir that is to say

la **declaración** statement

declarar to declare, state

el **decoro** dignity, honor

dedicar to dedicate

dedicarse a to devote oneself to

el **dedo** finger

defectuoso, -a defective, imperfect

defender (ie) to defend

deficiente deficient, faulty

definido, -a definite

definir to define, determine

deíctico, -a deictic (See Glosario)

dejar *trans.* to leave (behind), abandon; let, allow, permit (See §163)

dejar de + *inf.* to stop (cease) + *pres. part.* fail to + *inf.*

dejar caer to let fall, drop

delante de in front of

delatar to betray

el **deletreo** spelling; teaching to read by spelling

delgado, -a slender

deliberado, -a deliberate

delicado, -a refined, exquisite

delinear to delineate, describe

el **delirio** delirium, frenzy

demás: los (las) demás the others, the other (ones)

demasiadamente, demasiado *adv.* too, too much, excessively

la **democracia** democracy

la **demora** delay

demostrar (ue) to demonstrate

denominar to denominate, call

denotar to denote, signify

dentro inside, within

dentro de within, in, inside

depender de to depend on

el **dependiente** clerk

depurado, -a purified, refined

la **derecha** right hand, right side

derecho, -a right, straight; right-hand

el **derecho** right, law

derecho *adv.* directly

el **derivado** derivative

derivar to derive

derribar to knock down

la **derrota** defeat

derrotar to defeat

desafiar to challenge

desagradable unpleasant, disagreeable

desaparecer to disappear

desapercibido, -a unaware, unprepared

desarrollar to develop

el **desarrollo** development

el **desastre** disaster

la **desavenencia** disagreement, misunderstanding

desconfiar to be distrustful

desconocer to be ignorant of, be unacquainted with

desconocido, -a unknown

describir to describe

descubrir to discover

descuidado, -a careless

el **descuido** carelessness, negligence

desde from, since
  desde hace (diez años) for (ten years)
  desde luego of course
  desde que since (the time), ever since
la desdicha misfortune
desdichado, -a unfortunate
desear to desire, wish for
desembarcar to disembark, land
el desembarco landing
el desenlace ending, outcome
el desentendido one who is not aware, one who pretends ignorance
la desesperación despair
desesperante causing despair
la desesperanza despair
desfavorable unfavorable
el desfiladero narrow pass
desfilar to file, pass in (a) parade
el desfile parade
desgraciado, -a unfortunate
desiderativo, -a desiderative (*expressing what is desired*)
el desierto desert
designar to designate
la desigualdad inequality
desilusionado, -a disillusioned
desilusionar to disillusion
desinteresado, -a disinterested, unselfish
deslizarse to glide
deslucir to tarnish
deslumbrador, -ora dazzling
desmemoriado, -a forgetful
desmoralizador, -ora demoralizing
desnudo, -a bare, nude; unadorned
el desorden disorder
desordenado, -a disorderly, entangled
despacio slowly
despectivo, -a derogatory
la despedida leave-taking
despedir (i, i) to discharge
  despedirse (de) to take leave (of), say goodbye (to)
despegar to take off (*aircraft*)
el despegue taking off (*of aircraft*)
despersonalizar depersonalize, depersonify
despertar (ie) to awaken, wake (up); *reflex.* wake up (oneself)
despierto, -a awake
desplazar to displace

desplegar (ie) to unfold, display
el despoblado uninhabited place
despojar to divest
despreciativo, -a depreciative, contemptuous
el desprecio scorn, contempt
después afterward(s), later, then
  después de *prep.* after
  después (de) que *conj.* after
  poco después shortly afterward(s)
destacado, -a outstanding, distinguished
destacar to emphasize, make stand out; *reflex.* to stand out
el destinatario addressee
el destino destiny; destination
destrozar to wreck, ruin
destruir to destroy
detalladamente in detail
el detalle detail
detener to stop, arrest; *reflex.* to stop (*intrans.*)
determinado, -a determined; fixed, definite
el determinante determiner (See Glosario)
determinar to determine
detestado, -a hated
detrás de behind, after
devenir to happen; *fig.* to become
la devolución restitution
devolver (ue) to return (*trans.*), give back
el diablo devil
  de todos los diablos tremendous, terrific
el diálogo dialogue
diariamente daily
diario, -a daily, everyday (*adj.*)
el diario daily newspaper
el dictador dictator
la dictadura dictatorship
dictar to dictate
dicho, -a (the) said, previously mentioned
  lo dicho what has been stated
  mejor dicho rather, more exactly
  propiamente dicho, -a properly so-called
el dicho saying, expression
el diente tooth
la diferencia difference
  a diferencia de unlike

diferenciable differentiable
diferenciador, -ora differentiating
diferenciar to differentiate
diferir (ie, i) to differ
difícil difficult
la **dificultad** difficulty
difundir to disseminate, spread
digerir (ie, i) to digest
dilatado, -a extensive, vast
el **diminutivo** diminutive (*word with a suffix form indicating smallness*)
el **dios** god
el **diptongo** diphthong
el **diputado** congressman
la **dirección** direction, address
directamente directly
dirigir to direct
   dirigirse (a + *obj*.) to go (to), turn (to), address (*a person*)
el **discípulo** pupil, disciple
el **disco** record
el **discurso** speech
discutir to discuss, debate
la **disensión** dissension, strife
el **disfraz** mask, disguise
disgustado, -a annoyed, unhappy
disidente dissident
dislocar dislocate, displace
la **disminución** diminution, lessening
disparar to fire
disperso, -a scattered
disponer to arrange
   disponer de to have at one's disposal
la **disposición** disposition, arrangement
la **distancia** distance
distar de to be distant *or* far from
la **distinción** distinction, difference
   a distinción de in distinction to, unlike
distinguible distinguishable
distinguido, -a distinguished
distinguir to distinguish; *reflex.* to distinguish oneself, excel
distinto, -a different; distinct
distribuir to distribute
la **divergencia** divergence, dissimilarity
diverso, -a different; *pl.* various
divertido, -a amusing
divertir (ie, i) to amuse, entertain; *reflex.* amuse oneself, have a good time

dividir to divide
divino, -a divine, godlike
doblar to fold, turn
   doblar la esquina to turn the corner
doble double
la **docena** dozen
docto, -a learned
doctrinario, -a doctrinaire, dogmatic
el **dólar** dollar
doler (ue) to hurt, ache
doliente suffering, sick
doloroso, -a painful
dominar to dominate, subdue
   dominar en to preside over, occupy the leading place in
dominical Sunday (*adj.*)
el **dominio** mastery
dorado, -a gold-colored
dormido, -a asleep
dormir (ue, u) to sleep; *reflex.* to fall asleep
dotar to endow
el **drama** drama, play
el **dramaturgo** dramatist, playwright
la **duda** doubt
   poner en duda to doubt
   sin duda no doubt
dudar to doubt, hesitate
dudoso, -a doubtful, questionable
el **dueño** master, owner
dulce sweet; fresh (*of water*)
la **duración** duration
durante during
durar to last
duro, -a hard, harsh

E

e and (*used for* **y** *before* **i-, hi-,** *but not* **hie-**)
económico, -a economic(al)
la **ecuanimidad** equanimity, even disposition
echar to throw, cast (See §107)
   echar a + *inf*. to begin to + *inf.*
   echar al correo to mail
   echar mano a to resort to
la **edad** age, epoch
el **edificio** building
la **educación** education, upbringing
educar to educate
educativo, -a educational

el **efecto** effect
  en **efecto** in fact
  efectuar to accomplish, carry out
la **eficacia** efficacy
  egoísta egotistical, selfish
el **eje** axis
  ejemplar *adj.* exemplary
el **ejemplar** model
  ejemplificar to exemplify
el **ejemplo** example
  por **ejemplo** for example
  ejercer to exercise
el **ejercicio** exercise
el **ejército** army
  elaborar to elaborate, prepare
  electo, -a elect, chosen
el **electorado** electorate
  elegir (i, i) to elect, choose
  elevar to elevate, raise; *reflex.* to rise
  eliminar to eliminate
la **elocuencia** eloquence
  emancipar to emancipate, liberate
el **embajador** ambassador
  embargo: sin embargo however
el **emigrado** emigrant, émigré
la **eminencia** height
la **emisora** transmitting station
  emitir to emit
la **emoción** emotion
  empaquetar to package
  empeñarse en to insist on (upon)
el **empeño** effort
el **emperador** emperor
  empezar (ie) to begin
    empezar a + *inf.* to begin to
    empezar por to begin by (with)
  emplazar to place, set
el **empleado** employee
  emplear to use, employ
el **empleo** use
el **emporio** market place, commercial center
  emprender to undertake, begin
la **empresa** firm; enterprise, undertaking
  empuñar to grasp, hold
  en in, into, at, on, to, of
    en **blanco** blank
    en **busca de** in search of
    en **calidad de** in the capacity of
    en **cambio** on the other hand
    en **casa** at home
    en **común** in common
    en **cuanto** as soon as

en **cuanto a** with regard to
en **cursiva** in italics
en **efecto** in effect, in fact
en **lugar de** in place of, instead of
en **pro de** in favor of
en **público** in public
en **seguida** at once, immediately
en **todo caso** at all events, anyway
en **vez de** instead of
en **virtud de** by virtue of
el **encantador** enchanter
  encantar to enchant, charm
  encararse con to face
  encarcelar to imprison, put in jail
  encargarse de to take charge of
  encarnado, -a embodied
  encerrar (ie) to enclose, include, contain
  encontrar (ue) to find; *reflex.* to find oneself, be found, be
la **encuadernación** binding (*of books*)
  endeble frail, delicate
el **endriago** fabulous monster
  enemigo, -a hostile
el **enemigo** enemy, foe
la **energía** energy
  enérgico, -a energetic
  enero January
el **énfasis** emphasis
  enfático, -a emphatic
  enfermar to fall ill, be taken ill
la **enfermedad** illness
la **enfermera** nurse
  enfermo, -a ill, sick; (*with* ser) sickly
el **enfermo** patient
  engañarse to be deceived
  engendrar to beget
el **engrandecimiento** aggrandizement
  enjabonar to soap
el **enjambre** swarm
  enjuto, -a lean
el **enlace** union, connection
  enorme enormous, vast
  Enrique Henry
  ensanchar to widen
  ensangrentarse to stain oneself with blood
el **ensayista** essayist
el **ensayo** essay; attempt, trial
la **enseñanza** teaching, education
    la **enseñanza primaria** elementary education

enseñar (a + *inf*.) to teach *or* show (*how to*)

entender (ie) to understand

dar a entender to insinuate

entenderse bien (mal) (con) to be on good (bad) terms (with)

entendido, -a conversant, knowing about

el entendimiento understanding

la entereza integrity

entero, -a entire, whole

la entidad entity

el entierro burial

la entonación intonation

entonces then, at that time; in that case

la entrada entrance, entering; ticket

las entrañas entrails, viscera; heart, inmost part

entrar (en + *obj*.) to enter, come (go) in (into); *reflex*. to enter by stealth, break in

entre among, between

por entre through

entrecortado, -a interrupted at intervals

entregado, -a a devoted to

entregar to hand in (over), deliver

entregarse a to devote oneself to

el entresueño moment of being half asleep, reverie

la entrevista interview

entusiasmarse to become enthusiastic, be enraptured

el entusiasmo enthusiasm

enumerar to enumerate

enunciar to state

enviar to send

la envidia envy

tener envidia to be envious

envidiar to envy

envolver (ue) to wrap (up); involve

epiceno, -a (*gram*.) epicene (*having but one form to indicate either sex*)

la época epoch, age, period, time

equilibrado, -a balanced

el equilibrio equilibrium, balance

el equipaje baggage, luggage

equiparar to compare, equate

el equipo team

la equivalencia equivalence

equivaler a to be equivalent to

equivocado, -a mistaken

equivocarse to be mistaken (wrong)

erguirse to rise

erizarse to stand on end (*hair*)

errado, -a mistaken, erroneous

el erudito scholar

escabroso, -a daring, risqué (*of story, novel, etc.*)

el escaparate display window

escaso, -a small, meager

la escena scene

escénico, -a of the stage

el esclavo slave

escoger to select, choose

el escrito writing

por escrito in writing

el escritor writer

escuchar to listen (to), hear

el escultor sculptor

la esencia essence

la esfera sphere

el esfuerzo effort

esmerarse en to take great pains to

eso *neuter pron*. that

a eso de at about (*time*)

por eso because of that, for that reason

espacial spatial, space (*adj*.)

el espacio space

la espada sword

el especialista specialist

la especie kind, sort, species

específicamente specifically, restrictively

especificar to specify

especificativo, -a restrictive (See Glosario); specific, specifying

específico, -a specific, restrictive

el espécimen (*pl*. especímenes) specimen

el espectáculo show, spectacle

el espectador spectator; *pl*. audience

el espejo mirror

la esperanza hope

esperar to hope, expect, await

el espinazo spine; ridge, range

espiritual spiritual; intellectual

espontáneo, -a spontaneous

de modo espontáneo spontaneously, automatically

esporádico, -a sporadic

la espuma foam

el esquema scheme, diagram, formula

esquemático, -a schematic
la esquina corner (*of a street*)
establecer to establish; *reflex.*
  establish (settle) oneself
el establecimiento establishment
la estación season; station
estadísticamente statistically
el estado state
estampar to stamp, impress
la estancia stay, sojourn
el estante shelf
estar to be, be in; remain
    está por acontecer it is yet to
      happen
    estar de vuelta to be back
    estar para to be about to
    estar por to be inclined to
    estar por (hacer) to remain to
      be (done)
la estatua statue
estéril sterile, fruitless
estético, -a aesthetic
estilístico, -a stylistic
el estilo style
    el estilo indirecto indirect
      discourse
la estimación esteem
estimar to esteem
el estímulo stimulus, impulse
esto *neuter pron.* this
    esto es that is to say
el estoicismo stoicism
estorbar to hamper, hinder,
  disturb
estrecho, -a narrow, close
el estrecho strait
la estrella star
estricto, -a strict
la estructura structure
    estructura básica basic structure
      (See Glosario)
    estructura superficial surface
      structure (See Glosario)
    estructura transformada trans-
      formed structure, transform,
      transformation (See Glosario)
el (la) estudiante student
estudiar to study
el estudio study
la etapa stage, period, phase
eterno, -a eternal
ético, -a moral, ethical
etiqueta: de etiqueta ceremonious,
  formal
el eucalipto eucalyptus

Europa Europe
europeizante inclined to
  European usages
europeo, -a European
evaluar to evaluate
evitar to avoid
la evocación evocation, recollection
evocar to evoke
la evolución evolution, development
exactamente exactly
exagerar to exaggerate
exaltar to extol, praise
el examen (*pl.* **exámenes**)
  examination
examinar to examine
exceder to exceed
la excepción exception
    a excepción de except
excepto except
el exceso excess
exclamativo, -a exclamatory
excluir to exclude
exclusivamente exclusively
exhibir to exhibit, show
exhortativo, -a exhortatory, that
  which urges
exigente demanding
exigir to require, demand
eximio, -a excellent, very eminent
existente existent, existing
existir to exist
el éxito success
experimentar to experience,
  undergo
la explicación explanation
explicar to explain
explicativo, -a explanatory
exponer to set forth, explain
expresar to express
extender (ie) to extend; *reflex.* to
  extend, spread (*intrans.*)
la extensión extension, expansion,
  spread, extensiveness, extent
extenso, -a extensive, vast; long
el exterior exterior, foreign countries
externo, -a external
extranjero, -a foreign
el extranjero foreigner; foreign land
extrañar to find strange; miss
extraño, -a strange

F

la fábrica factory
fabuloso, -a fabulous, fictitious,
  marvelous

faccioso, -a rebel, seditious
fácil easy
la facilidad ease, facility
facilitar to facilitate
facultativo, -a optional
la fachada façade
la falda skirt; foothills
la falsedad falsity, deceit
falsificar to falsify, forge
la falta lack
   hacer falta to be necessary
faltar to be lacking, be missing;
   fail, not fulfil one's word
   (See §85)
   faltar mucho para to be long
     before
   faltarle a uno algo to lack *or*
     need something
la fama fame, reputation
   ser fama to be well known
familiar informal, overly affable;
   of the family
   los familiares members of the
     family
la familiaridad familiarity;
   informality
fanfarrón, -ona blustering,
   swaggering
la fantasía imagination, fantasy
el fantasma phantom
   fatal fatal, unfortunate, pre-
     destined, irrevocable
fatigado, -a tired, weary
el favor favor
   en favor de in favor of
favorecer to favor
la fe faith
la fecha date
fechar to date, write down the
   date
   feliz (*pl.* **felices**) happy;
     successful
el fenómeno phenomenon
   feroz ferocious
el ferrocarril railway
   fervorosamente fervently
la ficción fiction
la ficha index card, chit
la fidelidad fidelity, veracity
   con fidelidad accurately, cor-
     rectly
la fiebre fever
   fiel faithful, loyal
la fiesta party, festival
la figura figure

figurado, -a figurative
figurar to figure, represent;
   appear, be, stand (*among a*
    number of persons or things)
fijar to fix
   fijarse en to notice, fix one's
     attention on
   fijo, -a fixed, set
la filantropía philanthropy
el filántropo philanthropist
el filólogo philologist
la filosofía philosophy
   filosófico, -a philosophical
el filósofo philosopher
el fin end, conclusion; purpose
   hacia fines de toward the end of
   por fin finally
el final end
   al final de at the end of
la finalidad purpose
   financiero, -a financial
fingir to pretend
   fingir + *inf.* to pretend to
   fino, -a fine
firmar to sign
   por ir firmado, -a since it is
     signed
   físico, -a physical
la flecha arrow
la flor flower
el florecimiento flourishing
el florero vase
el fogón hearth; (*Am.*) bonfire
fomentar to foster, promote,
   develop
el fondo base, bottom; store (of
   virtues, vices); *pl.* funds, rear
   part
   fonético, -a phonetic
el fonógrafo phonograph
la fonología phonology
   fonológico, -a phonological
el fontanero plumber
el forastero outsider, foreigner
la forma form
   formal formal; proper, serious
   formar to form
   formular to formulate
   fortuito, -a fortuitous
   forzar (ue) to force
la foto(grafía) photo(graph)
el frac tailcoat, full dress
   fracasar to fail
el fracaso failure
   fraccionario, -a fractional

el fragmento fragment
la fragua forge
el fraile friar, monk
la frase phrase
    la frase adjetiva adjective phrase
    (See Glosario)
    la frase adverbial adverbial
    phrase (See Glosario)
    la frase con preposición pre-
    positional phrase (See
    Glosario)
    la frase hecha fixed phrase, set
    expression
    la frase sustantiva noun phrase
    (See Glosario)
    la frase verbal verb phrase (See
    Glosario)
la fraseología phraseology
la frecuencia frequency
    con frecuencia frequently
  frecuente frequent
    poco frecuente infrequent
freír (i, i) to fry
la frente forehead
    frente a in the face of, in front of
fresco, -a fresh
el fresco cool (fresh) air
    hacer fresco to be cool (*of
    atmosphere*)
la frialdad coldness, coolness
el frijol bean
  frito, -a fried
la frontera frontier, border
  fronterizo, -a bordering
la fruta fruit
el fruto product, (*fig.*) fruit; benefit
el fuego fire
la fuente spring; source
  fuera de outside of
  fuerte *adj.* strong; *adv.* strongly,
    hard
la fuerza force, power, strength
  fumar to smoke
la función function; ceremony,
    (theatrical) performance
  funcionar to function
la fundación foundation, founding,
    establishment
el fundador founder
  fundar to found
  fundir to fuse, melt (*metals*)
  furioso, -a furious
el fusil rifle
la fusión fusion, union
  futuro, -a future

el futuro future, future tense
    el futuro hipotético conditional
    (tense)

G

la gallina hen
el ganado cattle, livestock
  ganar to earn, win
    ganar(se) la vida to earn one's
    living
el garaje garage
la garganta throat
  gastar to spend
  gemir (i, i) to moan
  general *adj.* general
    por lo general in general,
    generally
  generalizar to generalize
  generar to generate
  generativo, -a generative (See
    Glosario)
  genérico, -a generic, common
el género gender; genre
  genial brilliant, of genius
el genio genius; spirit
  genitivo, -a genitive (See
    Glosario, under **el genitivo**)
el genitivo genitive *or* possessive
    (case) (See Glosario)
  genovés, -esa from *or* of Genoa
la gente people
  geográfico, -a geographical
el gerente manager
el gerundio gerund, present
    participle (See Glosario)
el gesto gesture
    en el gesto de agradar with a
    pleasant expression
el giro expression, phrase, turn of
    phrase; special linguistic
    construction
  glorioso, -a glorious
el glosario glossary
el gobernante person governing
el gobierno government
el golpe blow
  golpear to strike, hit
el golpecito light blow
  gozar de to enjoy; possess
la gracia grace, cleverness, wit; *pl.*
    thanks, thank you
    dar las gracias to thank, give
    thanks
    tener gracia to be funny
la gramática grammar

el gramático grammarian
la Gran Bretaña Great Britain
la grandeza greatness
granizar to hail
gratuito, -a free
gravar to collect taxes on
grave grave, serious
la greca fretwork
Grecia Greece
griego, -a Greek
gritar to scream, shout
el grito scream, shout, cry
el grosor thickness
grotesco, -a grotesque
grueso, -a thick
el grueso thickness
el grupo group
el guardia guard; policeman
Guayaquil *seaport of Ecuador*
la guerra war
el guerrillero guerrilla fighter
el (la) guía guide
el (la) guitarrista guitar player
gustar to be pleasing (to), like
el gusto taste; pleasure
    dar gusto to gratify, be pleasing

H

la Habana Havana
habanero, -a from *or* of Havana
haber to have (*auxiliary*); be
    (*impers.*) (See §114)
    haber de + *inf.* to be (be
    expected *or* supposed) to +
    inf., will (should) + *inf.*
    hay (había, habrá) que + *inf.*
    it is (was, will be) necessary
    to, one must (should)
la habitación dwelling
el habitante inhabitant
el habla (*f.*) speech
hablador, -ora talkative
el (la) hablante speaker
el hacedor maker, Creator; steward,
    manager
hacer to do, make; cause; (*impers.*)
    be (*weather*); *reflex.* become
    (See §138)
    hacer + *inf.* to have (cause to,
    make) + *inf.*
    hacer bien to do good
    hacer caso a to pay attention to
    (*a person*)
    hacer caso de to pay attention
    to (*something*)

hacer constar to record
hacer falta to be necessary
hacer frío to be cold (*weather*)
hacer las paces to make up,
    make peace
hacer que + *subj.* to cause to +
    inf.
hacer una pregunta to ask a
    question
hacia toward, about
la hacienda estate; (*Am.*) ranch
el hacha (*f.*) axe
halagador, -ora favorable,
    flattering
hallar to find; *reflex.* find oneself,
    be
harto *adv.* enough; too much,
    excessively
hasta to, up to, as far as, until;
    even
la Haya The Hague
la hazaña deed, exploit
el hecho fact
    de hecho in fact; (*law*) de facto
helado, -a frozen
el helado ice cream, water-ice
heredar to inherit
la herencia inheritance
herido, -a wounded
herir (ie, i) to wound, hurt
hermano, -a *adj.* sister (*language,*
    nation)
    pueblos hermanos sister nations
hermoso, -a beautiful
    lo hermoso the beautiful (thing),
    what is beautiful
el héroe hero
la hiena hyena
la hierba grass
el hierro iron; *pl.* fetters, shackles
el hijo son; product, result; *pl.*
    children
el hilo thread, strand
el himno hymn
hincapié: hacer hincapié en to
    emphasize
hiperbólico, -a hyperbolic
hipotético, -a hypothetical
hispanoparlante Spanish-speaking
la historia history; tale, story
el historiador historian
histórico, -a historical
el hogar hearth, home
la hoja leaf (*of plants, of a door*),
    sheet (*of paper*)

el **hombrón**   big man
hondo, -a   deep, profound
el **hondo**   bottom
la **hondura**   depth(s)
la **honradez**   honesty
honrado, -a   honorable, honest
honrar   to honor, glorify
el **horario**   time schedule
la **horda**   horde
hoy   today
la **hoya**   (large) hole (*in ground*);
   valley
el (la) **huelguista**   striker
el **huérfano**   orphan
   huérfano, -a de   lacking
el **huésped**   guest
huir   to flee
humano, -a   human; humane
la **humedad**   dampness
humilde   humble, modest
hundir   to sink, plunge

I

la **ida**   departure, (act of) going
la **idealidad**   ideal, idealism
idealizar   to idealize
idear   to conceive, imagine
idéntico, -a   identical, the same
la **identidad**   identity
identificar   to identify
el **idioma**   language
ignorar   to be ignorant of, not to
   know
igual   equal; the same
   igual a   equal to, the same as
la **igualdad**   equality
igualitario, -a   egalitarian,
   equalizing
igualmente   equally; likewise
ilimitado, -a   unlimited
ilusorio, -a   illusory
la **ilustración**   illustration; learning,
   enlightenment
ilustrar   to illustrate
la **imagen**   image
imaginar(se)   to imagine
imitar   to imitate
la **impavidez**   composure, calmness
impecable   impeccable, faultless,
   spotless
impedir (i, i)   to impede, prevent
impensadamente   unexpectedly,
   inadvertently
impensado, -a   unexpected, unfore-
   seen

imperativo, -a   imperative
imperfectivo, -a   imperfective
   el **aspecto imperfectivo**   imperfective aspect (See
   Glosario, under **el aspecto**)
imperfecto, -a   imperfect
   el **imperfecto**   imperfect (tense)
el **imperio**   empire; rule, dominion
la **impersonalidad**   impersonal status
implicar   to imply
implícito, -a   implicit
imponer   to impose
importar   to import; be important,
   matter
impreciso, -a   imprecise
imprescindible   essential, indispensable
impresionar   to impress
imprevisor, -ora   imprudent,
   without foresight
la **imprudencia**   imprudence,
   indiscretion
impuesto, -a   imposed
el **impuesto**   tax
inacabado, -a   unfinished
la **inacción**   inaction
inacentuado, -a   unaccented,
   unstressed
inaceptable   unacceptable
inagotable   inexhaustible
inanimado, -a   inanimate
inaudito, -a   unheard of, extraordinary
el **incendio**   fire
la **incertidumbre**   uncertainty
incierto, -a   uncertain
la **incitación**   incitement
incitar   to urge, incite
inclinado, -a   inclined, slanting
incluir   to include
inclusive   inclusively, including
incluso   including, included
la **inconveniencia**   inconvenience,
   unsuitableness
incorporar   to incorporate, unite
   incorporarse a   to join
incuestionable   unquestionable
la **incumbencia**   obligation, concern
incumbir   to concern, pertain
indefenso, -a   defenseless
indefinido, -a   indefinite
indeterminado, -a   undetermined,
   indefinite
la **indicación**   indication, instruction,
   suggestion

indicar to indicate, denote
el indicativo indicative (mood)
el índice index
el indicio sign, clew
la indiferencia indifference
indio, -a Indian
indistinguible indistinguishable
individual *adj.* individual,
    peculiar
  lo individual what is individual
    (distinctive)
el individuo individual
la índole nature, type, sort
el Indostán Hindustan
indudable indubitable
la industria industry
la ineptitud ineptitude
la inercia inertia
inesperado, -a unexpected
inextinguible inextinguishable
la infamia infamy
la infanta *daughter of the King of*
    Spain, princess
el infante *son of the King of Spain*,
    prince
infecundo, -a sterile, unproductive
el infierno inferno, Hell
inflamado, -a inflamed
la influencia influence
influir en to influence, exert
    influence on
el informe report; *pl.* information
infrecuente infrequent, unusual
el ingeniero engineer
ingenioso, -a ingenious
ingenuo, -a naive, simple
ingerir (ie, i) to insert, introduce
Inglaterra England
ingrato, -a ungrateful; dis-
    agreeable, unpleasant
ingresar (en + *obj.*) to enter;
    join, become a member
iniciar to start
inmediato, -a immediate, next,
    close
la inmensidad vastness
inmenso, -a immense, vast
inmóvil motionless
innato, -a innate, inborn
innecesario, -a unnecessary
inquietar to disquiet, worry
inquieto, -a uneasy, worried
insinuar to insinuate, suggest;
    reflex. creep in, steal in
insistir (en + *obj.*) to insist (on)

insistir en + *inf.* to insist on +
    pres. part.
insistir en que to insist that
inspirador, -ora inspiring
inspirar to inspire
la instrumentalidad instrumentality,
    agency
el instrumento instrument, means
la insuficiencia insufficiency
el insulto insult
íntegramente wholly, entirely
integrante de that completes the
    whole of
la intelectualidad intellectuals
    (*considered as a group*)
la intensidad intensity
  de intensidad intensifying
intensificador, -ora intensifying
intensificar to intensify
intentar to attempt, try
el intento plan, design, attempt
intercalado, -a inserted, embedded
    (*of a sentence*)
el interés interest
interesar to interest
interino, -a temporary, acting
intermedio, -a intermediate
interpretar to interpret
la interrogación interrogation,
    question
interrogar to interrogate,
    question
interrumpir to interrupt
el intervalo interval
intervenir to intervene
la intimidad intimacy
íntimo, -a intimate
la intransitivización intransitiviza-
    tion (See Glosario)
intransitivo, -a intransitive (See
    Glosario)
introducir to introduce
intuir to apprehend by intuition
inútil useless
invadir to invade
el invasor invader
inventar to invent
inverosímil improbable, unlikely
la inversión inversion; investment
el invitado guest
invitar to invite
involuntario, -a involuntary
ir to go, go along, ride; *reflex.* go
    away (off), leave
  ir + p. p. to be + p. p.

ir + *pres. part.* to go on (keep)
+ *pres. part.*, begin to + *inf.*,
to (do something) gradually
ir a + *inf.* to go (be going) to
ir de compras to go shopping
irlandés, -esa Irish
la **irracionalidad** irrationality
irreal unreal
la **irrealidad** unreality
irrecuperable irretrievable
la **isla** island
el **istmo** isthmus

J

el **jabón** soap, piece of soap
el **jacobinismo** jacobinism (*violent
radicalism in politics*)
jactarse de to boast of, brag of
jamás ever, never, (not) . . .
ever
el **Japón** Japan
japonés, -esa (*also noun*) Japanese
el **jarro** pitcher, jug
jaspeado, -a marbled, mottled
el **jefe** chief, head, leader
jineta: la lanza jineta short lance
el **jornal** wage, day's wages
joven (*pl.* **jóvenes**) young
el **jovencito** youngster, lad
la **joya** jewel
el **joyero** jeweler
el **júbilo** joy, rejoicing
el **juez** (*pl.* **jueces**) judge
jugar (**ue**) to play; gamble
el **juicio** judgment, reason
Junín *city in central Peru*
la **junta** gathering, meeting
juntamente jointly, together
juntamente con together
with
juntarse to gather, join together
junto a *prep.* close to, near
junto con *prep.* along with,
together with
juntos, -as together
jurar to swear
la **justicia** justice
en justicia deservedly, in
fairness
justificable justifiable
justo, -a just
juvenil youthful
la **juventud** youth
juzgar to judge

K

el **kilo(gramo)** kilogram (*2.2 pounds*)
el **kilómetro** kilometer (*5/8 mile*)

L

la **labor** labor, task, work, design; *pl.*
figures raised upon a background
labrado, -a worked; finished
lacio, -a straight (*of hair*)
la **ladera** side (*of hill or mountain*),
slope
el **lado** side; direction
al lado near at hand, next door
al lado de beside
por este lado on this side, in
this direction
por un lado on one side
por un lado... por otro on the
one hand . . . on the other
el **ladrón** thief
la **laguna** lake
la **languidez** lethargy, weakness
la **lanza** lance
la lanza jineta short lance
lanzar to throw; utter
lanzarse en to rush into
el **lápiz** pencil
largo, -a long
el **largo** length
la **largura** length
la **lástima** pity
la **lata** tin, tin can; boring
situation (performance)
latente latent
el **latín** Latin (*language*)
latino, -a Latin
lavar to wash; *reflex.* wash
(oneself)
el **lazo** bond, tie
leal loyal
la **lealtad** loyalty
el **lector** reader
la **lectura** reading
la **lechuga** lettuce
leer to read
legar to bequeath
la **legumbre** vegetable
lejano, -a distant
lejos far
a lo lejos in the distance
la **lengua** tongue, language
el **lenguaje** language
lentamente slowly
el (*and, less commonly,* **la**) **lente** lens;
los lentes eye-glasses

la letra letter (*of alphabet*); hand,
penmanship; *pl.* letters,
learning, literature
  la letra minúscula small letter
levantar to raise, lift (up); *reflex.*
get up, rise
léxico, -a lexical
el léxico vocabulary
la ley law; *pl.* study (profession) of
the law
la libertad liberty, freedom
libre free
el librote large book
la liga league
ligado, -a connected
ligar to bind, tie, link
ligero, -a light, slight; fast, quick
  a la ligera lightly, without
reflection
limitar to limit
la limosna alms
limpiar to clean
la limpieza cleanliness
  limpieza de todo odio lack *or*
absence of all hatred
lindo, -a pretty
la línea line
la lingüística linguistics
lingüístico, -a linguistic
el lío confusion, "mess"
lírico, -a lyric, lyrical
la lista list
listo, -a clever
el literato literary person, writer
el (la) litigante party in a lawsuit
el litro liter
el local place
la localización location
localizar to locate
locativo, -a locative (*establishing
location*)
loco, -a mad, crazy
la locura madness
la lógica logic
lógico, -a logical
lograr to obtain
  lograr + *inf.* to manage to +
inf., succeed in + *pres. part.*
la loma hill
la lotería lottery
la lucha battle, fight, struggle;
boxing (wrestling) match
luchar to fight, struggle
luego next, then; soon, immediately

el lugar place
  dar lugar a to give occasion for
  en lugar de instead of
la lumbre light; fire
la luna moon
  de luna moonlight (*adj.*)
la luz light; *pl.* enlightened minds

Ll

la llama flame
la llamada call
llamado, -a so-called
llamar to call; *reflex.* be called, be
named
el llanero plainsman; *inhabitant of
los Llanos, in Venezuela*
la llaneza level ground
llano, -a level, flat
los Llanos *vast plains in central
Venezuela*
la llanura plain
la llave key, wrench
  la llave inglesa monkey wrench
la llegada arrival
llegar (a) to arrive (at), reach,
come (to)
  llegar a + *inf.* to come to, go
so far as to, manage to + *inf.*,
succeed in + *pres. part.*
  llegar a ser to become, come
to be
llenar to fill
lleno, -a full
llevar to take, carry, lead,
attract, conduct, manage;
bear, have; endure, suffer;
wear; (*followed by an expression
of time*) to have spent
(devoted); *reflex.* take (carry)
away (See §64)
  llevar a cabo to carry out
  llevar estudiado to study beforehand
  llevar una contribución to
make a contribution
  llevarse bien (mal) to be on
good (bad) terms
  nos lleva trece tantos (it) is
thirteen points ahead of us
llorar to cry, weep
llover (ue) to rain
lluvioso, -a rainy

M

la madera wood

la **maestría**   mastery
el **maestro**   master, teacher
   el **maestro de oficio**   master
    workman
la **magia**   magic
  mágico, -a   magic
  magistral   masterly, of a teacher
  magnífico, -a   magnificent;
   excellent
el **mago**   magician
el **maíz**   corn
el **mal**   ill, ailment, trouble
  mal, malamente   badly, poorly,
   wrongly
el (la) **maleante**   evil-doer, scoundrel
la **maleta**   suitcase, bag
  malgastar   to misspend, squander
  maltrecho, -a   ill-treated; badly off,
   in bad condition
  mallorquín, -ina   from or of
   Majorca
la **mancha**   stain, blemish; dishonor
  manchar   to stain
  mandar   to send, order, have;
   command, give orders
el **mandato**   command
  manejar (*Am.*)   to drive (*car*)
la **manera**   manner, way
   de esta (esa) manera   in this
    (that) way
   de otra manera   otherwise
la **manía**   mania, whim
la **manifestación**   (public) demon-
   stration; manifestation
el (la) **manifestante**   demonstrator
  manifestar (ie)   to show, discover;
   reflex. to appear
la **mano**   hand
   entre manos   in hand, in prep-
    aration, in course of trans-
    action
  mantener   to maintain, keep (up)
el **manuscrito**   manuscript
la **manzana**   apple
  mañana   *adv.*   tomorrow
   pasado mañana   (the) day after
    tomorrow
la **mañana**   morning
   mañana por la mañana   tomor-
    row morning
   por la mañana   in the morning
el **mapa**   map
la **máquina**   machine, mechanism
  maquinalmente   mechanically,
   spontaneously

el (la) **mar**   sea
  maravillar   to cause wonder;
   reflex. to be astonished
  marcado, -a   marked
la **marcha**   march
   poner en marcha   to start, put in
    operation
   ponerse en marcha   to start
    (*intrans.*) (*as a motor*), start out
  marchar   to march, proceed;
   reflex. leave, go away
   marchar de acuerdo   to go
    along (act) in unison
la **marea**   tide
los **mariachis**   *a string and brass*
   musical group typical of
   Jalisco, Mexico
la **mariposa**   butterfly
  Marte   Mars
el **martillo**   hammer
  más   more, most; plus
   cada vez más   more and more
   más bien   rather
   no... más que   only
la **masa**   mass
  matar   to kill
la **materia**   matter, material; topic
   tabla de materias   table of
    contents
  matinal   morning (*adj.*)
el **matiz**   shade, subtle difference
la **matriz**   matrix, womb
   la oración matriz   matrix
    sentence (See Glosario)
  mayor   greater, greatest; older,
   oldest
la **mayoría**   majority
  mayormente   chiefly, principally
  mecer   to shake; rock, wave
  mediados: a mediados de   about the
   middle of
  mediante   by means of, through
  mediar   to intervene
  médico, -a   medical
el **médico**   doctor, physician
la **medida**   measure, unit of
   measurement, measurement
   a medida que   as, according as
el **medio**   means
   por medio de   by means of
  medio, -a   half, a half; average
el **mediodía**   noon
  meditar   to meditate
  mejor   better, best
   a lo mejor   probably, perhaps

mejor dicho   rather, more exactly
la mejora   improvement
el mejoramiento   improvement
mejorar   to improve
memorioso, -a   endowed with a strong memory
mencionar   to mention
menor   smaller, smallest, younger, youngest; lesser, least
menos   less, least, fewer; except
   a menos que *conj.*   unless
   por lo menos   at least
menospreciar   to look down on, despise, scorn
mentir (ie, i)   to lie
mentiroso, -a   lying, deceitful
menudo: a menudo   often
el mercado   market
la mercancía   merchandise, (piece of) goods
merecer   to deserve
   merecer + *inf.*   to deserve to
meridional   southern
mero, -a (*Mex.*)   very, same
el mes   month
mestizo, -a   of mixed blood
la meta   goal
metafísico, -a   metaphysical
metafórico, -a   metaphorical
meter   to put (in); cause (See §71)
   meter la pata   to put one's foot in it
   meterse a   to become; set oneself as
   meterse con   to pick a quarrel with
   meterse en   to get into, get involved in, meddle with
el método   method
el metro   meter
la metrópoli   capital, chief city
la mezcla   mixture
mezclarse   to mix, mingle
la mezquindad   meanness, pettiness
el miedo   fear
   tener miedo (de)   to be afraid (of)
el miembro   member
mientras (que) *conj.*   while, as long as; whereas
el miércoles   Wednesday
Miguel   Michael
mil   one (a) thousand
milésimo, -a (*also noun*)   thousandth

el milímetro   millimeter
militar   military
millonésimo, -a (*also noun*)   millionth
mimado, -a   spoiled
el minero   miner
el ministro   minister; official
minucioso, -a   minute, detailed
minúsculo, -a   very small
   letra minúscula   small (lower-case) letter
la mirada   glance
el mirador   balcony, gallery
mirar   to look (at)
la miscelánea   miscellany
mismo, -a   same, very; self
   el (la) mismo (-a) ... que   the same . . . as
   (la naturaleza) misma   (the nature) itself
   lo mismo   the same thing
   lo mismo que   the same thing as
   lo mismo... que   as well as
   yo mismo (-a)   I myself
la mitad   half; middle, center
mixto, -a   mixed
la mnemotecnia   mnemonics
la modalidad   nature, character; manner of expression
modernamente   currently, in modern times
el modernista   *writer belonging to the* modernista *school*
moderno, -a   modern
la modificación   change, modification
modificador, -ora   modifying
modificar   to modify, change
el modismo   idiom
el modo   manner, way; (*gram.*) mood
   de modo que *conj.*   so that; and so
   de otro modo   otherwise, in another way
molestar   to annoy, trouble
molesto   tiresome, annoying
momentáneo, -a   momentary
el momento   moment
   por momentos   from time to time
el monarca   monarch
la monja   nun
monosilábico, -a   monosyllabic
el monstruo   monster
la montaña   mountain

montañoso, -a mountainous; resembling a mountain, enormous

montar to mount, set up

el monte mountain

Montecristi *capital of the province of the same name, in the Dominican Republic*

la morada abode

moreno, -a dark

la morfología morphology (See Glosario)

morfológico, -a morphological (See Glosario, under **morfología**)

morir (ue, u) to die; *in passive voice*, killed

mostrar (ue) to show

motivar to motivate

el motivo motive, reason; motif

mover (ue) to move; prompt

el móvil motive

el movimiento movement

la moza girl
  una real moza a splendid girl

la muchacha girl

el muchacho boy
  de muchacho as a boy

muchísimo *adv.* very much

mucho *adv.* much, a great deal

mucho, -a (-os, -as) much (many); very
  mucho tiempo long, a long time

mudar to change; *reflex.* move (away) (*intrans.*), go over (*to another party*)

el mueble piece of furniture; *pl.* furniture

la muerte death
  dar muerte a to kill

muerto, -a dead

el muerto dead person

la muestra sample

la mujer woman; wife
  mundial world (*adj.*), of the world

el mundo world

la muralla wall

mutuo, -a mutual

N

nacer to be born

nada *pron.* nothing, (not) . . . anything; *adv.* (not) at all

nadar to swim

nadie no one, nobody, (not) . . . anyone (anybody)

la naranja orange

la nariz nose

la narración narration, narrative

el narrador narrator

natal native

la naturaleza nature

la neblina mist, fog

necesario, -a necessary

la necesidad need, necessity

necesitado, -a de in need of

necesitar (de) to need

la negación negation

negar (ie) to deny

el negocio business affair, deal

negro, -a black

neoyorquino, -a from *or* of New York

el nervio nerve; fiber, basic strength

nervioso, -a nervous

nevar (ie) to snow

el nexo nexus, link, connection; relationship

ni neither, nor
  ni... ni neither . . . nor,(not) . . . either . . . or

nicaragüense Nicaraguan

ningún *used for* **ninguno** *before m. sing. nouns*

ninguno, -a no, no one, none, (not) . . . any (anybody, anyone)

la niña little girl

el niño little boy, child; *pl.* children
  de niño as a child

nítido, -a clear, clean

la nivelación leveling

la noción notion

el (la) no-conformista non-conformist

no-contable uncountable

nocturno, -a nocturnal

la noche night
  de noche at night
  esta noche this evening, tonight

nombrar to appoint, name

el nombre name; noun
  el nombre de pila Christian name
  el nombre genérico common noun
  el nombre propio proper noun

nominal noun (*adj.*)

la norma norm

norteamericano, -a (*also noun*) North American

a lo norteamericano in the
  North American way (style)
notable notable, noteworthy
notar to note, observe
la noticia (piece of) news
notoriamente manifestly
la novela novel
la novia fiancée, bride
el novio fiancé, sweetheart
la nube cloud
Nueva Granada New Granada
  (*viceroyalty created in north-
  western South America in 1718*)
nuevo, -a new; other
  de nuevo again
el numen deity
el número number
nunca never, (not) . . . ever

O

o or
  o . . . o either . . . or
  o . . . siquiera or, or even
obedecer to obey, follow
objetivo, -a objective
el objeto object; aim, purpose
obligar to oblige, force
la obra work
obscuro, -a dark
observar to observe
obstante: no obstante however;
  despite, notwithstanding
obtener to obtain
ocasionar to occasion, cause
el occidente occident, west
ocultar to hide
ocupado, -a busy
ocupar to occupy
  ocuparse en *or* **de** to occupy
  oneself with, be concerned
  with
ocurrir to occur, happen
  ocurrírsele a uno to occur to
  one
el odio hatred
la oferta offer
la oficina office
el oficio occupation, profession,
  trade; function
  maestro de oficio master work-
  man
ofrecer to offer, present; *reflex.* to
  present itself, occur
el oído ear (*inner*)
  oír to hear

oír decir (que) to hear (that)
el ojo eye
oler (*with initial* **hue-**) to smell
olvidar to forget
  olvidarse de to forget
omitir to omit
**ONU = Organización de las
  Naciones Unidas** Organization
  of the United Nations, UN
operar to operate, work; *reflex.* to
  be carried out, take place
la oportunidad opportunity
  de oportunidad opportunistic, of
  opportunism
la oración sentence
  la oración de relativo relative
  sentence (See Glosario)
  la oración matriz matrix
  sentence (See Glosario)
  la oración subordinada subordinate clause (sentence) (See
  Glosario)
oracional of the sentence, sentence
  (*adj.*)
el orador orator, public speaker
la oratoria oratory
  oratorio, -a oratorical
el orbe sphere, world
el orden (*pl.* **órdenes**) order,
  arrangement
la orden (*pl.* **órdenes**) order, command
la ordenación (methodical) arrangement
  ordenar to arrange; order
la oreja ear (*outer*)
  organizar to organize
  orgulloso, -a proud
la orientación tendency
  oriental eastern
  orientar to orient, orientate,
  give the right direction
el origen origin
la orilla edge, bank, shore
el oro gold
la orquesta orchestra
la ortografía orthography
  ortográfico, -a orthographic (See
  Glosario)
la oruga caterpillar
  oscurecer to darken, grow dark;
  reflex. grow or become dark
la oscuridad darkness
  oscuro, -a obscure, dark
  otro, -a other, another
el oyente listener

P

pacer to graze
la **paciencia** patience
el **paciente** patient
el **pacto** pact, agreement
el **padre** father; *pl.* parents
pagar to pay, pay for
la **página** page
el **país** country
el **paisaje** countryside, landscape
la **palabra** word
   de palabra orally, by word of
    mouth
el **paleógrafo** paleographer
Palermo *capital of Sicily*
la **palma** palm tree
el **palmo** palm, hand-breadth
la **pampa** pampa (*characteristic*
   plains in the River Plate
   region)
el **papa** pope
el **papel** paper; role
el **par** pair
para to, in order to, for, by (*time*)
   estar para to be about to
   para con toward
   para que in order that
la **parábola** parable
paralizar to paralyze
el **páramo** high barren plain
parar to stop
parecer to seem, look like (See
   §125)
el **parecer** opinion
parecido, -a like, similar
el **parecido** resemblance, likeness
la **pared** wall
la **pareja** pair, couple
parejo, -a equal, similar
el (los) **paréntesis** parenthesis (*pl.*
   parentheses)
parentético, -a parenthetical *or*
   nonrestrictive (See Glosario)
el (la) **pariente** relative
parlamentario, -a parliamentary
Paros *island of the Cyclades, in the*
   Aegean Sea
el **parque** park
la **parra** grapevine
el **párrafo** paragraph
la **parte** part
   de mi parte on my part, in my
    name
   en gran parte in great measure
   en todas partes everywhere

   por parte de on the part of
   por todas partes everywhere,
    on all sides
   por una parte . . . por otra on
    the one hand . . . on the other
el **parte** report, communiqué
el **participante** participant
participar to participate; inform
   participar de *or* **en** to participate
    in, share
el **participio** participle
   participio de presente present
    participle
la **partícula** particle
particular particular, special;
   private, personal
el **particular** point, topic
el **partido** party (*political*)
partir (**de** + *obj.*) to depart,
   leave (from)
   a partir de starting with
   partir de to start from
   partir para to leave (depart) for
el **partitivo** partitive
el **pasado** past
el **pasaje** passage
pasar to pass, go (on), come in;
   happen; spend (*time*)
   pasarse a to go over to
    (*another party*)
el **paseo** walk; ride; avenue,
   promenade
la **pasivización** passivization (See
   Glosario)
el **pasmo** astonishment, awe
el **paso** step; passing
   cerrar (**ie**) **el paso** to block the
    way
la **pasta** paste
   la pasta española paste-board
    covered with leather, roan
    leather
la **pata** foot, leg (*of animal or*
   furniture); *coll.* (human) foot
patético, -a moving, pathetic
la **patria** native country, fatherland
el (la) **patriota** patriot
el **patrón** boss; foreman; pattern
la **pausa** pause
pavimentar to pave
la **paz** peace
   hacer las paces to make up,
    make peace
la **peculiaridad** peculiarity
el **pedazo** piece

pedir (i, i)   to ask, ask for, request
(See §57)
Pedro   Peter
pegajoso, -a   sticky
pegar   to hit, beat; stick (See
§107)
pelear   to fight
la película   film, movie
el peligro   danger
el pelo   hair
la pelota   ball
la pena   penalty, sentence; pity
penetrar (en)   to penetrate, enter
el pensador   thinker
el pensamiento   thought
pensar (ie)   to think
pensar + inf.   to intend to,
plan to
pensar de   to think about, have
an opinion about
pensar en   to think about (of);
+ inf. to think of + pres. part.
peor   worse, worst
Pepe   Joe
percibir   to perceive
perder (ie)   to lose
la pérdida   loss
perecer   to perish
perentorio, -a   peremptory
perfectivo, -a   perfective
el aspecto perfectivo   perfective
aspect (See Glosario, under el
aspecto)
perfecto, -a   perfect, complete
el perfecto   perfect (tense)
el perfecto actual   present
perfect
periódico, -a   periodic
el periódico   newspaper
el periodista   journalist
periodístico, -a   journalistic,
newspaper (adj.)
el período   period
el perito   expert
el perjuicio   detriment, damage
la permanencia   permanence,
(continued) stay
permitir   to permit, allow
pero   but
Perón Juan Domingo Perón (1896–
1974), president and dictator of
Argentina, 1946–1955;
reelected president, 1973
el perro   dog
el (la) persa   Persian

perseguir (i, i)   to pursue, persecute
persistir   to persist, continue
la persona   person
la persona sospechosa   suspect
el personaje   personage, character
(in a literary work)
el personal   personnel
la personalización   (act of)
personalizing
la perspectiva   perspective, view;
prospect, expectation
persuadir   to persuade
pertenecer a   to belong to
perteneciente a   pertaining to
perturbar   to disturb
pesadamente   ponderously; slowly
pesado, -a   heavy
el pesar   sorrow, regret
a pesar de   in spite of, despite
a pesar de que   in spite of the
fact that
pesar   to weigh, be heavy; cause
regret (sorrow)
la peseta   peseta (monetary unit used
in Spain)
pésimo, -a   wretched, awful
la petición   request
el pez   fish
piadoso, -a   merciful
el pícaro   rascal, rogue
el pie   foot
de pie   standing
en pie   pending, undecided
ponerse de pie   to stand up
la piedra   stone
la piel   leather
la pierna   leg
la pieza   room
el piloto   pilot
el pinjante   pendant
el pino   pine
pintar   to paint
el pintor   painter
la pintura   painting
la piragua   pirogue, canoe
el piso   floor; apartment
el pizarrón (Am.)   blackboard
el placer   pleasure
la planchadora   ironer
el planeta   planet
la planta   plant; site of a building
la planta baja   ground floor
la plata   silver
la plática   discussion, talk, chat
platicar   to talk, chat

el plato   plate
la playa   beach, seacoast
el plazo   term, date, day of payment
pleno, -a   full; complete
Plinio   Pliny (*the Elder, Roman naturalist, 23–79*)
la pluma   feather
el pluscuamperfecto   pluperfect (tense)
la población   town, village; population, people
pobre   poor
poco, -a   little (*quantity*); *pl.* (only) (a) few
　unos pocos, unas pocas   (only) a few
poco *adv.*   little, but a little
　poco a poco   little by little, gradually
　poco después   shortly afterward(s)
　por poco   almost, nearly
　un poco   a little, a bit
poder   to be able (to), can, may (See §47)
el poderío   power
podrido, -a   rotten
la poesía   poetry, poem
el poeta   poet
la polémica   controversy, dispute
la policía   police
la política   policy, politics
político, -a   political
el político   politician
el polvo   dust
la pompa   pomp
poner   to put, place, lay (*eggs*); set up; suppose, assume; wager; write, send; *reflex.* put on (*hat, coat, etc.*); (*with certain adjectives*) become, turn; set (*of sun, stars*) (See §71)
　poner casa   to set up house
　poner de buen humor   to put in a good humor
　poner en duda   to doubt
　poner en marcha   to start, put in operation
　poner un telegrama   to send a telegram
　ponerse a + *inf.*   to begin to
　ponerse de acuerdo   to reach an argeement
　ponerse de pie   to stand up, get up

ponerse en marcha   to start (*intrans.*), start out
por   for, during, in, with, through, along, by, by means of, because of, on account of, for the sake of, on behalf of, about, around, per, in exchange for, as
　por allí arriba   up there
　por aquí   here, this way
　por casualidad   by chance
　por consiguiente   consequently, therefore
　por cumplir   as a matter of form
　por ejemplo   for example
　por ello   for that reason
　por escrito   in writing
　por eso   for that reason, that is why
　por este lado   on this side
　por fin   finally
　por la mañana (noche, tarde)   in the morning (evening, afternoon)
　por las apariencias   for the sake of appearances
　por lo común   in general, generally
　por lo contrario   on the contrary
　por lo general   in general
　por lo menos   at least
　por lo tanto   therefore
　por medio de   by means of
　por momentos   from time to time
　por parte de   on the part of
　por regla general   as a general rule
　por todas partes   everywhere
　por un lado   on one side
la porcelana   porcelain; vessel of porcelain
porfiado, -a   persistent, tenacious
porque   because, for
el porqué   reason, cause
portarse   to behave, act
el porvenir   future
el poseedor (la poseedora)   possessor
poseer   to possess
poseído, -a   possessed
la posición   position, place
posponer (a)   to place (after)
postergable: lo postergable   what can be put off
postergar   to postpone, defer
posterior   later, subsequent; back
el postre   dessert

póstumo, -a posthumous
el potro colt
el pozo well
la práctica practice
preceder to precede
   precederse de to be preceded by
el precio price, cost
precioso, -a precious, valuable
el precipicio precipice
precisar to state precisely
preciso, -a precise, exact;
   necessary
predilecto, -a favorite, preferred
predominar to predominate
preexistente pre-existent, pre-
   existing
preferentemente preferably
preferir (ie, i) to prefer
la pregunta question
   hacer una pregunta to ask a
     question
preguntar to ask (*a question*) (See
   §57)
   preguntar por to ask for
     (about), inquire about
el premio prize, award
   el premio gordo first prize
la prenda (de vestir) article (of
   clothing), garment
la prensa press
la preocupación worry, concern,
   prejudice
preocupar to preoccupy
   preocuparse de to be concerned
     with
preparar to prepare
prescindir de to lack, not to
   have; do without
la presencia presence
presenciar to witness
presentar to present
el presidio prison, penitentiary
presidir to preside over
prestar to lend, loan
   prestar atención to pay atten-
     tion
el prestigio prestige
prestigioso, -a prestigious, eminent
presumir to be conceited
presuponer presuppose, postulate
pretender to try; solicit
pretérito, -a past
el pretérito preterit (tense)
   el pretérito perfecto actual
     present perfect (tense)

prever to foresee
previo, -a previous
primario, -a primary
la primavera spring
primitivo, -a primitive; original
el primo cousin
primordial primary, original,
   fundamental
primoroso, -a finely wrought
principiar (a + *inf*.) to begin (to)
el principio beginning; principle
   al principio de at the
     beginning of
la prisa haste, hurry
   tener prisa to be in a hurry
el prisionero prisoner
privativo, -a de restricted to,
   peculiar to
el privilegio privilege
Pro: See Glosario
pro: en pro de in favor of
la probabilidad probability
probado, -a proven, demonstrated
probar (ue) to try, test; prove
la procedencia origin, source
el procedimiento procedure, method
el proceso process
proclamar to proclaim, declare
procurar to get, procure
   procurar + *inf*. to try
     (endeavor) to
prodigar to bestow lavishly,
   squander
prodigioso, -a prodigious
producir to produce
el profesor professor, instructor
   (*man*)
la profesora professor, instructor
   (*woman*)
profundo, -a deep, profound
el progreso progress
prohibir to prohibit
prolongado, -a protracted, lengthy
prolongar to extend, lengthen
el pronombre pronoun
   el pronombre sujeto subject
     pronoun
pronto soon, quickly
   lo más pronto posible the soonest
     possible, as soon as possible
   tan pronto como as soon as
pronunciar to pronounce, utter;
   deliver, make (*a speech*)
propagar to propagate, spread
propiamente properly

propiamente dicho properly speaking

propicio, -a favorable

el **propietario** proprietor, owner

propio, -a (one's) own; proper; characteristic, peculiar; natural, original

proponer to propose

proponerse + *inf.* to plan (resolve) to

el **propósito** purpose

de propósito on purpose

la **prosa** prose

el **prosista** prose writer

prosódico, -a prosodic (See Glosario)

próspero, -a prosperous

proteger to protect

Proteo Proteus (*a prophetic sea god who would assume different shapes whenever seized*)

el **provecho** advantage, profit

proveer to provide

proveniente de coming (resulting) from

la **provincia** province

provinciano, -a provincial

próximo, -a next, succeeding

la **proyección** projection

el **proyecto** plan

la **prueba** proof, test(ing)

el **psicólogo** psychologist

publicar to publish

el **público** public

en público in public

el **pueblecito** small town

el **pueblo** town, people, nation

pueblos hermanos sister nations

el **puente** bridge

la **puerta** door, gate

el **puerto** port; pass (*through mountains*)

pues *adv.* well, well now (then); *conj.* since, for

el **puesto** position, job

puesto que since

el **pugilista** pugilist, boxer

la **pulga** flea

tener malas pulgas to be in a bad disposition

la **pulgada** inch

la **punta** (*Am.*) herd

el **punto** point, dot; period

estar a punto de to be about to

el **puño** fist

de puño y letra by the very hand

puritano, -a puritan (*adj.*), puritanical

puro, -a pure; mere

Q

quedar to remain, stay, be left, be; *reflex.* remain, stay, be left (See §85)

quedar bien (**mal**) to acquit oneself well (badly), come out well (badly)

quedar en to agree to

quedar por + *inf.* to remain to be + *p. p.*

quedarse con to keep, take

la **queja** complaint

quejarse (**de**) to complain (of)

quemar to burn

querer to want, wish; love, be fond of

querido, -a dear, beloved

la **quinta** country house

quitar to remove, take off (away); *reflex.* take off (*oneself*) (See §163)

quizá(s) perhaps

R

el **racimo** bunch of grapes

radical radical, drastic; fundamental; relating to the root; (*gram.*) root, stem (*adj.*)

el **radical** (*gram.*) root (See Glosario)

la **raíz** root

el **ramo** bouquet

rápido, -a swift, quick

raro, -a strange, odd; rare

el **rasgo** trait, characteristic, feature

rasgos semántico-sintácticos semantic features (See Glosario)

el **rato** while, short time

la **raza** race

la **razón** reason, cause; rate, ratio

sin razón without cause

razonar to reason

reaccionar to react

reaccionario, -a reactionary

real real; royal

una real moza a splendid girl, a real beauty

realista realistic

la realización accomplishment, carrying out

realizar to accomplish, carry out, fulfil

realzar to bring out, emphasize

reanudar to renew, resume

rebatir to rebut, refute

rebelarse to rebel

rebelde rebel

recalcar to insist upon, emphasize, repeat

recamado, -a embroidered with raised work

recetar to prescribe

recibir to receive

recién (*used only before p. p.*) recently, just, newly

reciente recent

el recinto enclosure, area

recíproco, -a reciprocal

recitar to recite

recluir to shut up

recobrar to recover

recoger to collect, pick up, take in (See §64)

recomendar (ie) to recommend

la recompensa compensation

reconocer to recognize, acknowledge

reconocido, -a recognized

reconstruir to reconstruct

recordar (ue) to recall, remember; remind (one) of

recorrer to travel over, traverse

el recorte clipping

rectángulo, -a rectangular; right-angled

rectificar to rectify

el rector rector, leader

el recuerdo memory, recollection

el recurso recourse, device

rechazar to reject

la redacción editing, composing

redactar to draft, draw up

el redactor editor

la redención redemption

redondear to round out, perfect

reducido, -a reduced; small

reducir to reduce, confine

reemplazar to replace

la referencia reference

referente referring, relating

referido, -a referred to, expressed

referir (ie, i) to refer, state

referirse a to refer to

reflejar to reflect

reflexionar to think, reflect

reflexivo, -a reflexive

reforzado, -a reinforced, strengthened

reforzar (ue) to reinforce, intensify

el refuerzo reinforcement

regalar to give, present

el regalo gift

el régimen (*pl.* **regímenes**) government (*of parts of speech*), construction

regir (i, i) to govern, rule

registrado, -a recorded

la regla rule

por regla general as a general rule

regresar to return, come back

el regreso return

reír(se) (i, i) to laugh

reiterar to reiterate

la relación relation, relationship

con relación a with (in) relation to

relacionado, -a (con) related (to)

relacionar (con) to relate (to)

relampaguear to lighten, be lightning

relatar to relate, tell

la relativización relativization (See Glosario)

el relato story

el relieve relief, raised work; emphasis

poner de relieve to emphasize

el reloj watch

rememorar to recall, remember

el remo oar

remontarse a to rise to

la rémora impediment

remoto, -a remote, far off

renacentista Renaissance (*adj.*)

el renombre renown, fame

la renovación renewal, reform

el renuevo shoot, sprout

renunciar (a) to renounce, give up

la repartición allotment

repasar to review, go over

el repaso review

repercutir to have repercussions

repetir (i, i) to repeat

reposar to rest

la representación representation, description

el **representante** representative
representar to represent, play a
   role; express
requerir (ie, i) to require
resaltar to stand out
el **resentimiento** resentment
la **reseña** review, sketch
la **reserva** reservation
reservar to reserve
el **resfriado** cold (*illness*)
resistirse a to oppose
resolver (ue) to decide; + *inf*. to
   resolve to
el **respecto** respect, reference, regard
   a este respecto with respect to
      this
   respecto a (de) with respect to,
      in regard to
el **respeto** respect, consideration
responder to answer, respond
la **respuesta** answer
restante remaining
restar to remain, be left
el **resto** rest, remainder
restringir to restrict, limit
resucitar to take on new life
la **resulta** result, consequence
   de resultas de as a result of
el **resultado** result
   dar buen resultado to work out
      well, succeed
   sin resultado to no effect
resultante resulting
resultar to result
el **resumen** résumé, summary
resumir to sum up, summarize
retener to retain
retirarse to withdraw
el **retorno** return
la **reunión** meeting; merger, amalga-
      mation, union
   reunir to unite, reunite, gather; *re-
      flex.* to get together, join, meet,
      unite
revelar to reveal, show
el **revés** reverse, setback, misfortune
la **revista** journal, magazine
revuelto, -a turned upside down
el **riachuelo** rivulet, stream
rico, -a rich
el **rincón** (*inside*) corner
el **río** river
   rioplatense Argentine, River Plate
      (*adj.*)
la **riqueza** wealth, riches

riquísimo, -a very rich
la **risa** laugh, laughter
el **ritmo** rhythm
robar to rob, steal
el **robo** robbery
rodear to surround
el **rodeo** evasion, beating about the
   bush
rogar (ue) to beg
rojo, -a red
el **romanticismo** romanticism; *pl.*
   romantic ideas (tales)
el **rombo** rhombus
romper to break
la **ropa** clothes, clothing
el **rostro** face
la **rueda** wheel; circular design
el **ruido** noise
la **ruina** ruin, fall
el **rumor** rumor; sound
ruso, -a (*also noun*) Russian
el **ruso** Russian (*language*)

S

S.A. = **Sociedad Anónima** stock
   company
saber to know (*a fact*), know how,
   can (*mental ability*); *in pret.*
   learn, find out (See §47)
   a saber namely, to wit
   que yo sepa so far as I know
   saber + *inf.* to know how to
      (be able to) + *inf.*
el **saber** learning, knowledge
sabio, -a wise, learned
sabroso, -a tasty
sacar to take out (See §163)
   sacer fotografías to take
      photographs
sacrificar to sacrifice
la **sala** room
salado, -a salty
el **saldo** balance
la **salida** departure
salir to go (come) out, leave,
      emerge, appear; rise (*sun*)
   salir (le) al camino (a uno) to go
      forth to oppose (someone)
   salir de to leave
saltar to jump, leap; cross
la **salud** health
saludar to greet, speak to
salvaguardar (*neol.*) to safeguard,
      protect
salvaje savage

salvo except
el saneamiento cleansing, rectification
sangriento, -a bloody
sano, -a sound, healthy
Santa Marta *city in northern Colombia*
el sarampión measles
satisfacer to satisfy
el secado drying
seco, -a dry
el secreto secret
la secta sect
de secta sectarian
seguida: en seguida immediately, at once
seguir (i, i) to follow, continue, go (keep) on
seguir + *pres. part.* to continue + *pres. part. or* continue to + *inf.*
seguir en pie to continue unabated (*of a disease*)
según according to, as
seguro, -a sure, safe
el seguro security; sanctuary
seleccionar to select, make selection
el sello seal
la semana week
la semántica semantics (See Glosario)
semejante similar; such (a)
la semejanza similarity
la semicultura partial culture
el senado senate
la sencillez simplicity
sencillo, -a simple
sensato, -a sensible, prudent
la sensibilidad sensitivity
sensiblemente perceptibly
la sensualidad sensuousness
sentado, -a seated
sentarse (ie) to sit down
el sentido sense, meaning
el sentimiento feeling
sentir (ie, i) to feel; hear; regret, be sorry; *reflex.* feel (well, bad, sad, *etc.*)
señalar to point out; determine
separado, -a separate, apart
por separado separate, separately
separar to separate
el sepulcro sepulchre

ser to be
a no ser que unless
el modo de ser character, nature
o sea that is to say
el ser being
sereno, -a calm
la serie series
serio, -a serious
en serio seriously
el servicio service
la servidumbre servitude
servir (i, i) to serve, be useful
servir de to serve as
servir para to be used (good) for (to)
servirse de to make use of
severo, -a severe, strict
el sexo sex
shakesperiano, -a Shakespearean, of Shakespeare
si if, whether
si bien although
la sicología psychology
sicológico, -a psychological
siempre always
para siempre forever
la sierra mountain range, mountains
el siglo century
la significación meaning
el significado meaning
significar to signify, mean
siguiente following
la sílaba syllable
el silabeo act of forming syllables; teaching to read by syllables
el silencio silence
silencioso, -a silent
Simbad Sindbad (the Sailor), *a character whose strange voyages are related in the* Arabian Nights
el símbolo symbol
la simpatía sympathy
tenerle simpatía a uno to find one congenial
simpático, -a congenial, "nice"
simpatizar to be congenial
simple simple, plain; single
simplificar to simplify
sin *prep.* without
sin duda no doubt
sin embargo however
sin que *conj.* without

sin razón   without cause
la singularidad   singularity, individuality, distinctive character
siniestro, -a   sinister
sino   but, but rather
  no . . . sino   only
  no sólo . . . sino (también)   not only . . . but (also)
  sino que *conj.*   but, but rather
la sinonimia   synonymity, synonymousness
sinónimo, -a   synonymous
el sinónimo   synonym
sintáctico, -a   syntactical, relating to syntax (See Glosario, under **sintaxis**)
la sintaxis   syntax (See Glosario)
la síntesis   synthesis
siquiera   even; at least
  o . . . siquiera   or, or even
el sistema   system
situar   to locate, situate
sobradamente   excessively
sobrar   to exceed, be over and above, be superflous (See §85)
  sobrarle a uno   to have left over
sobre   on, upon, over, above, about
  sobre todo   above all, especially
sobrehumano, -a   superhuman
sobreponerse a   to overcome
sobresalir   to stand out
sobrevivir   to survive
sobrio, -a   sober, well-balanced
la sociedad   society
el socio   partner
sofocar   to smother, put down
la soga   rope
el sol   sun
solamente   only
el soldado   soldier
la soledad   solitude; waste land
solemne   solemn
soler (ue)   to be accustomed to, be in the habit of, to . . . usually
solicitar   to seek
solo, -a   single; alone
sólo   only
  no sólo . . . sino (también)   not only . . . but (also)
sonar (ue)   to sound, ring; (*of clock*) strike
el sonido   sound

sonoro, -a   sonorous
sonriente   smiling
la sonrisa   smile
soñar (ue)   to dream
soportar   to endure
la sordidez   sordidness
sordo, -a   deaf
sorprendente   surprising
sorprender   to surprise, catch (*in an act*)
sospechar   to suspect
sospechoso, -a   suspicious
la suavidad   gentleness, kindness
suavizado, -a   softened
subentender (ie)   to understand (*something implied*)
subir   to go up, ascend; raise, bring (take) up
la sublevación   revolt
sublevar   to incite to revolt
la subordinación   subordination (See Glosario)
  la subordinación sustantiva   nominal subordination (See Glosario)
subordinado, -a   subordinate
subordinar   to subordinate
subsiguiente   subsequent, succeeding
suceder   to happen
sucio, -a   dirty
el suelo   ground, soil; floor
suelto, -a   loose, free
el sueño   dream
la suerte   luck
el suéter   sweater
el sufijo   suffix
el sufragio   vote, suffrage
sufrir   to suffer, put up with; undergo (*as a change*)
la sugerencia   suggestion
sugerir (ie, i)   to suggest
Suiza   Switzerland
suizo, -a   (*also noun*)   Swiss
sujeto, -a   subject
el sujeto   subject
la suma   sum, aggregate
sumar   to add; include
sumo, -a   supreme, great
la superioridad   superior mind *or* student, superior group
superpuesto, -a   superimposed
suplicar   to beg
suplir   to supply, furnish
suponer   to suppose, assume

el sur   south
surgir   to arise, appear, emerge
suscitar   to arouse, prompt
la sustancia   substance, material
la sustantivación   nominalization
(See Glosario)
sustantivar   to nominalize (See
Glosario, under **la sustantivación**)
sustantivo, -a   substantive, noun
(*adj.*)
el sustantivo   noun
sustituir   to substitute, replace
el sustituto   substitute
sustraer   to subtract
el susurro   murmur, rustle

T
el tabaco   tobacco
la tabla   board; table (*of contents*)
tabla de materias   table of
contents
tal   such, such a
con tal (de) que *conj.*   provided
that
el (la) tal   that, that person
(+ *noun*)
¿qué tal?   how are you? how is
everything? (See §139, d)
tal como   just as
tal o cual   such and such
tal vez   perhaps
un (una) tal   one, a certain
el talento   talent, ability
el tamaño   size
también   also, too
tampoco   neither, (not *or* nor) . . .
either
tan   so, as
tan . . . como   as (so) . . . as
tan pronto como   as soon as
tanto, -a (-os, -as) *adj. and pron.*
as (so) much (many); **tanto**
adv. as (so) much; so often
algún tanto   a little, somewhat
en tanto que   while, during the
time that
por lo tanto   therefore
tanto . . . como   both . . . and,
as well as, as much . . . as
tanto, -a (-os, -as) + *noun* +
como   as (so) much (many) . . .
as
el tanto   point (*in games*)
la tardanza   tardiness, delay

tardar (en)   to be long (in)
la tarde   afternoon
por la tarde   in the afternoon
tarde   late
tarde o temprano   sooner or
later
la tarea   task, assignment
tasar   to estimate; appraise
el teatro   theater
técnico, -a   technical
el techo   roof, ceiling
el tejado   roof, tiled roof
el tema   topic, theme
temblar (ie)   to tremble, quiver
temer(se)   to fear, be afraid of
temprano   early
tenaz   stubborn, tenacious
tender (ie)   to tend, be disposed
el tendero   shopkeeper
tendido, -a   stretched out, prostrate
tener   to have, possess, hold; *in
pret.* get, receive (See §114)
no tener donde caerse muerto, -a
to be destitute
no tener porqué   to have no
reason to
tener cuidado   to be careful
tener en cuenta   to bear in mind
tener gracia   to be funny
tener malas pulgas   to be irritable
(ill-tempered)
tener prisa   to be in a hurry
tener que + *inf.*   to have to
(must) + *inf.*
tener suerte   to be lucky
la tentativa   attempt
tenue   tenuous
la teoría   theory
teórico, -a   theoretical
térmico, -a   thermal, pertaining to
heat
la terminación   ending
terminado, -a   ending (*adj.*)
terminante   clear, definite
terminar   to end, finish
el término   end, apex; limit, term
el término de preposición   object
of a preposition (See Glosario)
el termómetro   thermometer
la ternura   tenderness
el terrado   terrace, flat roof
el terreno   land, terrain, ground
la tesis   thesis
el tesoro   treasure
el (la) testigo   witness

el tiempo time; (*gram.*) tense; weather
  al mismo tiempo at the same time
  al poco tiempo after (in) a short time
  a tiempo in (on) time
  de tiempo en tiempo from time to time
  mucho tiempo (for) a long time
  tanto tiempo (for) so long
tierno, -a tender, compassionate
la tierra earth, land
  la tierra firme mainland
el tifus typhus
el timbre doorbell, buzzer
tímido, -a timid
las tinieblas darkness
la tinta ink
el tío uncle
típico, -a typical
el tipo type; fellow
tirar to pull, draw
  tirar de to pull by (on)
el tiro shot
titular to entitle
el título title
la tiza chalk, piece of chalk
el (los) tocadiscos record player
tocante: en lo tocante a in what concerns
tocar to touch, play (*music*); push (*a button*) (See §107)
  tocarle a uno to fall to one's lot, be one's turn
el tocino bacon
todavía still, yet
todo, -a all, every; whole, entire, complete
  todo el mundo everybody
  todo *neuter pron.* everything, all
  sobre todo above all, especially
el todo whole
  del todo completely, entirely
tolerar to tolerate
tomar to take; drink *or* eat (See §64)
  tomar el pelo to tease, "kid"
el tomo volume
tónico, -a tonic, accented, stressed (See Glosario)
el tono tone
la tontería foolishness, nonsense
el toque touch
el tornillo screw

torno: en torno de around
  en torno suyo round about him (her, it, you, them)
la torpeza baseness
la torre tower
la tortilla corn cake (*Mex.*)
la totalidad totality, whole
el trabajador worker
trabajar to work
el trabajo work
  los trabajos forzados forced labor
la traducción translation
traducible translatable
traducir to translate
traer to bring, carry; wear; (*followed by adj. or pres. part.*) have (See §57)
  traer entre manos to have in hand (in preparation)
tragar to swallow; *reflex.* swallow up
traicionero, -a treacherous
la trama plot
tramar to plot
la trampa trap, trick
tranquilizar to calm, reassure
tranquilo, -a tranquil, calm
transcurrir to pass, elapse (*time*)
el transcurso lapse, passage (*of time*)
el transeúnte passer-by
la transformación transformation (See Glosario)
transformado, -a transformed (See Glosario, under **estructura transformada**)
transformar to transform
transformativo, -a transformational
transitivo, -a transitive
transmudar to transfer, move
la transparencia transparency, slide
transportar to transport
tras after, behind
trascender (ie) to transcend
trasladarse to move (shift) (*intrans.*), go
trasmitir to transmit
el tratamiento treatment; mode of address
tratar to treat, deal with (See §148)
  tratar de to deal with
  tratar de + *inf.* to try to
  tratarse de to be a question of
el trato treatment, usage

travieso, -a mischievous
la trayectoria trajectory
el trecho stretch
    a trechos at intervals
tremendo, -a tremendous; terrible
el triángulo triangle
la tripulación crew
triste sad
el triunfo triumph, victory
tronar (ue) to thunder
el trono throne
la tropa troop
tropezar (ie) to stumble
    tropezar con *or* **contra** to strike against
el trópico tropic
el trozo piece, passage, selection
la tuerca nut
tullido, -a paralyzed (*especially of the legs*)
el túnel tunnel
la túnica tunic
el (la) turista tourist
tutear to use **tú** (*with a person*)

U

u or (*used for* **o** *before* **o-, ho-**)
Ulises Ulysses
último, -a last, final
    en estos últimos años during (in) these last few years, in recent years
    por último finally
únicamente only, solely
único, -a only, sole; single
la unidad unity; unit
unir to unite, connect
unitario, -a unitary, integrated
urgentemente urgently
uruguayo, -a Uruguayan
usar to use
el uso use, usage
útil useful
la utilidad usefulness, utility
el utilitarismo utilitarianism
utilizar to use
utópico, -a utopian
la uva grape

V

las vacaciones vacation
la vacante vacancy
el vaciadero dump, dumping-place

la vacilación vacillation; hesitation, uncertainty
vacilar to vacillate, fluctuate, be uncertain
vacío, -a empty
el vacío void, emptiness
vagar to wander
vago, -a vague
valer to be worth; be valid
    valerse de to avail oneself of, employ
valeroso, -a valiant
el valor valor, courage; value, meaning
el vals waltz
el valle valley
la vanguardia avant-garde
vanguardista avant-garde (*adj.*)
vano, -a futile
el vapor vapor, mist
la variación variation, change
variadísimo, -a extremely varied
variado, -a varied, diverse
la variante variant
variar to vary
la variedad variety
varios, -as several, various
la vasija vessel
el vaso glass, vessel
el vástago stem, shoot
la vecindad proximity; neighborhood
el vecino, la vecina neighbor
la vela candle; sail
    no darle a uno vela en un entierro to give one no excuse for meddling
el velo veil
veloz swift, quick, fast
vencer to conquer, overcome; expire (*a term, day of payment*)
el vendaje bandage
vender to sell
la venganza revenge
venir (a + *inf.*) to come (to)
    (la semana) que viene next (week)
la ventaja advantage
la ventana window
venturoso, -a lucky, successful
ver to see; *reflex.* to see (find) oneself, be
la veracidad veracity, truthfulness
veracruzano, -a from *or* of Veracruz

veranear to spend the summer
el verano summer
el verbo verb
la verdad truth
   ¿(no es) verdad? (isn't it) true?
    aren't (you)? doesn't (he)?
   ¿verdad que sí? isn't it true
    (so)?
  verdadero, -a real, true
   lo verdadero truth, what is true
  verde green
el vergel garden
la verificación confirmation, (the)
   taking place
  verificar to verify; fulfil, carry
   out, bring about; *reflex.* take
   place
  verosímil probable, likely
el verso verse
el vestido dress
el vestigio trace, vestige
  vestir (i, i) to dress (someone);
   reflex. dress oneself, get
   dressed
el Vesubio Vesuvius
la veta vein, speck
la vez (*pl.* **veces**) time (*in a series*),
   occasion
  a la vez at the same time
  a veces on occasion, sometimes
  dos veces twice
  en vez de instead of
  las más veces in most cases
  muchas veces many times, often
  otra vez again
  por primera vez for the first time
  tal vez perhaps
  una vez once
  una vez más once more
  viajar to travel
el viaje trip
el viajero traveler
el vicio vice, depravity
la víctima victim
la vida life
  ganar(se) la vida to earn one's
   living
el vidrio (*window*) glass
  viejo, -a old, ancient
el viento wind
el viernes Friday
la viga beam
  vigilar to watch (over), keep
   guard over
la vigilia time of being awake

  vinculado, -a connected
el vino wine
el virreinato viceroyalty
la virtud virtue
  en virtud de by virtue of
la visión vision, view
  visitar to visit
la víspera eve
la vista sight, view
  a la vista de within the view of
  a primera vista at first sight
   (glance)
el vistazo glance
  de un vistazo at a glance
  vitalicio, -a lasting for life, lifetime (*adj.*)
la viuda widow
la vivacidad liveliness; brilliance
los víveres provisions, foodstuffs
  vivir to live
  vivo, -a alive, living
la vocal vowel
  vocálico, -a vocalic, vowel (*adj.*)
  volar (ue) to fly, soar
  voltear (*Am.*) to throw to the
   ground
la voluntad will, volition; deter-
   mination, desire
  volver (ue) to return; *reflex.* turn
   around, turn, become
   volver a + *inf.* to (*do something*)
    again
   volver loco, -a to drive crazy
   volver sobre (sus) pasos to re-
    trace (one's) steps
   volverse loco, -a to become
    mad
el voto vote, vow
la voz voice; word
  en voz alta aloud
  en voz baja in a low voice
  la voz activa (pasiva) active
   (passive) voice
  llevar la voz (de uno) to
   represent (one), speak on
   (one's) behalf
la vuelta return
  estar de vuelta to be back
la vulgaridad commonness,
   coarseness

Y

ya already, now, soon, presently,
   then; *sometimes used for*
   emphasis and not translated

ya no *or* **no . . . ya** no longer
ya que since
ya sea . . . ya either . . . or
Yara *town in southeastern Cuba*
el **yerno** son-in-law
la **yuxtaposición** juxtaposition

Z

El Zanjón = **San Agustín del Zanjón** *village in the province of Camagüey, Cuba, on the Zanjón stream*
el **zapato** shoe
la **zona** zone

INGLÉS-ESPAÑOL

abandon abandonar
able capaz
  be able to poder + *inf.*, alcanzar a
    + *inf.*; (*know how to*) saber + *inf.*
    (Véase §47)
about *prep.* de, acerca de, en torno de,
    sobre, (*before pl. numerals*) unos,
    -as, como, cosa de
  (at) about (*time*) a eso de
  be about to estar para
abreast of a la altura de, al corriente de
absent oneself ausentarse
academic académico, -a
accept aceptar
accessory el accesorio
accident el accidente
accord: in accord with de acuerdo con
according to según
accustom avezar a
accustomed: be accustomed to soler
    (ue) + *inf.*
achieve lograr, conseguir (i, i)
acquaintance el conocido
act hacer como
  act as (*substitute for*) hacer de
  act as if (*pretend*) hacer como
  act in unison marchar de acuerdo
acting interino, -a
action la acción, el acto; *pl.* la
    actuación
activity la actividad
actor el actor
add añadir
admire admirar
admit admitir
adorn adornar, honrar
advanced avanzado, -a

advantage la ventaja
  take advantage of aprovechar,
    aprovecharse de
advise aconsejar, dar consejo(s);
    (*give notice*) avisar, advertir (ie, i)
affair el asunto
  business affairs los negocios
afflict aquejar
aforementioned el dicho (la dicha), el
    (la) tal
aforesaid tal, ya mencionado, -a
afraid: be afraid of tener miedo a
    (*of persons*), de (*of things*)
after *prep.* después de
  a few months after their marriage a
    los pocos meses de casados
afternoon la tarde
again otra vez
  (*do something*) + **again** volver (ue)
    a + *inf.*
against contra
age la edad
agility la agilidad
ago: (an hour) ago hace (una hora)
agree estar de acuerdo (conforme)
    (con alguien en alguna cosa)
  agree on *or* **to** consentir (ie, i) en,
    convenir en
  agree to + *inf.* consentir (ie, i) en
    + *inf.*, convenir en + *inf.*, quedar
    en + *inf.*
agreement el acuerdo, el pacto
  come to an agreement llegar a un
    acuerdo
ahead: set ahead adelantar
ailment el mal
aim el propósito

air el aire
  an indefinable air (of) un no sé
    qué (de)
airplane el avión
all todo, -a
  all the more so because tanto más
    cuanto que
allotment la repartición
allow dejar, permitir
almost casi
alone solo, -a
already ya
also también
although aunque
always siempre
Amazon el Amazonas
ambiguous ambiguo, -a
ambition la ambición
  have the ambition to ambicionar +
    inf.
Americanize americanizar
among entre
amusing divertido, -a, entretenido, -a
analyze analizar
ancient antiguo, -a
Andalusian andaluz, -uza
announcement el anuncio, la noticia
annoy molestar
another otro, -a
any *adj. and pron.* alguno, -a,
    (before m. sing. nouns) algún,
    (after negative or comparative)
    ninguno, -a (ningún); *often not
    translated*
  any . . . (at all *or* **whatsoever)**
    cualquier, cualquiera *(pl.*
    cualesquier, cualesquiera)
anybody alguien, *(after negative or
    comparative)* nadie
  anybody (at all) cualquiera
anything algo, *(after negative or
    comparative)* nada
apex el término
apostle el apóstol
appear aparecer; *(+ adj.)* vérsele a
    uno *(+ adj.)*
applaud celebrar
appoint nombrar
appointment la cita, la hora
  make an appointment hacer hora
    (cita), señalar una hora
approach acercarse a
Aquinas: St. Thomas Aquinas Santo
    Tomás de Aquino
Arabic árabe

area el área *(f.)*; *(field of study)* el
    campo; *(enclosed place)* el recinto
Argentina la Argentina
Argentine *adj. and noun* argentino,
    -a
arid árido, -a
arm el brazo
army el ejército
around *(time)* a eso de, cerca de
arrange arreglar
arrest detener, arrestar
  arrested man el detenido, el preso
arrival la llegada
arrive llegar
art el arte; *pl.* las artes
article el artículo
artificial artificial
artist el (la) artista
as como; cuando; por; de
  as . . . as tan . . . como
  as it is así
  as long as mientras
  as (so) much (an engineer) as tan
    (ingeniero) como
  as soon as luego que, así que, tan
    pronto como
  as though como si
  as well as lo mismo que, tanto . . .
    como
ascend ascender (ie)
ask preguntar, pedir (i, i) (Véase
    §57)
  ask a question hacer una pregunta
  ask for *(someone)* preguntar por
aspect el aspecto
assent el asentimiento
assistance el auxilio
assume asumir, tomar
astonish asombrar
  be astonished asombrarse, mara-
    villarse (de); estar admirado, -a
    (asombrado, -a) (de)
asylum el asilo
at a, en
  at (the Rojas') en casa de (los
    Rojas)
  at once en seguida, inmediatamente
  at times a veces
atmosphere la atmósfera
attack atacar
attempt el intento, la tentativa
attempt intentar
  attempt to intentar + *inf.*, tratar
    de + *inf.*
attend asistir a

attention: to pay attention   prestar
  atención; (*notice or give
  importance to someone*) hacer caso a
  uno, (*to something*) (de algo)
attitude   la actitud
attract   llamar
attractiveness   el atractivo
audience   el público, los espectadores,
  el auditorio
aunt   la tía
  aunt and uncle   los tíos
austerity   la austeridad
author   el autor
authority   la autoridad
automatically   automáticamente
autonomy   la autonomía
average   medio, -a
aware: be aware of   darse cuenta de

B

back: be back   estar de vuelta
background (*technical* or *professional*)
  la preparación
bad   malo, -a, (*before m. sing. nouns*)
  mal
badly   mal
balance   el saldo
balcony   el balcón
ball   la pelota; el baile
banana   el plátano
barely   apenas
bargain   la ganga; regatear
barometer   el barómetro
basement   el sótano
basic   básico, -a
basis   la base
basket   la cesta
  clothes basket   la cesta para ropa
be   estar, ser; encontrarse (ue),
  hallarse, verse; ir + *p. p.*; (*impers.*)
  haber; (*weather*) hacer
  be able to   poder + *inf.*
  be accustomed to   soler (ue) + *inf.*
  be back   estar de vuelta
  be bored   aburrirse
  be born   nacer
  be carried out   operarse
  be enough   bastar
  be envious   tener envidia
  be far from   distar de
  be hiding   estar escondido, -a
  be in love with   estar enamorado,
  -a de
  be lacking   faltarle a uno
  be late in   tardar en

be left over   sobrar
be left to one   quedarle a uno
be located   hallarse
be on guard   estar de guardia
be possible to get   lograrse que
be right   tener razón
be sitting   estar sentado, -a
be sufficient   bastar
be to, be supposed to   haber de +
  inf.
be wrong   no tener razón, estar
  equivocado, -a
beat (*in a game*)   vencer
  beat around the bush   darle vueltas
  al asunto
beautiful   bello, -a
because   porque
  because of   por, a causa de
become   hacerse, llegar a ser, ponerse,
  volverse (Véase §159)
  become confused   confundirse
before *adv.* antes; *prep.* antes de;
  conj. antes (de) que
beggar   el mendigo
begin   comenzar (ie), empezar (ie)
  begin to   comenzar a + *inf.*,
  empezar a + *inf.*, ir + *pres. part.*
  begin with   comenzar (empezar) con
  or por
beginner   el principiante
beginning: at the beginning of (*a
  calendar period*)   a principios de
  beginning with   a partir de
behalf: in behalf of   por
behind *prep.* detrás de
belief   la creencia
believe   creer
Berlin   Berlín
besieged   sitiado, -a
best   mejor
bet   apostar (ue), poner
better   mejor
  be better   convenir, ser mejor,
  valer más
  get better   mejorar(se)
between   entre
Biblical   bíblico, -a
big   grande
bird   el pájaro
  bird cage   la jaula para pájaros
bit: a bit   un poco (poquito), un tanto
  a tiny bit   un poquitín
blame   echar la culpa, culpar
bleed   desangrar
block the way   cerrar (ie) el paso

bloody sangriento, -a
boat el barco
Bolivian *adj. and noun* boliviano, -a
bordering on fronterizo, -a con
boring aburrido, -a
born: be born nacer
both ambos, -as, los (las) dos
  both . . . and tanto . . . como
bother incomodar, molestar
bottle la botella
  wine bottle botella para vino
box la caja
boy el muchacho
Brazil el Brasil
Brazilian *adj. and noun* brasileño, -a
break romper
breakfast el desayuno
  take (eat) breakfast desayunarse,
    tomar el desayuno
breathe respirar
bridge el puente
brilliance la brillantez
brilliant brillante
bring traer
British británico, -a
bronze statue el bronce
brother el hermano
  brother and sister-in-law los
    cuñados
  brother-in-law el cuñado, el
    hermano político
build construir
building el edificio
bumper el parachoques
burning ardiendo
business (*affair, matter*) el negocio; el
  comercio
  be one's business to tocarle a uno
    + *inf.*, incumbirle a uno + *inf.*
busy ocupado, -a
but pero, (*after a negative*) sino,
  (*after negative before inflected verb*
  form) sino que
buy comprar
by de, por
  by one's self solo, -a
  by the way a propósito
  by tomorrow para mañana

C

cage la jaula
calculate calcular
  calculate the consequences medir (i,
    i) las consecuencias
call llamar

calm tranquilo, -a, sosegado, -a;
  calmar, sosegar
  become calm sosegarse, tranquili-
    zarse
can poder, (*mental ability*) saber
Canada el Canadá
capital (*city*) la capital
capricious caprichoso, -a
captivating encantador, -ora,
  cautivador, -ora
car el coche, el carro, el automóvil
care el cuidado
  take care of cuidar de
career la carrera
careful cuidadoso, -a
  be careful tener cuidado
carefully cuidadosamente, con
  cuidado
carelessness el descuido
carry off llevarse
carry out llevar a cabo
case el caso
  in case *conj.* en caso (de) que
  just in case por si acaso
catch coger, prender
cattle raising la ganadería
cause la causa
center el centro; *fig.* el corazón
centralized centralizado, -a
century el siglo
certain: (a) certain cierto, -a
certainly ciertamente, sí que (+ *verb*)
  (Véase §40)
  certainly not! ¡claro que no!
  they were certainly . . . sí que
    estaban . . .
  you are certainly . . . sí que
    estás . . .
chains: in chains entre hierros
chair la silla
change el cambio; cambiar, modificar, mudar
chapter el capítulo
character el carácter, el modo de ser;
  (*of literary work*) el personaje, el
  carácter
charge: take charge of encargarse de
check averiguar, comprobar (ue)
cheerful alegre, animado, -a
chemistry la química
chest (*anat.*) el pecho; (*furniture*) el
  arca (*f.*)
child el niño, la niña; (*offspring*) el
  hijo, la hija
choose escoger, elegir (i, i)

Christian cristiano, -a
circulate hacer correr
circumstance la circunstancia
civic cívico, -a
civilization la civilización
classroom la sala de clase, el aula (f.)
clean limpio, -a; limpiar
cleaning la limpieza
cleansing el saneamiento
clear: let it be clear that conste que
clearly claramente
clergyman el clérigo
clever listo, -a
climate el clima
close (trans.) cerrar (ie), (intrans.) cerrarse (ie)
close to inmediato, -a a
cloth la tela
clothes la ropa
cloudy nublado, -a
clove el clavo (de especia); (of garlic) diente (de ajo)
clutch agarrar
clutching agarrado, -a a
coffee el café
collapse el derrumbamiento; (decay) el desmoronamiento
colleague el colega
collect coleccionar, recoger
collective colectivo, -a
colonial colonial
colony la colonia
come venir, llegar
come back volver (ue)
come in or **into** entrar (en)
come up subir
come what may venga lo que venga
comedy la comedia
comedy character el gracioso
commence comenzar (ie), iniciar
commonly por lo común
communication la comunicación
community la comunidad
companion el compañero, la compañera
compare comparar
complain (about) quejarse (de)
complaint la queja
complete completo, -a; acabar
completely completamente, del todo
conception la concepción
concerning sobre
condemn censurar, condenar
condition la condición

conduct la conducta
confess confesar (ie)
confuse confundir
confused confuso, -a
become confused confundirse
confusion la confusión, lo confuso
What a lot of confusion! ¡Qué de confusión!
conquer conquistar
consent (to) consentir (ie, i) (en)
consequence la consecuencia, el resultado
conservative conservador, -ora
consider considerar
considerable cuantioso, -a
considerably notablemente
consist in consistir en
consolation el consuelo
conspire conspirar
constant constante
constantly constantemente, sin cesar
constitution la constitución
contact lens la lente de contacto
contain contener
contain oneself contenerse
contents el contenido
continue continuar, seguir (i, i)
continue to continuar + pres. part., seguir + pres. part.
contrary contrario, -a; el (lo) contrario
contribution la contribución
controversial discutible, disputable
conversation la conversación
convince convencer
convinced convencido, -a
be convinced of estar convencido, -a de, convencerse de
convincing convincente
cool fresco, -a
copper el cobre
copy copiar
copying machine la máquina de copiar
corner (street) la esquina
cost costar (ue)
cough(ing) la tos; toser
count contar (ue)
count on contar con
country el país, (one's own country) la patria
course: of course desde luego, claro
of course . . .! ¡claro está que . . .! ¡sí que . . .! (Véase §40)
courteous cortés

courtesy   la cortesía
cover   cubrir, tapar
Creole   el criollo
crisis   la crisis
critical   crítico, -a
criticize   criticar
crop   el cultivo; (*particular harvest*)
  la cosecha
crossing   el cruce
crucible   el crisol
cruel   cruel
cry   llorar
Cuban   cubano, -a
culpable   culpable
culture   la cultura
curiosity   la curiosidad
current   *adj.* corriente; *noun* la
  corriente
custom   la costumbre
cut   cortar

D

daily   diario, -a
damage   el daño
danger   el peligro
  be in danger   correr peligro, estar
    en peligro
dangerous   peligroso, -a
Danish *adj. and noun*   danés, -esa
dare   atreverse
  dare to   atreverse a + *inf.*
daring   atrevido, -a
dark   oscuro, -a
date   la fecha; fechar
day   el día
  day after tomorrow   pasado
    mañana
  every day   todos los días
  on the following day   al día
    siguiente
daytime: in the daytime   de día
dazzling   deslumbrador, -ora
deaf   sordo, -a
deaf-mute   el sordomudo
deal (*business*)   el trato, el negocio
  a great deal of   mucho, -a,
    muchísimo, -a
deal with   tratar de
death   la muerte
deceive   engañar
December   diciembre
decide (to)   decidir (+ *inf.*)
declare   afirmar, declarar
dedication   la dedicación, la devoción
deep   profundo, -a

defeat   derrotar
defect   el defecto
defend   defender
degree   el grado
delay   demorar
  delay in   tardar en
delicate   delicado, -a
deliver   entregar; (*a speech*) pronunciar
delivery   la entrega
democracy   la democracia
democratic   democrático, -a
demonstrate   demostrar (ue)
deny   negar (ie)
depressing   deprimente, triste
deservedly   en justicia
design   el diseño, el proyecto
desire   el deseo, (*will*) la voluntad;
  desear
  have a desire to   tener ganas de
    (+ *inf.*)
desired   deseado, -a
desk   el escritorio, la mesa
despair   la desesperación, la
  desesperanza
despite   a pesar de
despot   el déspota
destroy   destruir
detail   el detalle
devastate   asolar (ue)
develop   desarrollar, elaborar
devote   dedicar
  devote oneself   consagrarse, dedi-
    carse
dictator   el dictador
dictatorship   la dictadura
die   morir (ue, u), morirse
different   distinto, -a
difficult   difícil
difficulty   la dificultad
dignity   el decoro
direct   ordenar
directly   directamente
director   el director
dirty   sucio, -a
disagreeable   ingrato, -a
disagreement   la desavenencia, el
  desacuerdo
  be in disagreement   desavenirse,
    estar en desacuerdo
disappearing   la desaparición
discharge   despedir (i, i); (*unload*)
  descargar
discuss   discutir
disillusioned   desilusionado, -a
disinterested   desinteresado, -a

dispose disponer; inclinar
disposition (*temperament*) el genio
dissenter el disidente
dissipate disipar
distance la distancia, el trecho
  some distance un buen trecho
distinction la distinción
distinguish distinguir
distinguished distinguido, -a
distracted distraído, -a
distress afligir
distribution la distribución, la
  circulación
disturb (*annoy*) molestar, (*upset*)
  inquietar
diverse diverso, -a
divest despojar
do hacer; *not translated as auxiliary*
  don't (they)? ¿(no es) verdad?
doctor el médico
doctrinaire doctrinario, -a
dog el perro
dogmatism el dogmatismo
dollar el dólar
domination la dominación, el dominio
doubt la duda; dudar
  no doubt sin duda
doubtful dudoso, -a
down: down (the) stairs (las)
  escaleras abajo
downtown el centro
draft el borrador; redactar
drama el drama
drawer la gaveta, el cajón
dress el vestido; vestir (i, i)
  get dressed vestirse
dressmaker el (la) modista
drinker el bebedor
drive conducir, manejar
driver el (la) motorista
duke el duque
during durante
duty el deber

E

each *adj.* cada; *pron.* cada uno, -a
early temprano, -a, juvenil; *adv.*
  temprano
earn one's living ganar(se) la vida
easily fácilmente
easy fácil
eat comer
economic económico, -a
economy la economía
educate educar

education la educación, la formación
educational educativo, -a, pedagógico,
  -a
educator el educador
effect el efecto
effort el esfuerzo
egoism el egoísmo
egotistical egoísta
either o, (*after negative*) tampoco
  either . . . or o . . . o, ya sea . . . o
    (ya)
elder mayor
elegant elegante
element el elemento
eloquence la elocuencia
elsewhere en otra parte, (*after
  negative*) en ninguna parte
embittered amargado, -a
emerge surgir, salir
emigrant el emigrante, el emigrado
empire el imperio
employee el empleado, la empleada
end el fin; acabar, terminar
  at (until) the end of (*a calendar
  period*) a (hasta) fines de
  end by + *pres. part.* acabar por +
    inf.
  end-of-the-century *adj.* de fin de
    siglo
endeavor (to) procurar (+ *inf.*)
enemy el enemigo
engineer el ingeniero
England Inglaterra
  English (*language*) el inglés
  English style a la inglesa
enjoy gozar de, disfrutar de
enlightened ilustrado, -a
enlightenment la ilustración
enough bastante
  be enough bastar, ser bastante
enter entrar (en + *noun*) (*Am.* a +
  noun), (*a university*) ingresar en
enthusiastic entusiasta
  get enthusiastic (about)
    entusiasmarse (por)
entirely enteramente
entitled titulado, -a
envy la envidia
equal igual
escapade la calaverada
escape escapar(se)
essay el ensayo
essayist el ensayista
essential esencial
establish establecer

established: be established (*as of record*) constar
establishment el establecimiento
esteem estimar
Europe Europa
European *adj. and noun* europeo, -a
Europeanize europeizar
even equilibrado, -a, apacible; llano, -a; *adv.* aún, aun
   even though *conj.* aunque
   not even ni aun, ni siquiera
event: in any event de todos modos
ever jamás, alguna vez, (*after negative*) nunca, jamás, (*at any time*) alguna vez
every todo, -a
   every afternoon cada tarde, todas las tardes
   every day todos los días
   every morning todas las mañanas
   every other day cada dos días, un día sí y otro no
everyone todos, todo el mundo
everything todo
everywhere por (en) todas partes
evident evidente
exact preciso, -a
exactly (*time*) en punto
examination el examen
examine examinar
example el ejemplo
except menos
exceptional extraordinario, -a, insólito, -a
excessively harto
exercise el ejercicio; ejercer
exhaust agotar
exist existir
expect (to) esperar (+ *inf.*)
expense la costa
   at (my) expense a costa (mía)
experience la experiencia
expire vencer
explain exponer, explicar
exploration la exploración
expound exponer
extend extender (ie)
extensively extensamente
extraordinary extraordinario, -a
extravagant extravagante
eye el ojo

F

face la cara; encararse con
fact el hecho, el dato

factor el factor
factory la fábrica
faculty la facultad
fail fallar, fracasar
   fail to dejar de + *inf.*
   without fail sin falta
failure el fracaso
fair la feria
fall caer, (*barometer*) bajar (Véase §125)
   fall asleep dormirse (ue, u)
   fall down caerse
   fall in love with enamorarse de
   night was beginning to fall empezaba a anochecer
familiar: be familiar with conocer
family la familia; *adj.* familiar
   of his (her, your, their) family de los suyos
famous famoso, -a
fanatic fanático, -a
fantastic fantástico, -a
far lejos
   be far from distar de
fatalistic fatalista
father-in-law el suegro
favor el favor
   in favor of en pro de, en favor de
favorite predilecto, -a
feasible dable
fed up (with) harto, -a (de)
Federalist el federalista
feeble débil
feeling el sentimiento
feel like darle a uno la gana
few: a few algunos, -as, unos, -as
   (only) a few pocos, -as
fiancé el novio
fight luchar
filled lleno, -a
film la película
financial financiero, -a
find encontrar (ue), hallar
   find congenial tener simpatía a uno
   find out (*in pret.*) saber
finely-wrought primoroso, -a
finger el dedo
finish (by) acabar (por), terminar (por)
fire el fuego
firm la empresa; *adj.* firme
firmness la firmeza
first primero, -a, (*before m. sing. nouns*) primer
   at first primero, al principio
five hundred quinientos, -as

fix   componer, arreglar
flavor   el sabor
flee   huir
folk (*adj.*), **folkloric**   folklórico, -a
follow   seguir (i, i); observar
foolish   tonto, -a
for   *prep.* para, por; *conj.* porque
force   obligar, forzar (ue)
forge   la fragua
foresee   prever
forget   olvidar, olvidarse de, (*leave behind*) olvidársele a uno
forestry   la selvicultura
form   la forma
former   antiguo, -a (*before the noun*);
   the former   aquél, aquélla (-os, -as)
found   fundar
France   Francia
Franco-German   franco-alemán, -ana
frank   franco, -a
free   libre
French *adj. and noun*   francés, -esa;
   (*language*) el francés
frequency   frecuencia
friend   el amigo
friendly   de amigos
frighten   asustar
frivolous   frívolo, -a
from   de, desde
   from . . . to   desde . . . hasta
   from today on   de hoy en adelante
frozen   helado, -a
fruit   el fruto; el hijo
fruitless   vano, -a; infecundo, -a
fruitlessly (*adj. used adverbially*)   estériles
fulfill   cumplir
full   lleno, -a
fun: to make fun of   burlarse de
fundamental   radical
funny   gracioso, -a
   be funny   tener gracia
furniture   los muebles
fuse   fundir
future   el porvenir

G

garlic   el ajo
gathered   reunido, -a
general   general
generous   generoso, -a, desinteresado, -a
genius   el genio
geographer   el geógrafo
geologist   el geólogo

geology   la geología
German *adj. and noun*   alemán, -ana;
   (*language*) el alemán
get   conseguir (i, i), obtener
   get agitated   agitarse
   get better   mejorar(se)
   get destroyed   destruirse
   get dressed   vestirse (i, i)
   get here   llegar (aquí)
   get old   envejecer
   get sick   enfermar
   get up   (*trans.*) levantar; (*intrans.*) levantarse
   get used to   acostumbrarse a
   get worse   empeorar, ponerse peor
   go and get   buscar
girl   la muchacha, la joven
give   dar
   give orders   mandar
   give someone something to think about   dar que pensar a uno
   give up (something)   abandonar (algo), (*consider oneself defeated*) darse por vencido, -a
glad: be glad to   alegrarse de
glass   el vidrio, (*water glass*) el vaso;
   (*spectacles*) los lentes, las gafas
go   ir, dirigirse, trasladarse
   go about (around)   andar
   go along + *pres. part.*   continuar + *pres. part.*, seguir (i, i) + *pres. part.*
   go away   irse, marcharse
   go forth   salir
   go forth to oppose   salir al camino
   go out (of)   salir (de + *obj.*)
   go over to   pasarse a
   go to bed   acostarse (ue)
goal   el gol
gossip   chismear
govern   gobernar (ie)
government   el gobierno
gradually   poco a poco
   (*do something*) **gradually**   ir + *pres. part.* (Véase §37, c)
grape   la uva
grass   el césped
great   grande, (*before sing. nouns*) gran;
   enorme; mucho, -a
greater   más grande
greatest   el (la) más grande; el (la) mayor
Greece   Grecia
greenish   verdoso, -a
greet   saludar
ground   el suelo

group el grupo
grow crecer
  grow pale ponerse pálido, -a
  grow tired cansarse
growth el crecimiento
guard: be on guard estar de guardia
guerrilla fighter el guerrillero
guest el invitado, la invitada
guide el (la) guía
guilty culpable
gypsy *adj. and noun* gitano, -a

H

half la mitad
halfway *adv.* medio
hall la sala
hamper estorbar
handbreadth el palmo
hand in entregar
handrail el pasamanos
handwriting la letra
hang colgar (ue)
hanging colgado, -a
happen acontecer, pasar, ocurrir, suceder
  happen to acertar (ie) a
happy feliz, contento, -a
Hapsburgs los Habsburgos
hard difícil
harmonious armónico, -a
have tener, poseer; (*auxiliary*) haber (Véase §114)
  have (*causative*) hacer *or* mandar + *inf.*
  have (*indir. command*) que + *pres. subj.*
  have an interview with entrevistarse con
  have it out with tenerlas con
  have just + *p. p.* acabar de + *inf.*
  have left quedarle a uno
  have to tener que + *inf.*
  not to have prescindir de
Heaven el cielo
hegemony la hegemonía
Hell el infierno
help la ayuda; ayudar (a + *inf.*)
Henry Enrique
here aquí
hereditary hereditario, -a
hero el héroe
hide esconder; disimular
high alto, -a
historic(al) histórico, -a
hit golpear

hold empuñar; (*contain*) coger, tomar; (*a meeting*) celebrar
  hold oneself back contenerse
home la casa
honor acatar
honorable honrado, -a
hope esperar
horrifying horrendo, -a, horroroso, -a, horripilante
horse el caballo
hospital el hospital
hour la hora
house la casa
how? ¿cómo?
  How I hope (wish) . . . ! ¡Ojalá (que) . . . !
  how many? ¿cuántos, -as?
however sin embargo; como quiera que (Véanse §§117, c, 118)
  however + *adj. or adv.* por + *adj. or adv.* + que
hubbub la algarada, la algazara
human humano, -a
hundred: one hundred ciento, (*before noun*) cien
hurry: be in a hurry tener (llevar) prisa
hurt hacer daño
husband el marido, el esposo
hyena la hiena
hygienic higiénico, -a

I

idea la idea
ideal el ideal
idealism el idealismo, la idealidad
idealistic idealista
if si
ill *adv.* mal
illness la enfermedad
image la imagen
imagination la imaginación
imagine imaginar (Véase §138, d)
immediate inmediato, -a
immediately inmediatamente, en seguida, al instante
impatient impaciente
  get impatient impacientarse
imperialistic imperialista
implicated enredado, -a
importance la importancia
important importante
impression la impresión
impressionistic impresionista
impressive impresionante

improve mejorar
improvement el mejoramiento
Inca *m. and f.* *adj.* inca; *noun* el inca
incapacity la incapacidad
incident el incidente
incite to revolt sublevar
incompetence la ineptitud
independence la independencia
indicate indicar
indispensable imprescindible,
    indispensable
individual *noun* el individuo
inertia la inercia
inevitable inevitable
influence la influencia
informally sin ceremonia
information la información (Véase
    §59); los datos, los informes
ingenious ingenioso, -a
initiate iniciar
initiator el iniciador
injection la inyección
inland *adv.* tierra adentro
innate innato, -a
insatiable insaciable
insipid insípido, -a, insulso, -a, soso, -a
insist (on) insistir (en)
insistence la insistencia
instead of en vez de
institution la institución
instrument el instrumento
insure asegurar
integrity la entereza, la integridad
intellectual intelectual
intelligence la inteligencia
intelligent inteligente
intend pensar (ie) + *inf.*
intention la intención
interest el interés; interesar
interested: be interested in interesarse
    por, interesarle a uno
interesting interesante
international internacional
interview la entrevista
    have an interview with entre-
    vistarse con
intolerable intolerable
introduce introducir; (*socially*)
    presentar
intruder el intruso
invade invadir
investigation la investigación
invisible invisible
    the invisible lo que no se ve, lo
    invisible

invite invitar
    invite to invitar a + *inf.*, invitar a
    que + *subj.*
ironing el planchado
island la isla
Italian *adj. and noun* italiano, -a
Italy Italia

J

Jacobinism el jacobinismo
Japanese (*language*) el japonés
jealousy los celos
jewel la joya
John Juan
joke la broma
judgment el juicio
Julius Julio
just: have just + *p. p.* acabar de +
    inf.
    just in case por si acaso
    just like tal como
    you should just see habrá que ver
justice la justicia

K

keep guardar; mantener
kidnap secuestrar
kilo(gram) el kilo(gramo)
kind la clase
king el rey
know (*facts*) saber, (*be acquainted
    with*) conocer (Véase §47)
    know how to saber + *inf.*
knowledge el conocimiento; (*of
    concrete facts*) los conocimientos,
    las informaciones

L

labor la labor
    forced (hard) labor los trabajos
    forzados
lack la falta, la carencia; carecer de,
    faltarle a uno
lacking falto, -a de; *fig.* huérfano,
    -a de
lady la señora
    young lady la señorita, la joven
land la tierra
large grande; amplio, -a
last último, -a; durar
    the last half (*of a century*) la
    segunda mitad
late tarde
    be late in tardar en
    get late hacerse tarde

latter: the latter   éste, ésta (-os, -as)
laugh (at)   reírse (i, i) (de)
law   el derecho
lawsuit   el pleito
lead one to believe   dar a creer a uno
leader   el rector de gentes
learn (to)   aprender (a + *inf.*)
leave   salir (de + *obj.*), partir (de +
   obj.), irse, marcharse (de + *obj.*);
   (*trans.*) dejar
left   la izquierda
less   menos
   less and less   cada vez menos
let   dejar, permitir
   let one do something   dejarle a uno
   + *inf.*, dejar que + *subj.*
   let's (let us) + *verb*   vamos a + *inf.*,
   or *first pl. pres. subj.*
letter   la carta
liberalism   el liberalismo
liberation   la emancipación, la
   liberación
liberty   la libertad
library   la biblioteca
life   la vida
lifetime *adj.*   vitalicio, -a
lightly   ligeramente
like   como, cual; gustarle a uno
   I would like   me gustaría, (yo)
   quisiera
likely: be likely   ser fácil, ser probable
Lima *adj.*   limeño, -a
limited   limitado, -a
line   la línea
listen   escuchar
liter   el litro
literary   literario, -a
literature   la literatura
little *adj.*   (*size*) pequeño, -a,
   (*quantity*) poco, -a
   a little   un poco (de)
live   vivir
lively   vivo, -a, vivaz
living   la vida, el vivir
load   cargar
local   local
locate   localizar
   be located   hallarse
lock   la cerradura
lofty   alto, -a, elevado, -a
long   largo, -a
   (he has been here) a long time   hace
   mucho tiempo (que él está aquí)
long-range   a largo plazo
long-suffering   sufrido, -a

look (at)   mirar
   look for   buscar
   look well on one   caerle bien,
   sentarle (ie) bien
lose   perder (ie)
lost   perdido, -a
lot: a lot (of)   mucho, -a
Louis   Luis
love   el amor; amar, querer
   fall in love (with)   enamorarse (de)
low   bajo, -a
lying (*stretched out*)   tendido, -a

M

machine   la máquina
madman   el loco
magazine   la revista
maid   la criada, la chica, la sirvienta
mail   el correo; echar al correo (al
   buzón)
majority   la mayoría, la mayor parte
make   hacer (Véase §138)
   make a contribution   hacer una
   contribución
   make fun of   burlarse de
man   el hombre
   man of letters   el hombre de letras
manage to   poder (lograr) + *inf.*,
   conseguir (i, i) + *inf.*
manager   el gerente, el director
manifesto   el manifiesto
many   muchos, -as
   so many   tantos, -as
map   el mapa
marry   casarse con
marvel   la maravilla
marvelous   maravilloso, -a
marvelously   a las mil maravillas
mask   la máscara
mass   la misa
massacre (*decimate*)   diezmar, destrozar
material *adj.*   material
mathematics   las matemáticas
matter   la materia, (*affair*) el asunto;
   importar
   be a matter of   tratarse de
maturity   la madurez
maximum *adj.*   máximo, -a
may (*as auxiliary*)   poder
meager   escaso, -a
meal   la comida
meaning   el sentido
measure   la medida
mechanism   la máquina, el
   mecanismo

medical   médico, -a
mediocrity   la mediocridad
medium   medio, -a, mediano, -a
meet (*gather*)   reunirse, (*be introduced
     to*) conocer, (*run across*) encontrarse
     (ue) con
meeting   la reunión
menace   amenazar
mention   mencionar
menu   la lista de platos, la carta, el
     menú
mercantilism   el mercantilismo
merchandise   las mercancías
middle   el medio
  at (toward) the middle of (*a calendar
     period*)   a (hacia) mediados de
  be in the middle   estar en medio
  in the middle of the street   en medio
     de la calle, en plena calle
midnight   la medianoche
  at midnight   a medianoche
militarism   el militarismo
military   militar
mind   la mente; el pensamiento
minor   el menor de edad
miserable   miserable
miss   echar de menos, (*Am.*) extrañar
mistrustful   desconfiado, -a
mix-up   el lío
moan   gemir (i, i)
model   el modelo, el ejemplar
modern   moderno, -a
  in the modern way   a lo moderno
modernism   el modernismo
modernity   la modernidad
moment   el momento
  at the moment   en este momento
month   el mes
  a few months after their marriage   a
     los pocos meses de casados
  of this month   del corriente
     (presente)
moral   moral, ético, -a
more   más
  more and more   cada vez más
  more or less   (poco) más o menos,
     unos, -as (como, cosa de) +
     numeral
  the more . . . , the more   cuanto
     más . . . , tanto más
morning   la mañana
Moroccan   marroquí
Moslem   musulmán, -ana
most   más
moth-eaten   apolillado, -a

mother   la madre
  mother and father-in-law   los suegros
  mother country   la madre patria
  mother-in-law   la suegra
motion   el movimiento; el ademán,
     la seña
motive   el motivo, el móvil
mount   montar
mountain   la montaña; *pl.* las
     montañas, la sierra
  mountain peak   el pico
move   la mudanza; mover (ue)
  move away   alejarse
movement   el movimiento
Mrs.   (la) señora, Sra.
much   *adj.* mucho, -a; *adv.* mucho
  as (so) much (an engineer) as   tan
     (ingeniero) como
museum   el museo
music   la música
must   deber, haber de + *inf.*, tener
     que + *inf.*; *for probability use
     future* (*conditional, future perfect*)
     or deber de + *inf.*
  it must be carried out   ha de operarse
  one (you, we, they) must   hay que
mutual   mutuo, -a

N

n (*letter of alphabet*)   la ene, *pl.* las
     enes
naive   ingenuo, -a
name   el nombre; nombrar
nation   la nación, el pueblo
national   nacional
natural   natural
naturalistic   naturalista
nature   la índole, el tipo; la naturaleza
near   cerca de
necessary   necesario, -a, preciso, -a
  it is necessary to   es necesario
     (preciso) + *inf.*, hay que + *inf.*
need (for)   la necesidad (de); necesitar
  in need of   necesitado, -a de
neighbor   el vecino, la vecina
neither   ni
  neither . . . nor   ni . . . ni
neutral   neutral
never   nunca
new   nuevo, -a
  New York   Nueva York
  what's new?   ¿qué hay de nuevo?
newspaper   el periódico
  newspaper articles   artículos para
     los periódicos

next próximo, -a
   next month el mes entrante
     (próximo, que viene)
night la noche
   last night anoche
   night before last anteanoche
   night was beginning to fall comen-
     zaba a anochecer, iba anocheciendo
nightfall: at nightfall al anochecer, al
   atardecer
nighttime: in the nighttime de noche
noble noble, generoso, -a
nobody nadie
noise el ruido
noiselessly silenciosamente, sin
   ruido
nominate nombrar
North America Norteamérica
North American *adj. and noun* norteamericano, -a
not no
   not at all, not in the least nada,
     (no) . . . nada
   not even ni, ni siquiera
notice notar
nothing nada
notion: have a notion hacérsele a uno
   take a notion antojársele a uno
novel la novela
novelist el (la) novelista
novelistic production la novelística
November noviembre
now ahora, ya (Véase §160)
   now . . . now ya . . . ya, ora . . .
     ora
   now then ahora bien
nuance el matiz
number el número, la cantidad
   a number of varios, -as
nurse (*f.*) la enfermera, (*m.*) el
   enfermero

O

objective el objeto, el propósito
obligation el deber, la obligación
oblige obligar
   be obliged (*forced*) **to** verse obligado,
     -a (forzado, -a) a
observe observar, notar
obtain obtener
occasion la ocasión; ocasionar
occupy ocupar
   occupy the leading place in dominar
     en
ocean el océano

October octubre
of de
   of course por supuesto, claro está
     (Véase §40)
offer ofrecer
official oficial
often a menudo
oil (*painting*) el óleo, la pintura a
   óleo
old antiguo, -a, viejo, -a, (*of persons*)
   anciano, -a
on en, sobre
   on purpose de propósito
once una vez
   at once en seguida, inmediata-
     mente
one un, uno, una; cierto, -a; *indef.*
   subject se
   one (for) each sendos, -as
only solamente, sólo, no . . . más que
   not only . . . but also no sólo . . .
     sino también
opinion la opinión
opportunistic oportunista
opportunity la ocasión, la oportunidad
oppose oponer; oponerse a
   oppose each other oponerse
opposed: as opposed to en oposición a
   be opposed to oponerse a
or o, (*after negative*) ni
orange la naranja; *adj.* naranja
orator el orador
orchestra la orquesta
order (*command*) la orden
ordinary ordinario, -a; cualquiera
   (*after the noun*)
organism el organismo
orient orientar
origin el origen
other otro, -a
   the other(s) los (las) demás
ought (*auxiliary*) deber (Véase §51, b)
   I ought to (yo) debiera (debería)
out: have it out with tenerlas con
outcome el resultado, el desenlace
overcoat el sobretodo
overcome vencer
own propio, -a

P

package el paquete; empaquetar
pact el pacto
page la página
pain doler (ue)
painful doloroso, -a

painter el pintor
painting la pintura, el cuadro
palace el palacio
pale pálido, -a
  become or **grow pale** ponerse pálido, -a, palidecer
paper el papel; (*composition*) el tema, el artículo
paragraph el párrafo
parallelism el paralelismo
parents los padres
Paris (*adj.*) parisiense
parish priest el cura párroco
parliamentary parlamentario, -a
part la parte; (*in a play*) el papel
  the worst part lo peor
party la fiesta; (*political*) el bando, el partido
pass pasar
  pass away morirse (ue, u)
passenger el pasajero
patriot el patriota
pay pagar
  pay attention to someone hacer caso a uno, **to something** de algo
  pay for pagar (por)
peaceful tranquilo, -a, sosegado, -a
pear la pera
penetrate calar
peninsular peninsular
people el pueblo, la población, la gente
  young people la juventud, los jóvenes
per cent por ciento
performance la realización, la actuación, la ejecución, (*theater*) la representación
perhaps quizá(s), acaso, tal vez
period el período, la época, (*limited time*) el plazo
  for a short period por algún (poco) tiempo, por una temporada
perseverance la perseverancia
person la persona
personal personal
pertain incumbir
pessimistic pesimista
Peter Pedro
philosophical filosófico, -a
philosophy la filosofía
photograph la fotografía
pick up coger, recoger (Véase §64)
picture el cuadro, la foto, (*painting*) la pintura

pistol la pistola
pity: be a pity ser lástima
  it's a pity how . . . . . . que da lástima (pena) (Véase §131)
place el sitio, el lugar; colocar
  take place ocurrir, tener lugar
plan el plan, el proyecto
plane el avión
plastic la materia plástica; el plástico
play la pieza, el drama; (*game*) jugar (ue), (music) tocar
  play the role of hacer el papel de
pleasant agradable, (*of persons*) simpático, -a
please agradar
pneumonia la pulmonía
poet el poeta
poetry la poesía
point el punto, (*in a game*) el tanto
  critical point el punto álgido
  point of view el punto de vista
point out indicar
poisonous venenoso, -a
police la policía
policy la política; *pl.* las normas
political político, -a
politician el político
poor pobre
popular popular
  become popular popularizarse
portion la porción, el pedazo
position la posición; (*job*) el puesto, el empleo
possibility la posibilidad
possible posible
  be possible to get lograrse
potential el potencial
power la fuerza
prefer preferir (ie, i)
prejudice prejuicio, preocupación
preoccupied preocupado, -a
preparation la preparación, los preparativos (Véase §151, f, 3)
prepare preparar
presence la presencia
present (*time*) el presente; (*gift*) el regalo; presentar
preside over presidir
presidency la presidencia
president el presidente
presidential presidencial
prestige el prestigio
presumptuous presumido, -a
pretension la pretensión
pretty bonito, -a

prevent impedir (i, i)
previous anterior; previo, -a
price el precio
priest el cura
  parish priest el cura párroco
primary primario, -a
principal principal
principle el principio
prison el presidio
privilege el privilegio
problem el problema
proceed proceder
produce producir
  produce a reaction repercutir
product el producto, el fruto, el
  resultado
  as its final product en último
  resultado
professor el profesor
profound profundo, -a, hondo, -a
profundity lo profundo
program el programa
progress el progreso
prohibit prohibir
project el proyecto
promise prometer
prompt mover (ue)
proposal el proyecto, la propuesta, la
  proposición
propose proponer
proposition la propuesta
prose la prosa
prosperous próspero, -a
provided that con tal (de) que, siempre
  que
province la provincia
Prussian *adj. and noun* prusiano, -a
  Prussian-type a lo prusiano
publicly en público
pure puro, -a
purpose el propósito, la finalidad
  on purpose de propósito
purse la bolsa
pursue perseguir (i, i)
put poner
  put in meter, poner
  put in good humor poner de buen
  humor
  put on *(oneself)* ponerse, *(someone
  else)* poner

Q

quality la calidad
  an indefinable quality (of) un no sé
  qué (de)

quarrel reñir (i, i), pelear
quarry la cantera
question la pregunta
  be a question of tratarse de
quick rápido, -a, veloz
quickly rápidamente, de prisa
quiet callado, -a, quieto, -a
  be *(become)* **quiet** callarse
  Quiet (Be quiet!) ¡A callar!
  ¡Callandito!
quite bastante, muy
quotation la cita

R

race la raza
rain la lluvia; llover (ue)
raincoat el impermeable
raise subir, elevar
rapid rápido, -a
rapidly rápidamente
rather más bien
reach alcanzar, llegar a (hasta)
reaction la reacción
read leer
ready listo, -a
real verdadero, -a
realistic realista
reality la realidad
realization la realización
realize *(become aware of)* darse cuenta
  de, *(bring about)* realizar
really en realidad, realmente
rear trasero, -a, de atrás
reason la razón, el motivo
  for that reason por eso
  have no reason to no tener por qué
reassure tranquilizar
rebel rebelde
receive recibir
recent reciente
recently married recién casado, -a
recollection la evocación
recommend recomendar (ie)
reconquer reconquistar
recourse el recurso
recreation el recreo
  recreation room la sala de recreo
rectify rectificar
red rojo, -a
refined refinado, -a, fino, -a
reform la reforma; reformar
regard: with regard to respecto a *or*
  de, tocante a, en lo que se refiere a
region la región
regret sentir (i, i)

regret + *pres. part.* sentir + *inf.*
regular regular
regulation el reglamento
relate contar (ue)
  relate to relacionar con
relative el (la) pariente
remain quedar
  remain to be + *p. p.* quedar por
  + *inf.*
remember recordar (ue), acordarse
  (ue) de
remind of recordar (ue)
Renaissance el renacimiento; *adj.*
  renacentista
renown el renombre
repeat repetir (i, i)
report el informe
reprehensible reprensible, censurable
represent representar
representative el (la) representante
republic la república
request pedir (i, i) (Véase §57)
resign (from) renunciar (a)
resolution el acuerdo
resolve resolver (ue)
respect el respeto; respetar
  with respect to respecto a *or* de, en
  cuanto a
respond contestar
rest descansar
  the rest los (las) demás; lo demás,
  el resto
restless inquieto, -a
restrict restringir
result el resultado; resultar
retire retirarse
return el regreso; volver (ue),
  regresar; (*trans.*) devolver (ue)
revered venerado, -a
reverse el revés
review la revista; repasar
revolt la rebelión
revolution la revolución
revolutionary revolucionario, -a
rich rico, -a
  very rich riquísimo, -a
ride el paseo (a caballo, en coche);
  montar (a caballo), andar (ir) en
  coche, dar un paseo (a caballo, en
  coche)
ridiculous ridículo, -a
riding clothes la ropa de montar
right el derecho; (*hand*) la derecha
  be right tener razón
rise subir

rise above erguirse sobre
rivalry la rivalidad
River Plate *adj.* rioplatense
road el camino
role (*theater*) el papel
  play the role hacer el papel
romanticism el romanticismo
Rome Roma
room el cuarto
rope la cuerda, la soga
ruby el rubí
rug la alfombra
ruin la ruina; arruinar, estropear
ruined: become ruined echarse a
  perder, arruinarse
rule la dominación; la regla
ruling dominante, reinante
run correr
  run down (the) stairs correr (las)
  escaleras abajo, bajar las
  escaleras corriendo
  run up the street correr calle arriba
Russian (*language*) el ruso

S

safeguard salvaguardar
St. Thomas Aquinas Santo Tomás de
  Aquino
same mismo, -a, igual
sanctuary el seguro
satisfied satisfecho, -a
satisfy satisfacer
say decir
saying el refrán
scepter el cetro
schedule el horario, el plan
scholastic escolástico, -a
scorn menospreciar
scribbler el autorzuelo
seat el asiento
  take a seat sentarse (ie), tomar
  asiento
secretary el secretario, la secretaria
see ver
seek buscar
seem (like) parecer
seldom pocas veces
select selecto, -a; seleccionar
selection la selección
selfish egoísta
sell vender
senate el senado
send enviar
  send for enviar por; hacer (mandar)
  buscar (llamar)

sentimental sentimental
  excessively sentimental sentimentalón, -ona
separating el apartamiento
series la serie
serious grave, serio, -a
seriously en serio
serve servir (i, i)
  serve to servir para + *inf.*
session la sesión
set ahead adelantar
setback el revés
set up montar
settle resolver (ue), decidir
several unos, -as, varios, -as, unos
  cuantos, unas cuantas
Seville Sevilla
Shakespeare: of Shakespeare shakesperiano, -a
shareholder el accionista
sheet (*of paper*) la hoja
shining: the sun is shining hace (hay)
  sol
shoe el zapato
should (*as auxiliary*) deber
show el espectáculo, la película, el
  drama; mostrar (ue), enseñar
shrink encoger
shut up recluir
sick enfermo, -a
sight la vista
  in sight a la vista
sign (*signal*) la señal, (*written*) el
  letrero, (*trace*) el indicio; firmar
significance la significación, la
  importancia
silent callado, -a, silencioso, -a
silk la seda; *adj.* de seda
silver la plata
similar semejante
simplicity la sencillez, la llaneza
since (*cause*) como, puesto que, ya
  que; (*time*) desde
sing cantar
single (*sheet of paper*, etc.) suelto, -a
sit down sentarse (ie)
sitting sentado, -a
situation la situación
size el tamaño (Véase §141)
sleep dormir (ue, u)
slow lento, -a
slowly despacio, lentamente, sin prisa
slowness la lentitud
small pequeño, -a
snow la nieve; nevar (ie)

so así, (*with adj. or adv.*) tan; *conj.* de
  modo que; (*as question*) ¿conque?
  ¿de modo que?
  so as to para + *inf.*
  so far as I can see (**know**) que yo
    vea (sepa)
  so far in the year en lo que va de
    año
  so much (**as**) *adv.* tanto (como)
  so much (**many**) + *noun* tanto, -a
    (-os, -as) . . . como
  so that de modo que
soap el jabón; enjabonar
  bar of soap el jabón
social social
society la sociedad
soft blando, -a
soil el suelo
soldier el soldado
solicit solicitar
solidarity la solidaridad
solution la solución
solve resolver (ue), solucionar
some *adj. and pron.* alguno, -a,
  (*before m. sing. nouns*) algún; *pl.*
  algunos, -as, unos, -as; (*before
  numerals*) unos, -as; un poco de;
  often not translated
someone alguien
something algo
somewhat algo, algún tanto
sonata la sonata
soon pronto
  as soon as así que, en cuanto,
    luego que, tan pronto como
  as soon as possible (**the soonest
    possible**) cuanto antes, lo más
    pronto posible, tan pronto como
    posible
sour agrio, -a
source la fuente
south el sur
southern meridional
space el espacio; *adj.* espacial
Spain España
Spaniard el español, la española
Spanish español, -ola
Spanish America Hispanoamérica
  Spanish American hispanoamericano,
    -a
speak hablar
  speak on one's behalf llevar la voz
    de uno
speaker el conferenciante, (*Am.*) el
  conferencista

special especial, particular
specimen el espécimen, *pl.* especímenes
speech el discurso
spirit el espíritu
spiritual espiritual
spite el despecho
  in spite of a pesar de
spokesman el portavoz
spy on espiar
squared cuadrado, -a
stability la estabilidad
stain la mancha
stairs la escalera
  run down (the) stairs correr (las) escaleras abajo
stand estar *o* ponerse en (de) pie
  stand + *pres. part.* quedar + *pres. part.*
standing parado, -a
standpoint el punto de vista
start comenzar (ie)
  start to comenzar a + *inf.*, echar(se) a + *inf.*
station la estación
statue la estatua
stature la estatura
stay quedarse
steal robar
  steal into insinuarse en
steam el vapor
still todavía, aún
stone la piedra
stop (*trans.*) parar, detener; (*intrans.*) pararse, detenerse; stop + *pres. part.* cesar de + *inf.*, dejar de + *inf.*
store la tienda, la casa de comercio
storm la tormenta, la tempestad
story la historia, el cuento
street la calle
stretch extenderse (ie); (*out of shape*) dar de sí
  stretch out tender (ie)
strict severo, -a
strike la huelga
striker el (la) huelguista
strong fuerte
struggle la lucha
stubborn tenaz
student el (la) estudiante
study el estudio; estudiar
  study hall la sala de estudio
style el estilo
stylized estilizado, -a

subdue dominar
subject el asunto
submit (*a report, etc.*) entregar, presentar
subordinate subordinar
succeed in conseguir (i, i) + *inf.*, lograr + *inf.*, llegar a + *inf.*
successful feliz, *pl.* felices
  be successful tener éxito
successor el sucesor
such tal
  such a semejante, tal; tan
  such a (cheerful party) (una fiesta) tan (alegre)
  such a great tanto, -a
  such as tal como
suffer sufrir
sufficient suficiente, bastante
suffrage el sufragio
suggest sugerir (ie, i)
suit el traje
summer resort el lugar de veraneo
sun el sol
  the sun is shining hace (hay) sol
  the sun must have been shining habrá hecho (habido) sol
superior superior
support apoyar, abogar por
suppose suponer, poner
  I suppose that you are familiar . . . Usted conocerá . . .
supposing that dado que (Véase §121)
suppress suprimir
sure seguro, -a
surprise la sorpresa; sorprender
surprised sorprendido, -a
surprising sorprendente
surround rodear
swarm el enjambre
sweater el suéter
symbol el símbolo
symbolism el simbolismo
sympathy la simpatía
system el sistema

T

table la mesa
take tomar, coger, (*carry*) llevar, (*photos*) sacar (Véase §§64, 163)
  take away llevarse, quitar
  take care of cuidar de
  take charge of encargarse de
  take off (*from someone*) quitar, (*from oneself*) quitarse; (*a plane*) despegar

take out   sacar (Véase §163)
take place   ocurrir, tener lugar
take (someone someplace)   llevar (conducir) (a uno a algún lugar)
talk   hablar
talker   el hablador
tangle   enredar, enmarañar
tank   el tanque, el depósito
tax   el impuesto
teach   enseñar
teacher   el maestro, la maestra
teaching   la enseñanza
teacup   la taza para té
team   el equipo
telephone   el teléfono; telefonear, llamar por teléfono
television   la tele(visión); (*set*) el televisor, la televisora
tell   decir
temperament   el temperamento, el genio
tempest   la tempestad
temporal   temporal
tendency   la tendencia
term   el término
territory   el territorio
test   probar (ue)
thanks   gracias
   thanks to   gracias a
theme   el tema
then   entonces, luego, después (Véase §142)
theologian   el teólogo
theory   la teoría
there   (*near person addressed*) ahí, (*distant*) allí
   over there   allí, allá
therefore   por eso
thief   el ladrón
thin   delgado, -a, flaco, -a
thing   la cosa
think   pensar (ie), creer
   think of   pensar en
thinker   el pensador
thorny   espinoso, -a
thought   el pensamiento
threaten   amenazar
three hundred   trescientos, -as
throne   el trono
through   por, (*by means of*) mediante
tight   apretado, -a
time   (*in general sense*) el tiempo; (*of day*) la hora; (*occasion*) la vez (*pl.* veces); *pl.* la época
   at that time   en aquella época, en aquellos tiempos

at the same time   al mismo tiempo
at the time of   cuando, en la época de, en tiempos de
at times   a veces, algunas veces
from time to time   de vez en cuando
on time   a tiempo
timid   tímido, -a
timidity   la timidez
tiny: a tiny bit   un poquitín
tired   cansado, -a
   to grow tired   cansarse
titanic   titánico, -a
title   el título
today   hoy
tolerance   la tolerancia
tomorrow   mañana
   tomorrow morning   mañana por la mañana
tonight   esta noche
too   demasiado, muy
   too many   demasiados, -as
   too much *adv.*   demasiado
touch (on, upon)   tocar (en)
tourist   el (la) turista
toward   hacia
trade   el comercio
tradition   la tradición
traffic   la circulación, el tráfico
trait   el rasgo
translate   traducir
transmit   tra(n)smitir
travel   viajar
treat   tratar
treatment   el trato
tree   el árbol
trip   el viaje
trivial   fútil, baladí, trivial
troop   la tropa
trouble: be worth the trouble   valer la pena
truck   el camión
true   cierto, -a, verdadero, -a
trumpet   la trompeta
try to   tratar de + *inf.*
tunnel   el túnel
turbulent   turbulento, -a
turn out (to be)   resultar
type   el tipo

U

u (*letter of alphabet*)   la u, *pl.* las úes
ugly   feo, -a
umbrella   el paraguas
uncle   el tío
undeniable   innegable

under *prep.* bajo, debajo de
underneath *adv.* debajo; *prep.* bajo,
debajo de, (*movement*) por debajo
de
understand comprender
unfavorable desfavorable
uniform el uniforme
Unitarian unitario, -a
unite unir
universal universal
universality la universalidad
universe el universo
university la universidad; *adj.*
universitario, -a
unjust injusto, -a
unless a menos que, a no ser que
unoccupied desocupado, -a
until *conj.* hasta que; *prep.* hasta
unwilling: be unwilling no tener
ganas
unwillingly sin ganas
up: up the street calle arriba
upbringing la educación, la crianza
upgrade elevar, mejorar
upon sobre
Upper Peru el Alto Perú
upstairs *adj.* de arriba
urgency la urgencia
urgent urgente
Uruguay el Uruguay
Uruguayan uruguayo, -a
use utilizar, usar
useless inútil
utilize utilizar
Utopian utópico, -a

V

value el valor
valve la válvula
variation la variación, el cambio
various varios, -as
vast inmenso, -a, vasto, -a
Vatican el Vaticano
vehement vehemente
verse el verso
version la versión
very *adv.* muy, mucho; *adj.* mucho, -a
very much mucho, muchísimo
vestige el vestigio
viable viable
viceroyalty el virreinato
victim la víctima
victory la victoria
view la visión
village la aldea, el pueblo

virtue: by virtue of en virtud de
viscera las entrañas
visit la visita; visitar
voice la voz, *pl.* voces

W

wait (for) esperar
waitress la camarera
wake up (*oneself*) despertarse (ie);
(*someone else*) despertar (ie)
wall la pared
wallet la cartera
want querer
without wanting (meaning) to sin
querer
war la guerra
warn advertir (ie, i)
wash lavar, (*oneself*) lavarse
washing el lavado
watch mirar
water el agua (*f.*)
way el camino; la manera, el modo
by the way a propósito
in such a way de tal manera (modo)
in such a way that de modo que
(in) that way de esa manera
way of living el modo de vivir
weak débil
wealthy rico, -a
wear llevar
weather el tiempo
week la semana
a week from today de hoy (aquí)
en ocho días
welfare el bien
well bien
as well as lo mismo que
well, then pues bien
well-being el bienestar
western occidental
what lo que
what? ¿qué? ¿cuál?
whatever lo que (Véase §117, d)
whatsoever: any . . . whatsoever
alguno, -a (*after noun, in negative
statement*)
when cuando
where? ¿dónde?, (*with verbs of motion*)
¿adónde?
wherever dondequiera que
while el rato; *conj.* mientras (que)
whoever: véase §117
whole entero, -a, todo, -a (*after noun*)
why: why, he is . . . ! Véase §40
why? ¿por qué?

wide   ancho, -a
wife   la esposa
will   la voluntad
  will power   la fuerza de voluntad
win   adquirir (*irr.*)
window   la ventana, (*of a car, etc.*) la ventanilla
windshield wiper   el limpiabrisas
wine   el vino
wish   querer, desear
withdraw   retirarse
within   dentro de
without *prep.*   sin
witness   el testigo
woman   la mujer
woods   el bosque
work   la obra, la labor; trabajar
  work out   elaborar
worker   el trabajador
world   el mundo; *adj.* mundial
worried: be worried   estar inquieto, -a (preocupado, -a)
worse: get worse   empeorar, ponerse peor

worth   el valor
  be worth while (the trouble)   valer la pena
wound   herir (ie, i)
write   escribir
writing   el escrito

Y

year   el año
yellow   amarillo, -a
yesterday   ayer
  yesterday afternoon (evening, morning)   ayer por la tarde (noche, mañana)
yet   todavía, aún
young   joven, *pl.* jóvenes
  young people   los jóvenes, la juventud
  younger   más joven, menor
youth   la juventud

Z

zoo   el jardín (parque) zoológico

ÍNDICE GRAMATICAL

3 4 5 6 7 8 9 0